重大工程溢出效应
——基于创新和产业动态视角

曾赛星　孙大鑫　刘哲铭　著

科学出版社

北京

内 容 简 介

本书分为上下两篇，围绕重大基础设施工程创新溢出效应与产业溢出效应开展系统、深入的研究：上篇以中国高速铁路建设为背景，从区域和组织层面解析重大工程对于创新形成与创新扩散的作用机理；下篇以中国高速公路建设为背景，从企业创新、企业进退和企业迁移的视角解构了重大工程对于产业竞争力的影响机理和提升路径。

本书适合高等院校工程管理、创新管理和区域经济等方面的研究者阅读，也可供企业管理人员和政府部门专家参考。

图书在版编目（CIP）数据

重大工程溢出效应：基于创新和产业动态视角 / 曾赛星，孙大鑫，刘哲铭著. —北京：科学出版社，2022.3

ISBN 978-7-03-070593-8

Ⅰ.①重… Ⅱ.①曾… ②孙… ③刘… Ⅲ.①重大建设项目-研究-中国 Ⅳ.①F282

中国版本图书馆 CIP 数据核字（2021）第 228667 号

责任编辑：魏如萍 / 责任校对：张亚月

责任印制：张 伟 / 封面设计：无极书装

科学出版社 出版

北京东黄城根北街 16 号
邮政编码：100717
http://www.sciencep.com

北京捷迅佳彩印刷有限公司 印刷
科学出版社发行 各地新华书店经销

*

2022 年 3 月第 一 版 开本：720×1000 1/16
2022 年 3 月第一次印刷 印张：17 3/4
字数：358 000

定价：198.00 元
（如有印装质量问题，我社负责调换）

序　言

　　重大基础设施工程（简称重大工程）在推动经济发展、促进区域协同、赋能产业升级等方面发挥先导性和基础性作用。如何进一步传递重大工程的社会凝聚效应，构建重大工程的经济辐射效应既是全球可持续发展的内在要求，也是我国在新时期迈向高质量发展的应有之义。对于重大工程而言，高质量是内核，发展是动力，创新是源泉。以创新赋能重大工程的高质量发展是中国工程在下一轮全球基建浪潮中抢占优势地位的智慧破题方案。

　　近年来，港珠澳大桥、川藏铁路等一大批重大工程的建造彰显了中国特色社会主义新时代的伟大成就，印证了技术创新发挥的显著作用。中国工程品牌化、高质量的发展理念不断提升其在产业规则形成、行业标准制定、 技术创新引领等方面的的话语权和影响力。

　　随着重大工程与社会经济系统的深度嵌入，尤其是区域创新生态系统的耦合与互动，亟须思考在建设管理，尤其是后期运营管理中如何定位重大工程在整个社会发展中的角色，发挥重大工程在国民经济中的经济要素协调者、关键任务承担者和创新溢出扩散者的多重作用。

　　因此，重大工程溢出效应解构和识别已经成为重大工程可持续发展的关键之一，需要从不同价值维度、不同区域尺度、不同作用机制等方面进行系统科学的研究。非常欣喜的是，本书作者曾赛星教授及其团队成员孙大鑫博士、刘哲铭博士，聚焦重大工程溢出效应，从创新和产业动态的视角开展了深入研究，取得了富有特色的研究成果。

　　第一，作者引入创新生态系统视角，从价值创造、价值扩散两个维度试图揭示重大工程建设在区域、组织两个层面的溢出效应。基于发展经济学、创新经济学、经济地理学、工程管理等相关理论，以中国高速铁路建设为研究对象，考察重大工程参与创新生态系统的知识传递路径，解析不同创新主体在价值创造和共创方面的内在联系机制，分析不同创新路径依赖下的创新主体能力演化特征，对进一步强化创新生态系统的可持续性具有重要的意义。

　　第二，作者基于可竞争市场理论等管理学和经济学的经典理论，围绕重大工程的产业竞争力效应这一核心内容进行了理论建构和实证分析。利用中国工业企业微观数据和"五纵七横"国道主干线工程建设这一准自然实验过程，通过文献分析与计量方法，解析了重大工程对于产业竞争力的溢出效应。此外，分别从企业创新、企业进退和企业迁移的视角发掘了内部影响机理，并验证了包括政府、市场、中介机构等外部利益相关者对于重大工程产业竞争力效应的交互影响。

　　一切过往，皆为序章。中国重大工程的伟大实践还需要其深度融入社会经济系统，切实增进国民福祉，扩大社会福利范围。本书立足于中国两大典型重大工程——高速铁路和高速公路，基于工程实践的感性认识和相关理论的理性思考，细致、规范地运用实证研究方法，从创新和产业动态视角探索了重大工程溢出效应的不同逻辑和边界条件，提出了一个新的研究架构，对于我国创新引领工程建造，工程建造反哺创新增长的迭代循环具有十分重要的理论意义和实践价值。

　　基于此，本人欣之为序。

中国工程院院士

2022 年 3 月

前 言

　　重大工程是对政治、经济、社会、环境等产生重要影响的大型公共物质工程。其中，交通基础设施工程尤其具有基础性和先导性双重特征，在国家社会经济发展中发挥着不可替代的作用。

　　本书分为上下两篇，聚焦重大工程的创新与产业溢出效应，开展系统的研究来探讨其形成机理与作用机制。上篇以中国大规模高铁建设为准自然实验，围绕"重大工程创新溢出效应如何形成？"以及"重大工程创新溢出效应如何扩散？"这两个基本问题，研究高铁对于区域创新的耦合机理，检验高铁对于企业创新动态的塑造作用，进而考察高铁对于创新扩散的作用路径。

　　上篇的研究工作主要分为以下四个部分。

　　第一，以城市为基本分析单元，考察高铁与区域创新的关系。在厘清高铁对于区域创新的积极效应后，基于创新生态系统视角，对于区域内高铁在不同创新角色（个人、大学、科研单位、企业和社会团体）、不同创新方式（合作与独立）、不同创新类型（激进式创新和渐进式创新）、不同行业（战略新兴行业和传统行业）的异质性进行进一步考察。研究结果表明，高铁的开通有效提升了区域创新绩效；相比独立创新，合作创新更能从高铁开通中受益；相比激进式创新，高铁强化了技术要求高、横跨多个领域的渐进式创新；相比传统行业，高铁能够更加有效地推动战略新兴行业创新。

　　第二，以企业为基本分析单元，探究高铁与企业创新的动态关系。基于中国工业企业的创新情境，区分政府隶属关系、所有权结构、城市规模和地理邻近性对于企业创新响应的边界作用。进一步结合非正式制度理论，探究企业在不同地区的社会信任水平和方言多样性水平情境下如何通过社会互动吸收外来的知识溢出。研究发现，国有企业、民营企业相比于外资企业和集体企业对于高铁开通所带来的信息流更加敏感，创新溢出更加明显；企业能够汲取的创新溢出随着距离创新集群城市越远而逐渐衰减；位于中小城市的企业在高铁开通后能够获得更加显著的创新增长。从非正式制度来看，高社会信任与低方言多样性的地区能够强化高铁对于创新的溢出效应。

　　第三，以区域技术市场为基本分析对象，探究高铁与创新扩散的关系。立足于技术许可这一同时具备商业化和创新生产双重特征的现象，研究高铁如何塑造创新的商业化过程以及在技术市场的扩散过程。研究发现，高铁通过减少信息不对称和扩大交易双向匹配技术市场，来促进创新成果的扩散与应用。此外，研究还发现当地人力资本储备和国外竞争强度均可有效调节上述关系。人力资本储备有助于当地企业对于潜在互补性技术的识别与搜索，而国外竞争强度则迫使企业寻求外部技术市场帮助来应对本地的竞争压力。

第四，以企业为基本分析对象，探究高铁与技术转移的关系。聚焦技术转让这一典型企业专利战略，研究高铁如何影响企业技术转让的决策过程。研究发现，高铁确实促进了企业技术专利的转让频率与规模。同时，研究还发现企业的创新声誉、市场关注和行业竞争在上述关系中的替代效应，即显著弱化了高铁的积极作用。

下篇围绕"重大工程的修建如何在产业层面产生溢出效应？"和"重大工程的修建是否以及如何促进中国制造业产业竞争力的提升？"这两个主要问题开展研究。基于可竞争市场理论等管理学和经济学的经典理论，下篇围绕重大工程的产业溢出效应进行理论建构和实证分析，利用中国制造业企业微观数据和"五纵七横"国道主干线工程建设这一准自然实验过程，结合文献分析与计量方法，探索重大工程与中国制造业产业竞争力之间的关系，从企业创新、企业进退和企业迁移的视角解构重大工程对于制造业产业竞争力的影响机理，并验证政府、市场、中介机构等对于产业竞争力效应的交互影响。

下篇的研究工作主要包括以下四个部分。

第一，证实了重大工程对于产业竞争力提升的正向影响。现有文献针对重大工程对于产业竞争力的影响仍存在着一定争议。为解决这一问题，下篇分别采用普通最小二乘法、双重差分法和双重差分倾向得分匹配法等实证研究方法，在充分考虑实证分析内生性问题的情况下，针对中国情境下的重大工程对于产业竞争力的溢出效应开展了深入的实证研究，其结果证实重大工程对于产业竞争力的提升具有显著且稳健的影响。

第二，从企业创新的视角解析了重大工程产业溢出效应的影响机理。重大工程修建引发市场竞争强度加剧，将促进一部分生产效率较低的企业被迫通过提高生产效率来应对同行业竞争。提升创新绩效是企业提高生产效率的一种有效方式。通过实证研究，检验了企业创新在重大工程和企业生产效率二者之间的中介效应。研究结果表明，重大工程的修建能够通过促进企业创新绩效提升的方式提高企业生产效率，从而加速产业技术的升级，提升产业内企业的平均生产效率，最终促进产业竞争力的提升。这一效应在政府干预较弱的地区和中介机构较为发达的地区效果更为显著。

第三，从企业进退的视角挖掘了重大工程产业溢出效应的影响机理。重大工程修建引发的市场竞争强度加剧将导致一部分生产效率较低的企业退出市场。下篇采用线性概率模型与普通最小二乘法模型，检验重大工程的修建对于企业退出市场和进入市场的影响。研究结果表明，重大工程的修建能够促进生产效率较低的企业退出市场，并吸引生产效率较高的企业进入市场，从而加速产业组织的升级，提升产业内企业的平均生产效率，最终促进产业竞争力的提升，这一效应在依赖关系网络的行业中表现得更为明显。

第四，从企业迁移的视角解构了重大工程产业溢出效应的影响机理。重大工程修建为企业在地理层面的迁移创造了有利条件。企业可以选择迁移到具备产业优势的区域，通过利用产业集聚获得的规模效应来促进自身生产效率的提高。下篇从企业迁移的视角实证分析了重大工程修建与产业集聚之间的关系，结果表明，总体来看，重大工程的修建对于产业集聚具有显著影响。研究证实重大工程的修建能够通过加速产业布局的升级提升产业内企业的平均生产效率，最终促进产业竞争力的提升。这一效应具有显著的行业异质性。

本书的创新性体现在以下几个方面。

第一，揭示了高铁建设对于区域创新的溢出效应，以区域创新生态系统为分析框架，发现了创新主体、技术领域、行业在高铁创新溢出效应的差异化分布。

第二，检验了高铁建设对于企业创新动态性的促进作用，解释了企业的个性化特征如何调节对于高铁知识溢出的吸收效果。进一步，解释了高铁对企业技术转让的微观作用机制，验证了创新声誉、市场关注和行业竞争的信号作用。

第三，发掘了高铁建设对于区域创新扩散的催化机制，阐明了其在信息不对称减少和技术市场匹配上的重要性，揭示了本地人力资本拉动和国外竞争程度推动的双重边界条件。

第四，证实了重大工程对于产业竞争力的提升具有显著且稳健的影响，这有助于调和现有文献中的分歧，帮助学界在重大工程的产业溢出效应这一议题上达成共识。

第五，从企业创新、企业进退和企业迁移三个不同的视角实证检验了重大工程的修建对于产业技术升级、产业组织升级和产业布局升级的促进作用，厘清了重大工程产业溢出效应的影响机理。

第六，揭示了企业的外部利益相关者对于重大工程产业溢出效应的影响，系统验证了政府、市场和中介机构等在重大工程对于产业竞争力的影响过程中发挥的作用，这有助于更加系统、全面地认识重大工程的产业溢出效应。

本书的研究得到国家自然科学基金资助，为国家自然科学基金重点国际（地区）合作项目（编号：71620107004）、专项项目（编号：71942006）的阶段性研究成果。

受限于笔者水平，书中不妥之处在所难免，恳请同行专家批评指正。

目　　录

下篇　重大工程产业溢出效应：基于高速公路的研究

上 篇

重大工程创新溢出效应：基于高速铁路的研究

第1章 上篇导论

本章主要介绍本篇的总体概况,阐述研究动机,明确研究总体目标与研究内容,并构建研究的整体框架与层次结构。在此基础上,介绍研究设计的主要方法及技术路线,最后陈述本篇的主要创新点。

1.1 研究背景与意义

重大基础工程(简称重大工程)是对政治、经济、社会、环境等产生重要影响的大型公共物质工程(盛昭瀚等,2019;Ma et al.,2017;Zeng et al.,2015)。其中,交通基础设施工程具有基础性和先导性双重特征,在不同国家的历史发展中均发挥着不可替代的作用(刘勇,2010;张学良,2012;李涵和黎志刚,2009)。最近几十年来,交通基础设施投资在全球范围内实现了巨大的增长,包括传统的基础设施(如普通公路、高速公路、内河航道、航线)和新兴的基础设施(如轨道交通、高速铁路等)(高速铁路简称高铁),其对于经济增长的重要推动作用已经被来自不同发展程度的国家和地区的证据所验证(Baum-Snow et al.,2017;Donaldson,2018;Duranton et al.,2014;Gibbons et al.,2019;Li and Xu,2018;刘勇,2010;董晓霞等,2006)。相关研究进一步强调了交通基础设施在降低市场准入(Donaldson and Hornbeck,2016;Faber,2014)、促进贸易流动和整合(Storeygard,2016)、去城市化(Baum-Snow,2007)方面的角色,进而从不同侧面阐释其如何同时塑造宏观和微观的经济结果。

发达的交通基础设施在大幅度降低商品运输成本的同时,极大影响了区域间知识交换的速度(Parent and Riou,2005),扩大了知识溢出的距离(何凌云和陶东杰,2020),增加了区域之间的社会互动频率(林善浪和邱雨歆,2020)。这种在不同的技术、行业、领域间的知识交流与互动将催生很多新奇的创意和想法,从而加速创新的形成和扩散。由此近年来的研究分别从区域、组织、团队、学科等不同层次来揭示交通基础设施对于创新的差异化溢出效应。比如,Agrawal 等(2017)利用美国的州际公路网络和专利数据发现交通基础设施通过缩短发明人员与知识源的空间距离来激励区域创新。Wang 等(2018b)利用中国的城市公路里程和当地企业的专利申请活动数据,发现大规模的公路建设能够有效地提升企业的创新绩效。Dong 等（2020）则是从中国的高铁建设出发，探讨这一新兴的基础设施对于研究团队学术产出的积极影响。Catalini 等（2020）则检验了新的航线开通对于学科内部科研发展的速度和方向的作用。

基于相关学者在交通基础设施与创新溢出方面做出的探索性工作，本书进一步从研究的理论视角、研究对象和作用机理进行系统性整合。鉴于此，本书在回顾发展经济学、创新经济学、经济地理学、工程管理等相关文献的基础上，以中国高铁建设为研究对象，试图凝练这一领域的基础性理论，阐释高铁发展和关键创新角色的差异化特点，提出符合创新发展规律和交通基础设施溢出的相关机制。

1.2　研究目标与内容

1.2.1　研究目标

本篇基于创新理论和交通基础设施经济学视角，以交通基础设施与区域创新生态系统演化为目标，围绕高铁发展对于创新形成与创新扩散的溢出效应这两个核心内容，从宏观、微观分别分析高铁开通在区域层面、企业层面的效应，从创新溢出与吸收、社会互动与凝结、技术市场匹配与信息不对称及技术转移与市场信号传递的综合视角出发，探究高铁和创新的传导机制。基于文献调研与实证研究，厘清高铁作为交通基础设施在创新发展中的作用机理，为重大工程的社会合法性与可持续性提供理论支撑，为我国重大工程产业布局和区域分布提供政策依据。本篇的研究逻辑如图 1-1 所示。

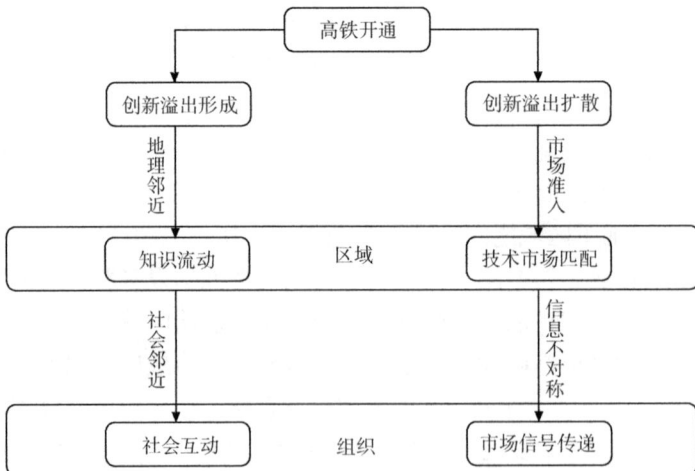

图 1-1　逻辑框架图

1.2.2 研究内容

本篇的核心研究内容呈现于第 3 章至第 6 章（第 1 章为上篇导论，第 2 章为研究评述，第 7 章为研究结论与展望）。以下简要介绍各章节的研究内容。

第 1 章为上篇导论。这一章首先介绍本篇的研究背景与研究意义；其次阐述了研究目标与研究内容；最后说明了主要研究方法、技术路线与相关创新点。

第 2 章为基础设施建设与创新研究评述。这一章回顾了当前基础设施与创新互动的相关研究和主要理论视角：经济集聚、知识溢出、社会互动、创新者流动和创新网络。在此基础上识别出现有研究面临的主要理论和实证上的挑战。

第 3 章为高铁对于区域创新的影响：知识溢出的视角。该章首先以中国高铁建设为准自然实验，考察高铁对于区域创新增长的作用机制。基于中国 285 个地级市 2004~2015 年的样本，利用专利数据测度城市层面的创新水平。高铁的开通将大大增加城市之间的信息、资金、人才的充分流动，为创新发展提供了充足的物质基础。此外，附着于人才之上的异质性与多元化的知识和经验也将随着高铁开通更加充分地流动和互换。其次，进一步考察不同创新主体、技术、创新类别如何差异化地获取高铁的创新溢出，厘清高铁影响区域创新的潜在机制。

第 4 章为高铁对于企业创新的影响：社会互动的视角。鉴于企业在国家创新发展中的引领性作用和示范效应，考察高铁开通对于企业创新的影响。采用中国工业企业 1998~2013 年样本，通过双重差分（difference-in-difference，DID）法估计当地高铁开通对于企业专利申请的影响。将企业专利分为发明专利和非发明专利，检验高铁对于突破性创新和渐进性创新的差异化效应。基于企业地理位置的稳定性和人员交流的频繁性，该章引入了社会互动的视角，从本地方言多样性和社会信任来检验高铁如何通过增加社会互动来推动创新。

第 5 章为高铁对于创新扩散的影响：信息不对称的视角。该章在研究高铁与创新形成的基础上，进一步探究高铁对于已有创新成果和技术的扩散效应。通过专利许可数据分析，检验高铁对于城市层面技术许可行为的影响。并且，进一步考察市场化制度发展、人力资本和国外竞争程度对于上述效果的调节作用。最后分析创新类别和区域发展水平的异质性效果。

第 6 章为高铁对于企业技术转移的影响：专利转让的证据。该章在研究高铁与区域创新扩散的基础上，进一步探究高铁对于创新转移策略的微观传导机制。通过专利转让数据分析，检验高铁对于企业层面技术转让行为的影响。并且，进一步考察创新声誉、市场关注和行业竞争的信号替代效应。

第 7 章为研究结论与展望。该章对上述研究进行了归纳，提炼总结主要的理论贡献和实践价值，指出不足之处和未来的研究方向。

1.3 研究方法

本篇以计量经济学、数理统计学、内容分析法等为主要研究工具，以 2008 年以来大规模中国高铁建设为准自然实验，以中国 285 个地级市、中国工业企业为研究对象，揭露其创新溢出效应的形成和扩散机制。

采用 DID 模型研究不同地区在不同时间点开通高铁线路后对于本地创新的溢出效应。高铁线路开通数据来自中国铁路总公司官网发布的每年高铁线路信息，包括是否开通高铁线路、开通时间、开通站点等。

手工收集中国所有地级市、工业企业和上市企业在 2008 年前后的专利申请详细信息，作为创新测度的代理变量。专利数据信息来自国家知识产权局、IncoPat 专利数据库、国泰安 CSMAR（China Stock Market & Accounting Research Database，中国经济金融研究数据库）等。其他的数据信息来自《中国城市统计年鉴》、CSMAR 区域经济研究数据库、CEIC（司尔亚司数据信息有限公司）数据库等。

扎根重大工程发展前沿，立足交通基础设施，以高铁建设—创新形成—创新扩散为主要研究线索，以区域—组织—区域为主要研究单元，以文献调研和实证计量为主要研究手段，探究高铁建设的创新溢出路径、机理与逻辑。

1.4 主要创新点

本篇的创新性主要体现在以下方面。

第一，分析高铁建设对于区域创新的溢出效应，以区域创新生态系统为分析框架，发现不同创新群体、领域、行业在高铁创新溢出效应的差异化分布。

现有创新地理与基础设施的研究将创新结果作为一个整体，没有透视创新角色和创新过程在产出创新中的不同地位和能力。事实上，就创新角色、创新领域和创新行业而言，对交通可达性以及空间上的地理邻近性的依赖程度大不相同。这是由于个体、技术和行业本身特征决定了其在创新中分配给交流和互动的权重各不相同。本篇在前人的基础上进一步考察了不同群体、技术领域和行业在高铁溢出效应中的不均衡分布，描绘出高铁全景式创新溢出图景。

第二，检验高铁建设对于工业企业创新动态性的促进作用，解释了企业的个性化特征如何强化或者弱化对知识溢出的搜索。基于社会互动视角，揭示高铁这一"硬"基础设施与非正式制度这一"软"基础设施的联动机理。

创新与交流和互动密切相关。高铁与创新的研究揭示了地理邻近性为创造社会互动提供了更多的机会。然而，以往的研究忽视了社会邻近性和认知邻近性在调节社会互动与知识溢出上的关键作用。换言之，更低的通勤成本换来更多面对面的互动，而互动效果取决于交互双方在多大程度上愿意提供用于贡献的稀缺知识和有用信息。更多的互动机会和高质量的互动效果对高质量的创新成果来说缺一不可。在之前研究的基础之上，引入社会信任与方言多样性来考察社会邻近性与认知邻近性调节高铁所引发的社会互动机制。

第三，探究高铁建设对于创新扩散的催化机制，阐明了其在信息不对称减少和技术市场匹配上的重要性，揭示了本地人力资本拉动和国外竞争程度推动的双重边界条件。

建立良好的国家创新系统，既需要源源不断的高水平创新投入产出，还要有通畅的创新扩散渠道，从而实现创新的社会价值最大化。之前的交通基础设施与创新研究主要聚焦于本地的创新结果，而忽视了创新在不同行业、领域和部门间的扩散机制。因此，本篇专注于高铁与技术市场的互动，通过减少区域间技术信息不对称，降低跨区域技术市场的准入门槛，从而提高技术交易双方的匹配效率。

第四，考察高铁与企业技术转让的微观作用机制，验证了创新声誉、市场关注和行业竞争的信号替代作用。

之前创新扩散的研究考察了很多微观层面的驱动机制。创新成果作为企业的宝贵资产和特有的竞争优势，在进行转让决策时，不仅需要考虑微观的竞争和收益成本，还需要获得广阔的技术需求方市场。本篇在之前研究的基础上，检验高铁开通后所引入的信号放大机制是否增加了创新明星企业在技术市场的吸引力和覆盖面。

1.5　本 章 小 结

本章作为本篇的导论，主要起到提纲挈领的作用，简要介绍了本篇的研究背景和意义、研究框架与研究方法，最后提出了本篇研究的主要创新点。

第 2 章　基础设施建设与创新研究评述

本章主要回顾交通基础设施与经济发展、创新增长的相关文献并进行评述。在此基础上，指出基础设施促进创新的潜在作用机理，阐述在未来研究中可能遭遇的相关挑战。

2.1　交通基础设施与创新溢出

2.1.1　区域创新

交通基础设施与创新溢出的研究相较于传统的经济效应而言属于一支新兴的研究。一方面，创新相比于其他经济指标，需要长时间的投入和高风险的探索，所以短时间内很难体现在经济统计等公开数据资料上；另一方面，交通的可达性确实促进了人才、知识和信息在空间上的流动，为探究交通基础设施的创新溢出效应提供了学理上的合理性。Agrawal 等（2017）基于美国的大规模州际高速公路建设的历史数据和地区的专利申请信息，最早开始研究交通基础设施与创新溢出效应。他们的研究率先打开了创新和宏观经济增长领域知识溢出的"黑匣子"，发现发达的交通基础设施不仅能够促进人口的流动，也能降低知识流动的成本。他们的研究结果表明，每增加 10%的州际高速公路的里程，就可以带来 1.7%的 5 年内的地区专利的增长。作为最先研究基础设施与区域创新增长的文章，Agrawal 等（2017）突破了 Jaffe 等（1993）关于知识溢出本地化的论断（localization of knowledge spillover），即知识的流动受制于地理距离的限制，相近的组织和个人能够更好地吸收彼此的知识溢出，这种知识溢出会随着地理距离的增加而减弱。交通基础设施的改进扩大了知识溢出的延伸距离。此外，他们还发现上述溢出效应主要体现在固定居住的发明者上，即不必迁移至创新资源更丰富的地区也可以通过较低的出行成本获取远处的知识和信息。

此外，Roche（2020）创新性地从区域之间的地理关联转换到区域内部的物理布局，探讨街道基础设施建设如何影响当地组织的知识交换。基于美国基层普查数据、人口数据、创新数据和街道基础设施数据，Roche（2020）发现街道基础设施的密度可以解释传统区位外部性所无法解释的区域创新差异，即城市内部的创新也取决于周边基础设施的影响。

2.1.2　组织创新

企业作为创新活动的主要组织形式，基础设施的条件一直在区域选择战略中处于重点考察要素。一方面，传统的基础设施研究发现，可达性的提升提高了企业的商品周转效率，降低了企业的库存（Li H and Li Z G，2013），从而提升了现金流的周转率与资源的丰裕度。这样一来，多余的资源和现金流就可以用来进行必要的研发活动和新产品的开发。另一方面，有关经济集聚的文献表明，地方产业集聚发展与交通基础设施有密切的联系，发达的交通能够更加密切地联系供应链的上下游企业，促进产业链之间的信息交互和专业技能的互补，从而促进企业创新。Wang 等（2018b）基于中国城市道路基础设施建设与上市公司样本，研究其与当地企业创新的关系时发现，当地道路密度越大，企业创新能力越强。此外，他们解释了背后的知识扩散和市场扩张机制。

此外，Gao 和 Zheng（2020）利用中国江苏、浙江和广东三省高铁开通的准自然实验考察其对于当地工业或企业产品创新和过程创新的不同影响。研究发现，在江苏和浙江两地开通高铁后，企业创新效应更加显著。主要原因在于高铁开通显著提升了企业家的创新意识，开发了创新输入的新源头，强化了企业利用高铁推销新产品的能力。

除了企业，高校等专业的研究机构也是创新产出的重要来源之一。Cui 等（2020）同样基于中国 2008 年高铁开通的事实，考察中国的高校和企业联盟创新的动态变化。这项研究突破了之前单独研究高校或者企业应对基础设施冲击的创新反应，着眼于不同创新主体之间的协同机制以及合作创新模式。研究发现，高铁开通确实促进了校企合作创新，而且短时间内增加了以实用新型专利为代表的渐进性创新和长时间内以发明专利为代表的突破性创新。

2.1.3　个体创新

科学家、发明家、工程师和高技能熟练工人是处于创新前沿的一线主体，也是创造知识和集成创意的核心群体。探讨具有创造性思维和专业技能的个体在交通基础设施改进后如何转变知识创造和扩散的方式是当前研究的最新方向。这一支研究文献强调，交通基础设施所诱发的低交通成本改变了专业人才的交流方式和频率，增加了面对面互动的机会，以及促进蕴含在个体中无可言说的缄默知识转移。以美国西南航空航线开通为例，Catalini 等（2020）考察了空运成本的降低如何促进科研人员的生产力的提升，即学术论文的发表。研究结果显示，一条新的廉价航空引入后，两地之间的学术合作增加了 0.3～1.1 倍，这种学术合作网络的增加对于高水平的科学家和位于恶劣环境的科研人员更为显著。此外，他们还发现更加新颖的和依赖于互补性技能的科研项目产出也大大增加了。Dong 等（2020）则利用中国高铁开通的事实来检验中国超大城市高校科研产出的动态特征，尤其是科研人员的学术发表。以城市为研究对象，发现高铁开通的城市之间的学术合作发表论文数量显著增加，具体可分为集约边际效应（强化已有合作）和粗放边际效应（开展新的合作）。

2.2　相关研究理论

2.2.1　经济集聚

在基础设施与经济增长的相关研究中，经济集聚是一个极为重要的概念，指的是不同组织或企业选择相近的地理区位而产生的外部性（Carlino and Kerr，2015；唐红祥，2017）。不同类型的交通基础设施（公路、铁路、飞机）对于相关产业的空间集聚都有不同程度的促进作用（唐红祥等，2018；李涵和唐丽淼，2015）。交通基础设施降低了人力资本、金融资本和信息资本的流动成本，改变了这些资源禀赋的空间分配方式和效率（步晓宁等，2019）。可以发现，发达的交通基础设施会吸引相关产业及上下游企业在同一空间范围内相互集聚从而实现规模经济和范围经济（Duranton，2007；Faber，2014；刘生龙和胡鞍钢，2011；刘秉镰等，2010；高翔等，2015）。基础设施通过经济集聚实现多种经济绩效的提升，包括劳动力成本降低、生产率提高、行业间和内部的贸易增加等（Banerjee et al.，2020；Datta，2012；Li H and Li Z G，2013；Michaels，2008）。纵观全球不同行业，包括美国硅谷的半导体行业、纽约的金融与广告服务业、洛杉矶的娱乐业、中国杭州的互联网产业，可以发现，特定行业的集聚除了带来生产效率的增长，也能刺激新兴产业的形成和创新创业活动的活跃（Carlino and Kerr，2015）。集聚经济对于区域创新的积极效应主要有以下两个渠道。

（1）共享。经济集聚带来的规模经济效应允许一系列专业化生产要素、经验丰富的本地劳动力、专业的服务机构在当地企业间实现高效共享。组织之间的共享创造的各种复杂且密切的关联会进一步促进知识的相互流动（Porter，1998）。

（2）匹配。集聚带来的是劳动力市场与企业之间的匹配更加拟合。产业集聚扩大了劳动力职业选择范围，降低了寻求理想雇主的机会成本（Porter，1998）。多样化的劳动力选择让企业在面临复杂性环境挑战时有充足的人力资本储备应对并且进行重大创新活动。

2.2.2　知识溢出

作为经济增长和创新扩散的重要渠道和机制，知识溢出成为创新地理和区域演化的关键性理论之一（Audretsch and Feldman，2004；Jaffe et al.，1993；Zucker et al.，1998）。知识溢出被定义为科学研究和发现对于既非直接参与研究和创造过程也未获得相关授权许可的其他组织和个人的正外部性（Zucker et al.，1998）。知识溢出具有两个显著性特征：创新活动的空间集聚性和知识流动的本地化。二者的交互进一步造就了知识溢出的本地化（Feldman and Kogler，2010），即在特定范围的区域内部，相关发明人和研发团队彼此之间具有强有力的连接，相互接触新知识、新工艺、新视角、新理念极为频繁，创新扩散的速度和效率大大增加（Agrawal et al.，2006；Agrawal et al.，2008；Alcácer and Chung，2007）。因此，知识溢出为本地的创新增量和增速提供了突破机会。空间邻近性成为知识溢出在创新的产生、传播和共享中发挥作用的先决条件之一（Capello and Lenzi，2014；Li，2014；Singh and Marx，2013）。换言之，地理位置过于分散时，创新主体和其他参与人难以直接进行远距离的知识交换，知识溢出的效果将会逐渐削弱。

而交通基础设施与创新的相关文献认为基础设施的发展极大地降低了交通成本，突破了知识溢出本地化的局限，为知识交换和创新扩散换取了更大范围的地理空间平台（叶德珠等，2020a；吉赟和杨青，2020）。比如，Tamura（2017）的研究发现日本新干线的开通和运营降低了新知识连接的成本，提升了发明者之间知识转移的发生频率，扩大了知识交换的地理范围。从合作网络的角度看，发达的基础设施降低了对于潜在合作对象的外地搜寻成本，促进了远距离的发明合作，强化了创新合作网络的区域多样性和地理复杂性（Agrawal et al.，2017）。对于外围城市而言，基础设施快速将其与创新中心城市进行连接，与著名科学机构、实验室、企业和高校之间建立更加密切的合作关系，吸收来自这些不同创新机构的知识溢出（Catalini et al.，2020）。就结果而言，基础设施的发展促进了区域之间的沟通和相互学习，将植根于本地的创新资产、优势和传统辐射向更远的地区，在更大的地理范围内实现区域创新能力的升级和跃迁。

知识溢出价值的发挥除了空间距离缩短以外，同样依赖于社会规范和习惯的共享程度（Burt，1987，2000；Rosenkopf and Almeida，2003）。社会和文化的共性、特定技术领域内的共识、专业知识的通用语言都会影响知识交换和扩散过程中的速度和效果（Audretsch and Feldman，2004）。发达的交通基础设施快速连接不同文化传统的区域时如何克服这一认知距离的壁垒，还需要进一步研究知识溢出在创新过程中的内涵和机理。

2.2.3　社会互动

社会心理学和行为经济学文献将社会互动视作不同的个人、群体和组织之间基于各自的社会偏好、社会动机和社会行为相互演化形成的社会关系（Blume et al.，2011）。

社会互动与信息交换、知识获取、创意集成存在明显的相关关系。交易伙伴之间随时间而不断发展的社会互动会同时促进二者在经济交换中的能力和可信度，进而推进信息交换的强度、频率和深度（Yli-Renko et al.，2001）。除了通过传统媒体能够轻易获得可编码的显性知识之外，那些内嵌于个人特质的组成部分，带有强烈的制度印记和地域文化，只可意会不可言传的隐性知识只能通过面对面的互动获取（Fagerberg et al.，2006；吴继兰和尚珊珊，2019）。大量的研究证据表明，企业建立、维持并强化自己的创新优势更多地取决于如何获取、转化和吸收特定的隐性知识，开发企业特有的无形知识资产（Blume et al.，2011）。当然，最为直接的是社会互动将具有异质性文化背景、多样性行业知识、复杂性技术能力的个人通过重复性和高强度的社会网络进行连接。多元化价值观、信念、准则的交融，跨行业知识和技能的交叉渗透都能够导致创新流程、工艺的差异化和多样化。

传统的社会互动集中在共享相同实践和偏好的邻近社区或集体空间内部，交通基础设施的发达则有可能实现远距离和大范围的社会互动。建立发达且密集的交通网络，极大地降低了相关研发人员和科研工作者的跨区域通勤成本，克服了团队成员内部因地理位置分散而缺乏足够和有效的沟通与交流等问题（Dong et al.，2020）。交通基础设施通过促进社会互动来加速创新的机制可以从以下几个方面进行解读。

（1）学习效应。创新型明星（如科技型独角兽企业、创新型科研机构、著名科学家和发明家、工程师等）对于区域创新有极为显著的策源效应和辐射效应（Agrawal et al.，2014a）。这些拥有特定技能、核心知识和专业技术的人才对于当地的技术发展路线和速率有不可忽视的影响。从全球范围来看，特定产业集群的异军突起都伴随着一定程度的智慧资本累积，即创新明星的集聚（Zucker et al.，1998）。大批量科技型独角兽企业的集中涌现即明证（Almeida and Kogut，1999；Kaiser et al.，2018）。发达的交通基础设施如高速公路网络、高铁网络和航线的开通为人们近距离观摩、学习这些创新明星提供了极为便利的条件（冯长春等，2013；李祥妹等，2014；王强等，2014）。例如，人们可以轻易地通过高铁、飞机在短时间内到达创新明星聚集地，拜访著名的科研机构，参加相关的学术讲座，出席高质量的学术会议或行业会议（Chai and Freeman，2019）。通过这些面对面地与创新明星交流与互动，更容易习得相关的研究方法、思维方式和专业范式，从而有效地实现知识的转化和吸收（Agrawal et al.，2014b）。而这些是基于互联网等远程交流方式或文档、录音等其他媒介不能达到的。

（2）互补效应。交通基础设施的发展同样将个人纳入到更大的劳动力市场，降低了个体或者组织对于潜在外部合作对象的信息搜寻成本，快速实现了对应的匹配。本地市场的资源和技能在一定程度上呈现出同质化现象，而在充满市场动态性和技术不确定性的环境下，团队和组织不得不整合与自身能力匹配的互补性资源，完成随后的创新生产过程所必需的物质积累和人力储备（Freeman，2002）。战略管理领域强调了互补性资产在企业的竞争优势和创新绩效中扮演着重要的角色（Cassiman and Veugelers，2006）。交通基础设施的可达性允许人们在本地以外的劳动力市场通过频繁和密切的社会互动实现最大程度的互补性资源匹配。通过密集的基础设施网络，接触并且发现具有异质性、稀缺性的行业人才和技术专家变得更加容易，从中匹配理想的合作伙伴的概率也大大增加（Vakili and Zhang，2018）。通过基础设施连接与自身互补且具备多样化背景的人才将扩大个人或企业的知识库，提升未来的创新力。

（3）同侪效应。便捷的交通可达性增加了社会互动的过程，也大大减少了跨区域间的信息不对称（Charnoz et al.，2018），让企业实时追踪行业前沿发展，对标行业领袖做法，尤其是掌握行业内众多竞争对手的即时创新战略和决策，反过来进一步为企业自身的未来发展提供借鉴，实现创新追赶和弯道超车。通过高铁、高速公路和机场快速联通，加强了跨区域的产业内部有效沟通，同侪效应可以有效推动创新在不同社会群体中的扩散速度和效率（Estrada and Vargas-Estrada，2013）。尤其是在技术迭代频繁、商业模式升级迅速的相关行业，竞争对手的战略导向和意图往往为下一步颠覆性创新或突破性创新做准备。交通发达带来的与产业相关方的密切互动可以让自己通过战略模仿来及时调整自己的战略布局，从而在新一轮的创新浪潮中抓住机遇（Porter，1998）。

2.3　潜在作用机理

2.3.1　创新者迁移

创新人力资本是区域创新发展的主要决定因素之一。众多流行的创新政策旨在培育当地各类型创新人才，包括技术熟练的工人、经验丰富的工程师、科学家和发明家等。因此，创新者在不同城市、组织、部门间的迁移成为战略管理和创新管理的新兴研究话题（Breschi and Lissoni，2009）。

创新者的数量和质量之所以受到创新政策制定者和企业管理者的高度重视在于创新者掌握了艰深的专业领域知识和丰富的创新实践经验与方法。这些是短期内无法通过常规的企业内部培训项目所获得的（Kaiser et al.，2018）。以优惠的待遇和条件吸引这些来自组织外部和不同区域的创新人才，可以降低企业获取行业前沿知识和技术的时间成本。雇佣式学习理论指出，企业通过吸引那些创新型的明星员工可以促进明星与普通员工的面对面交流，尤其是无法用语言来描述的工作方式、惯例的隐性知识的内部流动（Almeida and Kogut，1999；Rosenkopf and Almeida，2003）。而且，在业内卓有声望的创新人才身上嵌入的复杂创新社会网络，如原单位的人际关系、原地区的合作网络，也会无形之中增加企业的社会资本，从而促进企业创新（Audretsch and Feldman，2004）。

交通基础设施影响创新者迁移存在两种不同的路径。第一种指的是交通基础设施通过降低城际通勤成本来大幅度增加创新者的流动频率。在保持创新者所在地不变的情况下，发达的交通基础设施允许他们以较小的时间成本连接不同区域的多样化知识来源，接触不同知识背景、技术和行业的专业化人才，在多元化的社会互动中促进知识的流动和创意的形成（Chai and Freeman，2019）。第二种指的是发达的交通基础设施作为显性的城市竞争力指标，可以吸引创新者扎根当地，享受与之配套的公共服务，同时更好地为区域创新做出贡献。对于无法承受超大城市的高昂生活成本的创新者来说，外围城市的配套如高铁等设施允许他们以极低的时间成本获取超大城市资源的同时不必居住在大城市内部（Zheng and Kahn，2013）。

2.3.2 合作创新网络

地理的邻近性可以有效降低见面和互动的成本，从而大大促进信息的交换和合作关系的形成。之前的大量研究表明，企业内部的协作关系相比于不同企业之间更容易形成，而公司城镇、企业园和开发区之间的知识转移和互动联系也比那些地理距离遥远的组织显著得多（解学梅，2010）。合作网络囿于地理边界的限制而无法向更加外围的区域和组织扩展，这成为制约创新型主体发展的重要瓶颈之一。

交通基础设施的发展为创新合作各相关方打破了地理的隔阂，让不同地区的个人、组织频繁地、密切地在同一地理空间内互动成为常态。具体而言，基础设施对于合作创新网络的推动表现在以下两个方面。

（1）建立全新的合作关联。研究问题的复杂性和多变性让团队成为科学和技术领域的主要知识生产者。普遍的合作关联基于一个共同的研究项目或邻近的研究社区和机构（大学、研究所、企业研发部门等）就可以轻易形成。然而，前沿的技术攻关和重大领域的突破性创新更加要求集合多样化的知识或创意并加以重新融合，因此跨地域、跨行业、跨部门的协同合作显得尤为重要（Agrawal et al.，2017）。交通基础设施的发展让人们可以频繁参与不同的知识社区或者行业协会举办的专业性研讨会，这些会议创造了短暂的、即时的地理邻近性（Belenzon and Schankerman，2013），降低了个人和团队搜索潜在的外地合作者和发现相关的研究领域的成本（Chai and Freeman，2019）。面对面的互动催生了大量有用信息的交换和想法的交流。

（2）强化已有的合作关联。对于已经建立了合作关联的个人或者团队而言，发达的交通基础设施可以进一步促进彼此之间的互动交流，强化信息分享和知识流动。极低的交通成本让研究团队有更多的机会一起近距离工作，提高团队工作效率和增加创新产出。以学术合作为例，Dong（2018）基于 Web of Science 的论文发表数据，发现中国高铁的开通对于学术合作产生了显著的集约边际效应，即增加了已有合作团队的学术产出。Agrawal 等（2017）基于专利引用数据的分析同样表明，改进的高速公路网络进一步激发了合作发明的创新结果。这些共同证明已有的创新合作网络同样从交通基础设施中获益匪浅。

2.4　现有研究评述

交通基础设施与创新溢出的相关研究处于起始阶段，未来依然存在巨大的研究空间和探索价值。

2.4.1　交通基础设施的路线配置

路线配置是所有交通基础设施研究面临的经典问题。交通基础设施不同于一般的工程项目或投资行为，其背后往往是国家意志的体现和战略意图的表达（刘勇政和李岩，2017；王雨飞和倪鹏飞，2016；董艳梅和朱英明，2016）。"要想富，先修路"，体现了政策制定者对于交通基础设施的经济效应的强烈预期，因此关于交通基础设施与经济发展的研究都在尽可能地排除这种人为的事先设定，而识别其因果关系（Baum-Snow，2007；Chen and Whalley，2012；Duranton et al.，2014；Faber，2014；Zheng and Kahn，2013）。工具变量法和准自然实验是两个较为普遍认可的解决办法（Capello and Lenzi，2014；Redding and Turner，2015）。关于工具变量法最为常用的有两种：第一种是历史路线法，一个国家或者地区在不同历史时期的交通基础设施路线表明了当地的地理条件与交通基础，与现有的基础设施存在明显的相关关系，但是与当前的经济增长相关性较小。可以发现，中国 1962

年铁路路线图（Zheng and Kahn，2013）、印度殖民地时期的铁路网络（Donaldson，2018）和美国1898年铁路图（Duranton et al.，2014）都曾被用来解决交通基础设施的内生性问题。第二种是计划路线法，指的是一个国家曾经发布过的大规模交通基础设施修建计划路线，包括1947年美国州际高速公路计划（Baum-Snow，2007）以及日本1987年第四次整体发展项目规划（Hsu and Zhang，2014）。除了工具变量法外，很多研究开始利用准自然实验来克服内生性挑战。比如，关于高铁的众多文献利用高铁在不同城市开通的不同时间构造一个准自然实验，研究高铁的不同经济效果（Ahlfeldt and Feddersen，2018；Dong et al.，2020；Heuermann and Schmieder，2018；Li and Xu，2018）。也有研究利用航线在不同地区的开通作为准自然实验，研究航空基础设施对于区域发展的影响（Catalini et al.，2020；Gibbons and Wu，2017）。在交通基础设施与创新溢出的研究中，同样需要解决内生性的问题。比如，交通基础设施是否优先配置在创新能力更强的城市中，从而存在互为因果的关系（周玉龙等，2018；张梦婷等，2018；白重恩和冀东星，2018）。另外，经济发达的城市可以同时加大基础设施投资和推动R&D（research and development，研究与发展）增长，产生实证估计中的遗漏变量问题。

2.4.2　创新溢出的度量

第一种测度是专利。专利是最为常见也最受创新研究学者青睐的测量方式。一方面，专利的数量和质量是衡量创新能力的核心指标之一（Fagerberg et al.，2006；Nagaoka et al.，2010；Shalley et al.，2015）。专利申请并且通过需要经过几年的专利审查，保证专利与现有的知识产权没有重叠，具有相当的创新性。另一方面，专利为进一步检验创新活动的异质性提供了详细的信息。比如，专利的引用情况已经被广泛应用于考察知识溢出本地化效应（Jaffe et al.，1993）。专利间的相互引用可以被视为创新网络和附着其上的知识流动。通过引用专利和被引用专利申请人所在地的地理距离可以判断知识溢出的效应（Jaffe et al.，1993）。同样，根据专利申请人所在地的变更信息，发明人的流动也可以被识别并且考察"内嵌于个人"的知识（通常是隐性知识）流动（Kaiser et al.，2018；Miguelez and Fink，2017；Paruchuri and Awate，2017；Shipilov et al.，2017）。第二种测度则是学术论文。学术论文被看作拓展人类知识边界和开发新的领域的一种直接的方式。高水平的期刊论文[如发表在SCI（Science Citation Index，科学引文索引）、SSCI（Social Science Citation Index，社会科学引文索引）、CSSCI（Chinese Social Science Citation Index，中文社会科学引文索引）期刊上的论文]或顶尖会议论文代表了作者在该领域的学术引领地位与创新能力（Chai and Freeman，2019）。论文作者之间的合作关系也能判断知识流动的方向和轨迹。相比较于专利的技术领域分类，论文的学科分类能够检验交通基础设施对于不同类型的知识领域（自然科学和社会科学）创新的异质性作用（Dong et al., 2020）。然而，学术论文作为创新测度有一个明显的缺陷在于样本选择的偏差。大学和科研机构作为学术论文最主要的产出来源有明显的地域偏好，即大部分著名和创新能力强的高校与科研单位坐落于资源丰富的大型城市，中小型城市由于缺少类似的资源在论文方面的产出则逊色不少。凭借学术论文无法全面衡量一个地区的创新水平。此外，学术交流的广泛性允许科研人员可以同时在多所院校和机构任职，因此根据合作者隶属单位的变化来检测知识流动的轨迹也存在偏误。

未来的研究一方面需要修正专利和论文本身对于创新活动测量的偏误，另一方面也需要结合其他的数据，如新产品产值、技术市场交易的份额等，综合多种指标体系来考察区域、组织和个人的创新能力以及创新演化过程中的知识流动（Arora et al., 2018；Contigiani et al., 2018；Zhou et al., 2017；曾赛星等，2019）。就交通基础设施而言，最为重要的是尽可能识别其对于创新的因果关系。单一类型的交通基础设施已经被广泛研究，而多种交通基础设施的联合效应还缺乏足够的关注。事实上，不同国家和地方的产业政策都在强调航空与铁路、公路与铁路、航空与公路的联动布局与发展。多元化的交通基础设施建设能够进一步提升区域的要素流动速度。因此，多类型交通基础设施的交互对于创新发展同时具备理论和实践的启示意义。

2.5　本章小结

本章主要回顾了相关文献和经典理论，梳理了交通基础设施与创新之间的潜在作用机理，指出了当前的研究挑战，为下文实证研究的可行性提供了理论上的支撑。

第3章 高铁对于区域创新的影响：知识溢出的视角

本章从知识溢出的视角考察高铁建设与区域创新的关系。从宏观层面利用实证数据正式回答本篇最基本的问题：①高铁能否促进区域创新增长？②不同技术领域、行业和合作方式的创新溢出是否存在差异？在此基础上，通过一系列检验验证了结论的稳健性。

3.1 引　　言

不同领域的学者广泛探讨了创新的决定因素，包括地理位置（Almeida and Kogut，1999；Audretsch and Feldman，2004；Feldman and Kogler，2010；Jaffe et al.，1993）、区域开放性（Fagerberg et al.，2006）、知识产权保护（Xie and Li，2018）、集聚经济（Carlino and Kerr，2015；Jang et al.，2017）和社会政策（Contigiani et al.，2018；Vakili and Zhang，2018）。2018 年，中国创新指数（2018）跻身全球创新型经济体 20 强（Dutta et al.，2018）[①]。一个发展中经济体在创新方面取得如此大的进步，这一悖论吸引了众多学者探究这一现象背后的原因（Perlman，2016a）。经济地理学和发展经济学的大量文献强调了交通基础设施在塑造人才流动和知识溢出方面的重要性，然而中国的交通基础设施与创新之间的关系却鲜少受到关注（Agrawal et al.，2017；Dong et al.，2020；Wang et al.，2018b）。

有关交通基础设施的文献已经证明了其在促进市场准入（Donaldson，2018；Donaldson and Hornbeck，2016）、去中心化（Baum-Snow et al.，2017）和贸易流动（Qin，2017）方面的作用。学界认为，创新作为经济增长的关键驱动力之一，受到交通基础设施的影响是理所当然的。然而，现有的创新研究大多对这种关系各执一词，认为这种关系在理论上是复杂的，缺乏强有力的实证结果（Perlman，2016a）。此外，由于发达国家拥有丰富的交通基础设施建设数据和悠久的交通基

---

① GII（Global Innovation Index，全球创新指数）年度报告由康奈尔大学（Cornell University）、欧洲工商管理学院（Institut Européen d'Administration des Affaires，INSEAD）和世界知识产权组织（World Intellectual Property Organization，WIPO）联合发布。

础设施建设历史（Baum-Snow，2007；Bleakley and Lin，2012；Chandra and Thompson，2000），世界上大多数交通基础设施研究又都是在发达国家进行的（Bleakley and Lin，2012；Duranton et al.，2014；Duranton and Turner，2012；Li and Xu，2018），因此学术界对新兴经济体交通基础设施的研究相对较少（Banerjee et al.，2020；Donaldson，2018；He et al.，2020；Qin，2017；Storeygard，2016）。事实上，近几十年来，交通基础设施在全球市场的发展令人印象深刻，尤其是在更强劲的内在增长背景下，新兴市场吸引了越来越多的投资，以支持全国交通网络的建设（宣烨等，2019；张勋等，2018；李兰冰等，2019）。这些新兴市场为检验交通基础设施的作用提供了完美的实验场地，它们既补充了现有研究，又为现有研究提供了新的视角。

本章以中国高铁网络的建设为准自然实验，考察交通基础设施作为区域创新决定因素的作用。本章的研究目的是探讨高铁网络的连接是否能够增加区域创新的知识溢出，以及哪些类型的创新最有助于形成跨部门、跨技术领域和跨行业的创新绩效。在中国的交通基础设施系统中，高速公路主要用于货运和短途客运（Gibbons et al.，2019），这在一定程度上限制了人才的跨地区流动。由于中国的航空网络处于早期发展阶段，其成本远高于其他运输工具，因此只能为少数人所享用。与这两种常见的交通方式相比，高铁凭借其在速度和价格上的巨大优势，在短时间内赢得了消费者的青睐（Zheng and Kahn，2013）。高铁网络的平均速度大于等于 250km/h，大大减少了城市之间的通勤时间。这种密集的高铁网络以较低的运输成本提供给消费者更舒适的乘坐体验（吕铁和贺俊，2019；黄阳华和吕铁，2020）。

因此，本章将深入探讨高铁是否以及如何塑造区域创新活动。

每个城市的专利数量被用作区域创新的代表变量（Agrawal et al.，2017；Contigiani et al.，2018；Vakili and Zhang，2018；Wang et al.，2018b）。尽管学术出版物等其他指标也能表述创新生产力（Catalini et al.，2020；Dong et al.，2020），但区域间学术资源分布不均意味着大多数出版物都是由大城市的科学家或工程师创作的，这导致了样本选择上的偏差。另外，专利活动在所有城市都具有观测值，系统的专利统计数据为本章的研究提供了区域创新数据（何凌云和陶东杰，2020；叶德珠等，2020a；林善浪和邱雨歆，2020）。因此，本章利用中国国家知识产权局（China National Intellectual Property Administration，CNIPA）[①]的专利数据集来研究高铁对区域创新的溢出效应。

为了应对上述的内生性挑战，本章利用中国不同城市每个高铁站的建设时间，使用 DID 模型，通过比较特定年份已连接高铁网络的城市和尚未修建高铁站的城

---

① 在 2018 年以前原名为 SIPO（State Intellectual Property Office）。

市，估计高铁对创新的影响效应（Zheng and Kahn，2013）。计量模型包括经济发展、创新环境、地理条件和其他交通基础设施的各种控制变量。本章同时控制了省份固定效应（Province FE）和年份固定效应（Year FE）。

　　本章进一步检验了高铁对于不同类型创新的影响。首先，本章尝试研究高铁与合作创新之间的关系；其次，本章认为，高铁网络的连接会导致来自不同技术背景的人才之间更多的互动，这有助于复杂技术行业而非离散技术行业的创新；最后，本章提出突破性创新更有可能发生在与高铁网络相连的地区。突破性创新需要更多创新理念的投入，以及跨行业、跨技术、跨地区的合作。在本章的研究情境中，高铁加快了专家学者在地区间的流动速度，也促进了其面对面的交流，这两个因素都有助于创新的产生。

3.2　文　献　回　顾

3.2.1　交通基础设施与知识创造

　　交通基础设施在区域经济增长中起着重要作用。相关经济地理文献指出交通基础设施在塑造区域经济禀赋方面的重要性，包括市场准入（Donaldson and Hornbeck，2016；Faber，2014）、贸易流动（Donaldson，2018；Duranton et al.，2014）、劳动力市场（Duranton and Turner，2012）、去中心化（Baum-Snow，2007；Baum-Snow et al.，2017）和生产技术（Holl，2016；Qin and Zhang，2016；Storeygard，2016）。近年来，学者开始关注交通基础设施与区域创新的关系。一些研究认为，交通基础设施的发展，如公路和铁路的建设，通过促进知识溢出来刺激创新。例如，Agrawal 等（2017）发现，交通基础设施的大量储备使创新者能够获得较远的地理优势。与此理论一致的研究（Agrawal et al.，2017；Wang et al.，2018b）提供的证据表明，地市级道路密度增大促进每家公司的平均专利数量增高。一些学者研究了交通基础设施影响专利申请的其他机制。例如，Perlman（2016a）发现专利申请对美国 19 世纪铁路网络扩张导致的市场准入增加的反应较弱。他们进一步揭示，改进当地交通运输通道和提高新技术的速度之间似乎没有显著关系（Perlman，2016b）。除了专利之外，一些研究还利用已发表的论文数量衡量知识流动。考虑到学术研究的特殊性，合作者的社会网络能够捕捉到局部性的知识溢出和区域间的知识交流。例如，利用美国西南航空公司的一条新航线作为自然实验，Catalini 等（2020）揭示了旅行成本的降低会影响研究的速度和方向，同时有助于提高区域学术生产力。

人们普遍认为，高技能人力资本是知识创造和传播过程中的关键决定因素，有助于地区创新增长（徐旭等，2019）。具有特定技能、知识和重要能力的个人的想法可能会极大地影响特定地区技术变革的方向和速度（Fagerberg et al.，2006）。例如，Zucker 等（1998）揭示了大学、研发实验室或公司中的明星科学家对当地初创企业数量的影响。此外，那些拥有更多明星科学家的地区可能具有更高的生产力水平（Agrawal et al.，2014b）。从这个意义上说，创新主体的数量，如明星科学家及其合作者，被视为智力资本，是区域创新最重要的决定因素。因此，对于创新绩效较差的地区，一个可行的方法是吸引创新型人力资本（如发明家），从而从知识溢出中获益。

知识被划分为显性知识和隐性知识（Feldman and Kogler，2010）。随着信息技术的发展，人们越来越容易获得显性知识。然而，独特能力和产品的创造依赖于隐性知识的产生和使用。隐性知识是基于创新的价值创造最重要的基础。隐性知识被理解为嵌入到个人思维中，不能与个人的思维功能分离的知识。雇佣学习文献研究显示，跨组织、城市和国家的雇佣发明家可以通过面对面的互动促进隐性知识溢出（Kaiser et al.，2018）。例如，Agrawal 等（2014b）发现，从其他公司聘请明星科学家可以提高焦点公司的创新生产力，因为这会对同事和后续招聘产生积极的同行效应（Agrawal et al.，2014b）。一方面，像明星科学家和发明家这样的高技能员工，由于他们在产生思想和发明方面的丰富经验，可以成为区域创新知识溢出的重要来源；另一方面，发明者嵌入的社会资本，比如，与先前同事、学生和中介机构雇员的合作网络，可能有助于知识的转移。从这个意义上来说，地方区域创新网络能够扩大与延伸且影响深远，能够通过发明者的流动促进知识的流动和扩散。

3.2.2　高铁与中国知识溢出

高昂的机票价格和不平衡的机场空间分布共同限制了能够促进面对面交流的旅行选择。全球证据均表明，与航班相比，高铁由于其具有竞争力的价格和较高的速度，尤其是在短距离内，可以吸引更多的旅客（Heuermann and Schmieder，2018；Ke et al.，2017；Li and Xu，2018；Lin et al.，2017b；Qin，2017）。此外，与高速公路不同，高铁优先考虑客运，使其成为民众在城市地区间出行的更好的选择。因此，有必要通过发明者的流动渠道研究高铁对区域创新的影响。

近年来，我国对高铁的投资不断增加。截止到 2016 年，已有 100 多个城市（数百万居民）接入高铁网络。大多数高铁线路允许个人在城市地区间旅行时享受超过 250km/h 的速度。高铁能够提供舒适的乘坐环境，大大缩短了旅客的旅行时间（张俊，2017；董艳梅和朱英明，2016；黄张凯等，2016）。发明者如果能够通过乘坐高铁更容易地在城市地区之间高速旅行，那么思想传播和知识溢出便可以突破本地化的局限，达到更远的距离（Dong et al.，2020）。本章以中国的高速铁路项目为准自然实验，探讨高铁连接城市区域创新可能的机制。高铁与区域创新之间的这种联系的原因如下。

第一，高铁提高了城市地区之间的通行速度，促进了城市之间的互动和交流。对于本地发明者来说，高铁使得参加大型学术会议和访问大城市的明星科学家和机构变得更加容易，这种连通性有利于个人的学习。第二，由于主要的研究机构和创新型公司都位于其边界之内，大城市拥有大型劳动力市场，拥有最具生产力和最具创新能力的工人（Almeida and Kogut，1999）。然而，更高的房价和生活成本使人们很难在特大城市生活。当城市间的交通成本降低时，发明者更有可能搬到高铁连接的城市，这将使他们无须居住在这些城市的边界内就可以进入特大城市工作（Zheng and Kahn，2013）。第三，鉴于交通基础设施在促进来自不同城市的发明者之间合作方面的作用，在可能提高运输速度的情况下，知识溢出可以达到很远的距离（Banerjee et al.，2020）。

近年来，有关高铁和创新的文献不断涌现（何凌云和陶东杰，2020；叶德珠等，2020b；杨思莹和李政，2019；王春杨等，2020；诸竹君等，2019）。一系列的文献集中在高铁如何通过塑造跨区域合作来影响学术生产力。例如，利用中国大学的出版物，Dong 等（2020）发现，高铁确实通过降低面对面的互动成本，促进跨地区的高技能团队合作。同样，Cui 等（2020）考察了高铁对中国大学专利申请的因果效应，验证了高铁的知识创造和合作后果。另一系列的文献也测试了高铁与企业创新之间的相互作用（吉赟和杨青，2020；翟淑萍等，2020）。例如，Gao和 Zheng（2020）检验了高铁的伴随创新假说，发现高铁有助于周边地区的企业创新，对长江三角洲和珠江三角洲的流程创新与产品创新具有显著的影响。

这些研究集中在特定的单位（如大学和企业）、单一的创新类型或一个国家内的某些区域，从而限制了对高铁与创新群体、技术类型和区域互动的系统性理解。

3.3　方法与设计

3.3.1　数据和样本

本章以 2005～2015 年中国地级市为样本，构建了一个城市年度面板数据集来检验高铁对区域创新的影响。本章收集了来自提供专利信息的官方机构——中国国家知识产权局的专利数据，随后对 2005～2015 年中国城市专利申请信息进行了较为详细的分析。对于每项专利，分别获取了专利申请人的名称、从属关系、日期和专利领域等信息。因变量是区域创新，通过所有城市一级专利申请（如发明申请、实用新型申请和外观设计申请）的数量（patents）来衡量（Acs et al.，2002）。根据已有的相关文献，为了减少偏差和离群值，本章对该变量进行了自然对数变换，计算为 ln（专利申请数+1）（Contigiani et al.，2018；Vakili and Zhang，2018）。

高铁信息来源于中国铁路 12306 官网[1]。自变量为 DID 虚拟变量——HSR，在城市连接到高铁网络（至少有一个连接到国家高铁网络的高铁站在城市边界内建成）后取 1；否则，值为 0（Dong et al.，2020；Zheng and Kahn，2013）。

研究模型还使用一组时变和非时变的变量来控制与创新成果相关的其他环境特征。第一，控制其他交通基础设施建设。基于专利申请和学术出版物的证据，研究表明，地区间高速公路和航线对创新绩效有显著影响（Agrawal et al.，2017；Campante and Yanagizawa-Drott et al.，2018；Catalini et al.，2020）。因此，本章控制了公路客运量（highway）和航空客运量（airline），分别反映各城市公路和航空公司的发展程度。公路客运量和航空客运量数据分别来自《中国城市统计年鉴》和中国民用航空局（Civil Aviation Administration of China，CAAC）。第二，遵照Agrawal 等（2017）与 Duranton 和 Turner（2012）的研究内容，对描述城市自然地理的变量进行控制，该变量能够反映建造大型项目的困难。一方面，舒适的自然环境对吸引更多的人力资本具有巨大的优势，从而激发更多的创新活动；另一方面，高铁建设对当地的地理条件有着独特的要求，以保证高铁高速安全运行（Lin et al.，2017b）。本章控制了一个关键的地理变量：海拔（altitude），用以描述自然环境对高铁和创新的影响。数据来源于中国研究数据服务平台（Chinese Research Data Services，CNRDS）区域统计数据库，该数据库提供了中国各城市经济和社会特征的各种信息。第三，控制与创新交通基础设施相关的变量，包括省级研发强度（R&D intensity）、省级技术市场规模（technology market）和市级财政科技支出（science expenditure）。数据来源包括 CSMAR 数据库和《中国城市统计年鉴》。第四，将城市层面的社会经济变量，包括人均 GDP（gross domestic product，国内生产总值）、产业结构（第三产业占 GDP 的比重）（industrial structure）、固定资产投资（fixed asset）和外国直接投资（foreign direct investment，FDI）作为控制变量（Dong et al.，2020；Redding and Turner，2015；Zheng and Kahn，2013），数据来源于《中国城市统计年鉴》。表 3-1 给出了每个变量的定义和来源。

---

[1] https://www.12306.cn。

表3-1　变量与定义

变量	定义	来源
patents	专利申请数自然对数	国家知识产权局
HSR	虚拟变量，当该城市在当年接入高铁网络取 1；否则为 0	中国铁路 12306 官网
airline	航空客运量自然对数	中国民用航空局
highway	公路客运量自然对数	《中国城市统计年鉴》
altitude	城市平均海拔	CNRDS
R&D intensity	当地省份研发强度自然对数	CSMAR，《中国城市统计年鉴》
technology market	当地省份技术市场份额自然对数	CSMAR，《中国城市统计年鉴》
人均 GDP	人均 GDP 自然对数	《中国城市统计年鉴》
science expenditure	科学事项财政支出占比	CSMAR，《中国城市统计年鉴》
fixed asset	固定资产投资	《中国城市统计年鉴》
FDI	外国直接投资	《中国城市统计年鉴》
industrial structure	第三产业占 GDP 的比重	《中国城市统计年鉴》

3.3.2　计量模型

在城市层面，本章采用 DID 策略，在考虑滞后效应的情况下，检验了高铁与区域创新绩效测度之间的关系。本章的识别策略如下：

$$Y_{i,t+1} = \alpha + \beta \mathrm{HSR}_{i,t} + \gamma X_{i,t} + \text{Province FE} + \text{Year FE} + \mu_{i,t}$$

式中，$Y_{i,t+1}$ 表示 t+1 年内申请隶属关系位于城市 i 的专利申请数，考虑到创新成果需要一定的时间，不太可能立即产生，因此，将因变量滞后一年；$\mathrm{HSR}_{i,t}$ 表示城市 i 是否在第一次通过高铁网络连接的年份之后的 t 年连接到高铁网络（至少有一个高铁站连接到国家高铁网络）；$X_{i,t}$ 表示城市 i 的时变控制变量，包括省份固定效应和年份固定效应。

3.4　结 果 分 析

3.4.1　基准结果

表 3-2 报告了描述性统计。表 3-3 给出了普通最小二乘法（ordinary least

squares，OLS）回归分析的高铁对城市一级专利申请的影响的主要结果。考虑到大城市可能更容易连接到高铁网络，有更好的创新基础设施，从而产生更多的专利，因此本章从样本中剔除了省会城市和四个直辖市，以减少内生性的困扰。

表 3-2　描述性统计

变量	均值	标准差	最小值	最大值	观测值
patents	6.8200	1.7210	2.0790	12.110	2900
HSR	0.2450	0.4300	0.0000	1.000	2900
highway	8.6240	0.9240	5.0430	12.180	2900
airline	5.7750	6.7860	0.0000	18.410	2900
altitude	287.3000	448.0000	3.0000	2400.000	2900
R&D intensity	1.3000	0.6100	0.1700	6.080	2900
technology market	3.8720	1.3680	−0.6350	8.147	2900
人均 GDP	10.1700	0.8050	7.8020	13.110	2900
science expenditure	0.0249	0.0209	0.0005	0.521	2900
fixed asset	24.7900	1.0520	21.8000	28.060	2900
FDI	9.7330	1.8370	3.0910	14.560	2900
industrial structure	0.3670	0.0864	0.1110	0.796	2900

表 3-3　高铁与区域创新基准回归

因变量	（1）	（2）	（3）	（4）	（5）
	当年			滞后 1 年	滞后 2 年
	patents	patents	patents	patents	patents
HSR			0.1064*** (0.0325)	0.0998*** (0.0357)	0.0686* (0.0394)
highway	0.3211*** (0.0208)	0.2196*** (0.0235)	0.2140*** (0.0236)	0.1924*** (0.0252)	0.1856*** (0.0275)
airline	0.0075*** (0.0026)	0.0081*** (0.0022)	0.0086*** (0.0022)	0.0079*** (0.0023)	0.0069*** (0.0024)
altitude	−0.0004*** (0.0000)	−0.0005*** (0.0001)	−0.0005*** (0.0001)	−0.0005*** (0.0001)	−0.0005*** (0.0001)

续表

因变量	（1）	（2）	（3）	（4）	（5）
	当年			滞后 1 年	滞后 2 年
	patents	patents	patents	patents	patents
R&D intensity	0.4111***	0.4358***	0.4096***	0.4076***	0.3405***
	（0.0528）	（0.0778）	（0.0785）	（0.0851）	（0.0942）
technology market	0.0780***	0.0915***	0.0957***	0.0917***	0.0940**
	（0.0221）	（0.0321）	（0.0322）	（0.0340）	（0.0387）
industrial structure	1.9010***	1.2759***	1.2081***	1.2313***	1.2821***
	（0.2815）	（0.2404）	（0.2442）	（0.2539）	（0.2452）
science expenditure	4.6997**	5.2845**	5.2577**	5.1842**	7.5504***
	（1.8314）	（2.5476）	（2.5794）	（2.5840）	（1.4080）
人均 GDP	0.4419***	0.5259***	0.5188***	0.4956***	0.4687***
	（0.0300）	（0.0290）	（0.0293）	（0.0300）	（0.0295）
fixed asset	0.5335***	0.6227***	0.6198***	0.6513***	0.6710***
	（0.0248）	（0.0345）	（0.0344）	（0.0364）	（0.0389）
FDI	0.1295***	0.1009***	0.0988***	0.1135***	0.1156***
	（0.0139）	（0.0136）	（0.0136）	（0.0145）	（0.0149）
Year FE	NO	YES	YES	YES	YES
Province FE	NO	YES	YES	YES	YES
观测值	2593	2593	2593	2360	2126
调整后的 R^2	0.8061	0.8706	0.8710	0.8704	0.8713

注：括号内为标准误并且在城市层面聚类

*、**、*** 分别代表 10%、5% 和 1% 的显著性水平

在表 3-3 中，专利申请在第（1）～（3）列中选取当年值，第（4）、（5）列分别滞后 1 年、2 年。所有模型均包含控制变量，包括公路客运量、航空客运量、海拔、省级研发强度、省级技术市场规模、人均 GDP、市级财政科技支出、固定资产投资、外国直接投资、产业结构；第（2）～（5）列包含年份固定效应和省份固定效应。第（1）～（3）列中的估计值表明，高铁与城市专利之间存在着积极而显著的关系，高铁使城市一级的专利增加了 10.64%。这一结果在第（4）列和第（5）列中保持一致，当因变量滞后两年时，高铁在城市一级的专利申请量分别增加了 9.98% 和 6.86%。

本章进一步估计了高铁对城市与创新集群距离的异质性效应。先前关于交通和经济增长的文献已经确定了改善当地交通基础设施后的赢家（核心城市）和输家（外围城市）（Banerjee et al., 2020；Baum-Snow et al., 2020；Chen, 2012）。

在创新方面，那些靠近创新集群的城市可以通过观察和学习从中受益。通过大幅降低运输成本，高铁将改变这种知识溢出的方向和范围。

为了检验哪些类型的城市更能从高铁中获益，根据它们与创新集群的距离将样本分成几组。首先，确定了中国十大创新集群。2019 年全球创新指数为中国创新集群提供评级标准。十大创新集群城市包括深圳、北京、上海、广州、南京、杭州、武汉、台北、西安、成都。其次，计算创新集群与其他城市的地理距离，得到各城市与各创新集群距离的最小值。最后，以高铁 250km/h 的平均速度，确定半小时城市圈（距离创新集群小于 125km）、1 小时城市圈（距离创新集群小于 250km，大于和等于 125km）、2 小时城市圈（距离创新集群小于 500km，大于和等于 250km）、3 小时城市圈（距离创新集群小于 750km，大于和等于 500km）、其他（距离创新集群 750km 及以上）。

表 3-4 列出了估算结果。因变量仍然是城市专利（滞后一年），控制变量、年份固定效应和省份固定效应被纳入所有模型。在第（1）列中，回归模型估计了半小时城市圈样本中高铁的影响，表明在统计上没有显著影响。在第（2）～（5）列中，回归模型估计了高铁对城市圈 1 小时、2 小时、3 小时等样本的影响，显示出正相关和显著关系。可能的解释是，一方面，创新集群与较近城市之间存在着良好的交通网络（如机场、地铁等），与高铁的连接使得邻近城市获得的创新边际效应有限；另一方面，与高铁的连接确实促进了创新集群与遥远城市之间的交流。

表 3-4　创新集群邻近性对于高铁的异质性效应

因变量	（1） 距离＜125 km	（2） 125 km≤距离 ＜250 km	（3） 250 km≤距离 ＜500 km	（4） 500 km≤距离 ＜750 km	（5） 距离≥750 km
	patents	patents	patents	patents	patents
HSR	−0.0094 （0.0714）	0.1689*** （0.0642）	0.1815*** （0.0439）	0.2911*** （0.0811）	0.3853*** （0.1405）
highway	0.2630*** （0.0475）	0.2096*** （0.0425）	0.0568 （0.0386）	0.2152** （0.1032）	0.0734 （0.0570）
airline	−0.0145*** （0.0051）	0.0218*** （0.0047）	0.0189*** （0.0041）	0.0371*** （0.0082）	0.0319*** （0.0079）
altitude	−0.0002*** （0.0001）	−0.0007*** （0.0002）	−0.0003** （0.0001）	0.0005 （0.0003）	−0.0004 （0.0004）
R&D intensity	0.3467** （0.1421）	−0.1032 （0.1394）	0.0010 （0.1606）	−0.3490 （0.7528）	1.2213** （0.5032）

续表

因变量	（1）距离<125 km	（2）125 km≤距离<250 km	（3）250 km≤距离<500 km	（4）500 km≤距离<750 km	（5）距离≥750 km
	patents	patents	patents	patents	patents
technology market	−0.1692**（0.0801）	0.0189（0.0606）	0.0672*（0.0403）	0.0199（0.1552）	−0.1094（0.0988）
industrial structure	1.3498**（0.6305）	2.1775***（0.5249）	1.4985***（0.2676）	0.6808（0.9005）	−0.1106（0.6598）
science expenditure	9.8706***（1.6546）	1.5733（1.0304）	7.6793***（2.6454）	−6.6405（5.7051）	6.8989***（1.8620）
人均 GDP	0.4785***（0.0576）	0.5331***（0.0648）	0.5220***（0.0511）	0.1644（0.1286）	−0.0675（0.1185）
fixed asset	0.7183***（0.0807）	0.1906***（0.0625）	0.8538***（0.0519）	0.9701***（0.0858）	1.0528***（0.0867）
FDI	0.2741***（0.0335）	0.2354***（0.0297）	0.0902***（0.0193）	−0.1458***（0.0553）	0.1193***（0.0392）
Province FE	YES	YES	YES	YES	YES
Year FE	YES	YES	YES	YES	YES
观测值	501	633	1077	150	203
调整后的 R^2	0.9327	0.8883	0.8873	0.9280	0.9149

注：括号内为标准误并且在城市层面聚类

*、**、*** 分别代表 10%、5%和 1%的显著性水平

3.4.2　稳健性检验

为了验证基准分析中的结论，本章进行了多次稳健性检验。

1. 平行趋势检验

保证 DID 估计有效性的一个重要前提是满足控制组和对照组之间的平行趋势（parallel trend）假设（Bertrand et al.，2004）。这一假设的核心思想是，在政策实施的实际时间点之前，控制组和对照组之间的变化趋势没有明显差异。因此，本章进行了一个平行趋势检验来验证 DID 的合理性。图 3-1 表明，高铁正式开通前，控制组（高铁开通城市）和对照组（高铁未开通城市）在申请专利上的差异不显著（系数的置信区间都包含了 0），即通过了平行趋势检验。

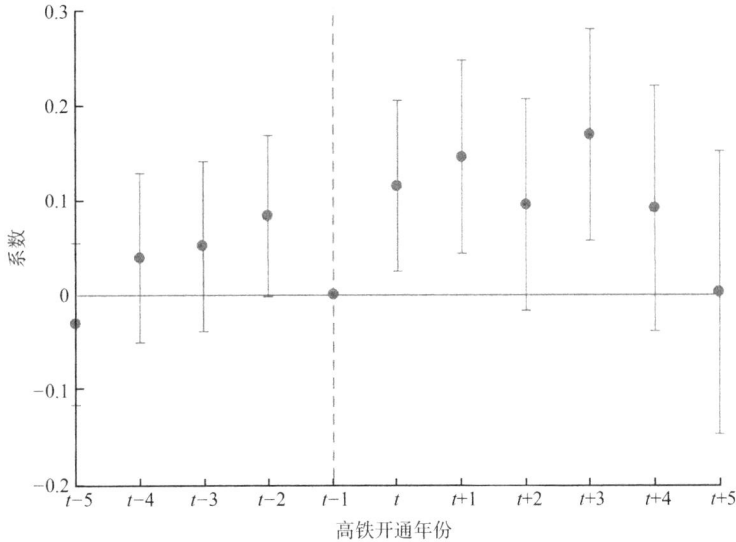

图 3-1　平行趋势检验

横轴表示距离城市首次开通高铁年份，t 表示首次开通高铁当年；纵轴表示回归方程 HSR 系数；t–1 表示基期

2. 非有意样本

在城市间回归分析中，以往的交通基础设施研究文献往往依赖于不相关单元来确定因果关系。该策略借鉴了大城市之间的城际连接也会穿过小城市的思想，因为它们"恰好"位于线路上，因此，大城市之间的小城市的特性对于路线规划来说无关紧要。换句话说，这些小单元的连接状态更多的是随机分布（Banerjee et al.，2020；Chandra and Thompson，2000；Faber，2014）。在这项研究中，通过关注连接大城市的高铁路线内部的小城市，将注意力限制在"意外"被高铁连接的城市，以应对内生性挑战。附录 1 列出了 2008～2015 年中国的所有高铁路线。表 3-5 表明，高铁连接对这些意外接入高铁网络城市的区域创新具有积极的影响。

表 3-5　非有意连接样本回归

因变量	（1）	（2）	（3）	（4）	（5）
	当年			滞后 1 年	滞后 2 年
	patents	patents	patents	patents	patents
HSR			0.0944***	0.1057***	0.0668
			（0.0363）	（0.0408）	（0.0466）
highway	0.3050***	0.2256***	0.2206***	0.1976***	0.2002***
	（0.0226）	（0.0259）	（0.0260）	（0.0281）	（0.0307）

续表

因变量	（1）	（2）	（3）	（4）	（5）
	当年			滞后 1 年	滞后 2 年
	patents	patents	patents	patents	patents
airline	0.0062** （0.0029）	0.0068*** （0.0026）	0.0074*** （0.0026）	0.0067** （0.0027）	0.0056** （0.0028）
altitude	−0.0004*** （0.0000）	−0.0005*** （0.0001）	−0.0005*** （0.0001）	−0.0005*** （0.0001）	−0.0005*** （0.0001）
R&D intensity	0.3957*** （0.0579）	0.4773*** （0.0852）	0.4511*** （0.0860）	0.4203*** （0.0934）	0.3220*** （0.1028）
technology market	0.0683*** （0.0241）	0.0964*** （0.0363）	0.1012*** （0.0364）	0.0909** （0.0384）	0.0856* （0.0445）
industrial structure	2.2234*** （0.2684）	1.1687*** （0.2677）	1.1118*** （0.2711）	1.0998*** （0.2830）	1.1403*** （0.2885）
science expenditure	4.4996** （2.0085）	4.2154* （2.4586）	4.1821* （2.4876）	4.0670* （2.3926）	6.7043*** （1.4591）
人均 GDP	0.4475*** （0.0327）	0.5488*** （0.0308）	0.5441*** （0.0310）	0.5179*** （0.0322）	0.5025*** （0.0329）
fixed asset	0.5036*** （0.0269）	0.5582*** （0.0374）	0.5550*** （0.0374）	0.5785*** （0.0400）	0.5938*** （0.0427）
FDI	0.1413*** （0.0146）	0.1077*** （0.0151）	0.1052*** （0.0151）	0.1247*** （0.0162）	0.1218*** （0.0165）
Year FE	NO	YES	YES	YES	YES
Province FE	NO	YES	YES	YES	YES
观测值	2128	2128	2128	1937	1745
调整后的 R^2	0.8015	0.8619	0.8623	0.8607	0.8612

注：括号内为标准误并且在城市层面聚类

*、**、*** 分别代表 10%、5% 和 1% 的显著性水平

3. 安慰剂试验

此外，本章构建了一个反事实的方法来进行安慰剂试验。采用构造虚拟事实来研究城市连接高铁网络的其他年份是否具有与实际年份类似的创新效果（Bertrand et al.，2004；Faber，2014；Gibbons and Wu，2017；Vakili and Zhang，2018）。更具体地说，通过选择实际连接年之前的 1～6 年，为每个对照组城市构建一系列与高铁连接的虚拟年份。表 3-6 描述了安慰剂试验的结果，HSR 的估计值接近 0 且不显著，表明 HSR 与专利申请之间的关系在所有模型中均无统计学显著意义。由此，当年高铁连接确实对区域创新产生了积极的影响。

表 3-6 安慰剂试验回归

因变量	（1）	（2）	（3）
	patents	patents	patents
HSR_1			0.1977 （0.1358）
HSR_2			−0.0471 （0.1478）
HSR_3			−0.0373 （0.1136）
HSR_4			0.1095 （0.0913）
HSR_5			−0.0226 （0.0852）
HSR_6			0.0160 （0.0685）
highway	0.2752*** （0.0373）	0.1466*** （0.0385）	0.1389*** （0.0393）
airline	0.0028 （0.0049）	0.0107** （0.0044）	0.0105** （0.0045）
altitude	−0.0004*** （0.0001）	−0.0007*** （0.0001）	−0.0007*** （0.0001）
R&D intensity	0.0489 （0.0500）	0.5749*** （0.2043）	0.5522*** （0.2054）
technology market	0.1900*** （0.0277）	−0.0167 （0.0583）	−0.0184 （0.0586）
industrial structure	1.4786*** （0.3569）	1.8768*** （0.3182）	1.8379*** （0.3194）
science expenditure	−1.0493 （1.8631）	5.9109* （3.2305）	6.0454* （3.2695）
人均 GDP	0.5777*** （0.0394）	0.5599*** （0.0389）	0.5474*** （0.0404）
fixed asset	0.4887*** （0.0448）	0.7060*** （0.0538）	0.7106*** （0.0541）
FDI	0.0802*** （0.0178）	0.0723*** （0.0185）	0.0736*** （0.0186）

续表

因变量	（1）patents	（2）patents	（3）patents
Year FE	NO	YES	YES
Province FE	NO	YES	YES
观测值	1171	1171	1171
调整后的 R^2	0.7881	0.8423	0.8422

注：括号内为标准误并且在城市层面聚类；HSR_1、HSR_2、HSR_3、HSR_4、HSR_5、HSR_6 分别指的是高铁开通前 1~6 年

*、**、*** 分别代表 10%、5%和 1%的显著性水平

4. 风险率分析

为了解决逆向因果关系的内生担忧，本章还进行了风险率分析（hazard rate analysis）（Vakili and Zhang，2018），该分析用于检验之前的城市专利申请绩效是否能够预测城市高铁站的建设时间。模型估计采用 Cox 风险回归。如表 3-7 所示，第（1）~（3）列报告了连接高铁城市的概率结果。模型中的正系数意味着生存时间较短，表明事件发生所需的时间缩短（Box-Steffensmeier and Jones，2004）。城市专利申请当年、滞后 1 年、滞后 2 年未发现统计正相关。结果表明，城市过去的专利申请与高铁连接的时间没有显著的关系。

表 3-7　高铁开通概率分析

因变量	（1）HSR	（2）HSR	（3）HSR
patents	0.0394 (0.0880)		
patents_1		0.0426 (0.0879)	
patents_2			−0.0270 (0.0841)
highway	0.6705*** (0.0726)	0.6426*** (0.0735)	0.6296*** (0.0739)
airline	−0.0021 (0.0078)	−0.0036 (0.0079)	−0.0046 (0.0079)

续表

因变量	（1）	（2）	（3）
	HSR	HSR	HSR
altitude	−0.0025***	−0.0024***	−0.0024***
	（0.0006）	（0.0006）	（0.0006）
R&D intensity	−1.3909***	−1.8609***	−2.3605***
	（0.3621）	（0.3811）	（0.4003）
technology market	−1.3748***	−1.3991***	−1.4210***
	（0.1606）	（0.1668）	（0.1728）
industrial structure	−3.8018***	−3.7454***	−3.5465***
	（0.9396）	（0.9499）	（0.9655）
science expenditure	1.8494	1.8330	1.9558
	（1.7707）	（1.7779）	（1.7380）
人均 GDP	0.1049	0.0728	0.0780
	（0.1075）	（0.1085）	（0.1094）
fixed asset	−0.7966***	−0.7447***	−0.6471***
	（0.1410）	（0.1423）	（0.1434）
FDI	0.3615***	0.3773***	0.4054***
	（0.0611）	（0.0620）	（0.0625）
预测失效数	565	560	555
观测值	2593	2356	2120
对数似然值	−3324.8134	−3282.8276	−3239.6999
卡方检验	581.6913	586.6762	594.6049

注：括号内为标准误并且在城市层面聚类

*** 代表 1%的显著性水平

5. 其他检验

本章还使用负二项模型进行回归。因变量是专利数量，其他变量的度量保持一致。第一，表 3-8 给出了负二项模型的结果。所有模型都包含控制变量，第（2）～（5）列包括年份固定效应和省份固定效应。估计系数表明，与高铁连接后，城市专利申请在当年、滞后 1 年和滞后 2 年分别增加了 12.66%、13.31%和 8.82%。所有模型的显著性仍然与 OLS 估计一致。

表 3-8 负二项回归高铁与区域创新

因变量	（1）	（2）	（3）	（4）	（5）
	当年			滞后 1 年	滞后 2 年
	patents	patents	patents	patents	patents
HSR			0.126 6***	0.133 1***	0.088 2**
			（0.032 1）	（0.035 1）	（0.038 4）
highway	0.272 6***	0.177 3***	0.171 6***	0.155 1***	0.156 7***
	（0.021 6）	（0.023 7）	（0.023 8）	（0.025 0）	（0.026 8）
airline	0.009 7***	0.009 4***	0.009 6***	0.009 2***	0.009 0***
	（0.002 8）	（0.002 3）	（0.002 3）	（0.002 4）	（0.002 5）
altitude	−0.000 4***	−0.000 5***	−0.000 5***	−0.000 5***	−0.000 5***
	（0.000 0）	（0.000 1）	（0.000 1）	（0.000 1）	（0.000 1）
R&D intensity	0.382 3***	0.324 4***	0.288 9***	0.301 0***	0.250 8***
	（0.052 6）	（0.080 2）	（0.080 4）	（0.086 8）	（0.094 7）
technology market	0.050 1**	0.080 1***	0.083 7***	0.077 8**	0.066 5*
	（0.022 0）	（0.030 9）	（0.030 9）	（0.032 4）	（0.037 1）
industrial structure	2.427 3***	1.205 7***	1.126 7***	1.052 0***	1.176 8***
	（0.241 9）	（0.233 6）	（0.235 6）	（0.249 7）	（0.247 9）
science expenditure	6.263 9***	7.324 0***	7.444 9***	7.623 5***	7.485 8***
	（1.198 4）	（1.611 6）	（1.623 0）	（1.877 7）	（1.219 2）
人均 GDP	0.540 5***	0.518 3***	0.504 5***	0.476 7***	0.461 7***
	（0.029 2）	（0.028 2）	（0.028 4）	（0.029 8）	（0.029 7）
fixed asset	0.502 6***	0.616 6***	0.614 9***	0.645 2***	0.659 2***
	（0.027 4）	（0.033 9）	（0.033 9）	（0.035 3）	（0.037 1）
FDI	0.110 6***	0.093 5***	0.092 0***	0.107 8***	0.112 0***
	（0.014 8）	（0.014 1）	（0.014 0）	（0.014 8）	（0.015 4）
Year FE	NO	YES	YES	YES	YES
Province FE	NO	YES	YES	YES	YES
观测值	2 593	2 593	2 593	2 360	2 126
对数似然值	−19 800	−19 250	−19 240	−17 750	−16 210
卡方检验	11 927.897 4	21 148.792 4	21 372.616 0	19 382.959 2	17 958.021 4

注：括号内为标准误并且在城市层面聚类

*、**、*** 分别代表 10%、5% 和 1% 的显著性水平

第二，虽然专利申请可以比较准确地捕捉到一个城市内部大部分创新活动，但不排除没有申请专利的创新可能会被忽略。在这种情况下，本章选择另一个指标，即《中国城市和产业创新力报告 2017》中公布的城市创新指数作为因变量。该报告由复旦产业发展研究中心、复旦大学中国经济研究院、第一财经研究院联合发布。该报告旨在通过发布 2000～2016 年 300 多个城市的创新指数绘制中国城市创新增长的分布。创新指数同时包含了一个城市内的创新活动和创业活动，被视为衡量区域创新的一个重要指标。指数在 0 到 100 之间，分数越高，代表城市创新能力越强。如表 3-9 所示，高铁与城市创新指数之间的正相关和显著关系表明研究的主要结果仍然稳健。

表 3-9　高铁与城市创新指数

因变量	（1）	（2）	（3）	（4）	（5）
	当年			滞后 1 年	滞后 2 年
HSR			1.8950***	2.5189***	3.0918**
			（0.5865）	（0.8597）	（1.3388）
highway	3.0786**	2.4581	2.3585	3.9754*	6.3648**
	（1.3103）	（1.5337）	（1.5284）	（2.0888）	（2.5172）
airline	0.1510***	0.1499**	0.1590**	0.1758**	0.2010**
	（0.0551）	（0.0656）	（0.0659）	（0.0725）	（0.0780）
altitude	0.0000	−0.0047***	−0.0043***	−0.0042***	−0.0037***
	（0.0005）	（0.0016）	（0.0016）	（0.0016）	（0.0010）
R&D intensity	2.4268***	12.8373***	12.3716***	12.7947***	10.1982***
	（0.8516）	（3.4555）	（3.4297）	（4.0745）	（3.8749）
technology market	−0.6256***	−0.3275	−0.2529	−0.1117	0.4198
	（0.2321）	（0.4499）	（0.4457）	（0.5060）	（0.6159）
industrial structure	43.5655***	61.8494***	60.6437***	63.2046***	58.3170***
	（11.1427）	（16.2786）	（16.2315）	（16.8872）	（13.5655）
science expenditure	66.5287**	77.4760*	77.0003*	80.1488*	218.4182***
	（31.7517）	（41.6133）	（42.1020）	（46.3465）	（79.7226）
人均 GDP	7.7749***	10.1515***	10.0248***	11.3475***	12.3787***
	（2.1384）	（2.6461）	（2.6397）	（3.0458）	（3.2986）
fixed asset	−2.1123*	0.7735	0.7218	0.1150	−1.0879
	（1.1525）	（1.0877）	（1.0891）	（1.4277）	（1.6190）

续表

因变量	（1）	（2）	（3）	（4）	（5）
	当年			滞后 1 年	滞后 2 年
FDI	−0.0625	−0.4037	−0.4417*	−0.6376*	−0.8991**
	（0.1840）	（0.2484）	（0.2507）	（0.3252）	（0.4098）
Year FE	NO	YES	YES	YES	YES
Province FE	NO	YES	YES	YES	YES
观测值	2593	2593	2593	2318	2079
调整后的 R^2	0.1563	0.1985	0.1992	0.2218	0.2609

注：括号内为标准误并且在城市层面聚类

*、**、*** 分别代表 10%、5%和 1%的显著性水平

第三，针对专利总量受城市规模影响较大的问题，采用人均专利量作为因变量。表 3-10 列示了人均专利量作为因变量的回归结果，表 3-11 报告了每名发明人的专利量估计数作为因变量的回归结果。这些结果与先前的研究结果一致，并表明高铁连接积极和显著地提高了城市专利数量和质量。

表 3-10　高铁与人均专利

因变量	（1）	（2）	（3）	（4）	（5）
	当年			滞后 1 年	滞后 2 年
HSR			0.0003***	0.0004***	0.0004***
			（0.0001）	（0.0001）	（0.0001）
highway	0.0007***	0.0004***	0.0004***	0.0005***	0.0008***
	（0.0001）	（0.0001）	（0.0001）	（0.0001）	（0.0001）
airline	−0.0000	−0.0000	−0.0000	−0.0000	−0.0000
	（0.0000）	（0.0000）	（0.0000）	（0.0000）	（0.0000）
altitude	0.0000	−0.0000***	−0.0000***	−0.0000***	−0.0000***
	（0.0000）	（0.0000）	（0.0000）	（0.0000）	（0.0000）
R&D intensity	0.0007***	0.0019***	0.0019***	0.0018***	0.0014***
	（0.0001）	（0.0003）	（0.0003）	（0.0003）	（0.0003）
technology market	−0.0002***	0.0000	0.0000	0.0000	0.0001
	（0.0000）	（0.0001）	（0.0001）	（0.0001）	（0.0001）
industrial structure	0.0068***	0.0093***	0.0091***	0.0092***	0.0083***
	（0.0009）	（0.0011）	（0.0011）	（0.0012）	（0.0011）

续表

因变量	（1）	（2）	（3）	（4）	（5）
	当年			滞后 1 年	滞后 2 年
science expenditure	0.0150***	0.0154**	0.0153**	0.0136*	0.0291***
	（0.0052）	（0.0068）	（0.0069）	（0.0071）	（0.0082）
人均 GDP	0.0019***	0.0023***	0.0023***	0.0024***	0.0025***
	（0.0002）	（0.0002）	（0.0002）	（0.0002）	（0.0002）
fixed asset	−0.0007***	−0.0001	−0.0001	−0.0001	−0.0003**
	（0.0001）	（0.0001）	（0.0001）	（0.0001）	（0.0001）
FDI	0.0001**	−0.0001*	−0.0001**	−0.0001**	−0.0001**
	（0.0000）	（0.0000）	（0.0000）	（0.0000）	（0.0000）
Year FE	NO	YES	YES	YES	YES
Province FE	NO	YES	YES	YES	YES
观测值	2593	2593	2593	2360	2126
调整后的 R^2	0.4498	0.5482	0.5499	0.5678	0.6076

注：括号内为标准误并且在城市层面聚类

*、**、*** 分别代表 10%、5% 和 1% 的显著性水平

表 3-11　高铁与发明人人均专利

因变量	（1）	（2）	（3）	（4）	（5）
	当年			滞后 1 年	滞后 2 年
HSR			0.0171*	0.0209*	0.0327***
			（0.0101）	（0.0111）	（0.0121）
highway	0.0120**	0.0056	0.0046	0.0050	0.0053
	（0.0052）	（0.0063）	（0.0063）	（0.0069）	（0.0072）
airline	0.0025***	0.0032***	0.0033***	0.0033***	0.0037***
	（0.0007）	（0.0006）	（0.0006）	（0.0007）	（0.0007）
altitude	−0.0000***	−0.0000**	−0.0000*	−0.0000*	−0.0000
	（0.0000）	（0.0000）	（0.0000）	（0.0000）	（0.0000）
R&D intensity	−0.0192	0.0010	−0.0032	−0.0023	−0.0077
	（0.0122）	（0.0205）	（0.0206）	（0.0236）	（0.0261）
technology market	−0.0062	−0.0169*	−0.0163*	−0.0152	−0.0105
	（0.0049）	（0.0093）	（0.0093）	（0.0100）	（0.0108）
industrial structure	0.1344**	−0.0014	−0.0118	0.0054	0.0045
	（0.0566）	（0.0668）	（0.0671）	（0.0711）	（0.0733）

续表

因变量	（1）	（2）	（3）	（4）	（5）
	当年			滞后 1 年	滞后 2 年
science expenditure	−0.8843*** （0.1961）	−0.7005*** （0.2041）	−0.7042*** （0.2040）	−0.6983*** （0.2148）	−1.2429*** （0.2903）
人均 GDP	0.0157** （0.0072）	0.0162** （0.0076）	0.0150** （0.0076）	0.0148* （0.0081）	0.0162** （0.0082）
fixed asset	0.0073 （0.0065）	0.0134 （0.0097）	0.0130 （0.0097）	0.0130 （0.0103）	0.0122 （0.0107）
FDI	−0.0074** （0.0035）	−0.0037 （0.0039）	−0.0040 （0.0039）	−0.0039 （0.0042）	−0.0049 （0.0043）
Year FE	NO	YES	YES	YES	NO
Province FE	NO	YES	YES	YES	NO
观测值	2568	2568	2568	2338	2107
调整后的 R^2	0.0271	0.1565	0.1571	0.1578	0.1753

注：括号内为标准误并且在城市层面聚类

*、**、*** 分别代表 10%、5%和 1%的显著性水平

第四，本章还控制了当地人力资本对于区域创新的影响。模型估计中增加了两个关键变量：①当地高校授予学位总数（degrees），反映了当地高技能劳动力的数量；②当地高校教师（如教授、讲师和其他学者）的总数（university teachers），它比大学数量更准确地描述区域知识容量。如表 3-12 所示，在控制了两个变量后，主要结果仍然保持不变，支持了原先的假设。

表 3-12　控制人力资本

因变量	（1）	（2）	（3）	（4）	（5）
	当年			滞后 1 年	滞后 2 年
	patents	patents	patents	patents	patents
HSR			0.1012*** （0.0321）	0.0940*** （0.0350）	0.0636* （0.0386）
degrees	−0.2311** （0.1074）	0.7542*** （0.1502）	0.7355*** （0.1501）	0.9254*** （0.1692）	1.0679*** （0.1761）
university teachers	0.3962*** （0.1133）	−0.0406 （0.1514）	−0.0218 （0.1520）	0.0980 （0.1461）	−0.0984 （0.1554）

续表

因变量	（1）	（2）	（3）	（4）	（5）
	当年			滞后 1 年	滞后 2 年
	patents	patents	patents	patents	patents
highway	0.3050*** (0.0220)	0.2132*** (0.0233)	0.2079*** (0.0234)	0.1850*** (0.0248)	0.1785*** (0.0270)
airline	0.0074*** (0.0025)	0.0083*** (0.0022)	0.0088*** (0.0022)	0.0081*** (0.0023)	0.0071*** (0.0024)
altitude	−0.0003*** (0.0000)	−0.0005*** (0.0001)	−0.0005*** (0.0001)	−0.0005*** (0.0001)	−0.0005*** (0.0001)
R&D intensity	0.3887*** (0.0529)	0.3630*** (0.0773)	0.3406*** (0.0780)	0.3177*** (0.0842)	0.2231** (0.0921)
technology market	0.0606** (0.0258)	0.1092*** (0.0324)	0.1128*** (0.0324)	0.1115*** (0.0341)	0.1146*** (0.0382)
industrial structure	2.1554*** (0.2724)	1.2728*** (0.2401)	1.2091*** (0.2438)	1.2277*** (0.2525)	1.2551*** (0.2430)
science expenditure	5.0723** (1.9793)	5.0721** (2.5110)	5.0481** (2.5409)	4.9175* (2.5280)	7.2683*** (1.3208)
人均 GDP	0.4662*** (0.0295)	0.5231*** (0.0288)	0.5165*** (0.0291)	0.4927*** (0.0298)	0.4648*** (0.0293)
fixed asset	0.5488*** (0.0271)	0.6199*** (0.0341)	0.6173*** (0.0341)	0.6512*** (0.0357)	0.6730*** (0.0381)
FDI	0.1131*** (0.0145)	0.1059*** (0.0135)	0.1037*** (0.0134)	0.1193*** (0.0143)	0.1221*** (0.0148)
Year FE	NO	YES	YES	YES	YES
Province FE	NO	YES	YES	YES	YES
观测值	2593	2593	2593	2360	2126
调整后的 R^2	0.8077	0.8720	0.8724	0.8729	0.8740

注：括号内为标准误并且在城市层面聚类

*、**、*** 分别代表 10%、5%和 1%的显著性水平

3.5　机　制　分　析

3.4 节的主要研究结果表明，高铁与城市专利申请之间存在着积极而显著的关系。现在转而探讨这种效应背后的潜在机制。

3.5.1　协同创新

高铁提高了地区间的旅行速度，从而让发明家之间产生了更多的合作。考虑到技术的复杂性、创新的不确定性与市场的动态性，个人更可能倾向于利用合作者的想法、知识和经验来解决问题。在这种情况下，跨区域旅行速度的提高可以大大加快交流和互动的搜索过程。当有更多的面对面交流时，具有互补技能的发明人可以更好地匹配，更容易形成新的合作关系（Dong et al., 2020）。例如，参加在大城市举行的相关会议（如学术会议、行业会议、区域会议）为个人寻求合适的合作伙伴和建立社会网络提供了更多的机会。高铁降低了运输成本，使个人更容易参加这些会议，从而增加了合作的可能性。

本章通过分析高铁连接对合作发明专利数量的影响来检验这种机制。这里将专利分为两类：独立发明专利和合作发明专利。专利数据是从国家知识产权局收集到的。该数据可以观察到独立发明人专利和合作发明人专利在市级的分布情况。表 3-13 汇报了回归模型对合作创新的估计。第（1）～（4）列中的因变量为独立发明人专利数的自然对数，第（1）列包括控制变量，第（2）～（4）列包括年份固定效应和省份固定效应。结果表明，高铁与独立专利申请之间存在显著负相关关系。第（5）～（8）列报告了共同发明人专利申请的结果，表明高铁连接后在当年、滞后 1 年和滞后 2 年分别使得合作专利申请增加了 14.36%、14.74% 和 13.17%。通过比较，发现高铁确实促进了发明者之间的合作。此外，本章进一步考察了高铁对城市层面合作创新比例的影响，以期对共同发明人专利申请的相对变化提供洞见。如表 3-14 所示，高铁连接使得合作专利申请比例在当年、滞后 1 年和滞后2 年分别增加了 2.82%、3.61% 和 4.34%。

表 3-13　独立创新与合作创新

因变量	（1）	（2）	（3）	（4）	（5）	（6）	（7）	（8）
	独立专利申请				合作专利申请			
	当年	滞后 1 年	滞后 2 年		当年	滞后 1 年	滞后 2 年	
HSR		−0.2743**	−0.3776**	−0.5209***		0.1436***	0.1474***	0.1317***
		（0.1335）	（0.1505）	（0.1732）		（0.0409）	（0.0439）	（0.0485）
highway	0.1872***	0.2023***	0.1505**	0.1320*	0.2189***	0.2110***	0.1922***	0.1802***
	（0.0657）	（0.0652）	（0.0706）	（0.0756）	（0.0275）	（0.0276）	（0.0289）	（0.0312）
airline	−0.0251***	−0.0264***	−0.0291***	−0.0317***	0.0192***	0.0198***	0.0190***	0.0179***
	（0.0084）	（0.0084）	（0.0091）	（0.0098）	（0.0029）	（0.0029）	（0.0031）	（0.0032）
altitude	0.0001	0.0001	0.0001	0.0001	−0.0005***	−0.0005***	−0.0004***	−0.0004***
	（0.0002）	（0.0002）	（0.0002）	（0.0002）	（0.0001）	（0.0001）	（0.0001）	（0.0001）

续表

因变量	（1）	（2）	（3）	（4）	（5）	（6）	（7）	（8）
	独立专利申请				合作专利申请			
	当年	滞后 1 年	滞后 2 年		当年	滞后 1 年	滞后 2 年	
R&D intensity	0.5812**	0.6477***	0.6291**	0.5581*	0.4747***	0.4399***	0.5023***	0.4069***
	（0.2401）	（0.2438）	（0.2718）	（0.3098）	（0.0975）	（0.0983）	（0.1080）	（0.1226）
technology market	0.1695	0.1592	0.1472	0.1497	0.0370	0.0424	0.0762*	0.0956*
	（0.1049）	（0.1046）	（0.1133）	（0.1276）	（0.0461）	（0.0461）	（0.0462）	（0.0535）
industrial structure	0.3405	0.5134	0.6064	0.4693	1.0178***	0.9273***	1.0004***	1.1100***
	（0.7830）	（0.7774）	（0.8294）	（0.8774）	（0.3423）	（0.3443）	（0.3493）	（0.3522）
science expenditure	11.8722**	11.9349**	11.9394**	20.0996***	5.7676**	5.7348**	5.3177**	6.3303***
	（4.8545）	（4.7791）	（5.1015）	（3.0323）	（2.3017）	（2.3472）	（2.1538）	（1.4388）
人均 GDP	0.2626**	0.2810***	0.2772**	0.2377**	0.7085***	0.6988***	0.6545***	0.6227***
	（0.1027）	（0.1025）	（0.1076）	（0.1117）	（0.0379）	（0.0381）	（0.0386）	（0.0390）
fixed asset	0.4354***	0.4432***	0.5399***	0.5827***	0.7043***	0.7003***	0.7239***	0.7469***
	（0.1086）	（0.1079）	（0.1149）	（0.1241）	（0.0472）	（0.0470）	（0.0479）	（0.0504）
FDI	0.1751***	0.1804***	0.1747***	0.1733***	0.1085***	0.1057***	0.1262***	0.1270***
	（0.0429）	（0.0430）	（0.0455）	（0.0487）	（0.0201）	（0.0201）	（0.0214）	（0.0216）
Year FE	NO	YES	YES	YES	NO	YES	YES	YES
Province FE	NO	YES	YES	YES	NO	YES	YES	YES
观测值	2572	2572	2343	2111	2572	2572	2341	2109
调整后的 R^2	0.3795	0.3805	0.3780	0.3811	0.8207	0.8214	0.8196	0.8166

注：括号内为标准误并且在城市层面聚类

*、**、*** 分别代表 10%、5% 和 1% 的显著性水平

表 3-14 高铁与合作创新比例

因变量	（1）	（2）	（3）	（4）
	合作专利申请比例			
	当年		滞后 1 年	滞后 2 年
HSR		0.0282**	0.0361***	0.0434***
		（0.0127）	（0.0136）	（0.0150）
Total patents	0.0124	0.0115	0.0039	0.0061
	（0.0081）	（0.0081）	（0.0084）	（0.0089）
highway	−0.0085	−0.0098	−0.0068	−0.0083
	（0.0073）	（0.0074）	（0.0079）	（0.0083）

续表

因变量	(1)	(2)	(3)	(4)
	合作专利申请比例			
	当年		滞后 1 年	滞后 2 年
airline	0.0050*** (0.0009)	0.0052*** (0.0009)	0.0053*** (0.0010)	0.0055*** (0.0010)
altitude	0.0000 (0.0000)	0.0000 (0.0000)	0.0000 (0.0000)	0.0000 (0.0000)
R&D intensity	−0.0339 (0.0271)	−0.0403 (0.0274)	−0.0155 (0.0304)	−0.0116 (0.0349)
technology market	−0.0299** (0.0123)	−0.0287** (0.0123)	−0.0215* (0.0127)	−0.0135 (0.0140)
industrial structure	−0.0644 (0.0957)	−0.0809 (0.0958)	−0.0618 (0.1002)	−0.0483 (0.1046)
science expenditure	−0.0829 (0.2354)	−0.0842 (0.2296)	0.0716 (0.2675)	−0.5970* (0.3228)
人均 GDP	0.0560*** (0.0120)	0.0546*** (0.0120)	0.0543*** (0.0124)	0.0541*** (0.0129)
fixed asset	0.0238* (0.0136)	0.0236* (0.0135)	0.0242* (0.0142)	0.0212 (0.0149)
FDI	−0.0006 (0.0053)	−0.0011 (0.0053)	0.0016 (0.0057)	0.0027 (0.0059)
Year FE	NO	YES	YES	YES
Province FE	NO	YES	YES	YES
观测值	2572	2572	2341	2109
调整后的 R^2	0.2673	0.2683	0.2622	0.2613

注：括号内为标准误并且在城市层面聚类；模型包括了城市的所有专利申请数（Total patents）

*、**、*** 分别代表 10%、5%和 1%的显著性水平

　　通过区分个体创新和集体创新，进一步考察了不同创新主体之间吸收高铁溢出的异质性。中国知识产权法律体系中有五大专利主体：①个人；②企业；③大学；④研发机构；⑤社会团体。根据每个专利中的申请人信息确定专利所属的个人或集体创新，并计算出一个城市不同申请人的专利数量，以区分他们对区域创新的贡献。

　　表 3-15 显示了高铁对不同参与者专利申请的影响。遵循主效应的计量模型，因变量为市一级滞后 1 年的专利数量；其他控制变量保持一致，所有模型均包含年份固定效应和省份固定效应。结果表明，高铁使各城市的企业、大学、研发机构

和社会团体的专利活动分别增加了 11.68%、16.96%、14.11%和 25.33%。估计系数表明，回归结果在 10%的水平上是显著的。相比之下，第（1）列的结果并不支持高铁对于个人专利申请的积极影响。

表 3-15　个体创新与集体创新

因变量	（1）	（2）	（3）	（4）	（5）
	个人	企业	研发机构	大学	社会团体
	1 年后				
	patents	patents	patents	patents	patents
HSR	0.0580 （0.0419）	0.1168*** （0.0427）	0.1411* （0.0786）	0.1696* （0.0902）	0.2533*** （0.0734）
highway	0.2047*** （0.0290）	0.2283*** （0.0301）	0.0699 （0.0436）	0.0643 （0.0548）	0.1157*** （0.0401）
airline	0.0049* （0.0026）	0.0067** （0.0031）	0.0356*** （0.0047）	0.0495*** （0.0054）	0.0183*** （0.0042）
altitude	−0.0006*** （0.0001）	−0.0004*** （0.0001）	−0.0004*** （0.0001）	−0.0004*** （0.0001）	−0.0005*** （0.0001）
R&D intensity	0.3167*** （0.0948）	0.5298*** （0.1091）	0.5333*** （0.1582）	0.6482*** （0.1896）	1.2901*** （0.1308）
technology market	0.1246*** （0.0351）	0.0684 （0.0485）	0.0500 （0.0605）	−0.0552 （0.0753）	0.1422*** （0.0505）
industrial structure	0.6341** （0.2527）	0.9416*** （0.3520）	4.7281*** （0.4724）	4.4665*** （0.5429）	1.9308*** （0.4052）
science expenditure	2.5820 （1.6027）	5.9681** （2.7433）	7.8091* （4.4347）	3.8369 （2.4654）	4.5889* （2.3940）
人均 GDP	0.2116*** （0.0336）	0.7252*** （0.0381）	0.6330*** （0.0550）	0.5900*** （0.0619）	0.4083*** （0.0436）
fixed asset	0.6630*** （0.0397）	0.6388*** （0.0504）	0.5519*** （0.0651）	0.9860*** （0.0779）	0.4632*** （0.0558）
FDI	0.0575*** （0.0146）	0.1894*** （0.0227）	0.1042*** （0.0269）	0.1396*** （0.0307）	0.0256 （0.0219）
Year FE	YES	YES	YES	YES	YES
Province FE	YES	YES	YES	YES	YES
观测值	2360	2360	2360	2360	2360
调整后的 R^2	0.8082	0.8403	0.5445	0.6435	0.6119

注：括号内为标准误并且在城市层面聚类

*、**、*** 分别代表 10%、5%和 1%的显著性水平

3.5.2　知识重组：离散与复杂

高铁网络的连接与各种创新要素（如信息、知识和人才）的相互流动密切相关。技术创新类型的不同导致了城市对这些要素的吸收能力不同。这里将探讨不同技术创新的异质性。根据 Cohen 等（2000）的定义，制造业可分为离散技术产业和复杂技术产业[①]。离散技术是指由少数技术领域组成的技术；复杂技术是指包含多个技术领域的技术。特别是，复杂技术产业的创新尤其依赖于具有不同知识、经验和行业背景的专家间的交流与合作，从而解决单一领域的知识和技术无法解决的复杂问题。高铁使专家或科学家能够在不同地区之间自由流动，大大降低了运输成本，从而促进了面对面的交流并增加了新奇想法的产生概率。在这种情况下，复杂技术产业将比离散技术产业从高铁中获益更多。本章根据 Silverman 于1999 年提出的方法为每个专利分配 SIC（standard industrial classification，标准产业分类）代码（Silverman，1999）[②]，进而将每个行业专利数集聚到城市层面。

表 3-16 给出了复杂技术产业和离散技术产业的比较分析。因变量是城市水平上滞后 1 年的专利数量。所有模型都包含控制变量、年份固定效应和省份固定效应。第（1）列为全样本的回归结果；第（2）列和第（3）列分别展示了高铁对复杂技术产业和离散技术产业的异质性影响。估计系数表明，高铁将使复杂技术产业和离散技术产业的专利申请分别增加 8.70% 和 7.32%，特别是，估计结果在 5% 和 10% 的水平上具有显著性，这表明复杂技术产业的技术创新从高铁连接中获益更多。

表 3-16　知识融合机制分析

因变量	（1）	（2）	（3）
	全样本	复杂技术产业	离散技术产业
	滞后 1 年		
	patents	patents	patents
HSR	0.0998*** （0.0357）	0.0870** （0.0373）	0.0732* （0.0420）
highway	0.1924*** （0.0252）	0.2266*** （0.0263）	0.2111*** （0.0309）
airline	0.0079*** （0.0023）	0.0035 （0.0025）	0.0100*** （0.0028）

[①]根据 Contigiani 等（2018）研究，食品、烟草、纺织品、服装、木材、家具、纸张、印刷、化工、炼油、橡胶、皮革和各种材料产品行业属于离散技术产业；金属制品、工业机械、计算机和电子元件及设备、运输设备、测量用品、光学用品、医疗用品属于复杂技术产业。

[②]Silverman（1999）构建了国际专利分类号（international patent classification，IPC）与标准行业分类（SIC）之间的映射关系。

续表

因变量	（1）	（2）	（3）
	全样本	复杂技术产业	离散技术产业
	滞后 1 年		
	patents	patents	patents
altitude	−0.0005*** （0.0001）	−0.0005*** （0.0001）	−0.0005*** （0.0001）
R&D intensity	0.4076*** （0.0851）	0.4762*** （0.0863）	0.6110*** （0.1021）
technology market	0.0917*** （0.0340）	0.0352 （0.0383）	0.1202*** （0.0388）
industrial structure	1.2313*** （0.2539）	1.0542*** （0.2788）	1.4026*** （0.2851）
science expenditure	5.1842** （2.5840）	4.5841* （2.6209）	5.5536* （2.8509）
人均 GDP	0.4956*** （0.0300）	0.6180*** （0.0318）	0.3723*** （0.0344）
fixed asset	0.6513*** （0.0364）	0.6805*** （0.0392）	0.6427*** （0.0418）
FDI	0.1135*** （0.0145）	0.1033*** （0.0152）	0.1236*** （0.0171）
Year FE	YES	YES	YES
Province FE	YES	YES	YES
观测值	2360	2360	2360
调整后的 R^2	0.8704	0.8601	0.8290

注：括号内为标准误并且在城市层面聚类

*、**、*** 分别代表 10%、5% 和 1% 的显著性水平

3.5.3　突破性创新

突破性创新由于在探索未知领域方面的引领作用和对现有企业的颠覆性影响而在创新文献中备受关注（Srivastava and Gnyawali，2011）。因此，本章将检验高铁对区域突破性创新的溢出效应。在以往的研究中，对于突破性创新没有统一的衡量标准。最常见的方法是通过问卷调查访问创新型企业。最近也有学者采用了高被引专利来测量突破性创新（Vakili and Zhang，2018）。鉴于中国专利引文的局限，首先，用战略性新兴产业的专利来衡量区域突破性创新。国务院 2012 年公布

的《"十二五"国家战略性新兴产业发展规划》提出了节能环保、新一代信息技术、生物医药、高端装备制造、新能源、新材料、新能源汽车七大战略性新兴产业的重点方向和主要任务①。这些战略性新兴产业作为知识和技术高度密集型产业，是实现创新驱动型经济发展的"领头羊"。"十二五"期间，战略性新兴产业上市公司的研发强度始终高于其他上市公司。2015 年，战略性新兴产业上市公司研发强度达到 6.2%，高于其他上市公司 2.7 个百分点。2012～2016 年，我国战略性新兴产业发明专利申请总量 138.4 万件，占发明专利申请总量的 35.0%。

中国国家统计局发布了战略性新兴产业分类代码表（附录 2）。根据国际专利分类码和国际行业分类码之间的映射关系，本章确定一项专利是否属于战略性新兴产业专利，然后，计算出各市级战略性新兴产业的专利数量。

表 3-17 和表 3-18 报告了突破性创新机制的检验结果。表 3-17 中的因变量是每个城市一级战略性新兴产业的专利数量。所有模型包括控制变量、年份固定效应和省份固定效应。第（1）～（7）列报告了高铁对每个战略性新兴产业专利申请的影响。第（1）列表明，高铁对于节能环保行业的创新效应是积极的，但在 10% 的水平上并不显著。第（2）～（7）列的结果显示，高铁使得新能源、新能源汽车、生物医药、新材料、高端装备制造和新一代信息技术领域的专利申请分别增加了 9.37%、12.14%、7.81%、13.21%、16.89% 和 16.41%。综合表 3-17 的所有结果表明，高铁与战略性新兴产业的创新之间存在着积极而显著的关系。

表 3-17　高铁与战略性新兴产业创新

因变量	（1）	（2）	（3）	（4）	（5）	（6）	（7）
	节能环保	新能源	新能源汽车	生物医药	新材料	高端装备制造	新一代信息技术
	滞后 1 年						
	patents	patents	patents	patents	patents	patents	patents
HSR	0.0454	0.0937**	0.1214**	0.0781*	0.1321***	0.1689***	0.1641***
	（0.0412）	（0.0415）	（0.0529）	（0.0451）	（0.0422）	（0.0445）	（0.0489）
highway	0.1999***	0.2004***	0.1381***	0.2538***	0.1604***	0.1873***	0.1453***
	（0.0299）	（0.0284）	（0.0318）	（0.0351）	（0.0302）	（0.0317）	（0.0311）
airline	0.0101***	0.0096***	0.0008	0.0190***	0.0076**	0.0085***	0.0079***
	（0.0029）	（0.0028）	（0.0031）	（0.0031）	（0.0030）	（0.0031）	（0.0030）
altitude	−0.0003***	−0.0003***	−0.0006***	−0.0006***	−0.0003***	−0.0006***	−0.0006***
	（0.0001）	（0.0001）	（0.0001）	（0.0001）	（0.0001）	（0.0001）	（0.0001）
R&D intensity	0.5766***	0.7125***	0.9548***	0.6578***	0.8823***	0.9211***	0.5963***
	（0.1038）	（0.1019）	（0.1044）	（0.1108）	（0.1050）	（0.1043）	（0.1124）

①http://www.gov.cn/zhengce/content/2012-07/20/content_3623.htm。

续表

因变量	（1）	（2）	（3）	（4）	（5）	（6）	（7）
	节能环保	新能源	新能源汽车	生物医药	新材料	高端装备制造	新一代信息技术
	滞后 1 年						
	patents	patents	patents	patents	patents	patents	patents
technology market	0.0306 (0.0445)	0.0285 (0.0440)	−0.0045 (0.0479)	0.0678 (0.0464)	0.0434 (0.0420)	0.0288 (0.0460)	0.0211 (0.0471)
industrial structure	1.0084*** (0.3443)	1.6066*** (0.3107)	1.2744*** (0.3473)	1.5728*** (0.3394)	1.5760*** (0.3323)	0.1940 (0.3379)	3.2316*** (0.3616)
science expenditure	5.3779** (2.3648)	5.3214* (2.8040)	6.5772** (3.3035)	5.7765** (2.7819)	4.9813 (3.0633)	3.7917 (2.4393)	6.8997* (3.8268)
人均 GDP	0.6965*** (0.0356)	0.6458*** (0.0337)	0.6751*** (0.0392)	0.3667*** (0.0376)	0.6867*** (0.0344)	0.6685*** (0.0364)	0.6854*** (0.0431)
fixed asset	0.6139*** (0.0481)	0.6953*** (0.0456)	0.7526*** (0.0491)	0.5731*** (0.0510)	0.6127*** (0.0445)	0.8061*** (0.0476)	0.7525*** (0.0477)
FDI	0.1192*** (0.0193)	0.1181*** (0.0188)	0.0960*** (0.0193)	0.0931*** (0.0198)	0.1215*** (0.0195)	0.0768*** (0.0187)	0.1656*** (0.0193)
Year FE	YES	YES	YES	YES	YES	YES	YES
Province FE	YES	YES	YES	YES	YES	YES	YES
观测值	2360	2328	2360	2360	2360	2360	2360
调整后的 R^2	0.8062	0.8216	0.7671	0.7596	0.8048	0.7994	0.8070

注：括号内为标准误并且在城市层面聚类

*、**、*** 分别代表 10%、5%和 1%的显著性水平

表 3-18　高铁与突破性创新

因变量	（1）	（2）	（3）	（4）	（5）	（6）	（7）	（8）
	实用新型专利申请				发明专利申请			
	当年		滞后 1 年	滞后 2 年	当年		滞后 1 年	滞后 2 年
HSR		0.4632* (0.2540)	0.4300 (0.3278)	0.3138 (0.4295)		0.7480** (0.3485)	0.8435* (0.4332)	1.0422* (0.5442)
highway	1.3258*** (0.3046)	1.3006*** (0.3042)	1.6288*** (0.3518)	2.3506*** (0.4036)	0.9982** (0.4858)	0.9549* (0.4873)	1.2016** (0.5214)	1.7567*** (0.5478)
airline	−0.0698*** (0.0221)	−0.0676*** (0.0221)	−0.0807*** (0.0239)	−0.0927*** (0.0254)	0.0240 (0.0244)	0.0275 (0.0241)	0.0253 (0.0258)	0.0249 (0.0273)
altitude	−0.0023*** (0.0004)	−0.0022*** (0.0004)	−0.0021*** (0.0004)	−0.0019*** (0.0004)	−0.0029*** (0.0005)	−0.0028*** (0.0005)	−0.0028*** (0.0005)	−0.0026*** (0.0005)

续表

因变量	（1）	（2）	（3）	（4）	（5）	（6）	（7）	（8）
	实用新型专利申请				发明专利申请			
	当年		滞后1年	滞后2年	当年		滞后1年	滞后2年
R&D intensity	6.1304***	6.0190***	5.6897***	4.3006***	4.9331***	4.7598***	5.0327***	4.2552***
	（0.7846）	（0.7792）	（0.8943）	（0.9234）	（0.9537）	（0.9212）	（1.0471）	（1.1014）
technology market	0.0677	0.0853	0.1007	0.2805	0.3354	0.3548*	0.4739*	0.5144*
	（0.1845）	（0.1845）	（0.2068）	（0.2468）	（0.2156）	（0.2152）	（0.2431）	（0.2889）
industrial structure	23.6843***	23.3883***	24.0793***	21.9271***	31.2263***	30.6986***	31.1409***	28.1067***
	（3.0483）	（3.0401）	（3.2752）	（2.8747）	（4.3949）	（4.4401）	（4.7222）	（4.5430）
science expenditure	47.2131**	47.1085**	43.5050**	92.4994***	54.4714**	54.2162**	52.4056**	104.7050***
	（20.5867）	（20.7350）	（21.9370）	（23.3177）	（23.5885）	（23.8210）	（26.1407）	（31.7603）
人均GDP	6.4491***	6.4177***	6.9152***	7.3048***	6.4296***	6.3856***	6.8217***	7.0448***
	（0.4964）	（0.4950）	（0.5356）	（0.5397）	（0.7613）	（0.7668）	（0.8247）	（0.8337）
fixed asset	−1.0510***	−1.0645***	−1.0597***	−1.5249***	0.0968	0.0632	0.1511	−0.1883
	（0.2588）	（0.2595）	（0.2892）	（0.3362）	（0.4007）	（0.4030）	（0.4610）	（0.5141）
FDI	−0.1046	−0.1135	−0.1997**	−0.2243**	−0.2419**	−0.2515**	−0.3168**	−0.3267**
	（0.0882）	（0.0882）	（0.0931）	（0.1036）	（0.1222）	（0.1211）	（0.1370）	（0.1497）
Year FE	NO	YES	YES	YES	NO	YES	YES	YES
Province FE	NO	YES	YES	YES	NO	YES	YES	YES
观测值	2566	2566	2335	2103	2380	2380	2166	1951
调整后的 R^2	0.5244	0.5248	0.5394	0.5801	0.4423	0.4431	0.4611	0.4981

注：括号内为标准误并且在城市层面聚类

*、**、*** 分别代表 10%、5%和 1%的显著性水平

此外，中国专利体系包含有三种不同的专利类型：发明专利、实用新型专利和外观设计专利。根据之前的文献（Chua et al.，2019；Huang，2010；Xie and Zhang，2015），本章关注前两类专利——发明专利与实用新型专利。因为外观设计专利与科学发明或技术进步的相关性较小。发明专利更多地与突破性创新相关，它们通过融合不同的理念、知识和功能，对塑造和构建新技术产品或工艺做出了实质性贡献和重大贡献。相比之下，实用新型专利更多地体现了对现有技术的简单调整或修改而产生的增量创新或边际改进（Wang et al.，2020）。本章从国家知识产权局收集发明专利和实用新型专利的数据，并在城市一级比较高铁连接对这两种不同专利类型的影响。表 3-18 汇报了回归结果，所有模型包括控制变量、省份固定效应和年份固定效应。第（1）～（4）列和第（5）～（8）列分别报告了高铁对

城市一级实用新型专利和发明专利的影响。

结果表明，高铁与发明专利申请在当年、滞后 1 年和滞后 2 年之间存在显著正相关关系，而实用新型专利申请仅在高铁连接当年起到积极作用，而显著性维持在 10%水平。因此，本章的研究结果进一步验证了高铁连接对这些突破性创新活动有更为显著的积极影响。

3.6　本　章　小　结

本章对高铁这一特定的交通基础设施是否以及如何影响中国的区域创新进行了实证检验。使用 DID 差异策略，研究结果显示，连接高铁网络的城市更可能具有高水平的创新绩效。此外，本章进一步探讨了高铁影响区域创新的几个潜在机制：①合作创新；②不同技术领域之间的知识重组；③突破性创新。结果表明，高铁有助于发明者之间形成合作关系，而且这种影响在集体组织中更为显著。研究结果也支持这样一个命题：相比于离散技术产业高铁更能促进复杂技术产业的创新。此外，本章还揭示了高铁对战略性新兴产业创新的积极影响。研究结果支持了高铁也有助于突破性创新的证据。

本章的研究有以下贡献。通过研究高铁与区域创新之间的关系，扩展了当前交通基础设施的溢出效应的相关研究。先前的研究强调了交通基础设施如何通过降低货物运输成本、旅行成本及通勤时间，改变偏好和禀赋、市场准入、劳动力市场、贸易流动或社会福利方面的作用（Duranton and Turner，2012；Redding and Turner，2015）。然而，直到最近才有学者关注交通基础设施在创新中的溢出效应（Agrawal et al.，2017；Wang et al.，2018b）。本章为检验高铁与区域创新的关系提供了实证依据。更广泛地说，本章也有助于创新驱动因素的文献。大量的研究表明了知识溢出的地理局限性（Almeida and Kogut，1999；Audretsch and Feldman，2004；Jaffe et al.，1993；Zucker et al.，1998）。相比之下，本章的研究通过考察高铁的作用，揭示了跨越地理边界的溢出效应。随着交通成本的降低，科学家或工程师之间的跨城市互动在高铁连接的城市变得更加普遍，从而产生更高水平的创新。

本章的研究结果对地区、行业和组织政策有一定的启示。在中国基础设施快速发展的背景下，高铁已经成为区域经济增长的催化剂，且被视为地方政府的政绩。结果表明，高铁还可以刺激该地区的创新绩效。除了广受欢迎的相关政策，如人力资本积累、研发投资和外国直接投资，交通基础设施也应纳入决策者的考虑范围。此外，本章的研究结论特别适用于非省会城市，有助于缓解中国的区域失衡。众所周知，中国大城市拥有丰富的创新资源，如大学、研究机构、高素质人才和充足的研发资金（Hodler and Raschky，2014；Agrawal et al.，2014b）。在这种情况下，高铁网络促进了相关创新要素在区域间的充分流动。最典型的例子是通过降低城市间的交通成本，促进科学家、工程师和其他高技能群体的跨区域互动。与高铁网络的连接大大扩大了创新型明星城市的溢出效应（Agrawal et al.，2014a，2014b）。对于政策制定者来说，有必要向欠发达地区提供足够的资源，包括大量在交通基础设施方面投资，以降低知识在区域间的流动障碍，并缩小城市之间在创新发展方面的差距。

此外，产业层面知识和技术的异质性要求政府官员制定与产业相关的创新政策。本章表明，高铁可以进一步促进以更高层次的知识重组为特征的产业的创新。这一结果为决策者提供了将基础设施整合到特定行业创新政策中的新见解（Awate and Mudambi，2018）。近年来，战略性新兴产业在全球范围内不断发展。中国中央政府还大力倡导战略性新兴产业在引领创新中的作用。本章的研究结果支持高铁对这些行业创新的积极影响。因此，政府官员在规划战略性新兴产业的地方布局时，有必要考虑交通基础设施的互补性。

本章的研究还激发了如何鼓励社会创新的有益思考。研究结果支持了有机组织中的创新参与者在高铁创新溢出竞争中更具优势。与个体创新主体相比，企业、大学和科研机构等有机组织拥有更广泛、更复杂的创新网络，因此，高铁与知识溢出的叠加效应更为显著（Agrawal et al.，2006，2008）。具有多样化创新组织组合的城市可以建立多个车站来扩大其高铁网络。

本章的研究仍有一些局限性。首先，回归模型中的因变量依赖于地区层面的专利数据，没有考虑其他替代测量手段。事实上，一些流行的指标，如新产品和学术出版物，可以作为创新文献中创新的代理变量（Arora et al.，2018；Catalini et al.，2020；Dong et al.，2020）。今后，在相关数据可得的情况下，应该使用多个指标来衡量区域创新，以检验结果的稳健性。其次，在模型设定中，本章只控制了其他交通基础设施对区域创新的单一影响。未来的研究可以考虑不同交通基础设施的互补和叠加效应（卢春房等，2021）。显然，拥有机场和高铁站点的城市在促进人才流动方面更为有效（Gibbons and Wu，2017）。

第4章　高铁对于企业创新的影响：
社会互动的视角

本章从社会互动的视角考察了高铁建设与企业创新的关系。从微观层面解析了微观组织如何在与基础设施动态发展的互动中吸收创新溢出。在此基础上，通过一系列检验验证了结论的稳健性。此外，为了考察潜在的社会互动机制，引入了两个重要且有趣的地区非正式制度维度：方言多样性和社会信任，以此来论证高铁与企业创新的权变机制。

4.1　引　　言

当前的大量文献对于交通基础设施在宏观经济上的作用已经进行了大量的探索性工作，包括市场准入（Donaldson and Hornbeck, 2016; Gibbons and Wu, 2017）、贸易流动与市场整合（Michaels, 2008）、城市去中心化等（Baum-Snow, 2007）。特别是，一批新兴的文献开始关注交通基础设施与知识溢出、区域创新发展的互动（Agrawal et al., 2017）。然而，这些文献主要侧重交通基础设施如何影响宏观经济要素的空间流动，鲜有文献考察微观层面的作用机制。事实上，交通基础设施的发展极大地降低了通行成本，从而促进了人群的空间流动性（Duranton et al., 2014），也因此强化了跨区域的社会互动（Redding and Turner, 2015）。这类拥有不同职业背景、技术背景和行业背景的人群的密切交流与互动产生了跨领域的知识流动及扩散，从而导致一系列新奇创意的诞生。

本章通过研究高铁的扩张对于企业创新的影响来补充现有基础设施与创新作用的微观机理。相较于之前学者的研究，本章侧重于解释高铁在发展过程中对于区域间的社会互动的作用机制，从而解释企业创新从中受益的路径。使用高铁作为交通基础设施的代表主要基于以下几点原因。首先，高铁的客运功能有助于排除其商品运输的影响（Zheng and Kahn, 2013），可以更加干净地识别交通基础设施的社会互动机制。其次，高铁铁路站点在不同时间、不同地点开建的事实允许研究者将其看作一个准自然实验，有利于降低研究模型的内生性困扰（Li and Xu, 2018）。而且，中国大规模高铁建设始于 2008 年，目的在于通过交通基础设施建设刺激国内市场需要，带动经济增长。创新并非当初设计规划的主要目的，但也在一定程度上降低了内生性。在中国的交通基础设施系统里，高速公路主要承担短距离货运和客运（Gibbons et al.，2019），限制了跨区域的人才流动。航空运输虽然主要负责远距离客运，其较高的运输成本使得绝大部分人无法享受快速通行的服务。相对而言，高铁因其快捷的速度和相对较低的价格获得了大多数旅客的青睐，成为跨区域旅行的首选（Zheng and Kahn，2013）。平均250km的时速，使高铁网络极大地降低了城市之间的通勤成本。如此密集的高铁网络作为创新地理研究的情境是十分恰当的。

之所以选择企业作为本章的基本分析单元主要基于其以下几点优势。第一，企业在中国创新发展中占据绝对的统治地位。由企业发起的创新活动实现了中国大部分的创新成果。第二，科研机构和大学在创新中的角色历来为学者所重视，但它们大多聚集在大型城市，围绕其中的创新资源和优越环境开展创新活动（Carlino and Kerr，2015）。相较而言，企业在中国的地理分布更加平衡，可以避免样本选择偏差。第三，创新活动的具体实施人——发明人、工程师和科学家的空间流动使得研究人员极难追踪其创新活动的所在地，在一定程度上造成错配。

本章利用中国工业企业1998~2013年的样本来检验相关理论。通过高铁站点在不同城市与不同时间点的开通，采用DID方法比较高铁城市在开通高铁前后与高铁城市和非高铁城市在企业创新上的差异（Qin，2017）。将知识产权局的专利信息与工业企业年度调查数据库（简称工业企业数据库）进行匹配，得到每一家企业在1998~2013年所有专利申请的记录，从而衡量其创新结果。而且，根据专利类型的不同，本章进一步区分了发明专利和非发明专利（实用新型专利和外观设计专利）。

本章的研究结果表明，在控制了一系列企业、行业和城市水平的影响因素后，位于高铁城市的企业在高铁开通后相比于非高铁城市的企业增加了3.4%的专利申请、1.2%的发明专利、83.1%的非发明专利。在经过相关的稳健性检验，如子样本回归、因变量滞后等，结果依然保持不变，支持了之前的预测。之后，进一步利用非正式制度视角——方言多样性和地区社会信任，检验了社会互动机制。由于中国各地区间的地理多样性、文化多元性和民族多样性（Lu et al.，2018），其非正式制度的演变也呈现出极大的差异性。非正式制度能够塑造社会成员间的社会互动、交流方式和互换行为（Scott，2008）。由于高铁网络连接出现的跨区域社会互动依赖于当地的非正式制度的构建水平，本章采纳两种测度来估计本地非正式制度的效应：①社会信任；②方言多样性。研究发现位于高社会信任与低方言多样性地区的企业能够从高铁开通中获取更多的创新溢出。

本章从以下几个方面做出相应贡献。第一，研究并连接了经济地理学中的交通基础设施文献与战略管理领域创新驱动要素文献。基于中国工业企业样本提供的微观实证表明，企业创新绩效的增长与改进的区域交通基础设施密切相关。本章进一步推进了知识溢出地理化的相关研究，并且指出了一个重要但被广泛忽视的作用机制：嵌入个体和企业间的社会互动。为了验证社会互动机制的作用路径，引入了非正式制度视角，考察两个主要维度的影响：社会信任与方言多样性。本章的研究结论为创新政策提供了有益的借鉴，尤其是如何协同"硬"的基础设施与"软"的制度建设。

4.2　文　献　回　顾

交通基础设施包括高速公路、铁路和航空，能够有效地塑造区域、企业等不同水平的经济活动的空间组织结构（Gibbons and Wu，2017）。在区域水平上，改善的交通基础设施降低了区域之间和内部的通勤成本，增加了贸易流动（Duranton et al.，2014；Faber，2014；Michaels，2008），从而放大了规模经济、专业化生产和比较优势的经济效应（Lin，2017；Qin and Zhang，2016；Michaels，2008）。此外，通过极大地降低市场准入（Donaldson and Hornbeck，2016），交通基础设施可以促进自然资源、金融资本、人力资本和其他基础性经济要素的空间流动性。当前的文献也已经广泛地探讨过交通基础设施在不同区域经济结果中的关键性作用，包括城市增长（Campante and Yanagizawa-Drott，2018；Duranton and Turner，2012；Li and Xu，2018）、就业、人口去中心化等（Luo et al.，2018）。在个体企业层面，通过改进的基础设施，企业能更加容易地连接劳动力市场、产品市场、中介机构和供应商（Datta，2012）。这些新增的商业机会导致了信息资源的共享、劳动力市场的有效匹配和更加全面地向其他公司学习（Zheng and Kahn，2013）。因此，发达的交通不仅能提升企业的绩效与生产力（Gibbons et al.，2019；Holl，2016），还能优化其组织结构和效率（Charnoz et al.，2018）。

新兴的一支文献开始关注交通基础设施如高速公路、铁路、航空在发达国家和发展中国家分别对于创新的影响（Banerjee et al.，2020；Baum-Snow et al.，2020；He et al.，2020）。其中，经济地理学者强调了知识溢出本地化效应在创新活动的空间演化的作用。知识溢出本地化即指本地的组织和个体能够通过近距离地学习和互动最大程度地吸收来自当地的创新溢出，这种溢出会随着与知识生产者的距离变远而降低。最近的实证研究也发现发达的交通基础设施通过减少空间溢出本地化障碍来推动本地创新增长。增加的可达性降低了企业的本地知识搜寻成本，与此同时也大大扩大了企业对于外地知识的搜索范围。例如，Agrawal 等（2017）基于美国的州际高速公路网络数据，发现交通基础设施不仅有利于促进相关发明者对于本地知识的吸收，也能大大增加其吸收远距离知识生产者的知识的概率。与此相一致的是，Wang 等（2018b）也利用中国的数据发现密集的高速公路对于企业专利活动产生了积极的影响。

而且，发达的交通基础设施可以充当跨区域学术组织和成员的连接纽带，从而形成更为紧密和复杂的合作网络。对于位于资源匮乏的中小城市的机构和个人而言，低通勤成本允许他们更加频繁便捷地访问位于超大城市的知名科研机构、实验室、大学等，从而获取第一手的前沿知识和信息。同时，快速的城际交通速度促使人们自由且低成本地参加不同地区的学术会议，与不同行业、技术和学科背景的专家交换信息。Dong（2018）基于中国的高铁和科研合作数据发现高水平的科研团队能显著利用高铁提升团队的学术生产力。Catalini 等（2020）关于美国航空数据也指出航空线路的发达能显著促进科学研究的速度。

还有一支文献探索了交通基础设施对于人才流动的影响。这一类文献的核心观点强调，交通的可达性允许各类人才拥有更大的可能性以寻求发展机会和享受不同地区的优质的公共资源。当城际交通成本大大降低时，创新人才如发明专家更有可能通过高铁进行迁移，比如，他们可以快速方便地连接超大型城市的充沛资源而不必局限于居住其中，也因此避免高昂的居住成本的困扰（Zheng and Kahn，2013）。雇佣学习文献强调了技术型人才流动对于企业创新的影响。吸纳来自其他区域的创新人才有利于企业内部员工近距离学习和吸收宝贵的缄默知识和相关的经验，从而提升企业的创新生产力（Agrawal et al.，2014b）。一方面，高端创新人才如高技术工人、工程师、科学家和发明家，由于其丰富的创意生产和知识扩散的经验，可以被视为主要的创新驱动要素；另一方面，嵌入在这些高端人才的社会资本，如之前的学生、同事、员工的合作网络都能内化为当地的稀缺资源，促进知识的吸收、同化和转移。

基于上述文献分析可见，当前关于交通与创新的研究依然存在广阔的空间。首先，大部分文献关注传统的交通基础设施，包括公路与传统铁路，缺乏对于新兴交通类型的足够关注。新兴交通类型如高铁，由于在高速与低价上取得的高性价比，越来越受国家、地方政府和消费者的青睐。因此，关注这一类客运交通能够排除其他要素流动的干扰，提升对于人才流动效应的进一步理解。其次，当前的文献假设高铁网络的开通能够吸引更多的发明者，从而促进当地的创新。但是这种假设与人才流动的现实情况是不一致的。发达的交通基础设施固然是人才前往一个城市的重要原因之一，相关的工作机遇、教育资源、医疗水平也能影响个人的地域选择。最后，虽然最近的高铁文献强调了高铁通过知识溢出效应影响创新，但是，相关的机制依然不够明确。事实上，高铁的开通能够显著促进人与人之间的面对面的交流。这种亲密的社会互动促进了缄默知识的传播，即无法从文档中获取的知识的传播。这一点对于突破性创新的发展尤为重要。

为了补充现有研究的不足，本章通过检验高铁网络连接的溢出效应扩展了企业创新的驱动要素研究。在此基础上，进一步考察了社会互动机制的作用机理，研究两类关键性非正式制度的权变条件：社会信任和方言多样性。

4.3　方法与设计

4.3.1　样本和数据来源

研究样本来自中国国家统计局开展的 1998～2013 年的中国工业企业调查。工业企业数据库收集了所有国有企业和年销售额大于 500 万元的规模的非国有企业的财务状况、地理位置、行业、所有制结构、企业历史等信息（Li and Xu，2018；Xie and Li，2018；Zhou et al.，2017）。因为每年的《中国统计年鉴》中的工业数据是通过工业企业数据聚合而成，所以该数据库具有极高的权威性和代表性。关于中国企业的经济学和管理学研究经常将其作为可靠的数据源进行使用（Wang et al.，2018a；Zhong et al.，2019）。本章的研究样本包含 926 799 家企业，一共 3 901 259 个观测值，覆盖 41 个工业行业和 31 个省区市。

本章还从其他来源收集数据。之前的研究大多将企业专利申请状况作为创新的一个关键测度（Contigiani et al.，2018；Vakili and Zhang，2018；Zhou et al.，2017）。因此从国家知识产权局发布的中国专利数据库收集了企业每年的专利申请信息。中国专利数据库覆盖了中国境内所有的专利申请信息，包括来自个人、企业、科研单位、大学等，也被很多中国创新研究的相关学者所广泛应用于企业、行业和区域层面的创新测量（Xie and Zhang，2015）。此外，还从中国铁路总公司官方网站收集了中国所有高速铁路线路的详细信息，包括开通时间、经过的站点等，便于在研究中识别一个城市在当年是否连入全国高速铁路网络。地区社会信任的数据来自中国企业家调查系统。方言多样性数据则来自《汉语方言大词典》、中国知网工具书网络出版总库和《中国城市统计年鉴》（Dow et al.，2016；Xu et al.，2015）。

4.3.2　变量测量

（1）因变量。虽然之前的研究经常使用研发投入作为创新的代理变量（Zhou et al.，2017），最近的研究也指出研发投入更多的是衡量创新的输入而非输出，即不能反映创新结果。另外一个常见的变量是新产品产值，新产品产值测量了创新成果的商业化价值，也被广泛地应用于创新管理的相关研究中。然而该测量没有出现在 2008～2013 年的工业企业调查中，限制了在连续时间节点上的运用。因此，本章选择利用企业每年的专利申请信息来测量创新产出。

　　将最有价值专利与低质量专利区分开来是进行专利研究的重要环节。很多学者采用专利引用信息来刻画专利质量（Fagerberg et al., 2006；Nagaoka et al., 2010）。对于中国的专利研究而言，专利引用在专利申请过程中作为非必要文本组成部分，被大多数专利申请人所忽视。因此造成中国专利的引用信息大量缺失和遗漏。使用引用信息构建的专利指标不可避免存在一定的偏误。不过中国专利系统的分类方法启示研究人员采纳另外一条路径度量专利质量。中国的专利分为三类：发明专利、实用新型专利和外观设计专利。一般而言，发明专利被视为反映实质性的创新和具有突破性的技术进步。从专利评审和审查来看，其程序复杂程度和严格程度都远远高于另外两类专利。发明专利的申请要求更多的是专利申请费用、公开的特殊要求、更长的审查周期、更多的专利条款（Xie and Zhang, 2015）。因此，通过专利类别的差异来研究中国的创新成为一种行之有效的研究方法（Huang et al., 2017；Wang et al., 2020）。

　　为了呈现中国企业创新活动的全景式洞察，本章构建了三种指标：总专利申请数、发明专利申请数和非发明专利申请数（实用新型专利申请数+外观设计专利申请数）。这里要指出，由于专利的授权需要一定的年限，因此使用专利申请数据更能反映即时的创新成果。为了解决专利数据的非正态分布，所有的测度均进行了自然对数处理（Agrawal et al., 2017）。表4-1报告了在此期间专利的行业分布。

表 4-1　专利的行业分布（1998～2013 年）

行业	企业数	观测值	总专利申请数	发明专利申请数	实用新型专利申请数	外观设计专利申请数
煤炭开采和洗选业	21 246	82 158	3 904	1 051	2 842	11
石油和天然气开采业	718	2 522	3 945	984	2 942	19
黑色金属矿采选业	8 366	32 406	2 087	1 128	957	2
有色金属矿采选业	5 825	22 051	582	214	360	8
非金属矿采选业	11 137	39 046	1 007	492	466	49
开采辅助活动	102	439	751	210	536	5
其他采矿业	778	2 445	6	2	4	0
农副食品加工业	58 615	241 348	30 014	10 283	7 347	12 384
食品制造业	20 123	90 024	28 648	7 188	4 400	17 060
酒、饮料和精制茶制造业	14 465	62 653	20 094	2 514	1 920	15 660
烟草制品业	599	3 129	6 374	1 987	3 767	620
纺织业	70 649	303 429	109 259	9 474	14 243	85 542
纺织服装、服饰业	40 164	173 008	45 161	1 990	3 912	39 259
皮革、毛皮、羽毛及其制品和制鞋业	19 928	85 058	19 730	1 092	4 340	14 298

续表

行业	企业数	观测值	总专利申请数	发明专利申请数	实用新型专利申请数	外观设计专利申请数
木材加工和木、竹、藤、棕、草制品业	24 071	88 837	13 805	2 346	5 006	6 453
家具制造业	12 364	48 621	39 116	1 351	5 833	31 932
造纸和纸制品业	22 529	99 370	17 014	2 873	5 977	8 164
印刷和记录媒介复制业	15 122	67 683	10 352	1 881	5 236	3 235
文教、工美、体育和娱乐用品制造业	13 808	49 941	41 680	3 078	10 874	27 728
石油加工、炼焦和核燃料加工业	6 219	24 931	3 762	1 999	1 508	255
化学原料和化学制品制造业	61 896	278 125	87 059	44 791	28 648	13 620
医药制造业	13 324	73 879	56 167	29 465	11 475	15 227
化学纤维制造业	3 598	20 243	8 564	2 696	3 280	2 588
橡胶和塑料制品业	21 668	56 688	25 458	6 455	12 171	6 832
非金属矿物制品业	56 613	191 975	51 673	11 125	24 747	15 801
黑色金属冶炼和压延加工业	55 638	302 073	55 128	13 141	22 932	19 055
有色金属冶炼和压延加工业	17 395	78 528	33 847	11 009	21 422	1 416
金属制品业	29 795	76 239	38 727	10 579	19 313	8 835
通用设备制造业	58 482	221 570	106 440	22 536	57 205	26 699
专用设备制造业	59 822	299 469	184 190	44 880	115 126	24 184
汽车制造业	34 025	164 378	159 061	39 314	102 150	17 597
铁路、船舶、航空航天和其他运输设	27 864	168 025	151 166	29 988	87 048	34 130
电气机械和器材制造业	18 670	21 255	63 267	18 986	32 997	11 284
计算机、通信和其他电子设备制造业	36 190	188 927	264 902	76 359	133 034	55 509
仪器仪表制造业	21 361	139 795	258 750	129 169	91 191	38 390
其他制造业	9 418	61 325	63 505	16 963	31 805	14 737
废弃资源综合利用业	10 403	63 273	29 369	2 350	6 811	20 208
金属制品、机械和设备修理业	3 912	25 656	3 311	516	1 626	1 169
电力、热力生产和供应业	13 703	78 334	46 880	15 483	30 552	845
燃气生产和供应业	1 676	8 816	744	162	571	11
水的生产和供应业	4 518	29 666	911	325	551	35
总计	926 799	4 067 338	2 086 410	578 429	917 125	590 856

资料来源：中国工业企业数据库和国家知识产权局

（2）自变量。本章从中国铁路 12306 官网收集每一条高铁线路和站点的详细信息。2008 年，第一条达到高速水平的高铁正式投入运营，时速 250km/h，作为宁蓉线的一部分，起于南京，止于合肥。2008～2013 年，总共 39 条高铁线路开通，覆盖 23 个省区市，130 个地级市。截至 2013 年，中国高铁线路已达 11 000km，占据所有铁路网里程的 10.68%。参照之前交通基础设施相关研究（Catalini et al.，2020；Cui et al.，2020；Dong et al.，2020；Heuermann and Schmieder，2018；Huang and Wang，2020；Zheng and Kahn，2013），构建了一个随时间变化的虚拟变量 HSR，当该年度城市已经连接上全国的高铁网络（至少有一个高铁站开通运营）等于 1，否则为 0。

（3）控制变量。回归模型控制了一系列企业层面的变量，包括企业规模（Size）（企业总资产的自然对数）、企业年龄（Age）（自企业创立到现在）、年度销售额（Sales）（Gao et al.，2019；Gao and Zheng，2020）。此外，还控制了行业层面的变量。鉴于竞争压力对于创新成果的显著影响，模型控制了行业集中度（Industry concentration），即赫芬达尔指数（Herfindahl index）（Zhou et al.，2017）。该指数由一个行业内每个企业销售额占比的平方和计算而成，反映了行业集中程度。模型还控制了行业时长（Industry tenue），即每个行业企业的平均年龄，来测量成熟行业与新兴行业在创新活动上的显著差异（Xie and Li，2018）。最后，模型还控制了城市层面的变量，包括人均 GDP（City GDP）、工业 GDP 占比（GDP2_%）、服务业 GDP 占比（GDP3_%）（Banerjee et al.，2020；Chandra and Thompson，2000）。

4.3.3　实证模型

本章利用高铁站点在不同城市不同时点开通的这一事实来估计高铁对于企业创新的效应。基于 DID 估计模型比较高铁开通前后高铁城市内的企业与非高铁城市的企业在创新产出上的差异（Bertrand et al.，2004；Catalini et al.，2020；Dong et al.，2020；Huang and Wang，2020）。本章采用 OLS 来估计回归模型。模型设定如下：

$$Y_{ijkt+1} = \beta HSR_{jt} + \alpha X_{ijkt} + \mu_k + \gamma_j + \delta_t + \varepsilon_{ijtk}$$

式中，Y_{ijkt} 表示位于行业 k、城市 j 的企业 i 在 $t+1$ 年度内的专利申请数（自然对数形式）；HSR_{ijt} 表示虚拟变量，当企业 i 所在城市 j 在 t 年已经连接到高铁网络，取值为 1，否则为 0；μ_k 表示行业固定效应（Industry FE），用来控制不随时间变化且未被观测的行业特征；Y_j 表示城市固定效应（City FE），用于控制不随时间变化且未被观测的城市特征，如地理环境；δ_t 表示年份固定效应，用于控制时间趋势；ε_{ijtk} 表示误差项。所有的稳健标准误在企业层面聚类。

4.4　结　果　分　析

4.4.1　基准回归

　　表 4-2 报告了关键变量的描述性统计结果，包括均值、标准差、最大值和最小值。表 4-3 则报告了高铁与企业专利活动的基准回归结果。所有的模型设定均包含控制变量、城市固定效应、行业固定效应和年份固定效应。第（1）列到第（3）列展示了高铁对于总专利申请数、发明专利申请数和非发明专利申请数的估计效应。结果显示高铁的开通确实对于企业的专利申请产生了积极显著的影响。具体而言，研究发现高铁的开通使得高铁城市企业相比较于非高铁城市企业增加了3.4%的总专利申请数、1.2%的发明专利申请数和3.1%的非发明专利申请数。

表 4-2　描述性统计

变量	观测值	均值	标准差	最小值	最大值
总专利申请数	4 067 338	0.081 790 5	0.413 789 4	0.000 000 0	10.114 400 0
发明专利申请数	4 067 338	0.030 219 7	0.223 964 4	0.000 000 0	9.173 366 0
非发明专利申请数	4 067 338	0.066 836 1	0.367 019 5	0.000 000 0	9.619 798 0
HSR	3 912 606	0.223 392 3	0.416 519 2	0.000 000 0	1.000 000 0
Size	4 066 549	9.964 934 0	1.695 609 0	0.000 000 0	20.671 720 0
Age	4 061 270	10.916 610 0	10.425 430 0	1.000 000 0	450.000 000 0
Sales	4 065 843	10.310 790 0	1.806 593 0	0.000 000 0	20.693 150 0
Industry concentration	4 067 338	0.000 159 70	0.000 868 0	0.000 027 5	0.503 801 6
Industry tenue	4 067 338	10.919 280 0	3.232 455 0	5.111 111 0	43.736 840 0
City GDP	3 911 342	7.408 248 0	1.137 655 0	2.835 857 0	9.980 593 0
GDP2_%	3 907 812	50.659 620 0	8.543 666 0	9.000 000 0	90.970 000 0
GDP3_%	3 907 716	39.454 460 0	8.989 286 0	8.500 000 0	85.340 000 0

表 4-3　高铁与企业创新基准回归

因变量	（1）	（2）	（3）
	总专利申请数	发明专利申请数	非发明专利申请数
HSR	0.034***	0.012***	0.031***
	（0.001）	（0.001）	（0.001）
Size	0.047***	0.022***	0.037***
	（0.000）	（0.000）	（0.000）

续表

因变量	（1）	（2）	（3）
	总专利申请数	发明专利申请数	非发明专利申请数
Age	0.001***	0.000***	0.001***
	（0.000）	（0.000）	（0.000）
Sales	0.008***	0.003***	0.007***
	（0.000）	（0.000）	（0.000）
Industry concentration	0.347	1.259*	−0.256
	（0.786）	（0.658）	（0.559）
Industry tenure	−0.003***	−0.002***	−0.002***
	（0.000）	（0.000）	（0.000）
City GDP	0.040***	0.038***	0.023***
	（0.003）	（0.001）	（0.002）
GDP2_%	−0.005***	−0.003***	−0.004***
	（0.000）	（0.000）	（0.000）
GDP3_%	−0.002***	−0.001***	−0.001***
	（0.000）	（0.000）	（0.000）
常数项	−0.399***	−0.285***	−0.266***
	（0.020）	（0.010）	（0.018）
观测值	2 946 493	2 946 493	2 946 493
R^2	0.093	0.062	0.081
企业数	660 585	660 585	660 585
City FE	YES	YES	YES
Industry FE	YES	YES	YES
Year FE	YES	YES	YES

注：小括号内为标准误并且在城市层面聚类；HSR 是 DID 项，所有模型包括了城市、行业和年份固定效应

*、*** 分别代表 10% 和 1% 的显著性水平

4.4.2　稳健性与内生性检验

除了基准回归外，作者进行了一系列稳健性检验来回应内生性问题。考虑到企业创新活动需要一定的时间，首先检验了不同的滞后结构（Contigiani et al.，2018；Dong et al.，2020）。表 4-4 分别展示了当年、滞后 2 年、滞后 3 年的模式设定下的回归结果。自变量高铁的系数总是积极且显著的，与基准回归保持一致。

表 4-4　高铁与企业创新滞后回归

因变量	（1）	（2）	（3）	（4）	（5）	（6）	（7）	（8）	（9）
	当年			滞后 2 年			滞后 3 年		
	总专利申请数	发明专利申请数	非发明专利申请数	总专利申请数	发明专利申请数	非发明专利申请数	总专利申请数	发明专利申请数	非发明专利申请数
HSR	0.025***	0.009***	0.022***	0.042***	0.014***	0.038***	0.034***	0.012***	0.030***
	（0.001）	（0.001）	（0.001）	（0.002）	（0.001）	（0.002）	（0.002）	（0.001）	（0.002）
Size	0.041***	0.019***	0.032***	0.050***	0.024***	0.039***	0.052***	0.026***	0.041***
	（0.000）	（0.000）	（0.000）	（0.001）	（0.000）	（0.000）	（0.001）	（0.000）	（0.001）
Age	0.001***	0.000***	0.001***	0.001***	0.000***	0.001***	0.001***	0.000***	0.001***
	（0.000）	（0.000）	（0.000）	（0.000）	（0.000）	（0.000）	（0.000）	（0.000）	（0.000）
Sales	0.004***	0.002***	0.004***	0.011***	0.005***	0.009***	0.012***	0.005***	0.010***
	（0.000）	（0.000）	（0.000）	（0.001）	（0.000）	（0.000）	（0.001）	（0.000）	（0.001）
Industry concentration	−0.057	1.585***	−1.223***	0.299	1.279*	−0.751	0.223	0.937	−0.500
	（0.569）	（0.527）	（0.450）	（0.834）	（0.737）	（0.527）	（0.848）	（0.782）	（0.589）
Industry tenure	−0.001***	−0.001***	−0.001***	−0.004***	−0.003***	−0.003***	−0.005***	−0.003***	−0.005***
	（0.000）	（0.000）	（0.000）	（0.000）	（0.000）	（0.000）	（0.000）	（0.000）	（0.000）
City GDP	0.033***	0.031***	0.019***	0.045***	0.042***	0.025***	0.050***	0.045***	0.030***
	（0.002）	（0.001）	（0.002）	（0.003）	（0.002）	（0.003）	（0.004）	（0.002）	（0.003）
GDP2_%	−0.005***	−0.003***	−0.004***	−0.006***	−0.003***	−0.004***	−0.006***	−0.003***	−0.004***
	（0.000）	（0.000）	（0.000）	（0.000）	（0.000）	（0.000）	（0.000）	（0.000）	（0.000）
GDP3_%	−0.001***	−0.001***	−0.001***	−0.002***	−0.001***	−0.001***	−0.002***	−0.002***	−0.001***
	（0.000）	（0.000）	（0.000）	（0.000）	（0.000）	（0.000）	（0.000）	（0.000）	（0.000）
常数项	−0.308***	−0.226***	−0.202***	−0.444***	−0.311***	−0.302***	−0.480***	−0.315***	−0.340***
	（0.017）	（0.008）	（0.015）	（0.023）	（0.012）	（0.020）	（0.026）	（0.014）	（0.023）
观测值	3 901 259	3 901 259	3 901 259	2 338 813	2 338 813	2 338 813	1 801 667	1 801 667	1 801 667
R^2	0.094	0.058	0.082	0.095	0.064	0.083	0.096	0.066	0.084
企业数	887 304	887 304	887 304	578 252	578 252	578 252	455 478	455 478	455 478
City FE	YES	YES	YES	YES	YES	YES	YES	YES	YES
Industry FE	YES	YES	YES	YES	YES	YES	YES	YES	YES
Year FE	YES	YES	YES	YES	YES	YES	YES	YES	YES

注：小括号内为标准误并且在城市层面聚类；HSR 是 DID 项，所有模型包括了城市、行业和年份固定效应
*、*** 分别代表 10%和 1%的显著性水平

　　DID 方法的使用要求样本满足平行趋势的假定，即样本在接收外来冲击前保持相同的趋势。本章检验了城市水平下高铁开通前专利趋势的变化。为了展示高铁开通前的差异，基于事件研究法描绘出高铁开通的年度系数变化（图 4-1）。这些图上的每一点表明控制组与对照组当年在开通高铁前后的专利申请的差异。其中发现在高铁开通前 3 年、前 2 年和前 1 年的所有专利类型的系数非常接近 0，不具有统计上的显著性。这说明控制组与对照组在高铁开通前没有明显的专利申请趋势的差异（Gao and Zhang，2017）。作者进一步比较了高铁城市与非高铁城市每年平均专利数的时间变化（图 4-2）。同样没有发现在 2008 年之前二者的专利申请趋势有明显的差异。因此，DID 法的平行趋势假定得到支持。

（a）总专利申请数

（b）发明专利申请数

（c）实用新型专利申请数

（d）外观设计专利申请数

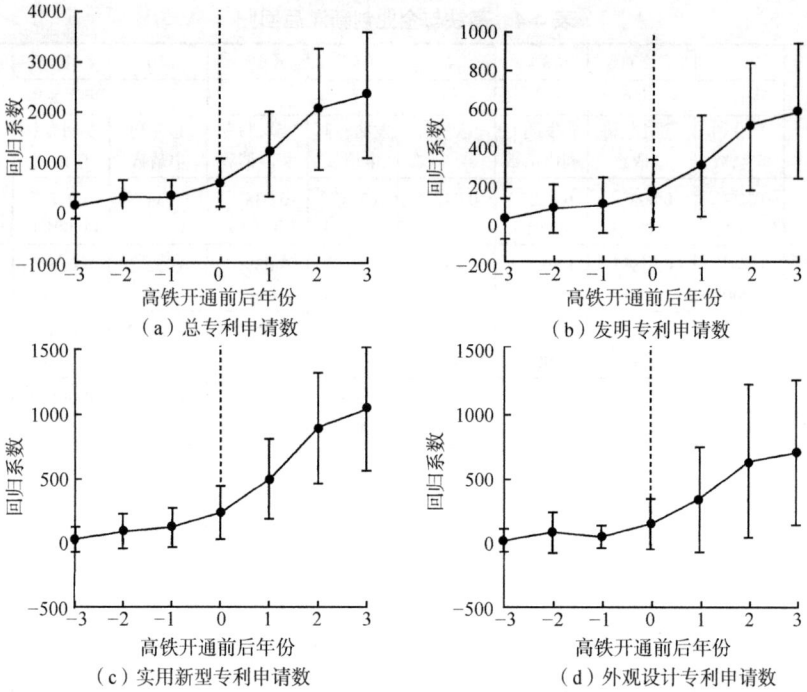

图 4-1　高铁对于企业创新的动态效应

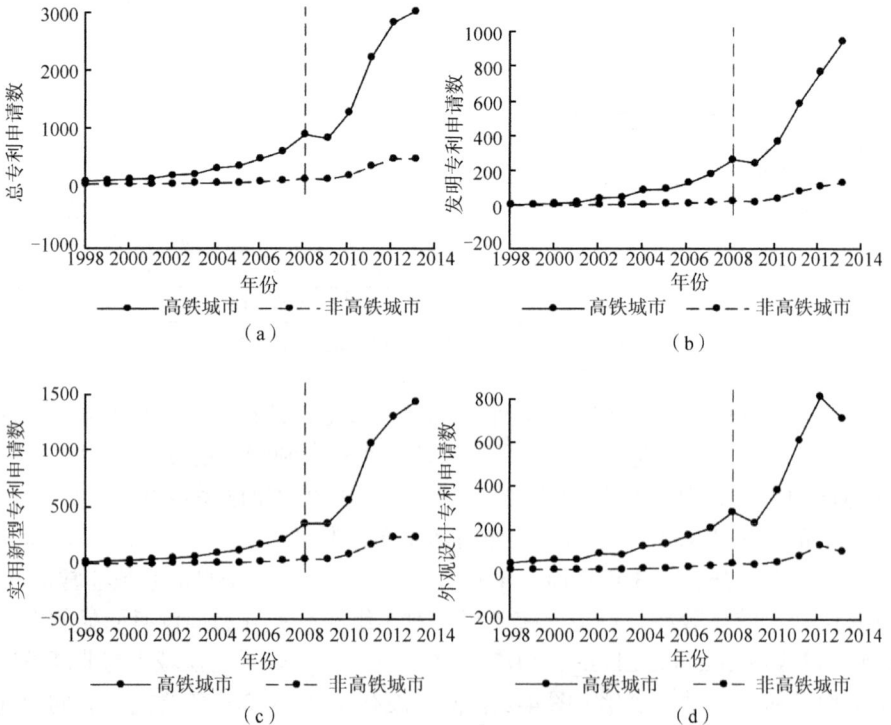

（a）

（b）

（c）

（d）

图 4-2　高铁城市与非高铁城市创新趋势

本章还对样本选择偏差问题进行了处理。作者使用了两种方法来进行样本筛选。第一，以 2008 年即第一条高铁开通年份为分界线，删除 2003 年之前的样本从而构建出一个年度平衡的数据集。如表 4-5 所示，第二列是基准回归结果，第三列展示年度平衡样本回归，自变量的显著性与方向与第二列保持一致。第二，删除了处于垄断行业的企业样本，包括采矿业、水力、电力和热能等行业。保留了所有制造业样本，第四列与全样本相比结果没有显著的差异，支持了研究结论的稳健性。

表 4-5　高铁与企业创新：分样本回归

因变量	全样本	均分时间段（2003～2013 年）	制造业
面板 A 因变量：总专利申请数			
HSR	0.034*** （0.001）	0.028*** （0.001）	0.029*** （0.001）
面板 B 因变量：发明专利申请数			
HSR	0.012*** （0.001）	0.009*** （0.001）	0.010*** （0.001）
面板 C 因变量：非发明专利申请数			
HSR	0.031*** （0.001）	0.026*** （0.001）	0.027*** （0.001）
观测值	2 946 493	2 337 435	2 750 372
企业数	660 585	566 017	618 381
控制变量	YES	YES	YES
City FE	YES	YES	YES
Industry FE	YES	YES	YES
Year FE	YES	YES	YES

注：括号内为标准误并且在城市层面聚类；HSR 是 DID 项，所有模型包括了城市、行业和年份固定效应；控制变量包括 Size、Age、Sales、Industry concentration、Industry tenure、City GDP、GDP2_%、GDP3_%
*** 代表 1% 的显著性水平

最后，回归模型增加了与企业创新相关的控制变量来减少遗漏变量的影响。首先，控制了其他类型的交通基础设施，包括高速公路和航空运输（Agrawal et al.，2017；Catalini et al.，2020；Donaldson and Hornbeck，2016）。《中国城市统计年鉴》披露了城市内部高速公路的旅客运输数据。本章还从中国民航局发布的民航统计年报收集每年各机场的信息，来测量不同城市的年度航空客运量。其次，控制了城市年度专利总数来衡量当地知识积累水平。鉴于科研机构在知识生产上的作用，进一步控制了当地大学的数量（Universities）。最后，控制了其他影响创新生产力的要素（City innovation），如城市人口规模（City Population）、城市工业企业数量

（City Firms）和城市国外直接投资水平（City FDI）。表4-6表明在控制了所有的城市变量后高铁与企业创新的效应依然显著。高铁的开通分别增加了企业总专利申请数、发明专利申请数和非发明专利申请数3.6%、1.2%和3.3%。这些结果充分验证了高铁开通确实有效促进了企业的创新增长。

表4-6　高铁与企业创新：增加控制变量

因变量	总专利申请数	发明专利申请数	非发明专利申请数
HSR	0.036*** （0.001）	0.012*** （0.001）	0.033*** （0.001）
Highway	0.008*** （0.001）	0.009*** （0.001）	0.005*** （0.001）
Airline	0.000*** （0.000）	0.000 （0.000）	0.000*** （0.000）
Universities	0.000*** （0.000）	0.001*** （0.000）	−0.000 （0.000）
City innovation	0.031*** （0.001）	0.017*** （0.001）	0.024*** （0.001）
City Population	0.034*** （0.005）	0.020*** （0.003）	0.026*** （0.004）
City Firms	−0.028*** （0.002）	−0.008*** （0.001）	−0.024*** （0.002）
City FDI	−0.002*** （0.000）	0.000 （0.000）	−0.002*** （0.000）
观测值	2 638 043	2 638 043	2 638 043
R^2	0.096	0.065	0.084
企业数	601 559	601 559	601 559
控制变量	YES	YES	YES
City FE	YES	YES	YES
Industry FE	YES	YES	YES
Year FE	YES	YES	YES

注：括号内为标准误并且在城市层面聚类；HSR是DID项，所有模型包括了城市、行业和年份固定效应；控制变量包括Size、Age、Sales、Industry concentration、Industry tenure、City GDP、GDP2_%、GDP3_%

*** 代表1%的显著性水平

4.4.3 异质性分析

1. 政府隶属层级

中国企业最为独特的特征之一是政府隶属，即企业在多大程度上依赖于不同层级的政府（Marquis and Raynard，2015；Wang et al.，2018a）。当前关于中国创新的研究强调了政府隶属在资源分配和信息获取上的优势，以及其对于创新的影响。中国的政治行政系统包含五个层级：中央、省级、市级、区县级和乡镇级（Li and Zhou，2005）。根据实际控制人的差别，企业的政府隶属关系可以分为五个等级（Wang et al.，2012）。参照之前的文献，本章使用一个类别变量来刻画工业企业的政府隶属层级强度（从 1～5，1 代表乡镇级，5 代表中央）（Li and Xu，2018；Wang et al.，2012）。在此基础上，考察不同类别的工业企业创新如何随着高铁开通而变化。

如表 4-7 所示，自变量高铁的系数在不同组别的回归中均为显著，不随因变量的变化而变化，即无论因变量为总专利申请数、发明专利申请数、非发明专利申请数，隶属不同层级政府的企业都能享受高铁开通带来的溢出效应。研究发现当企业政府隶属层级越高时，高铁对于总专利申请数和发明专利申请数的效果会更强。这说明高政府隶属层级确实有助于企业从改进的交通中扩大原有社会网络和信息渠道，从而促进企业创新。

表 4-7　异质性分析：政府隶属层级

因变量	乡镇级	区县级	市级	省级	中央
面板 A 因变量：总专利申请数					
HSR	0.028*** （0.001）	0.065*** （0.006）	0.054*** （0.009）	0.098*** （0.016）	0.115*** （0.028）
面板 B 因变量：发明专利申请数					
HSR	0.008*** （0.001）	0.026*** （0.003）	0.029*** （0.005）	0.056*** （0.011）	0.094*** （0.020）
面板 C 因变量：非发明专利申请数					
HSR	0.027*** （0.001）	0.059*** （0.005）	0.042*** （0.008）	0.082*** （0.013）	0.070*** （0.024）
观测值	2 219 140	412 952	187 743	86 736	39 663
企业数	540 293	134 645	54 477	20 715	9 381
控制变量	YES	YES	YES	YES	YES

因变量	乡镇级	区县级	市级	省级	中央
City FE	YES	YES	YES	YES	YES
Industry FE	YES	YES	YES	YES	YES
Year FE	YES	YES	YES	YES	YES

注：括号内为标准误并且在城市层面聚类；HSR 是 DID 项，所有模型包括了城市、行业和年份固定效应；控制变量包括 Size、Age、Sales、Industry concentration、Industry tenure、City GDP、GDP2_%、GDP3_%

*** 代表 1%的显著性水平

2. 所有制结构

当考察企业所有制结构时发现，企业的信息优势和社会网络与其所有制密切相关，这导致了从高铁开通中连接本地与外地知识的能力产生差异（Marquis and Qian，2013；Zhou et al.，2017）。根据工业企业数据库披露的企业相关信息，以及占企业 50%以上股份的股东或者企业的实际控制人的差异，可以将样本分为六类：国有企业、外资企业、民营企业、集体企业、港澳台企业和其他企业，由此分别检验不同样本内高铁对于企业创新的影响。如表 4-8 所示，对于国有企业、民营企业和其他企业，高铁开通对于企业创新的效果都是积极显著的。尤其对于国有企业，自变量的系数最大，说明了国家在不同地区分配资源和信息的优势在高铁开通后发挥得更加显著。对于外资、港澳台和集体企业，虽然自变量系数是正向但是不具有统计上的显著性。总的来说，本土企业和国有企业在利用高铁开通上具有天然的资源禀赋和信息优势，其创新绩效也因此优于其他企业。

表 4-8　异质性分析：所有制结构

因变量	其他	国有	外资	港澳台	民营	集体
面板 A 因变量：总专利申请数						
HSR	0.076*** （0.007）	0.124*** （0.010）	0.006 （0.004）	0.009 （0.005）	0.031*** （0.002）	0.008 （0.007）
面板 B 因变量：发明专利申请数						
HSR	0.035*** （0.004）	0.084*** （0.007）	−0.000 （0.003）	−0.002 （0.003）	0.009*** （0.001）	0.001 （0.004）
面板 C 因变量：非发明专利申请数						
HSR	0.062*** （0.006）	0.092*** （0.008）	0.006 （0.004）	0.011** （0.005）	0.029*** （0.001）	0.008 （0.006）
观测值	827 165	314 652	161 359	150 039	1 392 486	100 784

续表

因变量	其他	国有	外资	港澳台	民营	集体
企业数	318 493	79 891	46 124	44 715	409 097	40 461
控制变量	YES	YES	YES	YES	YES	YES
City FE	YES	YES	YES	YES	YES	YES
Industry FE	YES	YES	YES	YES	YES	YES
Year FE	YES	YES	YES	YES	YES	YES

注：括号内为标准误并且在城市层面聚类；HSR 是 DID 项，所有模型包括了城市、行业和年份固定效应；控制变量包括 Size、Age、Sales、Industry concentration、Industry tenure、City GDP、GDP2_%、GDP3_%

、* 分别代表 5%、1%的显著性水平

3. 城市规模

城市经济学将城市规模作为衡量地方吸引人力资本、金融资本和信息资本的重要指标。这些要素也是推动地方创新增长的关键驱动力。关于城市规模影响知识生产力有两类假说。第一类假说认为大规模城市具有更高的集聚水平，拥有更多潜在的发明者，为本地和外地发明者的协作提供了绝佳的匹配空间（Jang et al.，2017）。第二类假说认为大规模城市通过良好的生活质量、职业发展及完善的基础设施来吸引人才流入（Heuermann and Schmieder，2018）。因此高铁带来的边际效应在基础设施十分完善的大城市就要小于预期。对于中小城市而言，高铁开通可以明显增加它们对于高端人才的吸引力，帮助本地团队在更大的劳动力市场上匹配互补的合作对象，使其合作网络更加多样化和复杂化。为了检验两种假说的有效性，本章进一步比较不同规模城市下高铁开通效应的差异。

首先将中国城市分为三类：直辖市、副省级城市和地级市。直辖市包括北京、天津、上海和重庆；副省级城市包含所有省会城市（如广州、杭州、南京等）和其他经济发展突出的非省会城市（如深圳、青岛、宁波等）；地级市指的是一般中小城市。如表 4-9 所示，第二列至第三列分别展示直辖市、副省级城市和一般地级市内高铁对于企业创新的回归结果。研究结果发现，对于直辖市而言，所有自变量的系数是负向且不显著。对于副省级城市而言，高铁对于发明专利的效应是负向且显著的，而对于总专利申请数和非发明专利申请数是积极且显著的。这可能是因为开通高铁后副省级城市的相关人才流失大于流入。而对于地级市而言，高铁显著增加了所有企业专利活动。因此发现高铁的开通存在一种明显的替代效应，位于中小城市的企业更能享受创新溢出效应。

表 4-9　异质性分析：城市规模

因变量	直辖市	副省级城市	地级市
面板 A 因变量：总专利申请数			
HSR	−0.005 （0.005）	0.007** （0.003）	0.029*** （0.002）
面板 B 因变量：发明专利申请数			
HSR	−0.002 （0.003）	−0.009*** （0.002）	0.011*** （0.001）
面板 C 因变量：非发明专利申请数			
HSR	−0.004 （0.004）	0.013*** （0.003）	0.026*** （0.001）
观测值	293 489	496 340	2 156 664
企业数	63 873	106 995	489 899
控制变量	YES	YES	YES
City FE	YES	YES	YES
Industry FE	YES	YES	YES
Year FE	YES	YES	YES

注：括号内为标准误并且在城市层面聚类；HSR 是 DID 项，所有模型包括了城市、行业和年份固定效应；控制变量包括 Size、Age、Sales、Industry concentration、Industry tenure、City GDP、GDP2_%、GDP3_%

、* 分别代表 5%、1%的显著性水平

4. 地理邻近

为了检验地理邻近性对于企业从高铁开通中获得溢出效应的影响，本章进一步根据企业距离创新集群城市的多少来划分不同的子样本。首先，根据 2019 年全球创新指数报告中全球创新城市集群排行榜中中国上榜城市名单，识别中国的创新城市：深圳、北京、上海、广州、南京、武汉、台北、杭州、西安和成都（Cornell et al., 2019）。其次，计算每一个地级市到这些创新集群城市的最小距离。最后，鉴于高铁平均 250km/h 的速度，判断出哪些城市归属于 0.5 小时城市圈、1 小时城市圈、2 小时城市圈、3 小时城市圈和其他城市。

如表 4-10 所示，第二列和第三列，自变量的系数显著为正；第四列，当自变量为总专利申请数和非发明专利申请数时，自变量的系数依然显著为正，对于发明专利，系数为负但是不显著；第五列中，所有系数为负但是不显著；第六列中，自变量的所有系数显著为负。因此发现随着城市与创新集群的地理距

离增加，高铁的创新溢出效应逐渐减小，甚至为负。高铁的创新效应在 0.5～1 小时城市圈内最为显著。这些结果表明高铁能够帮助本企业以较低的成本从邻近的创新集群中获取相应的知识溢出，当距离较远时，相应的搜索和学习成本大于知识溢出带来的收益，对于企业创新产生了负向的效果。上述发现也再次验证了之前的研究结论，即核心城市的相邻城市从发达的交通中获益，而偏远城市则遭受不平等的损失。

表 4-10　异质性分析：创新集群邻近性

因变量	0.5 小时	0.5～1 小时	1～2 小时	2～3 小时	>3 小时
面板 A 因变量：总专利申请数					
HSR	0.022*** (0.003)	0.057*** (0.003)	0.010*** (0.002)	−0.007* (0.004)	−0.019*** (0.007)
面板 B 因变量：发明专利申请数					
HSR	0.006*** (0.002)	0.017*** (0.002)	−0.002 (0.001)	−0.002 (0.002)	−0.007* (0.003)
面板 C 因变量：非发明专利申请数					
HSR	0.021*** (0.003)	0.052*** (0.003)	0.013*** (0.002)	−0.004 (0.003)	−0.017*** (0.006)
观测值	903 458	551 363	805 999	113 180	129 314
企业数	197 708	127 034	185 301	25 876	29 374
控制变量	YES	YES	YES	YES	YES
City FE	YES	YES	YES	YES	YES
Industry FE	YES	YES	YES	YES	YES
Year FE	YES	YES	YES	YES	YES

注：括号内为标准误并且在城市层面聚类；HSR 是 DID 项，所有模型包括了城市、行业和年份固定效应；控制变量包括 Size、Age、Sales、Industry concentration、Industry tenure、City GDP、GDP2_%、GDP3_%

*、*** 分别代表 10%、1%的显著性水平

4.5　机制分析

稳健性分析结果验证了高铁开通与基于专利的企业创新绩效的积极关系。下面的实证分析试图探索积极关系背后的潜在机制。具体而言，本章引入了非正式

制度视角，研究两类边界条件的调节效应。第一，检验当地的社会信任水平是否影响通过高铁旅行的人群的社会互动，从而导致当地企业的创新变化。第二，检验当地方言多样性水平的类似作用。

4.5.1　社会信任

高铁开通与带有多样化知识、技能和经验的人才流动息息相关。区域社会信任水平的差异导致本地人群与外来人群的互动效果截然不同。社会信任被定义为约束社会里面社会互动的道德规范（Bjørnskov and Méon，2015；Kim and Li，2014），能够充当连接不同社会资本的桥梁，促进信息共享、知识交换和网络嵌入，从而催生更多的合作和更低的交通成本（Delhey et al.，2011；Fukuyama，2001；Wu et al.，2014）。

本章的核心论点在于认为社会信任可以有效降低外来者劣势，从而促进通过高铁开通流入的外来者与本土企业的互动（Lu et al.，2018）。虽然较低的通行成本为不同行业经验、技术背景和专业知识的人才流动创造了空间，但当地企业的创新绩效在一定程度上依赖于是否能够有效通过社会互动吸收外来者的知识溢出（Johanson and Vahlne，2009；Lu et al.，2018）。高铁开通使得各种各样外来者尤其是创新人才在同一空间内短暂但频繁会晤成为可能。位于高社会信任地区的人们不太可能将人群简单划分为非友即敌（Fukuyama，2001）。相反，在高信任地区，当地企业更愿意接纳那些通过高铁往来的外来者，与其分享信息和资源。反之，外来者会遭遇较小的融入成本，也会更加愿意与当地群体和组织进行深层次的交流互动。通过大大降低与社会成员的沟通成本，社会信任可以有效鼓励当地企业进行外部的信息搜索和知识获取。这种情况下，本地企业发生的多重知识交换和信息流动则在预料之中，因此推进了层出不穷的创新。

参照之前的文献，本章采用2000年中国企业家省级企业信任调查数据来测量社会信任（Ang et al.，2015；Delhey and Newton，2005；Wu et al.，2014；Zhang and Ke，2002）。这个调查由中国企业调查系统发起，旨在收集当地企业家对于中国31个省市区的信任感知。超过15 000个管理人员参与此次问卷调查。关于社会信任的数据来自题项："根据您的经验，哪5个省区市拥有最多值得信任的企业？"信任的得分则是根据相应的权重计算，每一个评级的权重则是来自受访者认为该省份排名第一的比例，排名第二的比例，以此类推（Zhang and Ke，2002）①。

表4-11报告了社会信任机制的估计结果。根据当地社会信任是否高于全国平

①比如，上海被22.7%受访者排名第一，被16.5%受访者排名第二，被8.7%受访者排名第三，被4.8%受访者排名第四，被3.7%受访者排名第五，上海的社会信任得分为218.9%（22.7%×5+16.5%×4+8.7%×3+4.8%×2+3.7%×1）。

均水平，将样本分为两类：高社会信任组和低社会信任组。第二列和第三列、第四列和第五列、第六列和第七列分别比较高铁对于不同企业创新（总专利申请数、发明专利申请数和非发明专利申请数）结果在两类子样本中的差异。所有模型设定中均包含控制变量、城市固定效应、行业固定效应和年份固定效应。结果显示，高铁对于企业专利申请的效应在高社会信任地区更为显著，虽然两类样本中自变量系数均为正向。这一发现与之前预测保持一致，即高铁开通和后续人才不断流动时，当地的社会信任水平提升了人群间的互动，促进了当地企业的创新绩效。

表 4-11　社会信任机制分析

因变量	总专利申请数		发明专利申请数		非发明专利申请数	
社会信任	高	低	高	低	高	低
HSR	0.032*** （0.002）	0.015*** （0.002）	0.011*** （0.001）	0.004*** （0.001）	0.030*** （0.002）	0.015*** （0.002）
观测值	1 714 236	1 232 257	1 714 236	1 232 257	1 714 236	1 232 257
R^2	0.099	0.083	0.068	0.052	0.085	0.073
企业数	370 792	289 825	370 792	289 825	370 792	289 825
控制变量	YES	YES	YES	YES	YES	YES
City FE	YES	YES	YES	YES	YES	YES
Industry FE	YES	YES	YES	YES	YES	YES
Year FE	YES	YES	YES	YES	YES	YES

　　注：括号内为标准误并且在城市层面聚类；HSR 是 DID 项，所有模型包括了城市、行业和年份固定效应；控制变量包括 Size、Age、Sales、Industry concentration、Industry tenure、City GDP、GDP2_%、GDP3_%

*** 代表 1%的显著性水平

4.5.2　方言多样性

　　作为文化与非正式制度的重要维度，方言多样性对于经济活动如贸易流动，企业战略如海外并购，市场选择和进入模式，个体行为如信息交换，知识转移和社会互动均有一定的塑造作用（Dow et al.，2016；Peltokorpi and Vaara，2014；Tenzer and Pudelko，2017）。方言多样性指的是生活在同一地区内的人口使用不同母语的程度（Liang et al.，2018），已经被广泛用于解释个人和组织的感知、认证和决策过程（Dow et al.，2016；Amol and Lahiri，2015；Tenzer and Pudelko，2017）。然而，当前的文献主要阐述一个国家内的语言视为同质化的单一维度，鲜有研究考察次国家区域间的语言差异。事实上，拥有不同文化传统的国家展现出国家内部的方言多样性。例如，日本是语言同质化的典型国家，但是瑞典和印度有多个官方语言，展示出极高的方言多样性。高铁开通对于推动人际交流与互动的作用已在 4.5.1 节进行论证。这一过程也会随着交流双方使用语言的不同而产生不同的效果。用两种相反的假说来对上述效果进行解释。

第一种假说在于社会认同理论。语言作为文化的重要维度之一（Pendakur K and Pendakur R，2002），能够影响人们的心理距离，从而改变人际交流方式和信息流动方向。事实上，人们更愿意与有相似文化偏好的人群进行互动，这是因为共同的文化背景减少了人们的心理距离，使得交流更加顺畅和容易（Makela et al.，2007）。而社会互动文献也强调不同的社会成员会遵照各自的文化、规范和社会结构来与人互动，这是由于人与人之间的互动主要基于相似的生活场景、相同族群身份和相近的母语或方言。这种情况下极易创造且维系良好的人际关系。城市被连入高铁网络，也就同时面临大量人才的流动。因此，基于语言的藩篱将使用不同语言的群体自然地区分为圈外人，这就为获取社会支持、社会互动、网络构建制造障碍。与之相连的知识流动和信息共享可能性也就大大降低，因此抑制当地企业的创新。

第二种假说依据互补效应。语言反映了不同的文化传统、价值观和思维方式。当前的文献表明不同文化背景的碰撞与震荡往往能产生绝妙的创意和想法（Alesina et al.，2016；Brunow and Brenzel.，2012）。企业的人力资源管理实践也证实，员工的方言多样性促进了多元化知识的形成（Barner-Rasmussen et al.，2014）。高铁开通带来了更多异质性知识和不同人群嵌入的迥异思维方式。这些更有可能发生在多种语言并存的区域，而企业也就顺势从这种文化震荡中汲取知识溢出，从而提升其创新绩效。

利用《汉语方言大词典》和《中国语言地图集》，本章构造了城市层面的方言多样化指标。中国有 17 种方言和 105 种次方言。17 种方言分别是北京官话、东北官话、冀鲁官话、江淮官话、胶辽官话、中原官话、银兰官话、西南官话、赣语、晋语、徽语、吴语、闽语、湘语、粤语、客话及平话。方言下面分次方言，共 105 种。在本章统计的 278 个地级及以上城市中，23% 的城市同时使用两种及以上的汉语方言，55% 的城市同时使用两种及以上的汉语次方言。遵照 Xu 等（2015），构造方言多样性指数如下：

$$\text{Linguistic diversity}_i = 1 - \sum_{j=1}^{n} S_{ji}^2$$

式中，Linguistic diversity$_i$ 表示城市 i 的方言多样性程度；S_{ji} 表示在城市 i 中使用方言 j 人口比例。

表 4-12 报告了方言多样性对于高铁与企业创新影响的估计结果。同样地，按照是否大于全国方言多样性均值，样本被分为两组：高方言多样性组和低方言多样性组。第二列和第三列、第四列和第五列和第六列和第七列分别比较了当因变量为总专利申请数、发明专利申请数和非发明专利申请数时主效应在不同子样本

中的差异。所有模型中包含控制变量、城市固定效应、行业固定效应、年份固定效应。结果显示在低方言多样性地区，高铁开通显著增加了企业总专利申请数（$\beta=0.042$，$p<0.01$）、发明专利申请数（$\beta=0.015$，$p<0.01$）和非发明专利申请数（$\beta=0.037$，$p<0.01$）。与此同时，在高方言多样性地区没有发现高铁开通对总专利申请和发明专利申请有显著的作用，虽然对于非发明专利申请而言，高方言多样性产生显著正向影响，但是其系数大小远远低于另外两类专利数。

这些结果说明方言多样性的第一种假说——社会认同理论，在高铁开通过程中起到了主导作用。一个可能的解释为，交通基础设施的速度决定了本地人与外来者面对面交流的时间窗口。对于选择交通出行的人群而言，当日往返出发地与目的地成为可能，尤其是中短途旅行。这种情况下，共享语言能在极短时间内拉近与当地人的心理距离以达到较好的交流效果，从而让当地企业也从中受益。

表 4-12　方言多样性机制分析

因变量	总专利申请数		发明专利申请数		非发明专利申请数	
方言多样性	高	低	高	低	高	低
HSR	0.002 （0.002）	0.042*** （0.002）	0.000 （0.001）	0.015*** （0.001）	0.004** （0.002）	0.037*** （0.002）
观测值	797 579	1 893 840	797 579	1 893 840	797 579	1 893 840
R^2	0.087	0.092	0.057	0.061	0.074	0.080
企业数	205 402	451 800	205 402	451 800	205 402	451 800
控制变量	YES	YES	YES	YES	YES	YES
City FE	YES	YES	YES	YES	YES	YES
Industry FE	YES	YES	YES	YES	YES	YES
Year FE	YES	YES	YES	YES	YES	YES

注：括号内为标准误并且在城市层面聚类；HSR 是 DID 项，所有模型包括了城市、行业和年份固定效应；控制变量包括 Size、Age、Sales、Industry concentration、Industry tenure、City GDP、GDP2_%、GDP3_%

、* 分别代表 5%、1%的显著性水平

4.6　本　章　小　结

本章主要回答两个基本问题：①交通基础设施在理解区域发展与组织成长中扮演了关键的角色，但对于企业创新的影响缺乏实证解释；②交通基础设施与创新之间的传导机制依然不够明晰。因此，本章开发了一个创新地理学的框架模型，引入社会互动视角将宏观基础设施建设与微观企业创新动态连接在一起，回应现

有组织创新驱动要素解构的相关研究（Xie and Li，2018；Zhou et al.，2017）。本章考察了当一个城市开通高铁后，所在企业在创新绩效上是否优于其他非高铁城市企业。本章认为组织内部的创新过程依赖于外部的知识搜索和信息获取，并且需要通过频繁有效地与外界社会互动达成。高铁开通为以创新为目的的社会互动提供了更大的匹配市场，让不同类型的专业化人才以较低的通勤成本不断地进行面对面交流，从而帮助本地企业提升创新绩效。此外，两个非正式制度的调节变量：社会信任和方言多样性帮助相关人员进一步理解社会互动在高铁开通中的作用路径。研究结果发现高铁开通确实有助于提升企业的创新绩效。在高社会信任与低方言多样性地区，这种积极显著的效应得到进一步强化。

本章主要有以下几点贡献。第一，补充了现有交通基础设施与经济发展的研究。之前研究交通基础设施与企业组织结果的研究主要集中于生产率、绩效、投资战略（Gibbons et al.，2019；Heuermann and Schmieder，2018；Wang et al.，2018b）。这篇文章扩展了探索高铁的社会互动机制与企业创新的关系的这一派文献。高铁网络的扩张极大地降低了交通成本，导致了跨城市间面对面的互动和交流增加。社会互动作为组织成员间（研发团队、技术专家、工程师和科学家等）知识传递的关键驱动，可以被看作复杂性创意形成的催化剂（Awate and Mudambi，2018；Vakili and Zhang，2018）。因此高铁网络对于科学知识的形成和融合有显著的作用。

第二，扩展了于创新决定因素的经济地理学研究（Audretsch and Feldman，2004）。之前的文献强调了人力资本、产业集聚、研发投入、知识产权在创新中的作用（Fagerberg et al.，2006）。本章的研究通过将交通基础设施与创新联系在一起来补充现有的文献。此外，进一步区分了企业的专利行为，不仅是所有的专利申请，还有发明专利和非发明专利。因此将为企业的差异化专利战略提供全面的理解。

第三，推进了制度与企业战略的互动研究（Xie and Li，2018）。制度理论的核心思想认为，制度环境可以塑造企业的行为和战略，从而使其符合社会的规范。这一派文献强调了非正式制度通过影响社会互动的方式来传达特定的价值观、信念与态度等（Chua et al.，2019）。为了进一步识别高铁网络的社会互动机制，本章引入了两种不同的非正式制度：社会信任与方言多样性。之前的文献大部分关注非正式制度对于企业战略的直接影响，鲜少有人关注交通基础设施与非正式制度的交互如何塑造企业的创新行为（Heller，2014；Lu et al.，2018）。本章阐明高铁城市的企业创新如何回应不同的非正式制度的嵌入性。

本章还存在一些实践启示。首先，政策制定者普遍运用基础设施作为经济发展的晴雨表，但是其如何塑造当地的创新生态系统，尤其是创新主体——企业的创新行为应该成为其关注的重点。本章的发现表明，高铁网络的扩张确实提升了本地企业的创新绩效。因此除了一般性的创新政策，如知识产权建设、技术转移中介机构和资源型优惠政策，政策制定者应该清醒地认识到，创新的实施也可借助发达的交通基础设施接触外来的知识来源，通过社会互动与面对面交流进行信息交换和共享。其次，本章的研究结果通过比较正式制度与非正式制度在创新交互中的作用为传统的创新地理政策提供了新的思路。研究发现强调了非正式制度在构造畅通的社会互动渠道的关键作用，以及如何扩大交通基础设施的创新溢出。

　　本章的主要不足来自专利数据。虽然主流的创新文献应用专利进行创新的测量，但必须承认很多创新成果以其他的方式呈现，如出版物、科研论文、软件著作权等。首先，出于商业机密保护的需要，相当一部分创新成果并没有以专利形式出现。未来的研究可以考虑综合各类的测量方法和数据，重新检验本章的研究结论。其次，本章的研究背景基于中国大规模高铁的修建，对于世界上其他的发展中国家而言，在其他交通基础设施还不完善的前提下，如此体量的投资和速度是罕见的（Zeng et al.，2015）。将本章的研究结论推广到其他国家可能会遭遇未知的偏差。最后，本章的实证研究主要关注企业层面的创新动态，未来如科研机构、个人等分析层次都可以纳入到研究框架中。

第5章　高铁对于创新扩散的影响：
信息不对称的视角

本章利用技术许可行为考察高铁建设与创新扩散的关系。从信息不对称视角研究高铁建设如何通过减少技术市场不确定性和降低市场准入门槛来促进创新扩散。在此基础上，通过一系列检验验证了结论的稳健性。此外，为了考察潜在的机制，引入了三个重要的边界条件：市场化制度、人力资本和国外竞争强度来阐述上述的关系。

5.1　引　言

创新在塑造当前生活方式和指导未来社会发展方向方面发挥着越来越重要的作用。学者认为，创新已经成为提高生产力、优化产业结构、推进知识前沿、加快社会更新的重要决定因素之一。因此，大量文献研究了参与创新的决定因素，包括组织内部因素（高层管理团队、员工、组织结构）（Fagerberg et al.，2006）、组织与外部相互依存的作用（竞争、联盟和协作）（Singh，2005；Srivastava and Gnyawali，2011）、外部环境（政治、经济和社会制度）（Carlino and Kerr，2015；Shalley et al.，2015；Vakili and Zhang，2018）。近年来，相关学者已经将他们的注意力从创新的形成转移到创新的扩散，以探索社会中的大多数成员如何在没有组织、产业和地区限制的情况下从当前的发明中获益（Hall and Helmers，2013；Lichtenthaler and Ernst，2012；Singh，2005）。基于收益—成本分析框架，这一工作重点旨在探讨哪些因素决定了新技术、新产品和新方法的采用（Arora and Gambardella，2010a）。特别是技术许可作为一种合同形式，允许被许可人通过支付费用在一定时间或一定区域内使用某项技术，这越来越受到实践界和学术界的关注（Kamien，1992；Katz and Shapiro，1985；Shapiro，1985）。

学术界研究了影响专利获得许可的驱动要素，例如，专利层面的因素，包括技术通用性（Arora and Gambardella，2010a）、专利价值（Gambardella et al.，2007）；组织层面的因素（Bercovitz et al.，2001），包括竞争战略（Arora et al.，2001，2004）、知识产权管理能力（Srivastava and Wang，2015）、企业交易经验、交易伙伴关系

（Kim and Vonortas，2006）；市场层面的因素，包括专利权的执行（Arora and Ceccagnoli，2006）、达成许可协议的难度（Kani and Motohashi，2012）。这一领域的工作更多地关注技术许可的决策，对于许可背后的知识流动的地理局限性理解有限。除此之外，现有研究鲜有除知识产权保护这类"软"制度之外的其他制度设计在技术市场上应用（Arora et al.，2013），如交通基础设施。为了扩展这项工作，基于经济地理学和创新扩散的相关文献，本章探索基础设施在创新扩散中的作用。

先前的创新研究考察了交通基础设施促进知识溢出的不同机制，例如，跨区域学术合作网络（Catalini et al.，2020；Dong et al.，2020）、风险投资（龙玉等，2017）和远程组织学习（叶德珠等，2020a，2020b；翟淑萍等，2020）。然而，在现有技术的转化过程中，寻找、识别和匹配技术需求方的技术在很大程度上取决于能否进入大的技术市场（Arora and Gambardella，2010a，2010b）。更重要的是，交易技术背后嵌入的复杂信息和隐性知识仍然需要通过面对面的交流和互动来获得（Cabaleiro-Cerviño and Burcharth，2020；Fosfuri et al.，2020；Kwon，2020）。事实上，交通基础设施的改善在市场准入和社会互动中的作用已经被先前的研究所验证，但对其在技术扩散中的影响知之甚少。

本章以中国 251 个地级市为例，基于高铁在中国的扩张，检验了交通基础设施的改善是否以及如何影响技术许可的决策。高铁开通作为一种准自然实验给本章研究提供了三个方面优势。首先，不同城市在不同年份连接到高铁网络便于比较不同城市在开通前后的差异。其次，在中国的交通基础设施系统中，公路系统主要用于货运和短途客运（Gibbons et al.，2019），这限制了城市间的长途运输。航空运输则远不如陆地运输发达，而且在所有的运输选择中成本最高。与这两种常见的交通工具相比，高铁以其在速度和价格上的巨大优势在短时间内赢得了消费者的青睐（Zheng and Kahn，2013）。最后，中国 2010 年后技术市场的快速发展，使相关研究者能够全面把握技术许可行为的时间趋势（Shen et al.，2018）。本章的研究结果表明，与高铁网络的连接确实会导致专利许可交易的增加。

此外，本章检验了三个调节变量的作用。第一，考虑了市场化制度发展的替代效应，即高铁的开通将使市场化程度较低的城市受益；第二，考察了国外竞争的影响，结果表明，企业感知到来自国外竞争的压力时，能够更多地依赖高铁来寻求远距离市场的互补性技术以应对竞争压力；第三，检验了人力资本的作用，预测当本地企业能够借助高铁进入更大的技术市场时，具有特定知识和经验的技能型人力资本将有助于寻找和识别这些互补技术。

这项研究从三个方面对现有文献做出贡献。首先，本章考察了交通基础设施改善所导致的出行成本降低在促进创新扩散和商业化方面的有效性。之前的文献突出了交通基础设施在产生新思想、新发明和其他创新活动方面的重要性。本章的研究将这项工作扩展到创新成果的扩散上。其次，通过构建城市层面的技术许可测度，本章的研究对实证方法做出了相应的贡献。相比传统研究集中在微观层面（组织和行业）上的技术许可决策（Leiponen and Delcamp，2019；Skiti，2020），本章通过提取当地城市发生技术许可的所有交易信息，允许在研究设计上考虑宏观层面上交通环境与地理集聚之间的相互作用。最后，通过考察三个调节变量来阐释核心关系机制的价值。

5.2 理论与假设

5.2.1 高铁与技术许可

高铁的建设对于技术许可的影响可以从两个机制来解释。第一个机制是高铁开通大大降低了跨区域技术市场的信息不对称（马光荣等，2020）。相对于创新的其他方式，如组织学习和交流，均可以借助发达的通信技术来实现（Hall and Rosenberg，2010）。伴随着技术许可的创新扩散行为则相对复杂。技术许可行为的发生前提在于企业能够确定被许可技术在多大程度上与企业自身的技术积累和市场战略契合（Arora and Ceccagnoli，2006），即企业需要对于许可技术的一切知识包括显性知识和隐性知识有充分地了解。创新经济学者早已指出创新的决定因素不仅仅在于显性知识，更重要的是隐性知识，即不可通过纸面上的文档等媒介进行传递，而是内嵌于个体的经验、直觉等宝贵资产（Fagerberg et al.，2006）。这些与许可技术相关的隐性知识在交易市场上存在明显的信息不对称。高铁的开通降低了企业获取相关目标技术的信息成本（Kong et al.，2020）。一方面，高铁的开通降低了交易双方所在区域的通行成本，企业与目标技术的持有者有了更多面对面互动的机会（Gao and Zheng，2020）。这种非正式的私人交流有助于企业更加充分地与技术发明人和相关团队讨论技术开发的具体细节与后续的应用场景，从而增加企业对于成功应用该技术的信心（Cui et al.，2020）。另一方面，时空距离的缩短为交易后双方研究团队多次暂时性会晤提供了便利（Chai and Freeman，2019）。这一点对于技术被许可方尤为重要，特别是技术融入企业当前的知识系统或者市场环境遭遇未知的挑战和不确定性时，双方团队在同一地点一起协调工作的可能有助于解决关键性问题。

第二个机制是高铁网络在一定程度上改变了技术交易的结构，降低了高铁城市技术市场的准入门槛。高铁提升了区域间通行的速度，可达性的提升允许本地企业不仅着眼于当地的技术供应商，而且可以以更低成本接触到外部的技术市场。对于技术被许可方，企业降低了对于潜在互补性技术的搜索成本。互补性技术是技术许可领域中的核心原则之一，大部分技术许可行为的目的在于寻找与企业自己知识结构相匹配的互补性技术，从而增加自己的技术能力和竞争力。高铁开通使得高铁城市的技术市场的分割程度大大降低，企业能够在更大的技术市场上寻求匹配度更高、更加先进、成本更低的技术。对于技术供应商而言，技术市场准入门槛的降低导致用于许可的专利供应大大增加，市场的竞争程度也更加激烈。在这种竞争压力的驱动下，专利持有者套利的空间则会大大压缩，将会改进许可专利的创新性、适用性和与之配套的售后服务。

因此，提出假设。

H5-1：高铁的开通有助于增加当地技术许可交易。

5.2.2　市场化的调节效应

本章引入了三个调节变量来检验上述核心关系的潜在机制。第一个调节变量是市场化的制度，指的是基于市场导向的制度化安排能够实现更加有效率的市场功能（Ahmadjian，2016；Pinkham and Peng，2017）。制度和新兴经济体文献显示，较发达的市场化制度可以显著改善产品市场和要素市场，建立中介机构和知识产权保护机制。与之相反的是，不发达的市场化制度被以私人关系为核心的市场交互和非市场力量（如政府）主导（Marquis and Raynard，2015）。其结果则是意识薄弱的产权、契约的弱约束力和高度的市场不确定性（Chang and Wu，2014）。国与国之间市场化制度的比较在国际商务和战略管理文献中比较常见，但是最近关于新兴经济体内部不同区域的市场化制度发展引起了学者的兴趣。以中国为例，不同省区市的文化、地理环境和参与全球化价值链的差异使得其区域内市场化程度也截然不同，东部沿海地区由于开放的对外态度和深度的全球价值链嵌入使得这些地区的市场化制度更加发达。而中西部省区市则不然（Dow et al.，2016；Li and Tellis，2016；Ma et al.，2016）。中国省区市市场化的差异使得作者可以探索不同发展程度的市场化制度如何影响高铁对于创新扩散的影响。

市场化程度的发展决定了技术市场上的信息不对称程度。高度发达的市场化程度表示一个高度发达的市场监管体系，可以保证企业能轻易地获取精确的市场信息。对于技术市场而言，它可以确保与许可专利相关的信息质量，降低企业的交易成本。与此相反，当一个地区的市场化发展程度不高时，市场上可得的信息要么少要么价值低，企业获取并且评估目标技术市场信息的壁垒增加。技术许可行为是企业通过一定的代价获取未来一段时间特定技术的使用权，而技术市场信息质量低下则有可能让企业决策者对于未来商业化方向产生误判，造成企业时间资源和财务资源的浪费。这种情况下，企业通过专利许可来强化自己技术能力的愿望在一定程度上得到抑制。而高铁的开通会给予企业突破本地化局限的机会，连接其他技术市场与发达的市场化制度环境，从而获取更多本地市场稀缺的信息，刺激企业寻求互补性技术的概率。

因此，提出假设。

H5-2：本地市场化程度越低，高铁的开通与技术许可交易的积极关系得到进一步强化。

5.2.3　国外竞争的调节效应

第二个调节变量是本地的国外竞争强度。正如前文所述，高铁的开通改变了技术市场分割现状，降低了企业远距离搜索知识和技术的成本。之前创新扩散的研究突出了行业竞争对于企业通过技术许可采纳新技术的作用（Ahuja et al.，2008；Moreira et al.，2020；Rockett，1990）。企业感知到竞争压力，从而试图通过引入新技术提升自己的技术能力，进而提升自己的市场竞争力来回应对手。相较于本地竞争对手，进入本国的外资企业由于天然的技术优势和先进的管理经验会对本地企业形成强大的竞争压力。关于国外直接投资的研究指出，虽然因为地理邻近性，本土企业能够近距离地通过组织学习和互动获取来自外资企业的知识溢出（Audretsch and Feldman，2004）。但是这种知识溢出是有限的，且无法真正接近外资企业的核心技术。与外资企业进行技术交易的成本非常高昂。高强度的国外竞争将迫使企业转向非本地的技术市场来装备自己的技术体系。高铁的开通使得这一转变显得更加顺理成章，即企业可以以较低的成本跨区域搜索提升企业竞争力的价值技术来应付来自本地国外企业的竞争压力。

因此，提出假设。

H5-3：本地国外竞争的水平越高，高铁的开通对于当地技术许可交易促进作用越大。

5.2.4　人力资本的调节效应

第三个调节变量是本地的人力资本。人力资本对于创新是十分重要的，不仅体现在创新的形成，还体现在创新的扩散上。人力资本对于高铁与技术许可增加的影响从两个方面来看。一方面，高质量的人力资本可以给企业提供充足的人才来源，尤其是具备专业知识、熟悉技术市场的人才。技术转移市场的复杂性要求交易双方，对于专利许可的相关条款十分熟悉，深刻理解许可背后对于企业本身的收益和成本。当企业依赖于高铁的可达性前往更大的技术匹配市场时，企业更加倾向于依赖本地人才去识别和评估目标专业的价值及与企业自身市场战略的拟合程度。另一方面，成功获得许可专利还有很长一段时间的适应期去管理与商业化相关的专利。除了向专利授权方咨询相关经验以外，企业还需要建立专门的团队来管理和运营新技术的引进。当企业在本地无法招募满足条件的相关技术管理人才时，则不得不转向全国市场，这无疑会大大增加其每一次引入新技术的成本。相反，本土劳动力市场的人才可得性允许企业在选择技术许可时探索更多元化的选项来定制企业的技术战略，通过利用当地劳动力技能的多样性来实现。

因此，提出假设。

H5-4：本地人力资本的水平越高，高铁的开通对于当地技术许可交易促进作用越大。

5.3 方法与设计

5.3.1 样本和数据

本章选取了 2005～2015 年 251 个地级市作为样本，对上述的假设进行了检验。本章从几个来源收集数据：首先，以技术市场中典型的专利交易为例，收集专利信息来衡量技术扩散的范围和规模。本章从中国国家知识产权局获得申请者在指定城市申请的所有专利的完整信息。作为中国最权威的专利数据库，国家知识产权局涵盖了 1984 年至 2021 年中国所有的专利信息，包括发明人、申请人、技术等级、法律文件、日期、地点等方面的详细信息，为技术交易信息的提取提供了可靠的分析基础（Wang et al.，2020）。由于其权威性和全面性，该数据库已被广泛应用于战略管理和经济地理学的中国创新研究（Huang，2010；Zhou et al.，2017）。

其次，从中国铁路 12306 官方网站以及中国铁路地图收集每一条高铁线路的信息，以区分公司所在城市是否以及何时与高铁网络相连（Cui et al.，2020；Dong et al.，2020；Li and Xu，2018；Zheng and Kahn，2013）。

再次，从中国国家统计局于 1998～2013 年进行的工业企业年度调查中收集市场化和国外竞争的数据。工业企业年度调查收集了年销售额超过 500 万元（近 60 万美元）的所有国有企业和非国有企业的详细财务信息、股权结构、就业、研发和其他经营活动，并在《中国统计年鉴》上公布（Li and Xu，2018；Xie and Li，2018；Zhou et al.，2017）。这种对工业企业的全面覆盖使作者能够在城市层面收集信息，考察一个城市市场化和外资参与竞争的程度。

最后，利用《中国教育统计年鉴》、《中国城市统计年鉴》和《中国统计年鉴》等收集城市层面的社会经济发展指标。在剔除关键变量中有缺失值的城市样本后，最终的样本中包含了 3176 个城市—年份的观测值。

5.3.2　变量测量

（1）技术许可。以往关于技术扩散的研究通常使用基于专利文献计量的指标作为技术和知识流动方向的主要指标。不幸的是，当前很难依靠这种基于引文的测量，因为中国现行专利制度不要求引用现有专利。因此，缺乏全面的引文信息使作者转向另一种选择，即在不同的当事人之间发生的专利授权行为。此外，本章还尝试识别具有商业价值的授权专利，以确保知识的传播与扩散。我国的专利申请可分为发明专利、实用新型专利和外观设计专利三类。发明专利被视为反映实质性技术进步的专利，要求有严格和复杂的审查手续和流程，包括申请费用、公示的具体要求、更长的审查期限和更多的按类别划分的专利条款。因此，一些学者开始利用中国专利类型之间的差异来研究企业创新（Huang et al.，2017；Huang，2010；Wang et al.，2020）。

因此，本章将重点放在发明专利以衡量实质性的创新扩散。首先，根据这些发明专利的法律信息文件，确定在某一年发生许可交易的发明专利。其次，构建了一个城市级发明专利授权总量的技术许可测度。2005～2015 年，我国每年发明专利涉及技术许可数量急剧上升（图 5-1）。由于专利样本的分布是右偏的，本章取许可专利的自然对数。为了避免丢失观测值，在计算自然对数时在所有度量值的实际数目上加一。在稳健性检查部分，还构建了使用实用新型和外观设计专利的技术许可测度。

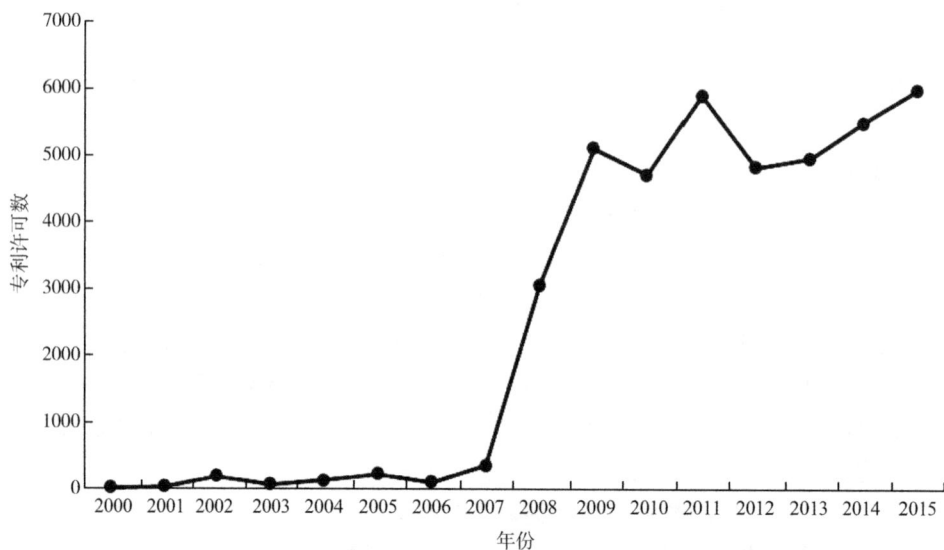

图 5-1　专利许可数变化趋势（2000～2015 年）

（2）高铁。自 2004 年提出"四纵四横"规划以来，2008～2015 年，中国建成了覆盖 27 个省区市的 201 条高铁线路。截至 2015 年，我国高铁线路总里程已达2.36 万 km，占各类铁路线路长度的 10.68%。根据先前关于高铁的文献（Cui et al.，2020；Dong et al.，2020；Gao et al.，2019；Gao and Zheng，2020；Kong et al.，2020；Qin，2017；Zheng and Kahn，2013），本章构建了一个 DID 虚拟变量来测量高铁，如果城市当年连接到高铁网络（至少有一个高铁站在城市中运行），则该虚拟变量等于 1；否则为 0。

（3）市场化。以往关于中国市场化制度的文献一直集中在省级层面的衡量指标上，如 Fan 等（2011）制定的市场化指数。由于本章的基本分析单位是地级市，因此省一级的测度不适合衡量地级市间的市场化差异。因此，基于资本在国有企业和非国有企业之间的配置情况，计算城市层面的市场配置资本的比例，从而衡量市场化程度。根据国家统计局的定义，国有企业是指国家拥有 50%以上股份的企业，以及国家拥有 50%以下股份但国家是实际控股股东或最大股东的企业（Holz and Lin，2001）。本章考虑到工业企业年度调查占 97%的工业企业产出遵循之前的工作（Chen et al.，2020），从工业企业数据库中收集资本配置信息，然后以一个城市每年对非国有企业固定资产投资的百分比来衡量市场化程度。

（4）国外竞争。为了衡量国外竞争，本章将工业企业的数据汇总到城市层面。外国股东控制的企业定义为外资企业。使用每年位于城市边界内的外资工业企业的百分比来衡量国外竞争。该指标值越高，表示竞争越激烈。在稳健性检查部分，使用当地城市每年收到的国外直接投资作为衡量国外竞争的替代测量。结果与工业企业数量的测度结果一致。

（5）人力资本。利用大学生人数作为人力资本的代理变量（Xu and Tian，2020）。大学生可以成为专注于研发公司的潜在员工，这有助于发明的产生。他们还可以参与专门的中介机构，通过许可活动促进创新成果的商业化。本章从《中国教育统计年鉴》和《中国城市统计年鉴》中收集教育数据。

（6）控制变量。本章还控制一系列可能影响城市技术许可的特征变量，从《中国城市统计年鉴》中收集所有城市层面的变量。首先，对反映经济发展的变量进行控制，包括城市 GDP（City GDP）的自然对数、第二产业占 GDP 的比重（GDP2）、第三产业占 GDP 的比重（GDP3）、城市人口密集度（Population）、城市固定资产投资（Fixed assets）总额的自然对数、位于城市内部的工业企业总数（Firms）。其次，还控制了与创新和技术市场增长相关的变量，如本地大学的数量（University），以便控制学术界和产业界之间频繁的知识流动和技术交易。基于技术积累在创造更大的技术市场中的作用，还控制申请者在城市中总专利数量的自然对数（Total patents）。

5.3.3　实证模型

DID 法用于比较高铁和非高铁城市之间连接前后技术许可数量的变化（Bertrand et al.，2004；Catalini et al.，2020；Cui et al.，2020）。因为不同城市与高铁网络的连接发生在不同年份，这一研究设计有助于识别多时点的外来冲击。与单个时段的外来冲击相比，该模型避免了伴随着外来冲击的潜在遗漏变量对于当地的技术许可的直接影响。本章使用 OLS 模型来估计高铁对技术许可的影响。计量模型如下：

$$\text{Technical licensing}_{jt} = \beta \text{HSR}_{jt} + \alpha X_{jt} + \mu_j + \varphi_t + \varepsilon_{jt}$$

式中，Technical licensing$_{jt}$ 表示城市 j 在 t 年发生许可行为专利的自然对数；HSR$_{jt}$ 表示自变量，当城市 j 在 t 年连入高铁网络记为 1，否则为 0；X_{jt} 表示城市水平的一系列控制变量；μ_j 表示城市固定效应；φ_t 表示年份固定效应；ε_{jt} 表示在城市水平聚类的误差项。

图 5-2 说明了高铁与专利许可的动态效应。在图 5-2（a）中，虚线表示连接高铁网络前后高铁城市许可专利的动态趋势，实线表示非高铁城市许可专利的动态趋势。图 5-2（a）中没有发现高铁开通前有明显的差异（2008 年之前），这表明平行趋势假设原则没有被违反。图5-2（b）以图形方式展示了高铁开通后不同年份对于技术许可的回归结果、城市固定效应和一组表示高铁开通前后年份的虚拟变量的回归。这些图表上的每一点都是在连接到高铁前后，高铁城市和非高铁城市在许可专利数量上的估计差异。–4、–3 和–2 的系数接近于零，且不具有统计意义，表明在连接高铁之前，高铁城市和非高铁城市之间的许可专利没有差异（Gao and Zhang，2017）。

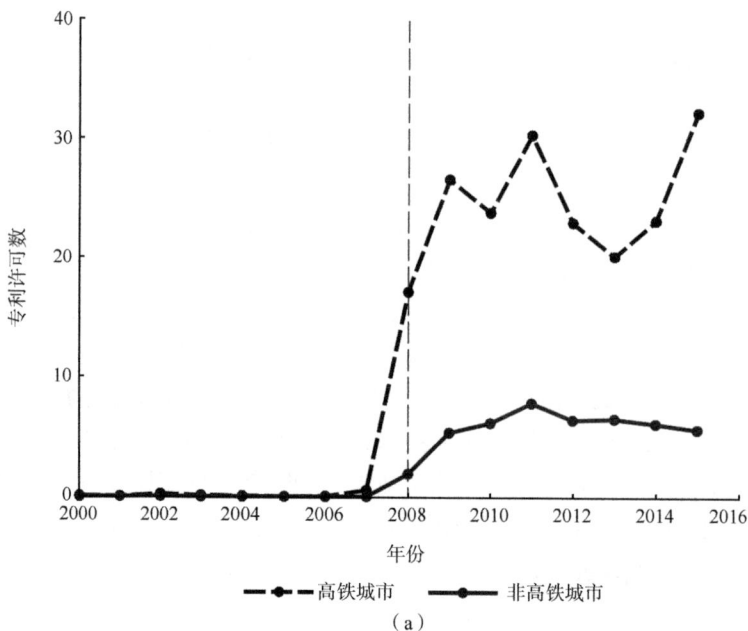

（a）

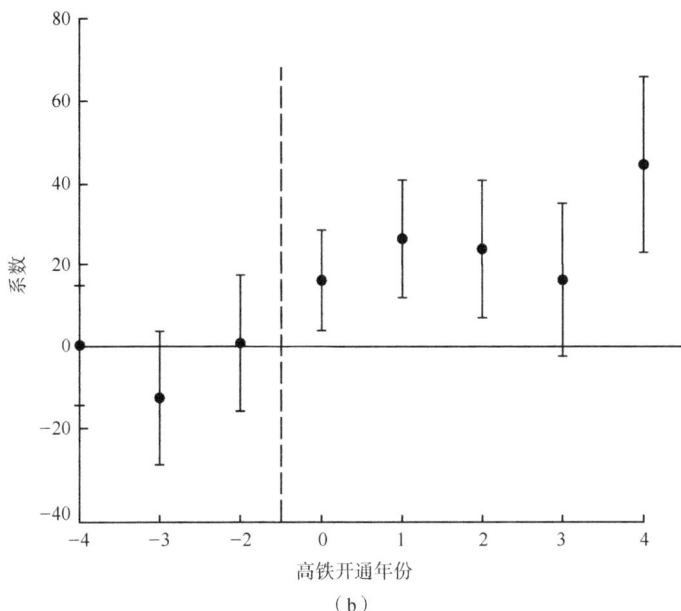

（b）

图 5-2　高铁与专利许可的动态效应

0 表示高铁开通当年；为避免共线性问题，特意遗漏−1；图中系数放大了 100 倍

5.4　结果分析

5.4.1　基准结果

表 5-1 汇报了变量和各自的定义。表 5-2 列出了所有变量的描述性统计。表 5-3 显示了 OLS 估计的基准结果。所有模型中的因变量是被许可的专利申请总数自然对数。第（1）列只包括自变量 HSR；第（2）列只包括控制变量；第（3）列增加了年份固定效应和城市固定效应。模型包括了完整模型。第（1）列中的 HSR 系数表明，在不考虑其他协变量的情况下，HSR 与技术许可之间存在显著的正相关（β=1.627，$p<0.01$）。在第（4）列中，在控制这些协变量和固定效应后，HSR 系数的数值减小，但方向和显著性保持不变（β=0.364，$p<0.01$）。结果表明，高铁城市接入高铁网络后一年内许可专利数量比非高铁城市增加 36.4%。因此，H5-1 得到支持。

表 5-1　变量与定义

变量	定义
Technical licensing	当年该城市有许可交易的发明专利数的自然对数
HSR	虚拟变量
Marketization	非国有企业数量占比

变量	定义
Foreign competition	外资企业的数量占比
Human capital	本地大学生数量
City GDP	当年城市 GDP 自然对数
GDP2	当年城市第二产业占 GDP 的比重
GDP3	当年城市第三产业占 GDP 的比重
Population	城市人口密度
Fixed assets	城市固定资产投资
University	城市大学数
Total patents	城市当年总专利申请量自然对数
Science expenditure	科学事业财务支出
Education expenditure	教育事业财务支出
Firms	工业企业总数

表 5-2　描述性统计

变量	观测值	均值	标准差	最小值	最大值
Technical licensing	4 016	0.76	1.26	0.00	7.46
HSR	4 112	0.14	0.35	0.00	1.00
Foreign competition	3 241	0.05	0.06	0.00	0.41
Marketization	3 550	0.50	0.25	0.02	1.00
Human capital	3 948	70.94	133.22	0.00	1 043.22
City GDP	4 112	6.53	1.11	2.89	10.13
GDP2	4 112	0.49	0.11	0.15	0.91
GDP3	4 111	0.36	0.09	0.09	0.80
Population	4 112	453.42	370.72	21.20	11 564.00
Firms	3 329	1 263.43	1 746.56	19.00	18 792.00
Fixed assets	3 349	8.97	1.87	3.53	14.87
University	3 352	12.19	1.08	6.73	15.96
Total patents	4 110	14.98	1.39	10.82	18.85
Science expenditure	3 965	7.76	13.18	0.00	91.00
Education expenditure	4 112	4.28	2.31	0.00	11.33

表 5-3　高铁与技术许可：基准回归

因变量	（1）	（2）	（3）	（4）
	技术许可			
HSR	1.627***			0.364***
	（0.122）			（0.085）
City GDP		0.324*	0.113	0.157
		（0.187）	（0.165）	（0.169）
GDP2		−3.828***	−3.346***	−3.158***
		（1.010）	（1.050）	（0.987）
GDP3		−2.128*	−0.690	−0.616
		（1.166）	（1.306）	（1.258）
Population		0.000	0.000	0.000
		（0.000）	（0.000）	（0.000）
Firms		0.000***	0.000***	0.000***
		（0.000）	（0.000）	（0.000）
Science expenditure		0.304***	0.267***	0.257***
		（0.040）	（0.052）	（0.050）
Education expenditure		0.249**	0.044	0.056
		（0.105）	（0.112）	（0.112）
Fixed assets		−0.409***	−0.526***	−0.515***
		（0.104）	（0.137）	（0.134）
University		0.100***	0.096***	0.089***
		（0.011）	（0.010）	（0.009）
Total patents		0.126***	0.143***	0.139***
		（0.037）	（0.039）	（0.039）
常数项	0.528***	0.049	5.549**	4.800*
	（0.018）	（0.905）	（2.758）	（2.638）
Year FE	NO	NO	YES	YES
City FE	NO	NO	YES	YES
观测值	4016	3176	3176	3176
R^2	0.232	0.539	0.626	0.634
城市数	251	251	251	251

注：括号内为标准误并且在城市层面聚类

*、**、*** 分别代表 10%、5% 和 1% 的显著性水平

5.4.2　内生性检验

估计城市间回归的最大挑战是高铁路线和车站选择是非随机的，导致难以确定因果关系（Heckman，1979）。技术许可和高铁连接可能同时与第三个变量相关。例如，这些蓬勃发展的城市倾向于加大交通基础设施的投资，并积极争取在其管辖范围内设置更多的高铁站（Banerjee et al.，2020；Baum-Snow et al.，2017，2020）。由于创新促进经济增长的关键作用，这些城市对技术交易市场的各种创新活动具有较强的支持能力。为了解决这一内生问题，本章提出了两种方法：①广义精确匹配——coarsened exact matching（CEM）；②工具变量——instrument variable（IV）。

1. 广义精确匹配

首先，使用 CEM 来平衡样本。传统的匹配方法如倾向分数匹配，往往会造成样本不平衡、效率低下、模型依赖和偏差（Iacus et al.，2012）。与此类匹配程序相比，CEM 更具有优势，可以平衡协变量的分布，从而改进因果推理（Iacus et al.，2012；Jones et al.，2021；King et al.，2017）。

CEM 程序为每个高铁城市逐一确定对照组中最相似的一个。选择不放回匹配，并为每个高铁城市选择一个非高铁城市作为配对。基于匹配的核心思想和时间窗的选择，预处理期为接入高铁网络前三年。在匹配过程中使用了以下控制变量：城市 GDP、城市固定资产投资、城市总专利数、城市规模企业数量和大学数。首先，计算了对照组城市连接前三年各变量的平均值。CEM 算法利用这些关键变量的平均值，对所有高铁连接城市进行匹配识别。其次，在 180 个非高铁城市中，共有 71 个高铁城市与这些城市相匹配。结果显示，在匹配后的所有匹配特征方面没有统计学上的显著差异。

2. 工具变量法

这里工具变量的基本原理与城市连接高铁网络的概率有关，而与影响城市技术许可的不可观察因素无关。基于先前在交通基础设施文献中使用的工具变量方法的工作，本章使用历史路线作为适当的工具变量。特别是，基于 Dong 等（2020）、Duranton 和 Turner（2012）与 Zheng 和 Kahn（2013）的研究，依靠 1962 年的中国铁路网来构建本章的工具变量，捕捉一个城市在很早的历史时期（1962 年）是否与国家铁路网相连。由于这是不随时间变化的变量（历史站点），构建了历史站点虚拟变量和年份虚拟变量（历史站点×年份）的交互项作为全新的工具变量。

表 5-4 给出了内生性测试结果。因变量为授权专利数量，控制变量与表 5-3 一致，包括年份固定效应和城市固定效应。第（1）列显示用匹配样本估计 DID（$\beta=0.2$，

$p<0.1$）。第（2）列显示了两阶段估计的工具变量方法的结果（$\beta=3.301$，$p<0.1$）。
考虑到 HSR 中的内生结果和显著性系数，主效应依然都是显著的。

表 5-4 高铁与技术许可：内生性检验

因变量	（1）	（2）
	广义精确匹配	工具变量法
HSR	0.200*	3.301*
	（0.102）	（1.935）
City GDP	0.186	0.512
	（0.280）	（0.356）
GDP2	−3.159***	−1.641
	（1.091）	（1.628）
GDP3	−1.387	−0.016
	（1.481）	（1.776）
Population	−0.000	−0.001
	（0.000）	（0.001）
Firms	0.001***	0.000***
	（0.000）	（0.000）
Science expenditure	0.268***	0.176**
	（0.057）	（0.090）
Education expenditure	0.305***	0.153
	（0.106）	（0.188）
Fixed assets	−0.277**	−0.428**
	（0.129）	（0.166）
University	0.075***	0.031
	（0.016）	（0.040）
Total patents	0.181***	0.108
	（0.047）	（0.075）
常数项	−2.419	−1.247
	（2.695）	（4.905）
Year FE	YES	YES
City FE	YES	YES
观测值	1793	3176
R^2	0.583	
城市数	142	251
F 检验值		1.789
F 检验 p 值		0.000

注：括号内为标准误并且在城市层面聚类

*、**、*** 分别代表 10%、5%和 1%的显著性水平

5.4.3　调节效应

在表 5-5 中，因变量是许可专利的数量，控制变量、年份固定效应和城市固定效应均包含在所有模型中。第（1）列检验了市场化的调节作用。高铁与市场化的交互项系数为负，但不显著，不支持 H5-2。第（2）列检验了国外竞争的调节作用。正向显著的系数表明，国外竞争水平越高，高铁与技术许可之间的正相关关系越强（β=7.683，$p<0.01$）。与单纯的高铁效应相比，国外竞争的存在成为焦点关系的催化剂，大大提高了系数的大小。因此，H5-3 得到支持。第（3）列检验了人力资本的调节作用。高铁与人力资本的交互作用系数为正且显著（β=0.002，$p<0.01$），表明当地方人力资本较大时，高铁对专利授权的积极影响更为显著。因此，H5-4 得到支持。第（4）列包括完整的模型，所有的结果都是稳健的。

表 5-5　高铁与技术许可：调节效应

因变量	（1）	（2）	（3）	（4）
	技术许可			
HSR	0.524*** （0.158）	0.272*** （0.072）	0.247*** （0.072）	0.217* （0.121）
Marketization	−0.500** （0.202）			−0.359* （0.190）
HSR×Marketization	−0.193 （0.536）			0.034 （0.461）
Foreign competition		0.127 （1.856）		0.136 （1.592）
HSR×Foreign competition		7.683*** （1.692）		6.166*** （1.807）
Human capital			0.005*** （0.001）	0.006*** （0.001）
HSR×Human capital			0.002*** （0.001）	0.001* （0.001）
常数项	8.864*** （2.946）	3.737 （2.428）	5.831** （2.478）	9.108*** （2.716）

续表

因变量	（1）	（2）	（3）	（4）
	技术许可			
控制变量	YES	YES	YES	YES
Year FE	YES	YES	YES	YES
City FE	YES	YES	YES	YES
观测值	2647	3119	3156	2579
R^2	0.660	0.656	0.657	0.694
城市数	249	250	250	247

注：括号内为标准误并且在城市层面聚类

*、**、*** 分别代表 10%、5% 和 1% 的显著性水平

5.4.4　补充分析和稳健性检验

本章还进行了一些分析来检验研究结果的稳健性。首先，考虑到即使连接到高铁网络，创新相关活动也需要一段时间，因此对于因变量采用滞后处理，这样做的一个好处是能够更有效地确定因果关系。其次，控制其他类型的交通基础设施，以排除它们对创新扩散的影响。目前关于交通基础设施的文献已经将其溢出效应扩展到了不同国家的不同交通基础设施，如航空运输、公路和普通铁路（Agrawal et al.，2017；Catalini et al.，2020；Wang et al.，2018b）。因此，本章从中国研究数据服务平台收集各城市航空、公路和铁路发展的数据，这是一个《中国城市统计年鉴》中没有的涵盖社会经济特征的数据库。每种运输方式的发展包括两个方面：客运量和货运量，其中，客运量包括铁路客运量（Passenger railway）、高速公路客运量（Passenger highway）、航空客运量（Passenger airline）；货运量包括铁路货运量（Freight railway）、高速公路货运量（Freight highway）、航空货运量（Freight airline）。最后，删除 2006 年之前的样本，以排除最重要的宏观创新政策的影响。中国国务院于 2006 年发布了《中国国家中长期科技发展规划（2006-2020年）》，以提升国家创新能力（Jia et al.，2019）。这种自上而下的政策设计，使地级市能够相互竞争，进行创新。通过这样做，可以在没有其他来源冲击的情况下考察高铁对技术许可的影响。表 5-6 显示了这些检验的所有结果。在控制城市水平的相关协变量、年份固定效应和城市固定效应后，第（1）～（3）列的 HSR 系数始终为正且显著，验证了研究结果的稳健性。

表 5-6　高铁与技术许可：稳健性检验

因变量	（1） 滞后 1 年	（2） 控制其他交通	（3） 2006 年后样本
	技术许可		
HSR	0.263*** （0.081）	0.435*** （0.102）	0.141** （0.057）
Passenger railway		0.041 （0.042）	
Passenger highway		0.133** （0.066）	
Freight railway		−0.092** （0.040）	
Freight highway		−0.134** （0.060）	
Passenger airline		0.057** （0.026）	
Freight airline		−0.007 （0.010）	
常数项	4.756* （2.695）	6.478** （3.025）	−1.560 （2.307）
控制变量	YES	YES	YES
Year FE	YES	YES	YES
City FE	YES	YES	YES
观测值	2929	2601	2221
R^2	0.624	0.660	0.414
城市数	251	241	251

注：括号内为标准误并且在城市层面聚类

*、**、*** 分别代表 10%、5% 和 1% 的显著性水平

　　为了进一步探索高铁对专利许可的异质性影响，本章对发明、实用新型和外观设计专利的技术许可进行了相同的回归分析。在表 5-7 中，第（1）～（3）列表明，无论专利类型如何，高铁和技术许可之间的积极和显著关系始终是稳健的。三次回归的量级和显著性均未发现明显差异，表明城市与高铁网络的连接对整个技术市场的知识扩散产生了整体溢出效应，每一项商业化程度高或低的专利都可以在通过高铁延伸的大规模市场中得到匹配。

表 5-7　高铁与技术许可：专利类别

因变量	（1） 发明专利	（2） 实用新型专利	（3） 外观设计专利
HSR	0.364*** （0.085）	0.460*** （0.097）	0.270*** （0.093）
City GDP	0.157 （0.169）	−0.202 （0.158）	0.134 （0.127）
GDP2	−3.158*** （0.987）	−4.041*** （1.001）	−5.495*** （0.991）
GDP3	−0.616 （1.258）	−2.222* （1.273）	−5.466*** （1.285）
Population	0.000 （0.000）	0.000 （0.000）	−0.000 （0.000）
Firms	0.000*** （0.000）	0.000*** （0.000）	0.000*** （0.000）
Science expenditure	0.257*** （0.050）	0.315*** （0.057）	0.078* （0.047）
Education expenditure	0.056 （0.112）	−0.157 （0.145）	−0.432** （0.180）
Fixed assets	−0.515*** （0.134）	−0.440*** （0.137）	−0.342** （0.160）
University	0.089*** （0.009）	0.069*** （0.009）	0.029** （0.012）
Total patents	0.139*** （0.039）	0.174*** （0.041）	0.008 （0.036）
常数项	4.800* （2.638）	9.801*** （2.831）	14.103*** （2.794）
Year FE	YES	YES	YES
City FE	YES	YES	YES
观测值	3176	3212	2755
R^2	0.634	0.645	0.302
城市数	251.000	254.000	217.000

注：括号内为标准误并且在城市层面聚类

*、**、*** 分别代表 10%、5%和 1%的显著性水平

　　进而，本章研究了高铁对技术许可的区域经济异质性。根据各省区市的经济发展状况，将我国划分为三类区域。东部地区代表位于东部沿海地区的发达省区市，中部地区代表位于中部的中等发达省区市，西部地区代表位于西部的欠发达省区市。在表 5-8 中，有趣的是，第（1）～（3）列表明，高铁在东部（$\beta=0.392$，$p<0.01$）和西部地区（$\beta=0.484$，$p<0.01$）对技术许可产生了积极影响，而在中部地区则不显著。对这种结果的可能解释是：对于发达地区，与高铁网络的连接加强了虹吸效应，吸引了周边地区的技术创新。相比之下，对于欠发达地区，高铁帮助当地发明家通过与外部其他发达地区的连接，寻找在当地小型技术市场上无法找到的匹配买家。交通基础设施改善的这种边际效应在中部地区并不显著，这可能是由于当地技术市场供求关系相对平衡所致。

表 5-8　高铁与技术许可：区域类别

因变量	（1）	（2）	（3）
	东部地区	中部地区	西部地区
HSR	0.392***	−0.122	0.484***
	（0.147）	（0.098）	（0.154）
City GDP	0.330	0.337	−0.284
	（0.310）	（0.362）	（0.342）
GDP2	−12.031***	−3.179*	−3.883**
	（1.953）	（1.639）	（1.557）
GDP3	−9.194***	−2.918*	−3.744*
	（2.432）	（1.698）	（1.915）
Population	0.000	−0.000	0.007**
	（0.000）	（0.001）	（0.003）
Firms	0.000**	0.001***	0.000***
	（0.000）	（0.000）	（0.000）
Science expenditure	0.347***	0.299***	0.131
	（0.096）	（0.078）	（0.083）
Education expenditure	0.186	0.560	−0.255
	（0.214）	（0.423）	（0.249）
Fixed assets	−0.584**	−0.561***	0.204
	（0.259）	（0.187）	（0.157）
University	0.073***	0.083***	0.067***
	（0.015）	（0.013）	（0.012）

续表

因变量	（1）	（2）	（3）
	东部地区	中部地区	西部地区
Total patents	−0.004	0.111**	0.050
	（0.102）	（0.045）	（0.059）
常数项	11.211**	−1.838	1.713
	（5.374）	（5.038）	（4.918）
Year FE	YES	YES	YES
City FE	YES	YES	YES
观测值	1098	634	551
R^2	0.742	0.607	0.601
城市数	85.000	50.000	46.000

注：括号内为标准误并且在城市层面聚类

*、**、*** 分别代表 10%、5% 和 1% 的显著性水平

5.5　本章小结

本章研究中国大规模基础设施建设——高铁扩张对于技术市场中技术许可行为的影响，探究交通基础设施制度建设如何塑造创新扩散的过程。此外，进一步通过考察不同的边界条件来阐释潜在的作用机制。基于 DID 法的研究设计，使用中国 2005～2015 年的地级市样本来检验相关理论假设。研究结果发现高铁的开通确实有助于促进当地技术市场的繁荣，其具体表现为专利许可交易的增加。此外，当地人力资本的储备和国外竞争强度均强化了高铁的创新扩散效应。经过一系列稳健性检验和内生性分析，研究结论依然得到了支持。

本章扩展了技术市场行为动态性和专利许可驱动要素的研究。之前的文献更多地关注个体、组织、行业等维度下不同影响因素在技术许可采纳上的重要作用。本章则从制度层面出发，考察交通基础设施建设——高铁的扩张，通过降低本地的技术市场搜寻成本和提高互补性技术匹配成功率来推动创新成果在区域间的扩散。当区域内的关键角色——企业、大学、科研机构和个人，在决定通过专利许可来获取自己缺乏的关键性技术来提升自己的市场竞争力和未来的技术布局时，如何向外部技术市场进行信息搜寻成为更为关键的问题。之前的文献更多地关注专利许可的内部动机，而忽视了其转化为成功的商业化策略的复杂性过程。尤其是在确定合适的技术交易市场和识别与自身技术发展路径拟合的匹配专利时在不同的交易主体间存在显著的差异。本章发现交通基础设施的改善降低了企业接近

技术市场的准入门槛，延展了其搜寻互补性技术的匹配范围。

本章的结论为国家创新系统内部不同制度的耦合和交互提供了新的洞见。国家创新系统理论强调不同的创新制度如何协同促进创新形成，如知识产权保护制度、中介机构、大产学研联盟等"软"性制度性角色，对于"硬"件基础设施在其他扮演的角色缺乏足够的重视。通过考察高铁开通在降低区域间通行成本、减少技术市场信息不对称、增加市场角色面对面交流等多方面作用，揭示了其不仅仅在促进创新成果产生，更重要的是在创新成果扩散上的涟漪效应。传统的交通基础设施对于经济增长的作用已经被大量的文献所检验，但是其中的机制呈现碎片化和离散化。本章的结论证实了交通基础设施在创新扩散上的效应。鉴于创新作为经济增长的引擎，本章研究为交通基础设施与经济发展的作用机制开辟了一条新的渠道。

本章的研究结论可以为创新政策制定者提供有益的洞见。如何繁荣技术市场、扩大创新成果的社会影响及推动知识跨界流动一直是各国政府在制定创新发展政策时考量的重点之一。加强知识产权制度、营造尊重知识和尊重产权的营商环境等从技术市场的供给侧发力已经成为各国政府的共识。然而，创新对于经济社会的助推效应还依赖于不同行业、部门和组织对于创新成果的吸纳程度，即如何强化技术市场的需求侧，合理引导社会成员以更低的搜索成本获取自身需要的创新成果。研究结果显示，加大基础设施建设投资，增加区域间的交通可达性，降低技术市场信息不对称程度，可以有效提高创新扩散程度和范围。由此，政府相关部门可以将交通基础设施与技术市场联动发展纳入到本地创新规划的实施议题中，更好地发挥创新策源效应。

此外，本章的研究结论也为如何缓和创新不平等问题提供了新的思路。对于经济欠发达地区而言，利用交通基础设施来快速接入远距离的发达技术市场，有效承接技术转移从而带动当地的产业升级，这不失为弯道超车的捷径。对于经济发达地区而言，可以借助交通可达性选择性地扩散处于产业链中下游的技术资源，培育全国性的技术市场，最大程度地扩大创新成果的覆盖面，创造更多的社会价值。当然，本地对于创新溢出的吸收能力还取决于人力资本和国外竞争强度。政策制定者可以酌情考虑在扶持本地高等教育的同时，适当引入外来资本，盘活当地竞争市场，为技术转移提供助力。

第6章 高铁对于企业技术转移的影响：
专利转让的证据

本章利用专利转让行为考察高铁建设与企业创新扩散的关系。从信号理论研究高铁如何通过减少技术市场不确定性和传递技术信号来促进创新扩散。在此基础上，通过一系列检验验证了结论的稳健性。此外，为了考察潜在的机制，引入了三个重要的边界条件——创新声誉、市场关注和行业竞争来阐述上述的关系。

6.1 引　　言

国家创新系统理论强调，正是由于国家内部不同政策与战略在组织、互动和相互嵌入的过程中促进了知识的创造，以及进一步推动知识的扩散（Etzkowitz and Leydesdorff，2000；Freeman，1995；Lundvall，2007；Nelson，1993）。不同外在政策和交通基础设施对于知识创造的驱动和作用机制已经被大量的研究所验证，如知识产权保护（Hu and Jefferson，2009；Huang et al.，2017）、人力资本（Agrawal et al.，2006；Breschi and Lissoni，2009）、研发投入（Jaffe and Le，2015；Wallsten，2000）等。而在知识的扩散方面，现有文献更多关注组织内部和组织间以各种形式进行的知识流动和交换，如联盟网络（Cacciolatti et al.，2020；Colombo et al.，2019；Jones et al.，2021）、合作关系、人员流动（Dineen and Allen，2016）和互访学习（Arrow，1962）等。其中有一条文献探讨了地理邻近在组织学习中近距离观察模仿、信息交换和知识演化的作用（Agrawal et al.，2008；Almeida and Kogut，1999；Jaffe et al.，1993；Singh and Marx，2013；Zucker et al.，1998）。这类研究指出，正是由于在相同的地理空间和共享的社会规范下（Burt，1987），内嵌入于个体之中的缄默知识实现不同个体或者组织间的传递，缄默知识在创新过程中的对于已有知识的融合和前沿领域的探索性引领促使创新敏感型组织倾向于靠近创新中心或者创新活跃个体（Feldman and Kogler，2010）。不过依然可以发现，对于地理邻近已有技术在不同组织间的扩散和推广还缺少统一的认识。

与知识创造不同，已有知识或者技术的扩散文献强调了技术供应方有不同的参与动机，包括收益导向性动机和战略性动机（Arora and Gambardella，2010a）。收益导向性动机基于收益成本分析框架，衡量企业转让技术获得的收益与交易成本来判断交易与否。其中，收益作为技术转移动机的重要性取决于技术供应商的不同考量，如互补性资产（Arora and Ceccagnoli，2006）、专有性与交易成本、竞争与租值耗散效应（Arora and Fosfuri，2003；Fosfuri，2006）及技术通用性（Bresnahan，2010）。战略性动机则包括抑制潜在竞争对手、维持市场力量和技术市场竞争、保证自己的技术与商业注意力的集中（Dodgson et al.，2013）。不论动机如何，技术转让方想在技术市场成功交易都面临不少障碍，其中最为明显的是交易细节的不确定性和技术应用场景的信息不对称（Arora and Ceccagnoli，2006；Fosfuri，2006）。这些问题的解决依赖于交易双方频繁而又密集的信息交换，从而达成最优技术合同（Arora，1996）。此外，技术供应方对于买方在技术使用和维护方面的信息披露与相关培训也要求双方团队在相同的地理空间内部进行，远程的沟通和交流无法达到面对面互动在缄默知识传递上的最优效果（Kong et al.，2021；Zhang et al.，2020）。

由此，有必要考察技术市场之外交易双方的地理邻近性对于技术转移的影响。对于供应方而言，本章认为当地的交通基础设施改进后，降低了与其他潜在客户的技术细节沟通成本和后续的维护成本，减少了技术交易中的不确定性和信息不对称，促进了技术转移的实施。以中国大规模高铁建设为例，本章通过中国技术供应商2005~2015年样本（上市公司中拥有专利的企业）来考察本地出行成本降低后对于企业技术转让的影响和作用机制。此外，基于信号理论，检验在不同信号要求下，上述关系的强度如何发生变化。具体而言，检验了企业创新声誉、市场关注和行业竞争强度的调节作用。

6.2　理论与假设

创新领域的信息不对称问题指的是相较于潜在的技术购买方，技术持有者或发明者更加了解创新方案的本质、成功的可能性和应用场景的广泛性。与具体产品和服务不同，技术本身未经具现化，内嵌于人或者技术当中，很难确定其定义。这也为技术交易主体的界定创造了模糊性。由此技术市场与柠檬市场模型类似，一般情况下技术购买方的柠檬溢价会更高。高铁开通降低了出行成本，使得交易双方以较低成本开展频繁紧切的关于技术本质、合同细节和后续应用的磋商。这样一来，技术市场的不确定性大大降低，技术供应商转让技术的意愿和频率大大提高。

由此，提出假设。

H6-1：高铁城市的企业在高铁开通后相较非高铁城市有更多的技术转让。

传统理论中解决信息不对称的方案有很多，其中比较有效的是依靠极易察觉的信号来降低不确定性。这里引入三类不同的信号变量：创新声誉、市场关注和行业竞争。企业创新声誉直接影响外界对于专利质量的判断和有无必要进行进一步的接触。通常而言，持有众多高质量专利的明星企业凭借自己在专利市场的良好声誉，形成了技术卓越、应用广泛的口碑。在一定程度上减少了潜在买家的技术偏见和疑虑。另外，由于那些创新明星在整个技术供应链上的完善服务体系，避免了双方由于技术应用产生的不必要的来回磋商。这样一来，对于远距离通行和面对面交互的需求大大降低。

由此，提出假设。

H6-2：企业的创新声誉越显著，高铁与企业技术转让的积极效应越弱。

企业的市场关注体现了其市场价值。一方面，吸引投资者关注的企业会更加谨慎和小心翼翼地维护技术交易的流程，保证即使交易不成功也无损于自己的市场声誉；另一方面，高市场关注的企业为了维持投资者的信息，有义务回应投资者对于每一笔主要技术交易细节的关切，在无损于企业自身竞争战略的前提下，企业将不得不披露更多的信息，明确技术交易的边界条件、技术的通用性，以及专用性、信息分享的范围。

由此，提出假设。

H6-3：企业受到的市场关注越多，高铁与企业技术转让的积极效应越弱。

行业竞争体现了信息传输的通畅性。技术交易不可避免地可能制造潜在的竞争对手或者创造新的竞争领域。在竞争激烈的行业中，任何增加竞争性的企业战略必然受到同行业的瞩目和观察，甚至还会模仿。为了维持企业自身的竞争优势和市场地位，洞悉对手在技术转移上的所有市场信息是有必要的。由此，买家可以轻易从第三方竞争对手获取技术供应商的相关信息，而供应商也就失去了信息优势而不得不按照要求披露相关信息，减少信息不对称。

由此，提出假设。

H6-4：行业竞争越激烈，高铁与企业技术转让的积极效应越弱。

6.3　方法与设计

6.3.1　样本选择与数据来源

本章利用中国 2005～2015 年在上海或者深圳证券交易所上市的公司样本来检验相关理论假设。为了排除样本选择偏误（没有专利申请记录的企业无法产生专利转让行为），本章选择在研究时间窗口内拥有一个以上专利的企业作为研究对象。相比于其他样本，上市公司企业层面可披露的信息量丰富且容易获取，包括财务信息、所有制结构、经营状况和专利申请情况，也因此成为众多研究中国企业创新战略学者重点关注的研究对象。本章第一个基本数据来源是 CSMAR 数据库（Zhou et al.，2017）。该数据库作为国内一家专注学术研究的供应商，借鉴芝加哥大学 CRSP（Center for Research in Securitiy Prices，证券价格研究中心）、标准普尔 Compustat、纽约交易所 TAQ（Transactions and Quotations，交易和报价）、I/B/E/S（Institutional Brokers Estimate System，机构经纪人预测系统）、Thomson 等国际知名数据库的专业标准，并结合中国实际国情，精心研发出针对性强、行业领先的经济金融型数据库，已涵盖因子研究、人物特征、绿色经济、银行研究、股票市场、公司研究、行业研究、基金市场、债券市场、衍生市场、经济研究、货币市场、海外研究、板块研究、市场信息、专题研究、科技金融、商品市场 18 大系列。本章利用 CSMAR 数据库收集了上市公司企业层面的信息，包括企业年龄、财务绩效、研发情况、市场关注等。

第二个基本数据来源是国家知识产权局，这是中国最为权威的官方知识产权信息披露机构，提供了 1986 年至今中国境内所有的专利申请记录，包括发明、实用新型和外观设计专利的信息，涵盖了来自个人、大学、科研单位、企业、社会组织等不同申请对象（Chua et al.，2019；Huang，2010；Wang et al.，2020）。通过手动收集了上市公司在 2005~2015 年所有的专利申请信息，包括基本信息如申请日期、权利要求、发明人、引用信息、专利家族，还有专利转让的历史信息。

第三个数据来源是《中国城市统计年鉴》，包含了上市公司所在地的社会经济发展状况，如 GDP、产业结构等信息（Dong，2018；He et al.，2020；Liu et al.，2020）。

第四个基本数据来源是中国铁路总公司官网，记录了所有高铁线路的详细信息，如开通时间、经过站点等。在合并所有的数据集后，删除含有缺失值变量的观测值，最终得到 931 家上市公司，5804 个观测值的面板数据。覆盖 70 个城市，27 个行业。

6.3.2　变量测量

（1）因变量。通过企业当年进行转让专利的数目来测量技术转移。鉴于中国专利系统内存在三种不同的专利类型：发明专利、实用新型专利和外观设计专利。发明专利被广泛认为代表实质性的技术进步，突破了现有的技术壁垒。而其他两种专利更加注重对于现有知识体系和技术架构的修正和补充，属于渐进性创新（Cui et al.，2020；Wang et al.，2020）。由此，选择发明专利的转让衡量真正有价值的知识转移。

（2）自变量。参照之前的高铁相关研究文献，采用了虚拟变量（HSR）——高铁：对于高铁城市，当年及以后企业所在城市开通了高铁，即为 1，在这之前为 0，对于非高铁城市，始终取值为 0（Dong et al.，2020；Gao et al.，2019；Gao and Zheng，2020）。

（3）调节变量。第一个调节变量——创新声誉，根据通行的做法，将当年企业申请专利获得的所有的引用次数作为衡量创新声誉的指标（Forward citation）。

专利引用次数包括前置引用和后置引用。前者主要用于测量专利知识资产储备和来源，后者主要用于测量创新新颖度和影响力（Dodgson et al.，2013）。本章研究中采用后置引用，具体而言，将当年申请专利的后置引用次数进行加总，聚合到企业层面（Dodgson et al.，2013；Nagaoka et al.，2010）。

第二个调节变量为市场关注。市场对于企业的观察和反应在股票市场上能够最为明显地体现出来，鉴于市场股票价值的波动性在一年之中太大，这里引入了一个新的测量：分析师关注，即每年负责追踪报道该上市公司的分析师的数量（Analyst attention）（Guo et al.，2019；He and Tian，2013）。通常情况下，关注企业的分析师数量越多，说明企业受到市场关注的程度也就越高，即市场曝光度也越高。

第三个调节变量为行业竞争。利用赫芬达尔指数，来计算行业集中度，再用 1 减去行业集中度得到行业竞争（Moreira et al.，2020）。计算公式为

$$1-\sum_{i=1}^{n}(\text{sales}_i\,/\,\text{sales}_{\text{total}})^2$$

（4）控制变量。这里还控制了一系列不同层面的变量。首先，控制了专利相关的变量。如专利范围（当年企业申请所有专利权利要求数量的均值）（Patent scope）、发明团队规模（当年企业申请所有专利发明人数量的均值）（Team size）、专利家族（当年企业申请所有专利家族数量的均值）（Family size）、学术关联（当年引用学术文章的专利数量占比）（Research links）、累计专利数（截至当年企业所有累计的发明专利数）（Prior patents）。其次，还控制了企业本身的相关特征，包括企业年龄（自企业创立至今的时间）（Firm age）、企业规模（企业总资产取对数）（Firm size）、财务绩效（资产回报率）（return of asset，ROA）、研发投入（R&D）（研发支出的自然对数）。最后，控制了城市层面的社会经济发展特征，包括 GDP（取自然对数）、第二产业占 GDP 的比重（GDP_2%）和第三产业占 GDP 的比重（GDP_3%）。表 6-1 描述了变量的具体定义和数据来源。

表 6-1　变量定义和数据来源

变量	变量名	定义	数据来源
因变量	Technology transfer	发明专利的转让次数	国家知识产权局
自变量	HSR	虚拟变量，如果当年企业所在城市开通高铁则取值为 1，否则为 0	中国铁路总公司
调节变量	Forward citation	当年企业获得的所有的专利引用次数（自然对数）	国家知识产权局
	Analyst attention	当年报告企业的分析师数量	CSMAR
	Industrial competition	1-赫芬达尔指数（基于企业当年销售额）	CSMAR
控制变量：专利	Patent scope	当年企业申请所有专利权利要求数量的均值	国家知识产权局
	Team size	当年企业申请所有专利发明人数量的均值	国家知识产权局

续表

变量	变量名	定义	数据来源
控制变量：专利	Family size	当年企业申请所有专利家族数量的均值	国家知识产权局
	Research links	当年引用学术文献专利的占比	国家知识产权局
	Prior patents	截至当年企业所有累计的发明专利数	国家知识产权局
控制变量：企业	Firm age	企业年龄	CSMAR
	Firm size	企业总资产（自然对数）	CSMAR
	ROA	资产回报率	CSMAR
	R&D	研发支出（自然对数）	CSMAR
控制变量：城市	GDP	城市 GDP（自然对数）	《中国城市统计年鉴》
	GDP _2%	第二产业占 GDP 的比重	《中国城市统计年鉴》
	GDP _3%	第三产业占 GDP 的比重	《中国城市统计年鉴》

6.3.3　研究方法

本章采用 DID 来估计高铁开通前后企业技术转移在高铁开通城市和非开通城市的差别（Catalini et al.，2020；Dong，2018；Dong et al.，2020；Gao and Zheng，2020；Zhang et al.，2020；Zheng and Kahn，2013）。DID 的好处在于可以比较对照组城市与控制组城市之间的差别和高铁政策实施前后的差别（Bertrand et al.，2004）。这里的对照组是在 2005~2015 年开通了高铁的城市内企业。尤其是考虑到高铁在不同的城市开通时间不同，多期 DID 的设计避免了单一外部冲击下存在的随时间变化的遗漏变量可能对于高铁与企业技术转移的影响。此外，高铁开通的决策一般来自中央的统一规划，不太可能受到当地企业的影响，也在一定程度上减少了内生性的困扰（Xu and Tian，2020）。

6.3.4　计量模型设定

鉴于因变量是离散型计数变量（Hausman et al.，1984），这里采用了最大似然法（quasi-maximum likelihood，QML）的多维固定效应 Poisson 模型来估计，并且包含了行业固定效应、城市固定效应和年份固定效应来控制行业内部、城市内部的不可观测且不随时间变化的变量以及时间趋势（Jia et al.，2019）。Poisson 模型的固定效应可以在一般条件下在不可观测的多层面板数据中产生一致性的参数估计，即使在方差有偏估计的情况下也能产生条件均值函数的一致性估计。模型设定如下：

$$\text{Technology transfer}_{i,j,k,t} = \alpha + \beta \text{HSR}_{j,t} = \gamma X_{i,j,k,t} + \delta_j + \theta_k + \mu t + \varepsilon_{i,j,k,t}$$

式中，i、j、k、t 分别表示企业、城市、行业、年份；$\text{Technology transfer}_{i,j,k,t}$ 表示因变量，表示第 i 家企业在 k 行业、j 城市、t 年的技术转移专利数；$\text{HSR}_{j,t}$ 表示自变量，城市 j 在 t 年是否开通高铁，如果是的话取值为 1，否则为 0；$X_{i,j,k,t}$ 表示一系列随时间变化的控制变量；δ_j 表示城市固定效应；θ_k 表示行业固定效应；μt 表示年份固定效应；$\varepsilon_{i,j,k,t}$ 表示误差项。

6.4　结　果　分　析

6.4.1　描述性统计分析

表 6-2 展示了研究样本的行业分布，创新频发集中于 27 个行业中的制造业领域，说明制造业对于专利转让的需求远远高于其他行业。表 6-3 展示了研究样本的区域分布，总体而言，广东、江苏和浙江三省排名前三，占据最多的上市公司。表 6-4 是变量的描述性统计。其中 Technology transfer 均值为 0.14，最大值为 127.00，说明技术转让行为依然属于极少数企业的专利。HSR 均值为 0.67，说明在样本研究期间有超过一半的样本企业位于开通高铁的城市中。

表 6-2　行业分布

行业名称	频数	百分比/%	累计百分比/%
专用设备制造业	515	8.87	8.87
仪器仪表制造业	69	1.19	10.06
农业	18	0.31	10.37
农副食品加工业	89	1.53	11.91
化学原料及化学制品制造业	425	7.32	19.23
化学纤维制造业	59	1.02	20.24
医药制造业	480	8.27	28.51
土木工程建筑业	176	3.03	31.55
建筑装饰和其他建筑业	42	0.72	32.27
文教、工美、体育和娱乐用品制造业	18	0.31	32.58
有色金属冶炼及压延加工业	183	3.15	35.73
橡胶和塑料制品业	150	2.58	38.32
水的生产和供应业	35	0.60	38.92
汽车制造业	275	4.74	43.66
生态保护和环境治理业	20	0.34	44.00

续表

行业名称	频数	百分比/%	累计百分比/%
电气机械及器材制造业	576	9.92	53.93
纺织业	96	1.65	55.58
计算机、通信和其他电子设备制造业	1045	18.00	73.59
软件和信息技术服务业	490	8.44	82.03
通用设备制造业	323	5.57	87.59
酒、饮料和精制茶制造业	94	1.62	89.21
金属制品业	150	2.58	91.80
铁路、船舶、航空航天和其他运输设备制造业	68	1.17	92.97
零售业	43	0.74	93.71
非金属矿物制品业	163	2.81	96.52
食品制造业	112	1.93	98.45
黑色金属冶炼及压延加工业	90	1.55	100.00
总计	5804	100.00	

表 6-3 省区市分布

省区市	频数	百分比/%	累计百分比/%
上海市	489	8.43	8.43
云南省	100	1.72	10.15
内蒙古自治区	13	0.22	10.37
北京市	625	10.77	21.14
吉林省	18	0.31	21.45
四川省	190	3.27	24.72
天津市	117	2.02	26.74
安徽省	132	2.27	29.01
山东省	216	3.72	32.74
山西省	61	1.05	33.79
广东省	1149	19.8	53.58
广西壮族自治区	58	1.00	54.58
新疆维吾尔自治区	74	1.27	55.86
江苏省	841	14.49	70.35
江西省	46	0.79	71.14
河北省	52	0.90	72.04

续表

省区市	频数	百分比/%	累计百分比/%
河南省	138	2.38	74.41
浙江省	640	11.03	85.44
海南省	25	0.43	85.87
湖北省	187	3.22	89.09
湖南省	207	3.57	92.66
甘肃省	21	0.36	93.02
福建省	97	1.67	94.69
贵州省	96	1.65	96.35
辽宁省	76	1.31	97.66
重庆市	62	1.07	98.73
陕西省	74	1.27	100.00
总计	5804	100.00	

表 6-4　描述性统计

变量	观测值	均值	标准差	最小值	最大值
Technology transfer	5804	0.14	1.84	0.00	127.00
HSR	5804	0.67	0.47	0.00	1.00
Forward citation	5804	2.00	1.82	0.00	10.50
Analyst attention	5804	8.68	9.20	0.00	65.00
Industrial competition	5804	0.83	0.06	0.56	0.89
Patent scope	5804	5.16	4.30	0.00	31.00
Team size	5804	0.95	0.79	0.00	6.62
Family size	5804	1.27	1.10	0.00	19.60
Research links	5804	0.17	0.28	0.00	1.00
Prior patents	5804	51.77	319.22	0.00	7282.00
Firm age	5804	21.71	1.20	16.16	27.70
Firm size	5804	13.02	5.41	0.00	48.00
ROA	5804	0.07	1.43	−3.99	108.37
R&D	5804	4.23	7.23	0.00	22.29
GDP	5804	8.73	0.96	4.20	10.13
GDP_2%	5804	0.45	0.11	0.19	0.69
GDP_3%	5804	0.51	0.12	0.20	0.80

6.4.2　回归结果

表 6-5 展示了多维固定效应 Poisson 回归结果。因变量为发生专利转让的次数。第（1）列包含了所有控制变量、年份固定效应、城市固定效应和行业固定效应。第（2）列加入自变量 HSR，第（3）～（5）列分别加入调节变量和交互项，第（6）列包含了全模型。虽然第（2）列自变量 HSR 的系数不显著，但是加入调节变量后全模型中 HSR 的系数均为积极显著。H6-1 得到支持。第（3）列与第（6）列调节变量 Citations 的交互项均为负向且显著的[在第（6）列里面，$\beta = -0.172$，$p < 0.05$]，显示开通高铁后，创新影响不大的企业更加容易发生专利转让行为。H6-2 得到支持。第（4）列与第（6）列调节变量 Analyst attention 的交互项均为负向且显著的[在第（6）列里面，$\beta = -0.032$，$p < 0.01$]，显示开通高铁后，受分析师关注少的企业更加容易发生专利转让行为。H6-3 得到支持。第（5）列与第（6）列调节变量 Industrial competition 的交互项均为负向且显著的[在第（6）列里面，$\beta = -6.919$，$p < 0.1$]，显示开通高铁后，创新影响不大的企业更加容易发生专利转让行为。H6-4 得到支持。

表 6-5　回归结果

因变量	（1）	（2）	（3）	（4）	（5）	（6）
	技术转让					
HSR		0.286	0.925***	0.802**	9.876**	6.827**
		（−0.338）	（−0.344）	（−0.373）	（−4.042）	（−3.053）
Citations			1.021***			0.996***
			（−0.066）			（−0.065）
HSR×Citations			−0.225***			−0.172**
			（−0.064）			（−0.068）
Analyst attention				−0.005		0.009
				（−0.014）		（−0.009）
HSR×Analyst attention				−0.037**		−0.032***
				（−0.016）		（−0.012）
Industrial competition					11.736*	7.653
					（−6.397）	（−4.978）
HSR×Industrial competition					−11.481**	−6.919*
					（−4.742）	（−3.616）
Patent scope	0.105***	0.105***	−0.084***	0.096***	0.102***	−0.084***
	（0.022）	（0.022）	（0.028）	（0.020）	（0.021）	（0.028）

续表

因变量	（1）	（2）	（3）	（4）	（5）	（6）
	技术转让					
Team size	−0.306	−0.303	−0.117	−0.212	−0.281	−0.093
	（0.213）	（0.207）	（0.174）	（0.177）	（0.191）	（0.177）
Family size	0.256***	0.252***	0.210***	0.272***	0.260***	0.213***
	（0.056）	（0.056）	（0.068）	（0.049）	（0.054）	（0.071）
Research links	0.297	0.325	−0.007	0.284	0.280	0.061
	（0.286）	（0.289）	（0.322）	（0.271）	（0.284）	（0.325）
Prior patents	0.000**	0.000**	−0.000	0.000**	0.000***	−0.000*
	（0.000）	（0.000）	（0.000）	（0.000）	（0.000）	（0.000）
Firm age	0.509***	0.509***	0.050	0.596***	0.477***	0.061
	（0.068）	（0.068）	（0.065）	（0.080）	（0.070）	（0.076）
Firm size	−0.028	−0.028	−0.024	−0.033	−0.025	−0.025
	（0.022）	（0.022）	（0.015）	（0.022）	（0.022）	（0.016）
ROA	0.025	0.024	−0.224	0.031**	0.023	−0.053
	（0.017）	（0.017）	（0.753）	（0.013）	（0.017）	（0.903）
R&D	−0.002	−0.002	−0.014	−0.002	−0.003	−0.014
	（0.011）	（0.011）	（0.009）	（0.011）	（0.011）	（0.009）
GDP	−0.077	−0.066	−0.280	−0.041	−0.031	−0.311
	（0.539）	（0.526）	（0.296）	（0.503）	（0.606）	（0.286）
GDP _2%	2.962	5.230	−6.403	3.640	3.496	−7.572
	（10.831）	（11.401）	（9.888）	（11.145）	（10.848）	（9.661）
GDP _3%	−0.401	0.750	−5.969	−0.084	0.267	−6.838
	（12.588）	（12.939）	（11.454）	（12.922）	（12.390）	（11.179）
City FE	YES	YES	YES	YES	YES	YES
Industry FE	YES	YES	YES	YES	YES	YES
Year FE	YES	YES	YES	YES	YES	YES
观测值	5804	5804	5804	5804	5804	5804
对数似然值	−2047.39	−2045.3	−1424.55	−2019.53	−2027.76	−1411.82
卡方检验	259.789	263.226	1099.293	278.292	270.524	1117.13
R^2	0.414	0.414	0.592	0.422	0.419	0.596

注：括号内为标准误

*、**、*** 分别代表 10%、5% 和 1% 的显著性水平

6.5 本章小结

本章以中国地级市为研究对象，基于中国大规模高铁建设为准自然实验，研究了高铁开通所诱发的通勤成本降低对于企业的技术转移行为的影响。具体而言，本章发现，高铁开通确实增加了拥有核心技术专利的企业转让的次数。此外，这种积极显著的效应当企业创新影响较弱、市场关注较低和行业竞争不激烈的情况下反而更加显著。这一结果恰好说明了高铁在信号效应上的替代作用。

本章的研究主要有以下几点贡献。第一，基于交通基础设施与组织创新的文献，探讨了交通基础设施——高铁如何影响企业在技术市场上的战略选择——专利转让，从而扩展了交通基础设施的知识扩散效应。先前关于高铁与企业创新的研究更多关注高铁开通的可达性对于知识流动在产品创新和过程创新中的推动作用，而信息的传递与交换实际上在更多面对面互动交流中也频繁存在，宝贵而有用的信息在技术市场上的作用则更加明显和具体，尤其涉及技术交易前合同细节的探讨、交易后专利维护与配套技术使用的培训等，不可避免地依托于交易双方的信息共享和交流。技术转让的复杂性和私密性对于交易双方在同一空间下会晤磋商的频率要求更多，高铁的开通为此提供了充分的便利。

第二，基于信号理论，检验了高铁在不同信号强度的边界条件下的作用。技术市场上的交易除了技术本身的创新性和互补性，技术持有人相关的信号强度也是决定交易成功的关键因素之一。在信息不对称情况下的技术市场中，如果不能经常地面对面交流技术细节，那么其他能够反映技术质量的信号必然会受到重视。反之，高铁开通后面对面的交流成本大幅度降低，能够亲自确认技术细节和后续的应用场景成为另外一种选项，相比于依靠技术外的信号来判断，前者的风险和不确定性更低。本章选取了三种潜在的信号机制：创新影响、市场关注和行业竞争，研究结果表明，在三种信号不明显的情况下，企业更加依赖于高铁可达性，通过密切地交流互动来获取互补性技术。本章进一步深化了交通基础设施可达性与市场机制中的信息传导功能的耦合作用。

本章的研究结果还存在一些实践启示。对于政策制定者而言，除了强化市场机制在知识扩散的基础性作用，还要考虑到区域系统内其他基础性制度建设，如高铁等交通基础设施。尤其对于技术市场欠发达区域，加大交通基础设施投资可以在弥补市场化制度安排的缺乏的同时，发挥技术市场在创新扩散上的作用。这样做也可以在一定程度上缓和区域创新发展不均衡现象。对于管理者而言，在进行专利交易决策时，可以适当扩大潜在的交易对象，通过高铁克服地理距离的限制，在更远的技术市场寻找匹配的交易伙伴，而不仅仅依赖于之前的市场信号去判断技术的价值。这就要求企业加大对于员工远距离出差的投入和鼓励，以低成本获取宝贵的一手信息，提高交易成功的概率。

　　虽然作为最先研究企业外部交通基础设施环境与技术转移的文章，本章依然存在一些局限。首先，本章的研究样本选自于上市公司，虽然其信息的可获取性以及对于 GDP 的贡献使其具有相当的代表性，但还是遗漏了其他的技术交易主体，如大学等研究机构，它也是专利转让的重要群体。另外，大学的专利转让不能完全等同于上市公司的商业化逻辑，其社会公益属性和创新策源地效应可以让其忽视相关交易成本从而获得互补性技术或者进行相关的推广。因此未来的研究有必要考虑大学在交通基础设施改进后的技术交易行为的区别和变化。其次，模型的因变量来自专利转让，作为技术转移的典型代表，专利质押和专利许可也是常见的技术转移形式，三者之间对于高铁开通后的差异化反应和组织采用不同专利决策的考虑也要纳入未来的研究中作为稳健性分析。

第 7 章　研究结论与展望

前文在梳理相关的文献后，通过实证分析高铁建设在不同层面的创新溢出及相关机制，并延伸到创新扩散及其作用机理，贯通创新对于经济社会驱动的逻辑链条。本章首先归纳前文的研究结论，总结全文的理论贡献和实践启示，其次指明文章存在的相关不足与局限，最后讨论未来研究的方向。

7.1　研究的主要结论

本篇以中国高铁建设为情境，围绕重大工程创新溢出效应形成与创新溢出扩散两个核心问题，在经过文献回顾、理论模式构建、实证研究设计和结果分析论证，较好地完成了预先的研究计划。主要研究结论如下。

第一，高铁的开通确实有效促进了地区创新绩效，即城市专利申请的大幅度增加。此外，相比独立创新，合作创新更能从高铁开通中受益。表明高铁开通扩大了合作网络，降低了合作对象的搜寻成本。相比简单创新，高铁强化了技术要求高、横跨多个领域的复杂创新，表明高铁开通促进了不同技术领域、知识领域的融合。相比传统行业，高铁能够更加有效推动战略性新兴行业创新，表明高铁能够帮助组织和个人连接前沿知识和稀缺信息。

第二，高铁开通能够显著影响当地企业创新的动态性。国有企业、民营企业相比于外资企业和集体企业对于高铁开通所带来的信息流更加敏感，创新溢出更加明显。企业能够汲取的创新溢出随着其与创新集群城市距离的增加而逐渐衰减，在超过一定距离后转而为负，说明高铁的创新辐射存在一定的半径。位于中小城市的企业在高铁开通后能够获得更加显著的创新增长，体现城市规模与高铁的替代效应。从非正式制度来看，高社会信任与低方言多样性地区能够强化高铁对于创新的溢出效应。

第三，高铁能够有效促进创新成果的商业化和扩散。一方面，高铁开通能够显著减少技术市场的信息不对称，降低交易双方对于意向技术的搜寻成本；另一方面，高铁开通后大大延伸本地企业匹配互补性技术的搜索半径，增加其匹配潜在技术专利的可能性和成功率。以中国城市层面的技术许可市场为例，发现高铁开通显著增加了当地技术许可交易，而本地的人力资本和国外竞争强度强化了这一关系。

第四，高铁能够有效促进企业的技术转移。以中国上市企业的专利转让为例，高铁开通显著增加了企业的技术转让行为，而企业本身的创新声誉、市场关注和行业竞争有效地替代高铁的信号传递功能。

7.2　研究的理论贡献与实践启示

7.2.1　理论贡献

本篇的研究有以下理论贡献。

第一，以中国大规模高铁建设为对象，细化了这一类新兴交通基础设施的实际功能与市场价值，着重探讨了这类以快速城际移动客运为主的基础设施如何通过人才流动、信息流动、知识流动从而推动区域、组织的创新。重新明确了高铁在创新这一关键议题上的独特性功能。

第二，基于现有文献对于宏观基础设施建设的创新溢出效应的研究，结合区域创新生态系统中不同创新角色的特征，识别了不同创新方式、不同创新领域和不同行业在高铁开通后对于创新溢出吸收的差异，扩展了当前高铁与创新溢出研究。

第三，鉴于高铁建设本身的地理区位选择性特征，重新检验不同区域内的制度性特征与高铁的交互。从社会互动视角出发，引入非正式制度中两种内嵌于地区本身的维度：社会信任与方言多样性，提出"硬"性基础设施与"软"性非正式制度对于企业创新的双重塑造框架。

第四，以专利许可为研究对象，探讨高铁开通如何繁荣本地的技术市场。通过减少信息不对称和扩大技术市场匹配半径，增加技术许可交易发生的概率。研究结果进一步延展了高铁创新溢出的理论链条和辐射半径，丰富了现有交通基础设施研究对于创新这一重要经济现象的全景式理解。

7.2.2　实践启示

在国内"新基建"（新型基础设施建设）和国际"一带一路"倡议的双重循环下，重大工程的战略地位日益凸显，而其中交通基础设施与创新驱动发展的关系受到了广泛关注，已成为推动新时代下中国重大工程高质量发展的关键。鉴于此，本篇的研究包含以下实践启示。

高铁建设促进创新溢出形成方面：第一，宏观层面，区域创新增长的关键在于交通基础设施与创新生态系统各关键要素的耦合。如何将高铁的溢出效应最大化需要政策制定者优化辖区内产业布局，优先发展研发强度大、技术复杂性高、沟通密集型行业与企业，以最大的诚意吸引各层次人才。通过面对面的交流与互动，加强地区间信息互动与知识流动。强化区域研发网络效应，以高铁为抓手，搭建跨行业、跨区域、跨组织的协同合作平台。第二，微观层面，组织创新的要点在于降低外部知识的搜寻成本。本篇的研究发现高铁的创新溢出不仅仅取决于企业本身的创新能力，还与当地社会凝结程度密切相关。对于跨区域投资企业而言，高铁不是唯一的决定要素，当地社会信任水平和方言多样性也需要纳入决策中。企业能否从高铁开通中利用外部知识并且发展自己的创新能力取决于当地社会规范对于社会互动的支持程度。对于政策制定者而言，需要有意识地提升当地居民对外社会包容和接纳程度，降低外来者融入成本，以增强本地企业的吸收能力。

高铁建设促进创新溢出扩散方面：第一，宏观层面，创新本身对于经济社会的推动作用不仅仅依赖于其前端的研发，更取决于后端的商业化行为与跨地区、跨行业、跨部门的扩散行为。研究表明高铁能够有效降低技术市场的信息不对称，为技术持有者寻找匹配的卖家，提供更为广阔的市场，为技术需求者寻找匹配的互补性技术，降低搜寻成本。创新成果的交易与一般的商品交易不同，需要既能知晓企业本身的技术瓶颈与需求，又能识别与判断外来技术与企业自身的拟合与互补程度的专业技术人才。因此当地的人才储备对于连接本地与外地的技术市场起到重要作用。政府部门和企业需要及时培养和招聘相关的技术人才，提升创新扩散效率、质量和满意度。第二，微观层面，技术转移作为企业的创新战略，既受制于知识产权制度体系与企业自身战略拟合程度，也依赖于技术本身对于外界的主动接触和相关信号的发射。研究表明，对于创新声誉不显著，市场关注较少，且行业竞争不激烈的企业而言，高铁发挥出显著的信号传递作用，更能帮助企业在技术市场获得更大的收益。这对于做大整个技术市场交易规模，缓解创新巨头和新兴企业的不平等地位具有重要意义。

7.3　研究的局限性与展望

当前关于交通基础设施的研究还处于发展阶段，一方面，全球基建投资市场方兴未艾；另一方面，理论研究相对于超前的重大工程建设显得有些滞后。囿于本人的研究视角和学术水平，本篇存在一定的不足之处。

理论研究部分：第一，本篇的落脚点在于高铁这一新兴的交通基础设施建设，其中大规模的前期投资和较长的建设周期对于国家能力和政府决心是较大的考验，尤其是要求一定基础性基础设施的积累，如高速公路和一般性铁路。因此本篇的研究结论对于不同文化背景和交通基础设施发展阶段的国家而言，其应用和推广的普适性还需要进一步检验。第二，本篇的第 3 章和第 5 章均以城市为基本研究单位，而区域创新发展的驱动要素十分复杂和多样，尤其是 2006 年以来中国中央政府开始实施中长期科学技术发展纲要，极大地促进了自上而下对于创新战略的重视。而这类政治层面的影响因素未被纳入本篇的研究框架。第三，本篇的第 4 章聚焦于中国工业企业，本篇的第 6 章聚焦于中国上市公司，对于一般性中小企业在高铁开通后的战略反应缺乏相关的讨论。实际上，中小企业横跨多个行业，分布不同地理区域，尤其是科技型初创企业对于信息的敏感程度远远高于大规模老牌企业。对于中小企业的研究将能进一步丰富相关的研究视角，扩大本篇研究结论的应用范围。第四，创新的不同主体在整个创新生态系统中的角色不尽相同，除了企业和区域层面，如科研机构、社会团体和个人都有各自的网络优势和信息渠道，对于高铁开通后的创新溢出的吸收能力也不尽相同。未来的研究需要更多地将研究视角投射到这类创新型群体中。

实证研究部分：第一，内生性问题。交通基础设施的路线选择天然带有政策制定者的主观意图，因此虽然本篇尽量通过各种方法和手段如 DID 模型等来消除样本选择偏差与遗漏变量等对于实证设计的困扰，依然不能避免读者对于研究结论的质疑。未来研究中，需要考虑更加精巧的研究设计和合适的研究样本来回避内生性问题。第二，研究数据的单一性。本篇的研究数据主要来自国家知识产权局发布的专利数据。实际上，专利不是唯一测度创新的手段，还有研究论文、出版物、软件著作权等一系列记录创新成果的载体。未来的研究可综合考虑多种测量手段运用从而保证创新成果的全面性。第三，本篇的研究方法主要基于定量的实证研究，缺乏相关定性的案例研究进行佐证，尤其是对于高铁与区域创新生态系统各要素之间相互依赖关系——竞争、合作、共生等用二手数据无法观测到，但是十分重要的现象，急需案例研究提供新的洞见。

下 篇

重大工程产业溢出效应：基于高速公路的研究

第8章 下篇导论

本章主要阐述了本篇的总体框架：首先，提出了主要研究问题，介绍了相关研究背景；其次，明确了研究目标，介绍了本篇的逻辑结构和主要研究内容，进一步描述了研究设计的关键方法，构建了整体框架和技术路线；最后，提出了本篇的主要创新点并进行了简要总结。

8.1 问题提出

重大工程是一类为社会生产、经济发展和民众生活提供基础性公共服务的重大物质工程设施，是用于保证和改善国家或地区社会经济活动的重大公共服务系统（Flyvbjerg，2011；Sheng，2018；丁翔等，2015）。由于重大工程对于社会经济活动具有重要影响，自改革开放以来中国政府非常重视重大工程投资，推动中国进入了重大工程蓬勃发展的阶段。举例来说，为应对全球性经济危机，中国政府于 2008 年 11 月推出了进一步扩大内需、促进经济平稳较快增长的十项措施的一揽子计划，其中高达 53% 的投资被用于铁路、公路、机场、输电网络等重大工程的建设（Shi and Huang，2014）。在巨量重大工程投资的拉动下，中国的重大工程建设飞速发展，在工程建设、管理运营、技术创新等领域均取得了诸多举世瞩目的成就。举例来说，经历了三十余年的快速发展，中国高速公路的总里程由 1988 年的 147km 激增至 2019 年年底的 14.96 万 km，已连续九年位居高速公路总里程全球第一，目前已基本实现了对 20 万以上人口城市及地级行政中心的全面覆盖。除此之外，包括长江三峡水利枢纽工程、南水北调工程、西气东输工程和港珠澳大桥工程在内的诸多投资规模巨大、建设难度极高、战略意义深远的重大工程项目也陆续开展、顺利完成并已经投入运营（Barnett et al.，2015；Liu et al.，2018；Wu et al.，2003；李迁等，2019；张劲文和盛昭瀚，2014）。目前，中国的重大工程建设仍方兴未艾。国办发〔2018〕101 号文件《国务院办公厅关于保持基础设施领域补短板力度的指导意见》指出，"今年以来整体投资增速放缓，特别是基础设施投资增速回落较多，一些领域和项目存在较大投资缺口，亟需聚焦基础设施领域突出短板……进一步增强基础设施对促进城乡和区域协调发展、改善民生等方面的支撑作用"。在 2020 年 3 月召开的中共中央政治局常委会会议上，更是提出了"加快新型基础设施建设进度"的国家战略目标。在京津冀协同发展、长江经济带发展、粤港澳大湾区建设等重大国家战略的共同驱动下，中国的经济增长和社会发展对铁路、公路、水运、机场、水利、能源等重大基础设施提出了更高要求。中国重大工程建设将迎来新一轮的发展机遇。

重大工程是国家社会经济发展的生命线。作为一种社会性较强的大规模活动，重大工程通常聚集了一个国家（地区）的海量资源，其建设与运营往往对工程辐射区域内的经济发展、社会进步、科技创新等诸多方面均具有举足轻重的巨大影响（Shen et al.，2012；Straub，2011）。因此，重大工程的溢出效应吸引了世界各国专家学者的高度关注。现有文献已针对重大工程的溢出效应开展了一系列卓有成效的研究，并发现了重大工程在促进国家经济增长（Straub，2011）、增强城乡协同发展（Shen et al.，2012）、推动资源重新分配（Behrens，2011）、创造大量就业机会（Leigh and Neill，2011）、改善公民生活质量（Zheng and Kahn，2013）等方面均具有一定程度的溢出效应。那么，重大工程的修建如何在产业层面产生溢出效应？重大工程的修建是否有利于促进中国制造业产业竞争力的提升？如果是，重大工程如何对产业竞争力的提升产生影响？其影响机理是怎样的？现有文献针对这些关键问题的研究和讨论仍然较为匮乏。

鉴于此，本篇将针对上述关键问题，通过研究中国高速公路网络的改善对于制造业的影响，证实重大工程对于产业竞争力的正向促进作用，解构重大工程产业溢出效应的影响机理，从而为中国制造业产业竞争力的提升提供理论支撑和政策建议。

8.2　研究背景

自改革开放以来，中国国民经济迅速增长，社会对交通基础设施的需求不断增加，中国大多数地区的干线公路、城市出入口和沿海发达地区的港口等地出现了严重的堵车、压港等不利现象，中国国内的交通基础设施存量已难以满足日益增长的国民经济需求。世界银行的调查数据显示，在 20 世纪 80 年代初，中国的交通基础设施投资占 GDP 的比重不到 2%，远低于发展中国家的平均比重 4%（World Bank，2005）。由此可见，交通基础设施短缺的问题已经成为制约中国经济增长和社会进步的主要因素之一。

为突破交通基础设施短缺的瓶颈，中国交通部在 20 世纪 80 年代末提出了一项包括"五纵七横"共计 12 条路线的国家高速公路网络规划布局方案，这项雄心勃勃的重大工程建设规划于 1992 年得到了中国国务院批准，并于 1993 年正式开始部署实施①。该规划期望在 30 年左右的时间内，建成包括"五纵七横"共计 12 条路线，总长度约为 35 000km 的国道主干线系统，以连通中国的首都、直辖市、省会、各大工业中心、交通枢纽、主要对外开放口岸，以及绝大多数人口在 50 万以上的大中型城市，从而逐步建成一个与国民经济发展格局相适应、与其他运输方式相协调、主要由高等级公路组成的快速、高效、安全的国道主干线系统（Li and Shum，2001）。起初，"五纵七横"国道主干线工程计划于 2020 年完工。然而，1998 年，为应对亚洲金融危机，中国国务院采取了积极的财政政策并加速了"五纵七横"国道主干线工程计划的建设（Duncan，2007；Hou and Li，2011）。最终，经过近 15 年的建设，"五纵七横"国道主干线工程于 2007 年底正式全线贯通，比原计划中全线贯通的时间提前了约 13 年。"五纵七横"国道主干线的建设主要包括两个阶段：1992 年至 1997 年的稳步建设阶段和 1998 年至 2007 年的加速建设阶段（World Bank，2007；白重恩和冀东星，2018）。其中在 1998 年至 2007 年的加速建设阶段建成的高速公路里程数约为计划总里程数的 90%。

"五纵七横"国道主干线工程的建设大大推动了中国高速公路的快速和可持续发展。在 1988 年中国首条高速公路沪嘉高速通车之前，中国还没有符合国际标准的分向、分车道的高速公路。然而，在"五纵七横"国道主干线工程建成后，中国的高速公路里程数从 1992 年年底的约 700km 迅速增加到了 2007 年年底的 53 913km。在此期间，中国的高速公路里程数增长了约 80 倍，其年均增长率高达 33.75%。这也使得中国的高速公路里程数在"五纵七横"国道主干线工程完成后跃升至世界第二，仅次于美国。"五纵七横"国道主干线工程的建设在实现连通大中型城市的目标之余，也使得国内诸多县级行政区域受益。在"五纵七横"国道主干线工程的加速建设阶段初期（1998 年），中国仅有约 6.69% 的县级行政区域连接到了国家高速公路网络系统，而经过十年的建设和发展，在"五纵七横"国道主干线工程完工之时，中国连接到国家高速公路网络系统的县级行政区域的比例增加到了 36.60%。

8.3 研 究 目 标

本篇将基于可竞争市场理论等管理学和经济学的经典理论，围绕重大工程的产业溢出效应这一核心内容进行理论建构和实证分析。本篇期望基于中国制造业企业微观数据，利用"五纵七横"国道主干线工程建设这一准自然实验过程，结

---

① "五纵七横"的五条纵线指：同江—三亚、北京—福州、北京—珠海、二连浩特—河口、重庆—湛江；七条横线指：绥芬河—满洲里、丹东—拉萨、青岛—银川、连云港—霍尔果斯、上海—成都、上海—瑞丽、衡阳—昆明。

合文献分析与计量方法，探究重大工程与产业竞争力之间的关系，解构重大工程对于产业竞争力的影响机理，并验证包括政府、市场、中介机构等外界利益相关者对于重大工程的产业溢出效应的交互影响。本篇以重大工程产业溢出效应的理论分析和实证结果为基础，进一步期望为未来中国产业政策的制定提供理论支撑和政策建议，进而促进在"一带一路"背景下中国相关产业竞争力与可持续性的提升，为中国经济持续稳健增长保驾护航。

8.4　逻辑结构和研究内容

8.4.1　逻辑结构

一般来说，重大工程（尤其是交通基础设施工程）的修建能够有效降低企业之间的贸易成本，打破因交通不便造成的贸易壁垒，从而促进区域内贸易一体化，扩大市场规模，进而加剧市场竞争强度，最终引发产业内市场份额的重新分配（Faber，2014；Hummels and Schaur，2013）。在重大工程修建引发的连锁反应下，生产效率较低的现有企业将受到来自同产业竞争者的强烈冲击，其生存和发展面临着严峻的考验。在此情境下，生产效率较低的现有企业有两种结局：一种是设法提高自身生产效率以适应更为激烈的市场竞争，另一种是主动选择退出市场或被动地被市场淘汰。而对于选择提高自身生产效率来应对市场竞争的企业来说，其生产效率的提升主要有两种路径：一种是通过推动企业创新的方式主动地提升自身生产效率，另一种是通过企业迁移的方式追求产业集聚带来的规模效应，进而提升自身生产效率。此外，重大工程的修建除了对市场中的现有企业造成影响之外，还能够对有意向进入市场的新进企业产生作用。在市场竞争加剧的情况下，生产效率较低的新进企业将失去进入市场的动机，因此进入市场的新进企业的平均生产效率将显著提高。

总而言之，本书基于上述分析，认为重大工程将从三个方面对产业竞争力造成影响：第一，重大工程的修建将促进企业进行技术创新，从而推动产业技术升级，提升产业内企业的平均生产效率，进而促进产业竞争力的提升；第二，重大工程的修建将促进一部分低生产效率的现有企业退出市场，并提升进入市场的新进企业的效率门槛，从而加速产业组织升级，提升产业内企业的平均生产效率，进而促进产业竞争力的提升；第三，重大工程的修建将提升企业迁移的动力，增强产业集聚带来的规模效应，从而推动产业布局升级，提升产业内企业的平均生产效率，进而促进产业竞争力的提升。本章将分别从这三个角度出发，深入探究重大工程对于产业竞争力提升的影响机理。图 8-1 展示了重大工程对于产业竞争力提升的影响机理的逻辑结构，体现了本篇的逻辑性、系统性和集成性。

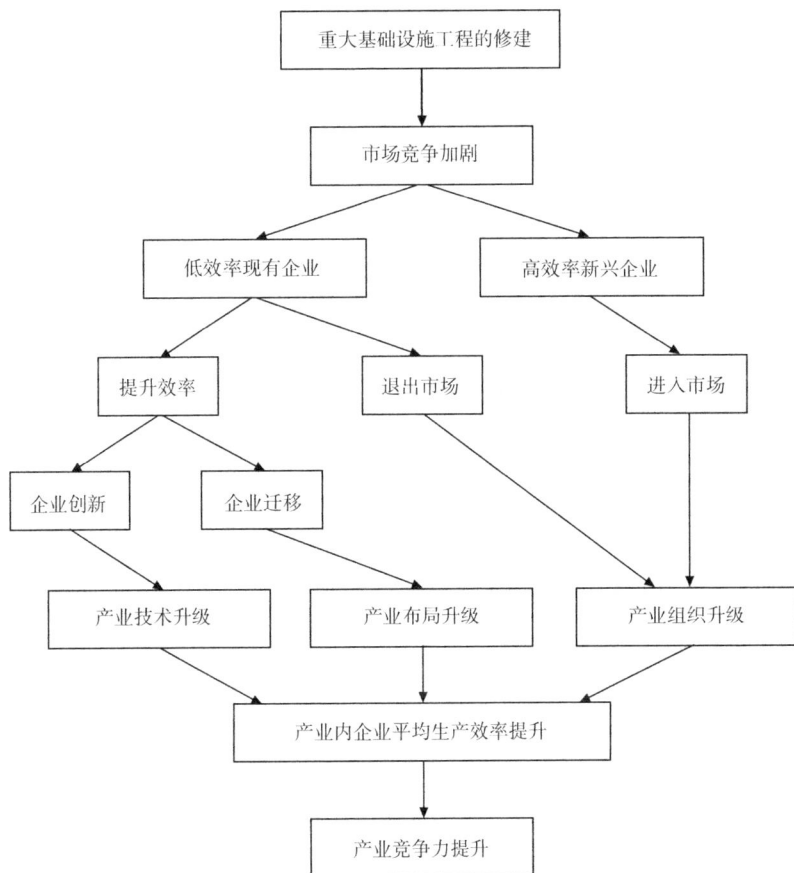

图 8-1　本篇的逻辑结构图

8.4.2　研究内容

本篇的核心内容主要呈现于第 10~13 章（第 8 章为下篇导论，第 9 章为研究评述，第 14 章为研究结论与展望），其简要介绍如下。

（1）重大工程产业溢出效应：生产效率的影响。虽然国内外已有一部分专家学者针对重大工程与产业竞争力的关系开展了一些理论和实证研究，但是目前学界在重大工程投资对产业竞争力的净效应的大小和方向上仍然存在一定分歧（Chandra and Thompson，2000）。在本书的第 10 章中，利用"五纵七横"国道主干线工程建设这一准自然实验过程，以生产效率作为产业竞争力的代理变量，采用严格的计量经济学方法，证实了重大工程对于产业竞争力的正向促进作用，从生产效率的角度解构了重大工程的产业溢出效应。

（2）重大工程产业溢出效应：企业创新的影响。基于创新理论，第11章认为重大工程的修建能够促进企业进行技术创新，从而推动产业技术升级，提升产业内企业的平均生产效率，进而促进产业竞争力的提升。在本书的第11章中，将基于中介模型和被调节的中介模型针对重大工程对企业创新的影响进行实证检验，并验证市场自由度和中介发达度在这一影响中的调节效应，从而从产业技术升级的角度解构重大工程产业溢出效应的影响机理。

（3）重大工程产业溢出效应：企业进退的影响。基于可竞争市场理论，第12章认为重大工程的修建能够加剧市场竞争的强度，有利于促进一部分低生产效率的现有企业退出市场，并提升进入市场的新进企业的效率门槛，从而加速产业组织升级，提升产业内企业的平均生产效率，进而促进产业竞争力的提升。第12章将针对重大工程对企业进入和退出市场的影响进行实证检验，从产业组织升级的角度解构重大工程产业溢出效应的影响机理。

（4）重大工程产业溢出效应：产业集聚的影响。基于产业集聚理论，本书认为重大工程的修建能够提升企业迁移的动机，增强产业集聚带来的规模效应，从而推动产业布局升级，提升产业内企业的平均生产效率，进而促进产业竞争力的提升。在本书的第13章中，将针对重大工程对产业分布的影响进行实证检验，并验证这一影响的行业异质性，从而从产业布局升级的角度解构重大工程产业溢出效应的影响机理。

8.5　研　究　方　法

从交通基础设施工程管理、项目管理、工程经济效应、产业竞争力等相关领域的文献回顾与评述出发，本书基于可竞争市场理论等管理学和经济学的经典理论，对重大工程产业溢出效应的影响机制进行理论推演并提出合理假设，进而以中国工业企业数据库、国家高速公路数据库、《中国城市统计年鉴》等数据源为基础，以计量经济学、数理统计学等学科的方法为主要分析工具，应用Stata、SPSS等数据分析软件对各个假设进行实证检验，从而将理论分析和实证研究有机结合，针对重大工程的产业溢出效应这一核心问题展开较为深入和全面的研究。

8.6　主要创新点

本篇的主要创新点主要体现在以下三点。

第一，为重大工程的产业溢出效应提供了全新且稳健的经验证据。虽然国内外的专家学者针对重大工程的产业溢出效应问题已经进行了数十年的研究和讨论，但是目前学界仍然在重大工程产业溢出效应的大小和方向上存在分歧（Chandra and Thompson，2000；Lakshmanan，2011）。本篇采用严格的计量经济学方法对重大工程的产业溢出效应进行了反复验证，提供了支持重大工程对于产业竞争力提升具有正向影响的经验证据，这有助于调和现有文献中的分歧，帮助学界在重大工程的产业溢出效应这一议题上达成共识。

第二，系统解构了重大工程产业溢出效应的影响机理。在重大工程产业溢出效应这一研究领域，现有研究仍呈现出较强的碎片化状态，缺乏一个系统性和集成性较强的理论体系。通过实证检验重大工程的修建对于企业创新、企业进退和企业迁移的影响，本篇从产业技术升级、产业组织升级和产业布局升级三个角度，深入探究了重大工程产业溢出效应的影响机理，为重大工程产业溢出效应理论体系的科学构建做出了有益贡献，为国家产业政策的制定提供了理论依据。

第三，揭示了外部利益相关者对于重大工程产业溢出效应的影响。在重大工程产业溢出效应这一研究领域，现有研究大多只关注了重大工程修建对于经济社会发展的直接影响，鲜有文献针对这一过程中外部利益相关者起到的作用展开论述。基于利益相关者理论，本篇验证了政府、市场和中介机构等外部利益相关者在重大工程对于产业竞争力的影响过程中发挥的作用，有助于更加系统、立体地认识重大工程的产业溢出效应。

8.7　本章小结

作为本书下篇的导论部分，本章首先提出了本篇的主要研究问题，介绍了相关研究背景，其次阐述了研究目标、逻辑结构和研究内容，最后对研究方法和技术路线进行了总结和概括，并提出了主要创新点。本章是总体概述，将对整体研究起到提纲挈领的作用。

第9章 基础设施建设与产业竞争研究评述

本章将从以下三个方面对现有文献中的相关理论进行研究和评述：①工程与项目管理；②基础设施工程的经济效应，主要包括基础设施工程的形成机理及基本特性；③产业竞争力理论，主要包括产业竞争力的测度方法和影响因素。通过对现有文献的梳理和讨论，本章为后续研究奠定了理论基础。

9.1 工程与项目管理

项目管理是控制项目目标实现的过程，这一过程试图利用现有的组织架构和资源，在不对企业的日常运营造成不利影响的前提条件下，通过应用一系列工具和技术来管理项目，以实现对项目工期、成本、质量等方面的规划与控制（Munns and Bjeirmi，1996）。项目管理的概念始于第二次世界大战（简称二战）期间美国研制原子弹的曼哈顿计划（Manhattan Project），在其发展的初期，项目管理理论主要应用于军事和建筑领域。随着信息技术的发展和企业外包战略的盛行，传统企业的边界逐渐模糊化，企业的经营活动越来越多地以项目为核心进行运营，项目管理理论的适用范围逐渐扩大至各行各业（程铁信等，2004）。即便如此，应用项目管理理论最多的仍然是建筑行业（Betts and Lansley，1995）。据统计，在项目管理领域的文献当中，涉及建筑行业的研究高达40%以上（Pinto and Prescott，1988；Themistocleous and Wearne，2000）。基于频率分析的方法，Kloppenborg 和 Opfer（2002）分析了 1960 年至 1999 年 40 年间 3554 篇项目管理领域文献的关键词，分析结果发现"建筑"（construction）一词是项目管理领域文献中最经常出现的行业术语。鉴于大部分基础设施工程本质上是一个或多个项目的集合，应用项目管理的理论体系对基础设施工程管理进行研究是适当且可行的。事实上，基础设施工程领域的研究也对项目管理理论体系的建立起到了重要的促进作用（Crawford et al.，2006）。

经历了几十年的发展，传统的项目管理理论体系已臻于完善。20 世纪 80 年代，美国项目管理学会（Project Management Institute，PMI）推出了《项目管理知识体系指南》（*Project Management Body of Knowledge*，PMBOK），奠定了项目管理理论体系的基础，促进了项目管理领域行业标准（ISO10006）的形成（International

Organization for Standardization，1997）。项目管理知识体系主要分为十大领域，其中包括整合管理、范围管理、进度管理、成本管理、质量管理、人力资源管理、沟通管理、风险管理、采购管理、干系人管理等（Project Management Institute，2000）。在这一知识体系的框架下，各国专家学者开展了许多卓有成效的研究。Kinsella（2002）在传统成本核算方法的基础上，提出了一种基于活动的项目成本核算方法（activity-based costing，ABC）。这种方法通过因果关系的逻辑进行成本分配，更适用于当今的项目运营，是PMBOK中的成本管理体系的有力补充。Ward和Chapman（2003）认为，加强对不确定性的关注有利于提升项目的风险管理能力，然而在目前的项目风险管理流程中对于项目不确定性的关注尚显不足。因此，在项目风险管理的过程中应着重强调对于包括机会管理在内的不确定性的管理。王健等（2004）则利用多属性效用函数理论建立了工程建设项目管理的工期—成本—质量综合均衡优化模型，从而对工程建设项目的进度、成本和质量进行全面系统的分析与三位一体化的控制，从而通过对工程建设项目的科学管理实现工程建设项目综合效益的提升。

　　然而，随着项目复杂性的不断提升和技术创新的大量涌现，传统项目管理理论体系面临着严峻考验（Cicmil et al.，2006；Pich et al.，2002；Tatikonda and Rosenthal，2000）。一些学者认为，以 PMBOK 和 ISO10006 为代表的第一代项目管理理论体系（project management first order，PM-1）的基础是还原论思想和笛卡尔因果律，其观念具有机械性、单一因果性、非动态性、线性和离散性，难以解决目前日益增多的、复杂的、难以预见的项目管理问题（Saynisch，2010a，2010b）。鉴于此，以动态性、非线性、多因果性、自组织化和网络化等为主要特征的第二代项目管理理论体系（project management second order，PM-2）应运而生。第二代项目管理理论体系更加关注项目中人的行为以及人与自然与社会的交互。近年来，在新的理论体系的指导下，包括项目复杂性管理（Luo et al.，2017a，2017b；Qazi et al.，2016）、利益相关者管理（Oppong et al.，2017；Sperry and Jetter，2019）、项目组合管理（Kopmann et al.，2017；Patanakul，2020）、溢出效应管理（Llorca and Jamasb，2017；Zhang and Lin，2018）等在内的全新研究议题吸引了项目管理领域专家学者越来越多的关注。

　　第二代项目管理理论体系的建立也促进了关于重大工程管理研究的兴起（盛昭瀚等，2019）。重大工程是一类为社会生产、经济发展和民众生活提供基础性公共服务的重大物质工程设施，是用于保证和改善国家或地区社会经济活动的重大公共服务系统（Flyvbjerg，2011；丁翔等，2015；刘哲铭等，2018）。作为一种社会性较强的大规模活动，重大工程通常聚集了一个国家（地区）的海量资源，其建设与运营往往对工程辐射区域内的政治稳定、经济发展、社会进步、科技创新、环境保护、公众健康及战略安全等诸多方面均具有举足轻重的巨大影响（Behrens，

2011；Shen et al.，2012；Straub，2011；Sun et al.，2019）。然而，重大工程的巨大体量决定了重大工程与一般工程相比在技术、组织、环境以及关系网络等方面都具有非常显著的复杂性（Pauget and Wald，2013；Puddicombe，2012；Senescu et al.，2013），这也使得重大工程的治理面临着严峻的挑战（盛昭瀚等，2020a，2020b）。这一关键问题吸引了世界各国专家学者的高度关注。Bosch-Rekveldt 等（2011）在文献分析和实地访谈的基础上提出了"技术—组织—环境"（technical，organizational and environmental，TOE）框架，为重大工程复杂性的系统评估和有效管理提供了一个有力的工具。从重大工程组织管理的角度，乐云等（2019）和李永奎等（2018）基于中国重大工程的实践经验，通过案例分析的方法构建了"政府—市场"二元作用下的重大工程组织模式的理论框架和基础内涵，从而提出了一套适合中国情境的重大工程组织管理模式。Zeng 等（2015）、Lin 等（2017a）和 Ma 等（2017）构建了"全生命期—利益相关者—社会责任"的重大工程社会责任三维模型，并提出了重大工程社会责任的测度方法和治理模式，从可持续发展管理的角度进一步完善了重大工程管理的理论体系。曾赛星等（2019）和陈宏权等（2020）则从重大工程创新的视角解构了重大工程创新生态系统的创新主体构成，厘清了重大工程创新生态系统的动态演化规律，并揭示了重大工程全景式创新的治理逻辑。关于重大工程的研究丰富了项目管理的内涵，为基础设施工程的管理实践建立了坚实的理论基础。

9.2　基础设施工程的经济效应

基础设施工程的建设对于国民经济增长具有显著的促进作用。自 20 世纪 80 年代以来，"要想富，先修路"的俗语一直在中国民间广为流传。近年来，世界各国的专家学者更是分别从理论研究和实证分析两个层面对这一问题进行了较为充分的论述。在理论层面，学界认为基础设施工程对于经济增长具有两个方面的效应：一方面，作为社会先行资本，基础设施工程投资能够直接促进国民经济增长，其促进作用可以直接体现在用支出法计算的 GDP 账户中（刘生龙和胡鞍钢，2010b）；另一方面，基础设施工程具有公共物品属性，对国民经济增长也具有间接促进作用（Banister and Thurstain-Goodwin，2011）。在实证层面，国内外专家学者也已经基于世界上不同国家和地区得到了大量关于基础设施工程经济效应的经验证据。基于新古典经济增长模型和美国数据，Aschauer（1989）证明了二战后美国公共基础设施投资对美国国民经济增长具有显著的正向影响，且其产出弹性高达 0.39。使用增长核算法和中国数据，金戈（2016）发现了中国基础设施资本对中国国民经济的促进作用，并估算出其产出弹性约为 0.19～0.23。总体来说，虽然在基础设施工程经济效应的强度大小这一问题上仍存在争议（Chandra and Thompson，2000），但是对于基础设施工程具有正向经济溢出效应这一论断，目前学界已基本达成共识。为深化对基础设施工程经济效应内在逻辑的理解，近年来专家学者针对基础设施工程经济效应的形成机理与基本特性开展了大量卓有成效的研究，形成了丰富的理论与实证成果。下文中将针对基础设施工程经济效应的形成机理与基本特性展开较为详尽的讨论。

9.2.1　基础设施工程经济效应的形成机理

基础设施工程的经济效应不仅表现在基础设施工程对国民经济增长的推动作用，而且还显示于其对建筑、建材、装备制造、金融等相关产业发展的拉动效应、对企业生产效率的提升效应和对居民收入增加的促进作用等。因此，本章将基础设施工程经济效应划分为国家/地区层面（宏观层面）、产业/行业层面（中观层面）和企业/个人层面（微观层面），并分别从这三个不同层面阐释基础设施工程经济效应的形成机理。

（1）基础设施工程经济效应的宏观机理：宏观层面的基础设施工程经济效应主要反映在基础设施工程投资或修建对宏观国民经济及国家竞争力起到的正向溢出作用。自 Aschauer（1989）基于美国经验证明了基础设施工程的建设在促进美国国民经济增长方面起到了至关重要的作用以后，国内外的专家学者便针对基础设施工程投资和国民经济增长之间的关系开展了广泛而深入的研究，其中大量研究证实了在不同意识形态和发展阶段的国家或地区、在不同历史时期的不同情境下，不同类型的重大工程对宏观国民经济均会产生不同程度的促进作用。如 Kamps（2005）发现了公共资本投资在 22 个经济合作与发展组织成员国（其中大部分为西方发达国家）的宏观经济发展过程中起到了重要的推动作用；Moller 和 Wacker（2017）以埃塞俄比亚为例，证明了公共基础设施投资对于发展中国家（尤其是发展中国家的发展初期）的宏观经济发展在统计意义上和经济意义上均具有非常显著的促进作用。

基础设施工程主要通过以下四个途径，对宏观层面的国民经济起到推动和促进作用：第一，一般认为，投资、消费、出口是拉动国家经济发展的三驾马车。作为投资的重要组成部分，基础设施工程投资对于经济发展的推动作用能够直接体现在用支出法计算的 GDP 账户中，从而直接促进国民经济增长（刘生龙和胡鞍钢，2010b）。第二，基础设施工程有利于增加当地的可达性，从而提升该地区的区位优势，吸引国内外在当地的直接投资，进而促进国民经济增长（Ahlfeldt and Feddersen，2018；Munnell and Cook，1990；Qin，2017）。第三，基础设施工程有利于消除贸易壁垒，一方面能够促进市场整合、扩大市场范围，另一方面能够消除垄断，提升区域内资源配置效率，从而促进贸易繁荣，推动国家或地区经济发展（Banister and Thurstain-Goodwin，2011；Donaldson，2018；Faber，2014）。第四，基础设施工程带来的市场范围扩大效应对广大农村地区也大有裨益。连通农村地区的基础设施工程不但能够细化农业生产过程中的分工，而且还能有效促进农村地区非农产业的生产率的提升，从而推动农村地区的经济增长，为国民经济增长提供动力（Fan and Zhang，2004；Qin and Zhang，2016；Zhang and Fan，2004）。总而言之，通过上述几个途径，基础设施工程能够实现对宏观国民经济的促进作用。

（2）基础设施工程经济效应的中观机理：中观层面的工程红利主要反映在基础设施工程对相关产业发展的拉动效应和对相关产业核心竞争力的提升作用。基础设施工程（尤其是重大工程）的独特性通常促使其率先大量应用具有开创性的设计方法、施工技术、装备建材等，因此基础设施工程的投资或修建有利于相关产业的发展及其竞争力的提升（Chen et al.，2018）。除了与基础设施工程密切相关的建筑业、建材业、装备制造业等产业之外，基础设施工程对其他产业也具有一定的拉动效应。基于 12 个经济合作与发展组织成员国的数据，Demetriades 和 Mamuneas（2000）发现公共基础设施资本对制造业的产出具有显著的提升作用；Hulten 等（2006）也发现 1972 年至 1992 年公路基础设施和电力基础设施的完善几乎贡献了印度制造业近一半的索罗残差增长。此外，一些特定类型的基础设施工程也会对房地产业产生正向影响，如 Efthymiou 和 Antoniou（2013）以雅典的房地产市场为例，证实了地铁、有轨电车等城市基础设施工程能够促使其站点附近的房价显著提高。根据 Gibbons 和 Machin（2005）的估计，交通基础设施附近的房地产价格要比无法享受到交通基础设施的地区的房地产价格高出 9.3%左右。

基础设施工程对相关产业发展的推动有多个途径。基础设施工程能够通过推动产业内的技术创新或生产模式创新，从而达到促进产业发展、提升该产业在国际市场上的核心竞争力的效果（Davies et al.，2009；Manley，2008）。其主要原因有四：第一，基础设施工程（尤其是重大工程）具有显著的复杂性，其建设不仅具有工期、质量、成本、环境等多维度的刚性约束，而且往往面临着更为复杂的技术难题（Bosch-Rekveldt et al.，2011）。为突破技术瓶颈，在基础设施工程建设前需要进行大量的深入调研和综合论证，在其建设过程中也需要进行有针对性的技术创新和组织创新。因此，基础设施工程能够直接为相关产业带来技术变革的机遇和动机，并能够深刻影响后续基础设施工程的技术路径和组织模式，从而有力推动相关产业的发展（Engwall，2003）。第二，基础设施工程的建成能够促进市场整合，从而能够提高产业内部的竞争强度，高强度的竞争环境有利于推动产业内部的技术创新或生产模式创新（Banister and Thurstain-Goodwin，2011）。因此，基础设施工程也能够间接为相关产业注入创新的动力。第三，基础设施工程能够促进产业内的人才流动和知识流动，这种产业内的知识溢出有利于增加产业内企业之间交流合作的广度、深度和频率，从而促进产业内部的协同创新，提升整个产业的发展水平（范九利和白暴力，2004）。第四，基础设施工程对于市场整合的促进作用也有利于优化区域内的产业布局、改善区域内的产业结构。产业结构得到改善后区域内部各个子区域的专业分工将得到集中和增强，这有助于实现产业集聚带来的规模效应，从而提升产业内部的生产效率，促进产业持续发展，提升产业的核心竞争力（Graham，2007；Morrison and Schwartz，1996）。

（3）基础设施工程经济效应的微观机理：微观层面的基础设施工程经济效应主要反映在基础设施工程对企业利润和公民收入起到的正向溢出作用。基础设施工程对企业利润的提升作用已得到了国内外诸多学者的证实。如 Munnell（1990）认为包含基础设施工程在内的公共资本投资有利于提高企业的劳动生产率。刘生龙和胡鞍钢（2010a）认为基础设施具有显著的外部性，并证实了基础设施能够提升企业的全要素生产率，进而促进经济增长。基础设施工程主要通过生产和销售两个途径正向影响企业利润。从生产的角度来看，基础设施工程能够缩短交通时间，降低交通成本，从而使得企业生产要素价格下降，进而降低企业生产成本。企业生产成本的降低往往伴随着企业生产效率的提升和企业产出的增加，因此基础设施工程的修建有利于企业利润的增加（Holl，2016；Matas et al.，2015）。从销售的角度来看，基础设施工程一方面能够有效消除贸易壁垒，另一方面能够显著减少企业库存需求量，从而有利于降低企业贸易成本，提升企业贸易效率，增加企业销售总额，进而促使企业利润的增加（Datta，2012；Li H and Li Z G，2013；Shirley and Winston，2004）。

此外，基础设施工程还有助于提升人均国民收入。第一，基础设施工程的修建能够促进企业利润的增加，从而促进企业内人均资本的增加和雇员收入的增加，进而拉升人均国民收入水平（Matas et al.，2015；Munnell，1990）。第二，基础设施工程有助于促进劳动力的自由流动，在市场的作用下，低收入人群倾向于流向高收入的地区和行业，有利于其自身收入的提升。举例来说，农民收入的增加依赖于农民收入结构的变化，农村劳动力向非农产业转移是农民收入增加的主要途径。包括高速公路和高铁在内的基础设施工程的修建为农村劳动力进城务工提供了便利条件，有助于促进农民收入的提升（Fan and Zhang，2004；Qin and Zhang，2016；Zhang and Fan，2004）。第三，基础设施工程能够促进劳动力市场充分就业（Demetriades and Mamuneas，2000）。一方面，基础设施工程的修建能够直接创造数以万计永久和临时的工作岗位；另一方面，基础设施工程有助于促进企业利润的提升，利润较高的企业倾向于扩大生产和经营规模，有利于创造出更多的工作岗位，从而促进劳动力市场的充分就业，提升人均国民收入水平。

综上所述，基础设施工程的经济效应可以分为国家/地区层面（宏观层面）、产业/行业层面（中观层面）和企业/个人层面（微观层面）三个不同的层面，表 9-1

对关于基础设施工程经济效应的现有文献进行了简要的归纳总结。基于上述分析，本小节归纳出了基础设施工程经济效应形成机理的内在逻辑框架（图 9-1），其中直接工程红利和间接工程红利分别用实线框和虚线框表示。

表 9-1　国内外顶级期刊上关于基础设施工程经济效应的相关研究

层面	作者	研究问题	研究方法	主要研究成果或研究结论
宏观层面	Aschauer（1989）	基于美国经验探究公共资本对生产力的影响	回归分析	军事公共资本对生产力无显著影响，而非军事公共资本，尤其是包含城市道路、高速公路、机场、公共交通工程、城市排水系统等在内的核心基础设施对生产力有着显著的正向影响
	Esfahani 和 Ramirez（2003）	探究基础设施投资对 GDP 增长的影响，并检验制度因素在其中的调节作用	回归分析	基础设施投资能显著促进 GDP 增长，良好的制度环境能增强这一效应
	Faber（2014）	以中国国家高速公路系统为自然实验，探究国内市场渠道的贸易整合问题	回归分析	高速公路能够通过扩大市场规模，促进贸易整合，从而导致经济活动的集聚，并促进经济增长
	Ahlfeldt 和 Feddersen（2018）	以德国科隆至法兰克福的高铁为例，探究基础设施工程对 GDP 增长的影响	回归分析	高铁能够通过提升修建高铁地区的区位优势，促进当地的经济增长，这种效应将随着前往高铁站的通勤时间的增加而减弱
	Moller 和 Wacker（2017）	探究基础设施投资和宏观经济政策对埃塞俄比亚经济发展的影响	回归分析	在国家的发展初期，适当的基础设施投资能有效促进国家的经济发展
	刘生龙和胡鞍钢（2010a）	验证中国三大网络性基础设施（交通、能源和信息基础设施）对经济增长的溢出效应	回归分析	交通基础设施和信息基础设施对经济增长有着显著的溢出效应，而能源基础设施对经济增长的溢出效应并不显著
	金戈（2016）	估算中国经济基础设施资本、社会基础设施资本和非基础设施资本的产出弹性	回归分析	中国非基础设施资本和基础设施资本均具有一定的产出效应，且非基础设施资本的产出弹性约为 0.55～0.57，基础设施资本的产出弹性约为 0.19～0.23
中观层面	Morrison 和 Schwartz（1996）	探究并评估基础设施对制造业企业的成本降低与生产力增长的贡献	回归分析	基础设施投资是一种外部冲击，能够带来区域内的规模效应，进而促使制造业企业生产力增长
	Demetriades 和 Mamuneas（2000）	基于 12 个经济合作与发展组织国家的经验，探究公共资本基础设施资本对制造业企业产出供给和投入需求的影响	跨时期动态优化模型	公共资本对制造业企业的产出供给和投入需求在长期具有显著的正向效应

续表

层面	作者	研究问题	研究方法	主要研究成果或研究结论
中观层面	Davies 等（2009）	以伦敦希斯罗机场 T5 航站楼的建设为例，探究重大工程的创新问题	案例研究	提出了重大工程创新的系统集成模型，介绍了在伦敦希斯罗机场 T5 航站楼建设过程中关于系统再集成和系统复制两类创新的具体案例
	Donaldson（2018）	探究印度在殖民地时期建设的交通基础设施工程的红利	回归分析	铁路建设能够缩小区域间的价格差异，促进区域间的贸易
	Banister 和 Thurstain-Goodwin（2011）	探究铁路投资的"非交通收益"	案例研究	铁路投资能够促进产业集聚，还能加剧区域间的竞争，减少垄断，优化资源配置
	Efthymiou 和 Antoniou（2013）	以希腊雅典的房地产市场为例，探究交通基础设施和政策对于房地产价格的直接和间接影响	案例研究、回归分析	与交通基础设施的邻近程度对区域地产价格有直接影响
微观层面	Munnell（1990）	探究美国自二战后生产率不断下降的原因，以及生产率和公共投资之间的关系	回归分析	公共资本投资能有效提高人均资本、提升劳动生产率
	Datta（2012）	以印度"黄金四边形"高速公路项目的修缮工程为自然实验，探究高速公路修建对制造业企业的影响	回归分析	距离高速公路较近的企业交通壁垒显著降低，库存成本明显减少
	Matas 等（2015）	探究可达性的变化对企业生产率和员工薪资的影响	回归分析	公路投资对于企业生产率和雇员薪资均具有显著的正向作用，且这种作用在经济发达地区的效应更强
	Holl（2016）	基于西班牙制造业企业的经验，探究连通高速公路对企业生产率的影响	回归分析	高速公路投资能直接提升企业生产率，但是这种由高速公路带来的红利在不同行业和不同区域的分布具有异质性
	Qin 和 Zhang（2016）	以中国的 17 个偏远村庄为例，探究连通公路对农民的生产模式、投入使用和收入的影响	回归分析	连通公路有利于农业生产的专业分工，能够有效提升农民收入，缩小贫富差距
	李涵和唐丽淼（2015）	通过构建一个准自然实验，估计中国省级公路设施建设对企业库存的空间溢出效应	回归分析	中国省级公路设施能有效降低企业库存，且这种库存降低效应具有显著的空间溢出性

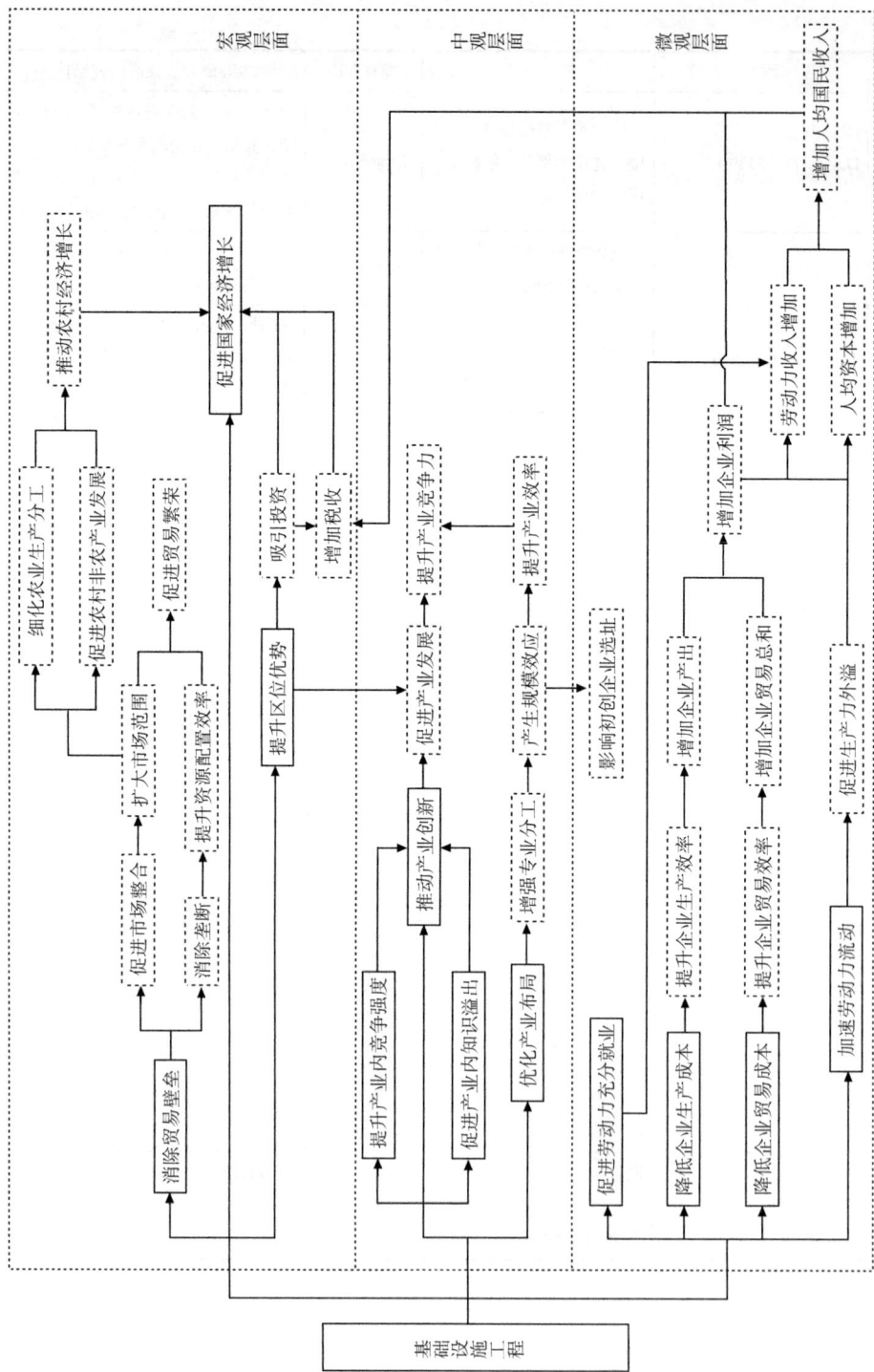

图9-1 基础设施工程经济效应形成机理的内在逻辑框架

9.2.2　基础设施工程经济效应的基本特性

作为由基础设施工程的投资性质和公共物品性质引起的溢出效应，对经济发展起到的正向溢出作用，基础设施工程经济效应具有四个基本特性，即时间性、空间性、异质性和网络性。

1. 基础设施工程经济效应的时间性

基础设施工程经济效应具有显著的时间性，具体反映在基础设施工程经济效应不仅表现在基础设施工程建设过程之中，而且表现在基础设施工程建设之前和基础设施工程建成之后。换言之，基础设施工程对于经济活动的影响纵贯于其整个生命周期当中，因此在进行基础设施工程经济效应的研究时，必须对其在时间维度上的变化加以考虑（Banister and Thurstain-Goodwin，2011）。基础设施工程经济效应的时间性也在诸多实证研究中得到了验证。基于 22 个经济合作与发展组织成员国的数据，Kamps（2005）发现了公共资本投资对于经济增长的推动作用在大部分经济合作与发展组织国家持续了超过 25 年的时间。Matas 等（2015）发现公路基础设施投资对西班牙工人薪水的提升在短期和长期内均具有较为显著的正向作用，但这种作用随着时间流逝呈现出逐步递减的趋势。

然而，并不是所有实证结果都支持基础设施工程的经济效应呈现随时间变化逐步收敛的趋势，还有部分研究发现基础设施工程的长期经济效应大于其短期经济效应。张光南等（2010）发现，虽然中国基础设施投资对工业企业的长期就业效应和产出效应均小于其短期效应，但是其长期资本投入效应显著大于其短期效应。通过元分析的方法，Melo 等（2013）也发现交通基础设施对于经济产出的长期效应大于其短期和中期效应。导致这一看上去似乎有些反直觉的结论的主要原因有三：第一，部分基础设施的经济效应具有一定的时滞性（Berechman et al.，2006）。以高速公路对产业集聚的影响为例，一般认为，高速公路的修建有利于促进产业集聚。然而，从新建高速公路的区域吸引新企业投资建厂，到大部分新厂投入使用并产生规模效应需要一段时间的发展。因此，表现在实证结果上时，高速公路刚刚建成通车时对产业集聚的正向溢出作用往往小于高速公路通车几年之后时的正向溢出作用，即呈现出基础设施工程的长期经济效应大于其短期经济效应的现象。第二，部分基础设施工程（如公路、铁路等）的经济效应具有显著的网络性（详见本小节第四部分）。以高速公路为例，当某区域内的第一条高速公路刚刚建成通车时，交通基础设施的网络效应还没有得到展现，因此其短期经济效应较小。随着时间的推移，该区域内其他高速公路陆续建成将使得其网络效应开始展现，这将为该区域带来可观的经济效应，使得该区域内的基础设施经济效应呈现净增长的趋势，导致体现在实证结果上时第一条高速公路的短期经济效应小于其长期经济效应。第三，关于短期、中期和长期的尺度标准不一。如Melo 等（2013）的研究将基础设施工程建成五年以后的效应定义为长期效应，而在 Kamps（2005）的研究中，许多国家的基础设施工程经济效应在 25 年后仍未达到收敛。由此可见，相对于基础设施工程的全生命周期来说，部分研究中定义的"长期"实际上并不一定是真正的"长期"，甚至由于基础设施工程经济效应时滞性的影响，这些研究中的"长期效应"正处于其经济效应仍在逐渐增强的阶段，因此，在部分研究中，基础设施工程的长期经济效应大于其短期经济效应。

2. 基础设施工程经济效应的空间性

基础设施工程的经济效应具有显著的空间性。一般来说，在经济全球化和区域市场一体化程度逐渐升级的时代背景下，基础设施工程不仅会对当地的经济活动产生作用，而且还往往会对其周边地区的经济活动产生跨地区影响（李涵和唐丽淼，2015）。现有文献针对基础设施工程经济效应的空间性进行了较为深入的讨论。骆永民和樊丽明（2012）发现，中国各个省区市的农村基础设施投资对本省区市和相邻省区市的农民收入均具有正向促进作用，即农村基础设施建设对农民收入的影响存在显著的空间溢出效应。Ahlfeldt 和 Feddersen（2018）通过对德国连接科隆市与法兰克福市的高铁的研究，证实了修建高铁不但对当地国内生产总值具有显著的正向作用，而且对其相邻地区的经济发展也具有重要贡献。这种贡献随着到高铁站点的交通时间的增加而衰减，交通时间每增加30 分钟，这种经济溢出效应大约衰减 50%。远至距离高铁站点的交通时间长达200 分钟的地区时，该效应大约衰减到其峰值的 1%。在研究基础设施工程的经济效应时，其空间性的特征往往不可忽视。一般来说，基础设施工程对其邻近地区的经济影响相当可观，甚至在一些情况下，基础设施工程对其邻近地区的经济影响要大于其对当地的经济影响。基于中国的数据，Li H 和 Li Z G（2013）发现公路投资除了能够降低当地省区市企业的存货水平之外，还能够显著降低邻近省区市企业的存货水平，其中外省区市企业的库存降低量约占公路投资带来的企业库存降低总量的三分之二。刘秉镰等（2010）发现高速公路和二级公路基础设施的修建对中国的全要素生产率有着显著的正向影响，而且其空间溢出效应高达本地效应的三倍。

基础设施工程经济效应空间性的产生主要有两大原因。一方面，基础设施工程的巨大体量与重要战略地位决定了其对于经济和社会的影响力不可能局限在某一单一区域。以长江三峡水利枢纽工程为例，该工程坐落位置是在湖北省宜昌市夷陵区，位于长江中上游，但是它从洪水防治、航运发展等多个方面，为整个长江流域带来了不可估量的巨大效益（Stone，2008）。基础设施工程的基本性质决定了其经济效应必然具有显著的空间性。另一方面，基础设施工程会导致资本、劳动力、知识等多种生产要素的外溢（Munnell，1992）。从资本外溢的角度来看，基础设施工程有吸引投资的效应，在成本控制、行业性质、产业链位置等多方面原因的共同作用下，部分投资会流向基础设施工程的邻近区域，这导致其经济效应的空间性的产生。从生产力外溢的角度来看，基础设施工程能有效降低交通成本，有利于促进当地的剩余劳动力向邻近区域流动并在当地就业，为邻近区域带来显著的经济效益；从知识外溢的角度来看，劳动力流动的同时必然伴随着知识的流动，基础设施工程有利于人才流动到邻近区域，这些人才将利用其掌握的知识和经验，推动当地的技术创新和组织创新，进而促进当地的经济发展。

3. 基础设施工程经济效应的异质性

基础设施工程的经济效应具有显著的异质性。依据工程类型、地域、行业、所有制等不同因素，基础设施工程经济效应的异质性可以分为工程类型异质性、地理异质性、行业异质性和所有制异质性等。

（1）工程类型异质性。基础设施工程可以分为许多不同类型。一般来说，不同类型基础设施工程的基本性质、建设目标与服务对象均存在差异，如高铁网络以客运服务为主，高速公路网络兼具客运服务功能与货运服务功能，而类似南水北调工程、西气东输工程的重大工程的投资或修建的目的则主要为宏观层面的资源调配。因此，不同类型基础设施工程产生的经济效应的类型与强度自然有所不同。刘生龙和胡鞍钢（2010a）基于中国各省区市二十年的面板数据发现，中国的交通基础设施、能源基础设施和信息基础设施对于中国国民经济增长的推动作用具有显著的异质效应。交通基础设施和信息基础设施对中国经济增长均具有显著的正向作用，其中交通基础设施的正向作用约为信息基础设施的 1.5 倍，而能源基础设施对于经济增长的推动作用并不显著。不同类型的交通基础设施的经济效应同样具有异质性，如 Melo 等（2013）发现公路投资的经济效应要大于投资其他交通基础设施（如铁路投资、机场投资、港口投资等）的经济效应。

（2）地理异质性。相同类型的基础设施工程在不同国家或地区产生的经济效应也具有显著的异质性。Hulten（1996）发现基础设施投资对于非洲地区经济发展的促进作用显著小于其对于东亚地区经济发展的促进作用。Melo 等（2013）也发现在美国进行公路投资得到的产出回报显著大于在欧洲进行公路投资得到的产出回报。在同一国家内的不同地区，基础设施工程产生的经济效应也有所不同。李涵和黎志刚（2009）发现高等级公路投资对中国沿海发达地区制造业企业库存资金占用的降低作用要明显大于其对中国其他地区制造业企业库存资金占用的影响。Matas 等（2015）发现在西班牙地中海沿岸地区修建公路带来的企业员工工资提升效应是在西班牙西部地区修建公路的这一效应的近两倍。此外，同一类型基础设施工程的经济效应在同一国家相同地区的城市和乡镇之间也具有明显差异，这一现象也已得到了诸多相关研究工作的证实（Krugman and Venables，1990；Puga，2002；Qin，2017）。基础设施工程的经济效应具有地理异质性的原因在于：虽然基础设施工程能够对经济发展起到一定的正向作用，但是基础设施工程只是经济发展的必要条件，并不是经济发展的充要条件（Banister and Thurstain-Goodwin，2011）。换言之，基础设施工程经济效应的产生仍然受到一系列其他相关因素的限制，而这一系列因素往往存在地理层面的差异[①]。

（3）行业异质性。基础设施工程对于不同行业的影响也具有显著差异。关于在不同行业中基础设施工程经济效应的差异，现有研究仍存在着较大分歧。基于英国的经验数据，Graham（2007）发现交通基础设施投资对于服务业的正外部性大约为其对于制造业的正外部性的三倍。而 Melo 等（2013）则认为交通基础设施对于农业、制造业和建造业的效率提升作用要显著大于其对于服务业的效率提升作用。虽然学界对于基础设施工程对不同行业的影响孰强孰弱存在争议，但是其对于基础设施工程对不同行业的影响存在差异这一点已获得了充分的证据，且基本已达成共识（Holl，2004；Li H and Li Z G，2013）。产生行业异质性的原因主要是不同行业对基础设施的依赖程度明显不同，因此基础设施工程对其影响具有显著差异。

（4）所有制异质性。基础设施工程对于不同所有制的企业的影响也存在显著差异。一般来说，相对于国有企业而言，基础设施工程对于非国有企业的正外部性更强。如李涵和唐丽淼（2015）发现，公路投资有利于降低非国有企业的库存水平，而这一效应对于国有企业来说并不显著。产生基础设施工程经济效应的所有制异质性的原因主要在于国有企业的目标具有多样性和复杂性。与私营企业和外资企业不同，大部分国有企业除了追求企业利润最大化的目标之外，还承担着落实国家政策、消除贫富差距和维护社会稳定等一系列政治目标与社会目标。在多重目标的影响下，国有企业利用基础设施工程实现自身经济利益的动机弱于非国有企业，因此表现出基础设施工程对于非国有企业影响更大的现象。

[①]这些因素包括政治制度、文化背景、资源禀赋、产业结构、管理水平等（Esfahani and Ramirez，2003；Hulten，1996；Li H and Li Z G，2013）。

4. 基础设施工程经济效应的网络性

许多类型的基础设施工程都是以网络的形式规划或建设，如高速公路网络、高铁网络、能源输送网络等。对于这一类基础设施工程来说，其单个或零星的线路的经济效应强度一般较小，而其投资和建设达到一定规模，呈现出基础设施工程网络之后将产生更为显著的效应。因此，部分类型的基础设施工程的经济效应具有显著的网络效应，基础设施工程投资额与其经济效应强度之间呈现出较强的非线性特征（刘生龙和胡鞍钢，2010a）。举例来说，张光南等（2010）发现，在中国基础设施投资排行名列前茅的广东、浙江、江苏、山东、河南和河北等省区市，基础设施投资具有显著的提升生产效率和增加就业机会的效应，而在中国基础设施发展较为落后的新疆、甘肃、青海和宁夏等西部省区市，基础设施工程对于经济发展的正外部性非常有限。这很有可能是因为在中国较为发达的东部地区，基础设施工程投资额较高，其网络效应已经出现，因此基础设施工程的正外部性较强。而在中国较不发达的西部地区，由于基础设施工程投资额不足，在这一地区的基础设施工程存量尚未达到网络效应显现的"起始点"，因此其经济效应强度较弱。再加上西部地区相关部门在基础设施工程的建设、运营和维护方面缺乏充足的经验，导致了在这些地区建设、管理、运营和维护基础设施工程的成本较高。因此，在部分基础设施发展较为落后的中国西部地区，基础设施工程的正外部性较弱。

然而，当某一地区基础设施工程的网络效应已经出现以后，在该地区进行基础设施工程建设的边际效益会逐渐减弱。事实上，在某一地区的基础设施工程建设存在一个"拥挤点"，在到达这一"拥挤点"之前，在这一地区进行基础设施工程建设有利于增强基础设施工程的网络效应，即基础设施工程建设的边际效益会随着其建设而逐渐增强。在到达这一"拥挤点"后，这种网络效应已经得到充分释放，这一区域的基础设施工程网络由稀疏网络转变为密集网络，进一步进行基础设施工程建设的经济效应逐渐式微。而随着这一地区的基础设施工程存量逐步增加，其建设成本、运营成本和维护成本等均在不断增加，直到成本增加到与收益相等时，基础设施工程建设达到"临界点"。此时，在这一地区进行基础设施工程建设弊大于利（Banister and Thurstain-Goodwin，2011）。

然而，由于资源具有稀缺性，理性的投资者有动机追求更高的投资回报率，因此基础设施工程投资的"临界点"并不是基础设施工程投资的"最优点"。事实上，基础设施工程投资的"最优点"具有动态性，确定基础设施工程建设的"最优点"需要考虑公共资本投资的边际收益率与私有资本投资的边际收益率之间的关系。Shi 和 Huang（2014）认为，公共资本投资主要指包括高速公路投资、电信网络投资等在内的基础设施工程投资，私有资本投资主要包括新建工厂、购置设备等投资。当公共资本投资的边际收益率与私有资本投资的边际收益率相等时，基础设施工程投资达到"最优点"。由于公共资本投资与私有资本投资均具有显著的非线性特征，因此，充分理解基础设施工程经济效应的网络效应对确定基础设施工程投资的"最优点"来说具有重要意义。为便于理解，此处绘制了反映基础设施工程经济效应的网络效应示意图，如图9-2所示。

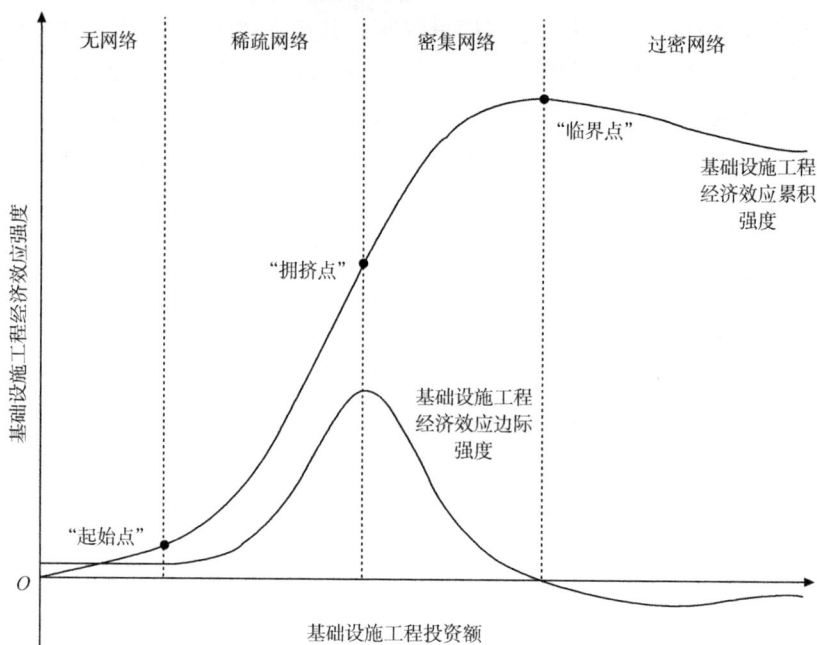

图 9-2　基础设施工程经济效应的网络效应

9.2.3　产业竞争力理论

产业竞争力是指一个国家（地区）的某个特定产业相对于其他国家（地区）的相同产业在生产效率、满足市场需求、持续获利等方面的竞争能力（Porter，2001；程虹和陈川，2015）。自20世纪80年代开始，产业竞争力问题成了商业与管理领域的一个研究热点，引发了世界各地诸多专家学者的广泛关注和激烈讨论。其中波特（Porter）在1990年首次出版的《国家竞争优势》（*The Competitive Advantage of Nations*）一书被公认为产业竞争力研究领域中最为经典的著作之一。在这一著作当中，基于十几个具有明显竞争优势的国家产业的研究，波特建立了产业竞争力的波特钻石模型（Porter's diamond model）。波特钻石模型指出，产业竞争力的形成依赖于四大核心要素：①生产要素；②需求条件；③相关产业与支持性产业；④企业战略、企业结构和同业竞争。在此基础上，机会和政府也是可能对产业竞争力的形成产生重要影响的要素（图 9-3）。在上述要素对产业竞争力施加影响的同时，这些要素之间也不断交互，从而形成了一个动态的产业竞争力理论模型，较为全面地解释了产业竞争力形成、发展和启动的条件与过程，为产业竞争力理论的发展和完善奠定了基础。

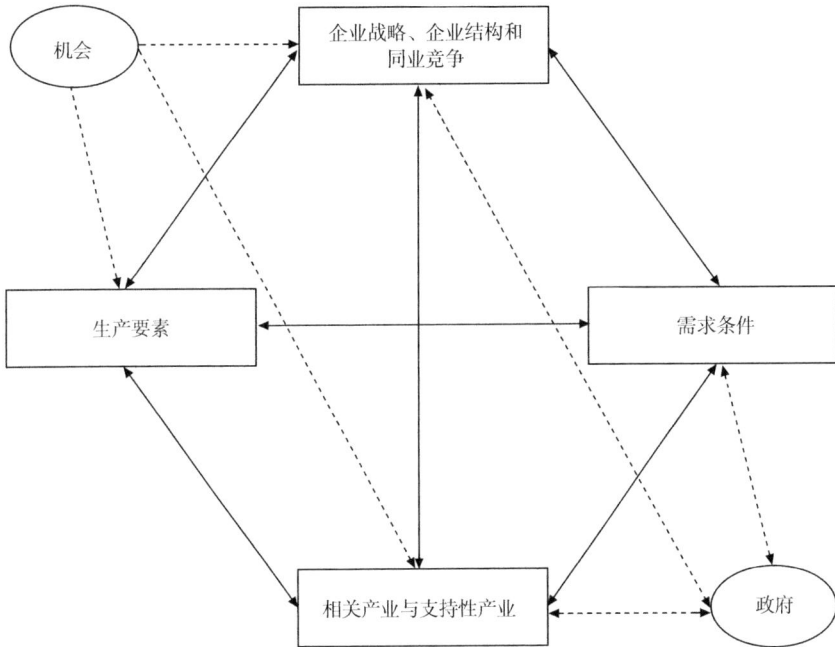

图 9-3　产业竞争力的波特钻石模型

虚线表示间接导致的；实线表示直接影响的

　　然而，也有一些学者对波特钻石模型提出了质疑。Dunning（1993）认为，在经济全球化的时代浪潮中，孤立地从单个国家或地区的层面来分析产业竞争力是没有意义的，而波特钻石模型在很大程度上忽视了跨国公司和国际贸易对于产业竞争力的影响。因此，应该将波特钻石模型中的要素"跨国化"（trans-nationalization），从而将国家钻石模型升级成超国家钻石模型。Rugman 和 D'cruz（1993）认为，波特钻石模型在解释体量较小的、开放的、外向型的经济体（如加拿大）的产业竞争力时存在着严重问题。在波特钻石模型的体系下，美国仅仅是加拿大的出口市场。然而，在北美自由贸易协议（North American Free Trade Agreement）的框架下，美国对于加拿大产业竞争力的影响是全方位、多角度的，仅仅将美国视为加拿大的出口市场显然与实际情况不符。为解决这一问题，Rugman 和 D'cruz 在波特钻石模型的基础上，结合北美的现实情况提出了双钻石模型（图9-4），更好地反映了美国和加拿大两国相关产业深度耦合、相互依存的关系，丰富和发展了产业竞争力理论的内涵。为解决波特钻石模型中存在的问题，Moon 等（1998）也对波特钻石模型进行了修正，提出了广义双钻石模型（图9-5）。Moon 等（1998）认为，类似韩国和新加坡这样的小国的目标市场不仅是国内市场，而且还有国际市场。因此，其产业竞争力不仅取决于"国内钻石"（domestic diamond），还取决于与其相关的"国际钻石"（international diamond）。在广义双钻石模型中，最外侧的菱形代表"全球钻石"（global diamond），最内侧的菱形代表"国内钻石"，而两者之间的虚线菱形代表"国际钻石"。"全球钻石"的大小在可预见的时间内是固定不变的，"国内钻石"的大小会根据相关国家的体量和产业竞争力大小而变化，而"国际钻石"的大小则由相关国家的国内资源和可获得的国际资源共同决定。"国际钻石"与"国内钻石"之间的差异反映了跨国经济活动的影响，如外国直接投资等。广义双钻石模型有效地解释了在波特钻石模型体系中无法解释的关于跨国经济活动的问题。国内学者芮明杰（2006）也针对波特钻石模型的不足之处提出了自己的见解。芮明杰认为，一个国家的产业竞争力从本源上来看应该是内生的，产业知识吸收与创新能力是产业竞争力的核心所在，而波特钻石模型忽视了这一点。为此，以产业知识吸收与创新能力为核心，芮明杰在波特钻石模型的基础上构建了新钻石模型，弥补了波特钻石模型中存在的不足（图9-6）。

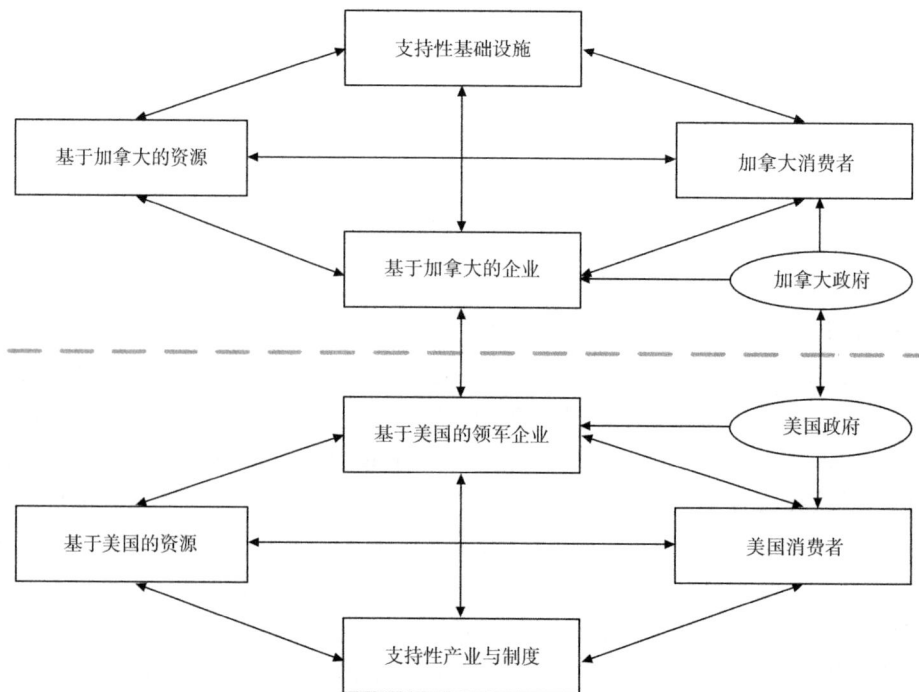

图 9-4　产业竞争力的"双钻石模型"

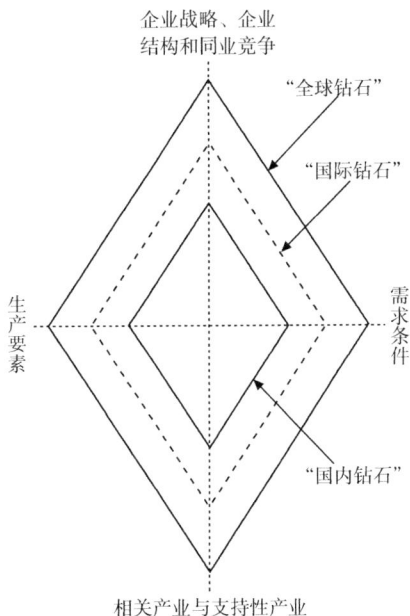

图 9-5　产业竞争力的广义双钻石模型

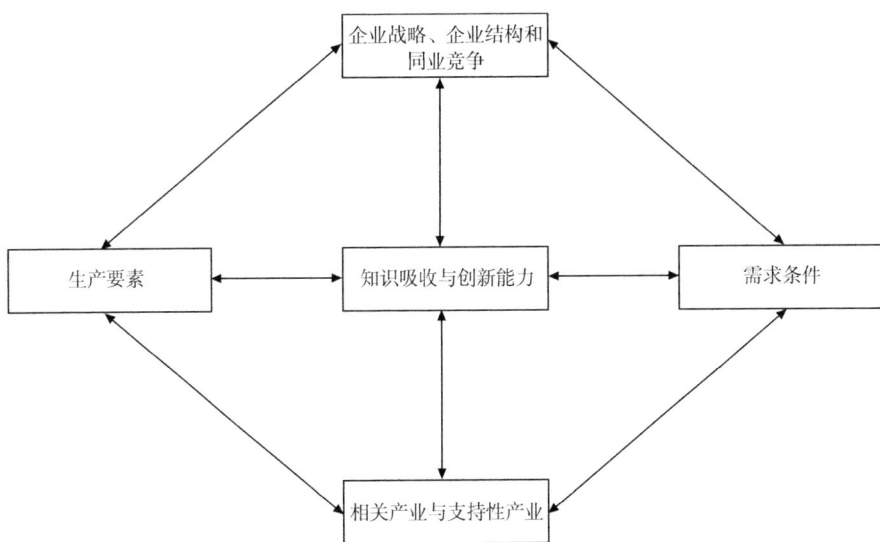

图 9-6　产业竞争力的新钻石模型

　　总体来说，波特钻石模型的建立奠定了产业竞争力理论的基础。在此基础上，后来学者对其进行了有效的补充和修正，使产业竞争力的理论体系与价值内涵不断得以丰富和完善。随着产业竞争力理论体系的完善，关于产业竞争力这一研究问题的实证研究开始大量涌现。现有的实证研究大体上可以归纳为产业竞争力的测度方法和影响因素两大类，下文将针对这两类研究展开较为详尽的讨论。

9.2.4 产业竞争力的测度方法

作为产业竞争力领域实证研究的基础，其测度方法的重要性不言而喻。目前，学界尚未针对产业竞争力的测度方法形成一个统一的意见，在产业竞争力领域的现有文献中关于产业竞争力的测度方法种类繁多。本小节将针对国内外学者对于产业竞争力的几种典型测度方法进行介绍。

显示性比较优势（revealed comparative advantage，RCA）指数是比较经典的测度产业竞争力的指标。该指标最早由 Balassa（1965）提出，其计算公式为

$$RCA_{it} = \frac{E_{it} / E_t}{E_{wit} / E_{wt}} \tag{9-1}$$

式中，E_{it} 表示第 t 年某国的产业 i 的出口额；E_t 表示当年该国的总出口额；E_{wit} 表示当年产业 i 的世界出口额；E_{wt} 表示当年的世界总出口额。RCA 指数针对某国某一产业的出口水平与该产业的世界平均出口水平进行了比较，其取值范围为[0, +∞)。当某国某一产业的 RCA 指数为[0, 1]时，该国这一产业的比较优势低于（或等于）世界平均水平；当 RCA 指数为(1, +∞)时，该国这一产业的比较优势高于世界平均水平。该指标不仅可以用来对某国某一产业的相对出口优势进行时间序列上的纵向比较，而且可以用来对某国某一产业与其他国家的相同产业的出口优势进行横向比较。因此，RCA 指数在产业竞争力的相关研究中得到了较为广泛的应用（傅京燕和李丽莎，2010；金碚等，2006）。然而，RCA 指数不服从正态分布，使用其测度产业竞争力可能会影响实证分析的回归结果。鉴于此，Laursen（2000）对 RCA 指数进行了对称化处理，得到了对称化的 RCA（revealed symmetric comparative advantage，RSCA）指数，其计算公式为

$$RSCA_{it} = \frac{RCA_{it} - 1}{RCA_{it} + 1} \tag{9-2}$$

然而，RCA 指数（包括 RSCA 指数）这一测度方法忽略了进口贸易对于产业竞争力的影响，其测算结果可能与产业竞争力的实际情况存在偏差。因此，一些学者对 RCA 指数进行了修正，得到了显示性竞争优势（competitive advantage，CA）指数，其计算公式为

$$CA_{it} = \frac{E_{it} / E_t}{E_{wit} / E_{wt}} - \frac{I_{it} / I_t}{I_{wit} / I_{wt}} = RCA_{it} - \frac{I_{it} / I_t}{I_{wit} / I_{wt}} \tag{9-3}$$

式中，I_{it} 表示第 t 年某国的产业 i 的出口额；I_t 表示当年该国的总出口额；I_{wit} 表示当年产业 i 的世界出口额；I_{wt} 表示当年的世界总出口额。CA 指数实质上是用产业的出口比较优势减去其进口比较优势。基于对中美两国七个制造业产业的实证分

析，陈佳贵和张金昌（2002）发现，与 RCA 指数相比，CA 指数在进行产业竞争力评价时的评价结果更贴近实际。因此，CA 指数也成为测度产业竞争力的经典指标之一，得到了国内外专家学者的广泛认可（陈立敏等，2009）。除了 RCA 指数和 CA 指数之外，基于进出口数据的产业竞争力测度指标还包括贸易竞争力（trade competitiveness，TC）指数、国际市场占有率、市场渗透率等（陈佳贵和张金昌，2002；傅京燕和李丽莎，2010；金碚等，2006；王节祥等，2019）。

　　然而，由于统计口径的差异，有些国家的进出口数据中可能会包含转口贸易，这将使得基于进出口数据的产业竞争力测度指标难以反映该国的真实产业竞争力水平，从而导致分析结果不可信。举例来说，基于简单的进出口规模和 CA 指数，陈立敏和侯再平（2012）发现新加坡在电子通信设备产业的竞争力要明显强于美国，这样的结论显然是不符合客观事实的。为避免这一问题的影响，产业竞争力研究领域的专家学者也尝试开发了一些非基于进出口数据的产业竞争力测度指标，如工业总产值增长率、产业技术高度水平、产业技术创新能力等（陈立敏和侯再平，2012；李晓钟和黄蓉，2018；徐敏燕和左和平，2013）。虽然这些指标能够在一定程度上反映出产业竞争力的水平，但是这些指标都没能够很好地把握住产业竞争力的本质。作为产业竞争力理论的质疑者，Krugman（1994）认为一个国家（产业）的竞争问题本质上等价于该国（该产业）的生产率问题。在产业竞争力本质的认识上，作为产业竞争力理论奠基人的波特与产业竞争力理论的质疑者 Krugman 不谋而合。波特和 van der Linde（1995）表示，产业层面上的竞争力本质上来源于企业层面上的卓越生产效率。生产效率的提升既可以帮助企业获得低于竞争对手的生产成本，又能够帮助企业生产出附加值更高的产品。因此，企业生产效率的改善是产业竞争力提升的关键所在。国内学者陈立敏和谭力文（2004）则对产业竞争力的内涵进行了四个层次的划分，自下而上分别是：产业竞争力的来源——产业环境、产业竞争力的实质——生产效率、产业竞争力的表现——市场份额、产业竞争力的结果——产业利润率。由上述论断可见，产业竞争力提升的本质是企业生产效率的改善。因此，本章认为，使用生产效率测度产业竞争力是一种能够更好地把握住产业竞争力本质的做法。在本章的实证分析部分中，生产效率作为产业竞争力的代理变量得以应用。

9.2.5　产业竞争力的影响因素

　　自 20 世纪 80 年代波特开创产业竞争力理论以来，关于产业竞争力影响因素的研究文献卷帙浩繁。为厘清现有文献针对这一领域的研究脉络，基于现有文献的研究成果，本小节将产业竞争力的影响因素分为内部影响因素和外部影响因素两大类别加以讨论。

产业竞争力的内部影响因素指由产业或企业内部决定的，能够对产业竞争力的变化造成影响的相关因素。在现有文献中，针对产业竞争力内部影响因素的研究主要可以归纳为投入、产出和战略三大层面。从投入层面来看，生产要素是影响产业竞争力的重要内部因素，其投入量、价格、质量及可获得性等因素的变化与产业竞争力的增强或减弱息息相关。基于美国跨国公司的数据，Kravis 和 Lipsey（1992）发现，人力资本投入的增加对美国跨国公司的出口和相关产业竞争力的提升大有裨益。江静和路瑶（2010）较为全面地分析了各类生产要素的价格变动对中国产业竞争力的影响，其研究结果表明：原材料价格的相对提高显著降低了中国低技术产业和高技术产业这两大类产业的竞争力，能源价格的相对提高对于除炼焦与精炼石油制品外的其他产业的竞争力均有显著的负面影响，而劳动力价格的相对提高也明显降低了中国各个产业的竞争力，低技术产业首当其冲。关于生产要素价格变化对于产业竞争力的影响，部分学者也提出了一些不同看法。如蔡昉（2007）认为，纵然劳动力成本的提高将在一定程度上对产业竞争力水平产生负面影响，但只要企业劳动生产率的增长水平大于劳动力成本的增长水平，产业竞争力水平仍然能够得以维持甚至出现提升。

从产出层面来看，产业竞争力的形成依赖于产品价格与产品质量（Gorton and Davidova，2001）。波特认为，在消费者消费能力较强，愿意为更好的质量、品牌和服务买单的情况下，基于产品质量的差异化策略更容易获得成功，但是保持长期产业竞争力的核心所在仍然是维持一个较低的成本水平和有竞争力的产品价格（Porter，1990）。针对产品价格和产品质量这两个产业竞争力的内部影响因素，目前学界形成了两个不同的研究分支：价格竞争力和质量竞争力。针对价格竞争力和质量竞争力这两个主题的研究焦点主要集中在以下两个方面。一是通过理论分析的方式构建测评质量（价格）竞争力的指标体系。如程虹和陈川（2015）在波特竞争力钻石模型的基础上，构建了包含质量要素、质量需求、相关产业支持、行业结构与竞争、政府质量监管与区域发展机会的六个维度的质量竞争力评价指标体系。张春香（2018）针对区域文化旅游产业，构建了包含四个层次 45 个具体指标的产业竞争力评价指标体系，并证实了区域文化旅游产业竞争力的提升依赖于生产要素、需求条件、相关支持性产业、企业发展、政府和机遇的共同作用。二是基于实证研究的方法针对各国（各地）质量（价格）竞争力的强弱进行横向比较、分析和预测。如 Dwyer 等（2000）以澳大利亚为基准，通过构建价格竞争力指数，横向对比了包括中国、美国、日本、英国、德国等 19 个国家在旅游产业方面的竞争力。杨芷晴（2016）基于程虹和陈川（2015）构建的质量竞争力评价指标体系，采用因子分析的方法对包括中国、美国、印度、巴西等 14 个世界主要国家和地区在 2008～2012 年的制造业质量竞争力水平进行了评测和比较。王主鑫等（2019）则从空间相关性的角度，采用莫兰指数和聚类算法针对中国各省市的制造业质量竞争力指数进行了分析和预测，印证了区域交流与合作对于制造业质量竞争力提升的重要影响。

除了投入和产出因素之外，国内外专家学者也证实了产业（企业）战略选择对于产业竞争力的独特影响。在经济全球化和第五次信息革命的浪潮中，世界主流国家正在由以资源耗能为特征的传统经济模式向以信息和技术为导向的知识经济模式转变（封伟毅等，2012）。在这一时代背景下，创新战略对于产业竞争力提升的重要意义得以迅速凸显（支燕和白雪洁，2012）。这一论断得到了诸多理论和实证研究的证实。基于中国、印度、巴西等九个大型发展中国家的经验证据，Montobbio 和 Rampa（2005）分别从国家和产业层面分析了创新活动对于产业竞争力的影响，其结果证实了技术创新能够显著提高产业竞争力，进而提升相关产业占据世界市场的出口份额。运用向量自回归模型、脉冲响应函数、方差分解等方法，杨武和田雪姣（2018）也发现科技创新投入水平对于中国高技术产业竞争力的提升具有显著的正向驱动作用。产业融合战略对于产业竞争力提升的促进作用吸引了诸多国内外专家学者的广泛关注。Piccoli 和 Ives（2005）认为信息技术在传统产业当中的应用有利于扩大产业在战略资源层面的差异性，并促进产业形成信息技术资源优势、互补性资源优势、信息技术项目优势和先发制人优势等竞争优势，从而使得产业长期竞争力得以保持。以纺织产业及电子信息产业的融合为例，李晓钟和黄蓉（2018）也发现传统产业与新兴产业的融合有利于驱动传统产业的转型升级和竞争力提升。

外部因素同样会对产业竞争力造成不容忽视的重要影响。举例来说，环境规制为公认的影响产业竞争力的重要外部因素之一。近年来，国内外的专家学者针对环境规制和产业竞争力的关系开展了一系列卓有成效的研究（Cole et al.，2005；徐敏燕和左和平，2013）。然而，目前学界对于这一问题的认知尚未达成一致。现有的关于环境规制与产业竞争力之间关系的研究大致可以归纳为以下三种观点：第一种观点认为环境规制会导致产业竞争力的削弱，即二者之间呈现负相关关系。一些学者认为，严格的环境规制将增加企业的环境成本，这将促使污染密集型产业的企业转移到环境规制相对宽松的其他国家（地区），从而导致本国（本地）相关产业的竞争力下降，而这些环境规制相对宽松的国家（地区）将成为这些污染密集型产业的避难场所[1]（Cole，2004；Chichilnisky，1994；Copeland and Taylor，1994）。第二种观点认为环境规制能够促进产业竞争力的增强，即二者之间呈现正相关关系。一些学者认为，从短期角度来看，环境规制确实会导致污染密集型产业的企业成本升高，从而对于污染密集型产业的竞争力造成影响。但是从长期角度来看，适宜的环境规制有利于促使污染密集型产业的企业进行技术创新和管理

---

①学界将这一理论称为"污染避难所假说"（pollution heaven hypothesis）。

创新，从而降低企业成本，提升企业效率，增强企业盈利能力，进而提升相关产业的竞争力[①]（Porter，1991；Porter and van der Linde，1995）。第三种观点认为环境规制和产业竞争力之间的关系具有非线性相关性。举例来说，在实证研究中，傅京燕和李丽莎（2010）发现二者之间呈现"U"形关系，即环境规制对产业竞争力的影响存在拐点。在这一拐点之前，环境规制会削弱产业竞争力的形成，而在到达拐点之后，环境规制会对产业竞争力的形成产生促进作用。总而言之，虽然环境规制对于产业竞争力的影响的方向和程度仍存在争议，但是其作为一种影响产业竞争力的重要外部因素已经得到了诸多理论与实证研究的广泛证实。除环境规制之外，影响产业竞争力的外部因素还有很多。如 Castellacci（2008）通过研究外部创新环境与产业竞争力的关系，发现国家层面的制度安排和政策干预能够塑造产业创新模式，从而在产业竞争力提升这一方面发挥作用。由于篇幅限制，无法一一列举，故在此不予赘述。

9.3　本 章 小 结

本章从项目管理理论、基础设施工程经济效应、产业竞争力理论等方面对现有文献进行了系统梳理和深入讨论。通过文献综述可以发现，在基础设施工程管理和产业竞争力理论两大领域，现有文献开展了较为丰富的研究，并卓有成效。然而，虽然现有文献已证实了基础设施工程在各个层面的经济效应，但其对于产业竞争力的影响还尚未引起学术界的足够重视，关于二者之间影响机理的研究更是鲜见报道。鉴于此，本篇的余下章节将针对重大工程的产业溢出效应展开研究，以期弥补现有文献中的不足之处。

[①]由于这一理论最早由 Porter 等提出，因此学界将这一理论称为"波特假说"（Porter hypothesis）。

第10章 重大工程产业溢出效应：
生产效率的影响

本章基于"五纵七横"国道主干线工程建设的准自然实验和中国制造业企业的相关数据，以生产效率作为产业竞争力的代理变量，分别采用 OLS、DID 法和双重差分倾向得分匹配法（propensity score matching difference-in-difference，PSM-DID），在充分考虑到实证分析的内生性问题的情况下，针对中国情境下的重大工程产业溢出效应开展了较为深入的实证研究。实证研究的结果证实了重大工程的修建对于产业竞争力的提升具有显著且稳健的影响。在本章的结论与讨论部分还针对本章的贡献与局限性进行了简要讨论。

10.1 引　　言

作为经济发展和社会繁荣的基础，一个国家产业竞争力的提升能有效改善该国国民的日常生活质量（Crouch and Ritchie，1999；Delgado et al.，2012）。因此，在经济全球化的时代背景下，产业竞争力的相关问题已得到了国内外专家学者的广泛关注（Liu，1998；Tzeng et al.，2019），提升产业竞争力也成为世界各国政策制定者制定国家政策的主要目标之一（Porter，2003）。波特和 van der Linde（1995）指出，产业层面上的竞争力在本质上来源于企业层面上优于其竞争对手的卓越生产效率。生产效率的提升既可以帮助企业获得低于其竞争对手的生产成本，又能够帮助企业生产出价值更高的产品。由此可见，企业生产效率的改善是产业竞争力提升的关键所在。在过去的几十年中，现有文献在企业生产效率这一领域开展了卓有成效的研究，发现了诸多有助于提高企业生产效率的影响因素。其中内部影响因素主要包括组织治理机制和策略等（Bowen and Ostroff，2004；Huselid et al.，1997；Shao et al.，2017），外部影响因素主要包括国家制度环境以及国际贸易和投资等（Amiti and Konings，2007；Halpern et al.，2015；Keller and Yeaple，2009）。

发达的基础设施通常被认为是影响企业生产效率的重要外部因素之一。自 20 世纪 80 年代末开始，一些学者就注意到了基础设施的改善对于企业生产效率的提升的促进作用。Aschauer（1989）在这一领域的研究中开创性地发现，包括高速公路、机场、电力和天然气设施、城市公共交通系统、水处理系统和下水道等在内的核心基础设施对于美国私有经济的生产效率提升具有极强的解释力。这一关键发现开创了研究基础设施经济溢出效应的先河。由于在先前的研究中普遍采用的基于企业技术和企业行为的约束性模型难以更为精确地评估基础设施对经济活动的影响，Morrison 和 Schwartz（1996）构建了一个更完整的反映企业生产和投入的生产决策理论模型，并利用美国的州级层面数据评估了基础设施对于企业成本降低和生产效率提高的贡献。其评估结果显示，基础设施投资为美国的制造业企业带来了直接的收益，并显著提高了其生产效率。然而，Fernald（1999）认为，先前研究的结果只能说明基础设施与企业生产效率之间具有相关性，二者之间的因果关系尚不清楚。鉴于此，Fernald 在其研究中将制造业产业分为车辆密集型产业和非车辆密集型产业，实证结果表明，与非车辆密集型产业相比，车辆密集型产业在基础设施改善中获益更多，这证明了基础设施与企业生产效率之间存在因果关系。

虽然现有文献已针对基础设施对于企业生产效率的影响进行了大量研究，但是在这一领域的现有研究中仍存在几个问题。第一，关于基础设施对于企业生产效率的影响的方向和程度，在现有文献中仍存在重大争议（Chandra and Thompson，2000；Lakshmanan，2011）。如 Hurlin（2001）、Nourzad 和 Vrieze（1995）均认为在现有研究中存在高估基础设施对于企业生产效率的影响的趋势。第二，在这一领域中的大部分现有研究都是基于各大发达经济体的经验证据，而在世界上占据大多数的新兴经济体中，关于基础设施与企业生产效率之间因果关系的研究尚显不足。第三，现有研究主要关注的是基础设施与企业生产效率之间的关系，关于基础设施的改善与产业竞争力的关系，现有文献仍较少提及。

为解决现有研究中存在的问题，本章基于"五纵七横"国道主干线工程建设的准自然实验和 1998 年至 2007 年中国制造业企业的数据，以生产效率作为产业竞争力的代理变量，采用以双重差分倾向得分匹配为主的研究方法，重点研究了重大工程与产业竞争力之间的因果关系。

10.2　方法与设计

本章的主要数据来源为中国国家统计局整理的规模以上工业企业数据库，工业企业数据库提供了本章所需要的所有企业层面的相关数据。根据中国相关法律法规的相关规定，在中国境内注册的企业有参加国家统计局的调查的义务。因此，工业企业数据库基本涵盖了中国所有规模以上的工业企业。这些企业分别来自采矿业、制造业，以及电力、燃气及水的生产和供应业等不同行业，其中绝大多数（约 90%）为制造业企业。由于其具有样本总量大、指标数目多、时间跨度长等显著优势（聂辉华等，2012），工业企业数据库已成为研究中国问题的最重要的微观数据来源之一，被广泛应用于中国工业企业的研究当中，目前已有一批基于工业企业数据库的研究成果在经济和管理领域的国际期刊（如 *American Economic Review*、*Strategic Management Journal* 等）上发表（Chang et al., 2013；Song et al., 2011；Zhang et al., 2010）。本章的研究对象为 1998 年至 2007 年十年期间中国的制造业企业，工业企业数据库提供了绝大部分本章研究所需的企业层面数据。此外，为避免区域层面的差异对实证研究结果造成的影响，本章还控制了一系列区域层面的变量，其数据来源主要为《中国城市统计年鉴》。

为深入研究重大工程对于产业竞争力的影响，本章采用高速公路作为重大工程的一个典型案例。由于县级层面的高速公路数据在国内外现有学术数据库中难以获得，本章建立了县级层面的中国高速公路可达性数据库（简称高速公路数据库）。该数据库是基于中国中央政府和各级地方政府官方网站上披露的高速公路规划、建设和开通的新闻、报告与其他信息手工收集而成[①]。为了确保高速公路数据库的信息准确无误，本章还通过查阅中国地图出版社出版的中国高速公路地图集对高速公路数据库的相关信息进行了充分校核[②]。高速公路数据库中包含了 1998 年至 2007 年十年期间 2869 个中国县级行政区域的高速公路开通时间信息，占当时中国所有县级行政区域的 95%以上[③]。因此，本章手工收集的高速公路数据库具有良好的准确性、可靠性和全面性。高速公路数据库中的数据显示，在 1998 年，中国仅有 6.69%的县级行政区域连通到了国家高速公路网络。然而，随着"五纵七横"国道主干线工程进入加速建设阶段，在 2007 年末中国已有 36.60%的县级行政区域连通到了国家高速公路网络。这也从侧面反映出在这十年期间，中国高速公路网络发展迅速。

---

①一般而言，中国中央政府和各级地方政府有义务且有动机通过新闻、报道、访谈、报告或其他形式的宣传方式在其官方网站和其他官方媒体上披露其境内新修建的高速公路的相关信息。这在一定程度上为本章中使用的高速公路数据库的准确性与可靠性提供了保障。

②中国地图出版社每年都会出版最新版本的中国高速公路地图集。通过对比中国高速公路地图集中前后两年中国高速公路网络的变化，即可获悉关于高速公路开通时间的具体信息。

③中国的行政区域通常被划分为四个等级：省级行政区、地级行政区、县级行政区和乡镇行政区。在 2019 年，中国共有 34 个省级行政区、333 个地级行政区、2845 个县级行政区和 39 945 个乡镇级行政区。在 21 世纪初期，中国经历了一波县级行政区合并的高潮。在此之前，中国的县级行政区数量约为 3000 个，略高于现在的县级行政区数量。

10.3　实证策略与变量定义

10.3.1　实证策略

本章的主要目的是探究重大工程与产业竞争力之间的关系。由于产业层面上的竞争力在本质上来源于企业层面上优于其竞争对手的卓越生产效率，本章沿袭现有文献中的做法，用企业生产效率作为产业竞争力的代理变量，针对重大工程与产业竞争力之间的关系展开研究（Porter and van der Linde，1995）。然而，在研究重大工程与产业竞争力之间的关系之前，必须认识到基础设施状况良好的地区与基础设施状况较差的地区在系统层面上具有很大差异。总体而言，经济较为发达的大城市往往拥有更好的基础设施和生产效率更高的企业。因此，如果这种基础设施的非随机放置（nonrandom placement）问题不能得到有效地解决，实证分析结果将很有可能过高地估计重大工程对于企业生产效率的影响。幸运的是，高速公路这一类重大工程在规划上的特点能够帮助研究者有效规避非随机放置问题。在大多数国家，高速公路在规划时的目标一般都是将具有重要政治地位、经济较为发达或人口较多的城市连接起来。然而，在连接目标城市时，高速公路不可避免地将经过目标城市之间的地区。因此，可以认为目标城市之间的地区连接到高速公路网络并不是因为它们具有任何政治上、经济上或人口上的特殊地位，而仅仅是因为它们恰好位于目标城市之间（Datta，2012）。换言之，可以将高速公路的修建视为对目标城市之间地区的外生冲击（Chandra and Thompson，2000）。从"五纵七横"国道主干线工程的规划文件中可以得知，该工程的主要目标是连接国家首都、直辖市、省会、各大工业中心、交通枢纽、主要对外开放口岸以及绝大多数人口在 50 万以上的大中型城市（Li and Shum，2001）。因此，本章在样本中删除了位于上述大中型城市的企业，着重关注位于目标城市之间地区的企业，从而可以在最大程度上解决上文中提及的非随机放置问题。这一操作使得本章中的观测值数量由最开始的 1 651 549 个减少至 1 102 930 个。基于删除了位于目标城市的企业的样本，本章采用 OLS 估计进行第一阶段的实证分析，以检验本章中的核心变量以及控制变量之间的相关关系。

然而，应该注意到，除去目标城市的企业样本以后，连通到国家高速公路网络的地区的企业与没有连通到国家高速公路网络的地区的企业在生产效率上仍然可能存在着系统性的差异。连通到国家高速公路网络的地区可能存在一些特质，使得这些地区的企业平均生产效率显著高于或低于未连通到国家高速公路的地区的企业。此外，还有可能存在一些与因变量相关的无法观测到的非随机因素，使得实证分析出现遗漏变量（omitted variables）问题，从而导致 OLS

的估计出现偏误。为了解决这些潜在的问题，本章在实证分析的第二阶段采用 DID 法，以消除与时间趋势无关的区域特质和不可观测的非随机因素。通过比较在样本期内连通到国家高速公路网络的地区的企业与未连通到国家高速公路网络的地区的企业在生产效率上的差异，本章实证分析的第二阶段可以检验出重大工程与企业生产效率之间的因果关系。第二阶段的操作在样本中排除了 1998 年（样本期的第一年）之前就连通到国家高速公路网络的地区，样本观测值数量减少至 906 595 个。DID 能够通过对相邻两期数据的差分消除不随时间变化的因素对因变量的影响，因此在本章中，第二阶段 DID 的估计结果要比第一阶段 OLS 方法的估计结果可信性更强。

此外，为更准确地估计重大工程对于企业生产效率的影响，最好尽可能地设法保证在 DID 中控制组当中的企业与处理组当中的企业具有相似的特征，从而能够更有力地说明在处理组中的企业连通到国家高速公路网络过后，处理组中的企业与控制组中的企业的生产效率的差异完全是由高速公路的开通所导致。然而，连通到国家高速公路网络的地区的企业很有可能与未连通到国家高速公路网络的地区的企业在规模、年龄、盈利能力等方面存在显著差异。这一情况可能会使得实证分析受到非随机样本选择（nonrandom sample selection）偏误的影响，从而导致针对高速公路对于企业生产效率的估计结果不准确。为了解决这一问题，本章实证分析的第三阶段将倾向得分匹配方法与 DID 法相结合，从而先在控制组中挑选与处理组当中的企业具有相似特征的企业，再在实证分析中与处理组中的企业进行比较。最终，本章实证分析的第三阶段得到了 27 912 对企业的样本，其观测值数量为 55 824 个。第三阶段的实证分析解决了第二阶段的实证分析中处理组和控制组可能存在的"不可比较"的问题，因此基于双重差分倾向得分匹配方法的实证分析结果更加可靠。

10.3.2　变量定义

（1）因变量：企业生产效率。由于产业层面上的竞争力在本质上来源于企业层面上优于其竞争对手的卓越生产效率（Porter and van der Linde，1995），本章沿袭现有文献中的做法，用企业生产效率（TFP）作为产业竞争力的代理变量（陈立敏和谭力文，2004），即为本章实证分析的因变量。在经济学领域通常采用全要素生产率来测度企业的生产效率，估计全要素生产率时面临的主要问题是联立性偏误（simultaneity bias）的存在。由式（10-1）中的生产函数可知，企业产出是其生产要素投入和全要素生产率的函数，而企业的全要素生产率也受到生产要素投入的影响。因此，可能存在一些无法观测的影响企业产出的因素，如生产率冲击等。因此，为获得对生产函数的一致性估计，确保全要素生产率估计结果的准确性，应尽可能地控制住无法观测到的生产率冲击对于企业产出的影响。

Olley 和 Pakes（1996）、Levinsohn 和 Petrin（2003）是尝试解决这一关键问题的先驱者。他们分别使用投资额和中间投入作为无法观测到的生产率冲击的代理变量（简称 OP 和 LP 方法），从而获得了生产函数中各个参数的具有一致性的估计值，消除了在全要素生产率估计过程中潜在的联立性偏误（Javorcik，2004）。然而，Ackerberg 等（2015）认为 OP 和 LP 方法存在功能依赖性的问题。因此，基于 OP 和 LP 方法，Ackerberg 等提出了一种效率更高的方法——ACF 方法，进一步提高了估计企业全要素生产率的准确性。目前，ACF 方法已得到了全世界专家学者的广泛认可和使用（Demmel et al.，2017；Luong，2013）。下文将针对 ACF 方法进行简要介绍。

对数形式的柯布-道格拉斯生产函数如下所示：

$$y_{it} = \beta_k k_{it} + \beta_l l_{it} + \omega_{it}(m_{it}, k_{it}, l_{it}) + \varepsilon_{it} \qquad (10\text{-}1)$$

式中，y_{it} 表示企业产出；k_{it} 表示资本投入；l_{it} 表示劳动力投入；m_{it} 表示中间品投入；而 ω_{it} 表示全要素生产率[①]；β_k 和 β_l 分别表示资本投入和劳动力投入的系数；ε_{it} 表示误差项；ω_{it} 表示 m_{it}、k_{it} 和 l_{it} 的函数。

ACF 方法的第一步是估计企业产出 y_{it} 的条件期望 $\hat{y}_{it}$。第二步是估计公式 $y_{it} = \beta_k k_{it} + \beta_l l_{it} + \varepsilon_{it}$，以获得 β_k 和 β_l 的近似估计值 β_k^0 和 β_l^0，从而得到 $\omega_{it}(m_{it}, k_{it}, l_{it}) = \hat{y}_{it} - \beta_k^0 k_{it} - \beta_l^0 l_{it}$。假设 ω_{it} 服从一阶马尔可夫链，即 $\omega_{it} = E(\omega_{it} \mid \omega_{it-1}) + \varepsilon_{it}$，则可构建矩条件 $E\left(\varepsilon_{it} \Big|_{l_{it-1}}^{k_t}\right)$，从而可以得到 β_k 和 β_l 的估计值，代入式（10-1）中即可获得企业全要素生产率 ω_{it} 的估计值。

在本章中，采用 ACF 方法分别为各个制造业细分行业（两位数行业代码）估计了一个单独的对数形式的生产函数，这些生产函数反映出了企业资本投入、劳动力投入、中间品投入与企业产出之间的关系。本章采用中间投入作为无法观测到的生产率冲击的代理变量。接下来，本章估算了各个制造业细分行业的全要素生产率。相关描述性统计数据详见表 10-1。

表 10-1　各个制造业细分行业平均全要素生产率的描述性统计

制造业细分行业	样本量	资本投入	劳动力投入	全要素生产率				
				最小值	中位数	最大值	均值	标准差
农副食品加工业	44 329	0.143***	0.089***	−1.129	6.050	11.239	6.009	1.293
食品制造业	18 898	0.169***	0.103***	−1.725	5.767	10.914	5.681	1.448
饮料制造业	13 164	0.149***	0.280***	−0.749	5.515	10.343	5.503	1.334

---

①其中企业产出、资本投入、劳动力投入和中间品投入均为对数形式。

续表

制造业细分行业	样本量	资本投入	劳动力投入	全要素生产率				
				最小值	中位数	最大值	均值	标准差
烟草制品业	1 079	0.374***	0.120	1.810	6.940	11.309	7.053	1.711
纺织业	65 723	0.123***	0.264***	0.213	5.837	10.937	5.875	0.902
纺织服装、鞋、帽制造业	39 314	0.150***	0.174***	0.120	5.981	11.065	6.030	0.878
皮革、毛皮、羽毛（绒）及其制品业	17 690	0.115***	0.406***	0.690	5.442	9.576	5.503	0.870
木材加工及木、竹、藤、棕、草制品业	13 034	0.177***	0.173***	0.062	6.185	10.447	6.180	1.058
家具制造业	8 137	0.157***	0.717	1.340	7.314	11.620	7.360	1.113
造纸及纸制品业	24 586	0.119***	0.261***	0.686	5.915	11.019	5.960	0.998
印刷业和记录媒介复制业	17 345	0.148***	0.239***	−0.606	5.524	9.912	5.367	1.138
文教体育用品制造业	10 635	0.126***	0.106***	0.485	6.180	10.595	6.223	0.991
石油加工、炼焦及核燃料加工业	3 195	0.185***	0.142**	−0.137	5.312	11.192	5.312	1.363
化学原料及化学制品制造业	55 113	0.144***	0.248***	−0.246	5.715	11.387	5.752	1.045
医药制造业	18 034	0.176***	0.236***	−0.036	5.397	10.501	5.403	1.183
化学纤维制造业	3 697	0.115***	0.305	0.810	5.863	10.095	5.900	1.037
橡胶制品业	9 575	0.156***	0.295***	1.169	5.454	9.555	5.510	0.932
塑料制品业	36 350	0.158***	0.201***	0.562	6.291	10.894	6.327	0.969
非金属矿物制品业	69 010	0.112***	0.250***	0.437	6.089	10.635	6.133	1.093
黑色金属冶炼及压延加工业	15 147	0.138***	0.156***	1.361	5.948	11.513	6.037	1.275
有色金属冶炼及压延加工业	6 567	0.140***	0.345	0.582	5.957	10.948	5.933	1.187
金属制品业	40 819	0.157***	0.203***	0.826	5.873	10.831	5.939	0.944
通用设备制造业	59 188	0.155***	0.362***	−2.533	4.946	9.773	4.977	0.952
专用设备制造业	32 304	0.161***	0.267***	−0.306	5.461	10.803	5.449	1.130
交通运输设备制造业	38 018	0.173***	0.223***	−0.953	5.658	12.318	5.691	1.205
电气机械及器材制造业	43 768	0.193***	0.186***	0.304	5.878	11.677	5.925	1.097
通信设备、计算机及其他电子设备制造业	24 003	0.186***	0.197***	1.061	6.500	12.908	6.612	1.267
仪器仪表及文化、办公用机械制造业	10 831	0.147***	0.387***	0.195	5.481	10.227	5.506	1.073
工艺品及其他制造业	11 969	0.120***	0.268***	0.782	5.670	9.889	5.701	0.916

***、** 分别表示在 1%、5%的显著性水平上显著

（2）自变量：高速公路可达性。本章将自变量高速公路可达性（Highway accessibility）定义为一个县级层面的虚拟变量。如果企业 i 所在的县级行政区域在第 t 年已连通到国家高速公路网络，则 Highway accessibility$_{it}$ 等于 1；反之，若其未连通到国家高速公路网络，则 Highway accessibility$_{it}$ 等于 0。

（3）控制变量：为避免由遗漏变量问题引起的估计偏误，本章的实证分析模型中还包括一系列控制变量。本章中的控制变量可以分为两类：企业层面的控制变量和区域层面的控制变量。企业层面的控制变量包括企业规模（Size）、年龄（Age）、杠杆率（Leverage）、固定资产（Fixed assets）和出口强度（Export intensity）。企业规模定义为企业全职雇员人数的自然对数；企业年龄定义为企业成立以来的总年数的自然对数，反映了企业的组织成熟度；企业杠杆率定义为企业总负债与其有形资产之比，反映了企业的偿债能力；企业固定资产定义为企业固定资产总额的自然对数；企业出口强度定义为企业出口额占其总产出的百分比，反映了企业的发展战略。因为企业的规模、成熟度、偿债能力、资产状况和发展战略都是影响企业生产效率的重要因素（Aw et al.，2008；Chang and Gurbaxani，2012；Diaz and Sánchez，2008；Soderbom and Teal，2001），所以本章在实证分析中控制了这些企业层面的变量。

区域层面的控制变量包括国内生产总值（GDP）、人口密度（Population density）、外国直接投资（FDI）、第二产业比重（Secondary industry ratio）、第三产业比重（Tertiary industry ratio）、铁路货运量（Railway freight volume）和公路货运量（Road freight volume）。国内生产总值定义为地级层面生产总值的自然对数；人口密度定义为地级层面的常住人口除以其土地面积；外国直接投资定义为地级层面的外国直接投资额的自然对数；第二（三）产业比重定义为地级层面第二（三）产业的从业人数占所有从业人数的比重。上述五个控制变量基本反映了地级行政区域的经济状况、人口特征和产业结构。为排除现有基础设施对于新建高速公路效应的影响，本章在实证模型中还控制了地级层面的基础设施库存。由于公路运输和铁路运输是中国绝大部分地区最重要的两种交通运输方式，因此本章控制了以公路货运量为代理变量的公路运输能力和以铁路货运量为代理变量的铁路运输能力。铁路货运量定义为地级层面在一年中铁路运输的货运量的自然对数，公路货运量定义为地级层面在一年中公路运输的货运量的自然对数。此外，考虑到不随时间变化的行业异质性和时间趋势，本章控制了行业-年份固定效应[①]。本章还控制了企业所有制固定效应和区域固定效应。

---

① 基于 2012 年中国证券监督管理委员会修订的《上市公司行业分类指引》，本章将制造业分为 428 个具有四位数行业代码的独立细分行业，并控制了细分行业与年份的交互项，即行业-年份固定效应。

　　本章中所有变量的详细定义和来源详见表 10-2。包括均值、标准差和 Pearson 相关系数（皮尔逊相关系数）在内的变量描述性统计情况详见表 10-3[①]。

表 10-2　变量定义与数据来源

变量	变量定义	数据来源
企业生产效率	采用 ACF 方法估计的全要素生产率	工业企业数据库
高速公路可达性	虚拟变量。若企业所在的县级行政区域已连通到国家高速公路网络，则为 1；否则为 0	高速公路数据库
企业规模	企业全职雇员人数的自然对数	工业企业数据库
企业年龄	企业成立以来的总年数的自然对数	工业企业数据库
杠杆率	企业总负债与其有形资产之比	工业企业数据库
固定资产	企业固定资产总额的自然对数	工业企业数据库
出口强度	企业出口额占其总产出的百分比	工业企业数据库
国内生产总值	地级层面生产总值的自然对数	《中国城市统计年鉴》
人口密度	地级层面的常住人口除以其土地面积	《中国城市统计年鉴》
外国直接投资	地级层面的外国直接投资额的自然对数	《中国城市统计年鉴》
第二产业比重	地级层面第二产业的从业人数占所有从业人数的比重	《中国城市统计年鉴》
第三产业比重	地级层面第三产业的从业人数占所有从业人数的比重	《中国城市统计年鉴》
铁路货运量	地级层面在一年中铁路运输的货运量的自然对数	《中国城市统计年鉴》
公路货运量	地级层面在一年中公路运输的货运量的自然对数	《中国城市统计年鉴》

_____

①此处的变量描述性统计是基于本章实证分析第一阶段的样本的统计数据。

表 10-3 主要变量的描述性统计

变量	观测值	均值	标准差	1	2	3	4	5	6	7	8	9	10	11	12	13	14
TFP	1 100 092	5.820	1.150	1													
Highway accessibility	1 102 930	0.400	0.490	0.131*	1												
Size	1 102 930	4.810	1.111	0.326*	-0.035*	1											
Age	1 102 930	2.014	0.824	-0.193*	-0.055*	0.245*	1										
Leverage	1 102 644	0.700	10.166	-0.013*	-0.001	0.004*	0.004*	1									
Fixed assets	1 100 092	8.410	1.563	0.380*	0.008*	0.640*	0.148*	-0.015*	1								
Export intensity	1 102 930	0.161	0.331	0.086*	0.066*	0.189*	-0.021*	0.000	0.004*	1							
GDP	1 040 678	6.509	0.904	0.232*	0.295*	-0.068*	-0.073*	-0.003*	-0.008*	0.133*	1						
Population density	1 036 208	580.878	337.058	0.064*	0.159*	-0.015*	0.009*	-0.001	-0.030*	0.103*	0.394*	1					
FDI	1 022 404	9.850	1.891	0.178*	0.264*	-0.050*	-0.072*	-0.002	-0.018*	0.206*	0.800*	0.353*	1				
Secondary industry ratio	1 036 208	47.850	12.889	0.109*	0.205*	0.006*	-0.022*	-0.001	0.021*	0.114*	0.546*	0.166*	0.519*	1			
Tertiary industry ratio	1 036 208	48.838	11.800	-0.066*	-0.143*	-0.023*	0.006*	0.000	-0.030*	-0.103*	-0.404*	-0.079*	-0.441*	-0.835*	1		
Railway freight volume	885 636	5.621	1.255	0.024*	-0.006*	0.055*	0.016*	0.000	0.076*	-0.117*	-0.091*	-0.223*	-0.169*	0.042*	-0.058*	1	
Road freight volume	1 035 479	8.302	0.707	0.146*	0.207*	-0.039*	-0.042*	-0.002	0.005*	0.057*	0.706*	0.132*	0.495*	0.381*	-0.271*	0.198*	1

* 代表 p 值在 1%的显著性水平上显著

10.4　结　果　分　析

10.4.1　第一阶段：基于普通最小二乘法估计的实证分析结果

首先，本章在实证分析的第一阶段进行了 OLS 估计，以检验本章中的核心变量以及控制变量之间的相关关系。OLS 估计模型的方程式为

$$TFP = \alpha + \beta \times Highway\ accessibility + \delta X + \varepsilon$$

式中，α 表示常数项；X 表示一个列向量，包含了所有企业层面和区域层面的控制变量，以及所有的固定效应；β 表示自变量高速公路可达性的系数；δ 表示一个行向量，表示列向量 X 的系数；ε 表示随机扰动项。应用此模型的所有回归均使用了面板数据回归的固定效应模型和聚类稳健的标准误。

OLS 估计的实证分析结果详见表 10-4。面板 A 中的两个回归模型使用的是删除了位于目标城市的企业的样本。模型 1 中包含了自变量高速公路可达性以及所有企业层面和区域层面的控制变量，回归结果表明，高速公路的开通与企业生产效率的提升具有显著的正相关关系（β=0.136，p<0.01）。在模型 1 的基础上，模型 2 中进一步控制了所有固定效应，回归结果表明，虽然自变量高速公路可达性的系数显著减小，但是其符号和显著性仍然没有发生变化（β=0.008，p<0.01）。接下来，本章将样本范围缩小，在样本中删除了在 1998 年（样本期的第一年）以前就已经连通到国家高速公路网络的企业，并在面板 B 的模型 3 和模型 4 中进行了与模型 1 和模型 2 类似的回归分析。模型 3 和模型 4 的回归结果进一步证实了高速公路开通与企业生产效率提升之间的正相关关系（模型 3：β=0.189，p<0.01；模型 4：β=0.011，p<0.01）。总而言之，OLS 估计的结果表明，高速公路开通与企业生产率提升之间具有显著且稳健的正相关关系，且二者之间可能存在着潜在的因果关系。在下一阶段的回归分析中将针对高速公路开通与企业生产率提升之间的因果关系展开进一步的研究。

表 10-4　基于 OLS 估计的实证分析结果

变量	面板 A		面板 B	
	模型 1	模型 2	模型 3	模型 4
	因变量：企业生产效率			
Highway accessibility	0.136*** （62.76）	0.008*** （3.84）	0.189*** （76.13）	0.011*** （4.61）
Size	0.234*** （167.33）	0.311*** （237.95）	0.241*** （156.97）	0.314*** （216.34）

续表

变量	面板 A		面板 B	
	模型 1	模型 2	模型 3	模型 4
	因变量：企业生产效率			
Age	−0.356***	−0.235***	−0.360***	−0.235***
	（−260.16）	（−192.57）	（−241.67）	（−175.94）
Leverage	−0.007	−0.002	−0.006	−0.001
	（−1.63）	（−1.27）	（−1.61）	（−1.24）
Fixed assets	0.200***	0.162***	0.194***	0.158***
	（209.35）	（183.34）	（184.75）	（160.76）
Export intensity	0.025***	−0.010***	0.009**	−0.000
	（7.59）	（−3.11）	（2.50）	（−0.09）
GDP	0.406***	0.373***	0.415***	0.382***
	（142.55）	（39.05）	（135.07）	（37.24）
Population density	−0.000***	−0.000***	−0.000***	−0.000***
	（−15.67）	（−4.35）	（−13.03）	（−3.65）
FDI	−0.011***	0.009***	0.001	0.007***
	（−10.45）	（6.05）	（1.26）	（4.65）
Secondary industry	−0.001***	−0.005***	−0.002***	−0.005***
	（−5.32）	（−23.66）	（−13.07）	（−25.18）
Tertiary industry	0.006***	0.005***	0.006***	0.005***
	（36.72）	（23.82）	（33.69）	（21.33）
Railway freight volume	0.031***	0.008***	0.036***	0.015***
	（34.39）	（4.06）	（37.12）	（7.19）
Road freight volume	−0.098***	0.010**	−0.106***	0.008*
	（−40.28）	（2.17）	（−41.24）	（1.65）
Constant	1.577***	1.997***	1.539***	1.963***
	（76.41）	（4.16）	（71.30）	（3.96）
行业−年份固定效应	NO	YES	NO	YES
所有制固定效应	NO	YES	NO	YES
区域固定效应	NO	YES	NO	YES
样本量	874 556	874 555	718 049	718 049
R^2	0.287	0.541	0.289	0.543

注：小括号里的数字代表各个变量的 t 统计量的数值

***、**和*分别表示在 1%、5%和 10%的显著性水平上显著

10.4.2   第二阶段：基于双重差分法估计的实证分析结果

为消除与高速公路开通无关的组间差异和遗漏变量偏误对估计结果的影响，本章实证分析的第二阶段采用了 DID 法对高速公路开通与企业生产效率之间的关系进行估计。DID 估计模型的方程式为

$$\text{TFP}_{it} = \alpha + \beta \times \text{Highway accessibility}_{it} + \gamma \times \text{Treat} + \delta X_{it} + \varepsilon_{it}$$

式中，Treat 表示一个分组虚拟变量，若一个企业属于处理组，则 Treat 等于 1；若一个企业属于控制组，则 Treat 等于 0。本章将连通到国家高速公路网络视为针对样本的一种处理，在样本期（1998～2007 年）内首次连通到国家高速公路网络的县级行政区域中的企业构成了处理组，而在样本期内始终未连通到国家高速公路网络的县级行政区域中的企业构成了控制组。样本中排除了 1998 年之前就已经连通到国家高速公路网络的县级行政区域中的企业。系数 β 反映了处理组中的企业的平均处理效果，其大小与显著性能有效评估高速公路可达性对企业生产效率的影响。应用此模型的回归方程均使用了聚类稳健标准误。

DID 估计的实证分析结果详见表 10-5。模型 1 中仅包含自变量高速公路可达性与分组虚拟变量，回归结果显示，高速公路开通能够在 1%的显著性水平上正向促进企业生产效率的提高（$\beta=0.398$，$p<0.01$）。模型 2 在模型 1 的基础上增加了所有企业层面和区域层面的控制变量，回归结果显示，高速公路开通对于企业生产效率提高的正向促进作用依然存在（$\beta=0.013$，$p<0.01$）。模型 3 在模型 2 的基础上进一步控制了所有固定效应，其回归结果与模型 2 的回归结果非常类似（$\beta=0.012$，$p<0.01$）。综上所述，DID 估计的实证分析结果证实了高速公路开通对于企业生产效率的提升具有正向影响。

表 10-5   基于 DID 法估计的实证分析结果

变量	模型 1	模型 2	模型 3
	因变量：企业生产效率		
Highway accessibility	0.398*** （99.64）	0.013*** （2.93）	0.012*** （2.70）
Treat	0.044*** （5.39）	−0.028*** （−2.86）	−0.015 （−1.59）
Size		0.156*** （46.19）	0.157*** （47.24）
Age		0.150*** （26.24）	0.102*** （17.10）

续表

变量	模型 1	模型 2	模型 3
		因变量：企业生产效率	
Leverage		0.000 （0.33）	0.000 （0.40）
Fixed assets		0.030*** （14.41）	0.027*** （13.31）
Export intensity		−0.000 （−0.02）	0.010 （1.57）
GDP		0.626*** （78.15）	0.326*** （21.83）
Population density		−0.000 （−1.35）	−0.000*** （−3.81）
FDI		−0.000 （−0.10）	0.006*** （3.77）
Secondary industry		−0.002*** （−11.03）	−0.003*** （−12.38）
Tertiary industry		0.001*** （3.09）	0.004*** （17.01）
Railway freight volume		0.016*** （8.41）	0.019*** （10.10）
Road freight volume		0.034*** （6.66）	0.012** （2.50）
Constant	5.670*** （1 607.37）	0.238*** （4.57）	2.523*** （20.04）
行业–年份固定效应	NO	NO	YES
所有制固定效应	NO	NO	YES
区域固定效应	NO	NO	YES
样本量	904 190	718 049	718 049
R^2	0.033	0.174	0.240

注：小括号里的数字代表各个变量的 t 统计量的数值

***、**和*分别表示在 1%、5%和 10%的显著性水平上显著

10.4.3 第三阶段：基于双重差分倾向得分匹配法估计的实证分析结果

（1）倾向得分匹配法：为消除非随机样本选择偏误的影响，本章在实证分析的第三阶段将倾向得分匹配法与 DID 法相结合，采用双重差分倾向得分匹配法针对高速公路开通对企业生产效率的影响开展进一步的估计。倾向得分匹配法最早起源于生物学和医学领域，后来被引进到管理学和经济学的研究领域，现已得到了相关领域专家学者的广泛认可与应用（Caliendo and Kopeinig，2008；Dehejia and Wahba，2002）。倾向得分匹配法主要包括两个步骤：第一，采用样本中个体的特征变量作为解释变量，估计样本中每个个体被处理的概率，即倾向得分；第二，对于处理组中的每个个体，根据第一步中已估计出来的倾向得分，选择控制组中的个体与处理组中的每个个体进行匹配（Rosenbaum and Rubin，1983）。倾向得分匹配法能够通过估计样本中个体的倾向得分，在处理组和控制组中选择具有相似的特征的个体进行比较分析，从而有效控制回归分析的选择性偏误问题（Javorcik and Poelhekke，2017）。倾向得分匹配法包含多种匹配技术，如近邻匹配、卡尺匹配、核匹配、局部线性回归匹配和样条匹配等。

在本章第三阶段的实证分析中，采用倾向得分匹配法在控制组中选择与处理组具有相似特征的个体，从而得到一个适合使用 DID 法进行回归分析的新样本。第一步，本章采用 probit 模型估计了处理组和控制组中所有观测值的倾向得分。其中特征变量包括企业规模（Size）、企业规模的二次项、企业规模的三次项、企业年龄（Age）、企业年龄的二次项、企业年龄的三次项、企业产出（Output）、净资产收益率（return on equity，ROE）、杠杆率（Leverage）和出口强度（Export intensity）。为消除潜在的内生性，probit 模型中的所有特征变量均滞后一期。为了消除时间异质性、行业异质性、地理异质性和所有制异质性对于企业绩效的影响，本章借鉴 Javorcik 和 Poelhekke（2017）的做法，选择在同一年份和同一行业中匹配处理组和控制组中的个体。此外，区域固定效应和所有制异质效应也在 probit 模型中进行了控制。第二步，本章采用了有卡尺限制的近邻匹配的方法对处理组和控制组中的个体进行匹配，处理组和控制组中成功配对的个体之间的倾向得分差异被控制在 0.1%以内。此外，为消除异常值的影响，本章仅对共同取值范围内的个体进行匹配，且匹配过程采用无放回匹配的方法。最终，在倾向得分匹配程序结束之后，本章筛选出了 27 912 对企业作为实证分析第三阶段的样本，其观测值数量为 55 824 个。

表 10-6 列出了匹配前样本和匹配后样本的描述性统计信息。正如面板 A 中所示，在匹配前样本中，位于连通到国家高速公路网络的县级行政区的企业与位于

未连通到国家高速公路的县级行政区的企业在各个特征变量的维度上具有非常显著的差异。根据 t 检验的结果,在处理组中的企业连通到国家高速公路网络的前一年,处理组中的企业与同年的控制组中的企业的几乎所有特征变量都在1%的显著性水平上具有显著差异。这有力地证实了在匹配前的样本中存在着不可忽视的非随机选择问题。这一问题在倾向得分匹配程序后得到了较好的解决。面板 B 中的结果表明,在经过倾向得分匹配后,处理组中的企业与控制组中的企业的特征变量不再存在统计意义上的显著差异。因此,可以认为在匹配后的样本中,处理组中的企业与控制组中的企业具有相似的特征,具有较好的可比性。这为后面的 DID 法提供了理想的样本。

表 10-6　匹配前样本和匹配后样本的描述性统计

变量	面板 A				面板 B			
	匹配前样本（N=702 085）				匹配后样本（N=55 824）			
	均值		t 检验	p 值	均值		t 检验	p 值
	处理组	控制组			处理组	控制组		
$Size_{t-1}$	4.853	4.940	12.814	0.000***	4.852	4.855	−0.410	0.681
$Size^2_{t-1}$	24.669	25.667	13.859	0.000***	24.657	24.685	−0.300	0.762
$Size^3_{t-1}$	131.157	139.896	14.163	0.000***	131.100	131.280	−0.220	0.824
Age_{t-1}	1.992	2.072	15.469	0.000***	1.994	1.988	0.760	0.445
Age^2_{t-1}	4.644	5.010	18.151	0.000***	4.657	4.641	0.590	0.556
Age^3_{t-1}	11.789	13.098	18.896	0.000***	11.851	11.812	0.420	0.673
$Output_{t-1}$	10.944	11.044	2.295	0.011**	10.953	10.944	0.180	0.854
ROE_{t-1}	0.088	0.075	−8.152	0.000***	0.088	0.087	0.250	0.806
$Leverage_{t-1}$	0.662	0.701	2.356	0.009***	0.663	0.666	−0.680	0.496
Export intensity$_{t-1}$	0.168	0.149	−9.560	0.000***	0.166	0.166	0.010	0.989

注: t–1 表示当前年份的前一年

***、**分别表示在 1%和 5%的显著性水平上显著

（2）DID 法的实证分析结果:在倾向得分匹配后,本章基于匹配后的样本,采用了 DID 法对高速公路开通与企业生产效率之间的关系进行了进一步的估计。估计模型的方程式为

$$\mathrm{TFP}_{it} = \alpha + \beta \times \mathrm{Highway\ accessibility}_{it} + \delta X_{it} + \varepsilon_{it}$$

匹配后样本的 DID 法实证分析结果详见表 10-7。模型 1 中仅包含了自变量高速公路可达性,模型 2 在模型 1 的基础上加入了所有企业层面和区域层面的控制变量。在这两个模型中,自变量高速公路可达性的系数均显著为正(模型 1:

$\beta=0.245$，$p<0.01$；模型 2：$\beta=0.048$，$p<0.01$）。进一步地，在模型 2 的基础上，模型 3 控制了所有固定效应。其结果表明，高速公路可达性与企业生产效率之间的正向关系仍然在 1%的水平上显著（$\beta=0.044$，$p<0.01$）。作为稳健性检验，本章在模型 4 和模型 5 中分别采用了县级层面和行业层面的聚类稳健标准误，其回归结果与模型 3 中的回归结果非常相似（模型 4：$\beta=0.043$，$p<0.05$；模型 5：$\beta=0.044$，$p<0.1$）。根据上述回归分析结果，可以证实高速公路开通对于企业生产效率的正向影响是显著且稳健的。由于高速公路是重大工程的典型代表，企业生产效率是产业竞争力的有效代理变量，本章中的回归结果证明了重大工程的修建对于产业竞争力提升具有显著且稳健的影响。

表 10-7 基于双重差分倾向得分匹配法估计的实证分析结果

变量	模型 1	模型 2	模型 3	模型 4	模型 5
	因变量：企业生产效率				
Highway accessibility	0.245*** (23.59)	0.048*** (3.30)	0.044*** (2.70)	0.043** (2.49)	0.044* (1.86)
Size		0.132*** (5.28)	0.095*** (3.75)	0.095*** (3.29)	0.095*** (2.59)
Age		−0.004 (−0.06)	0.081 (1.22)	0.080 (1.11)	0.081 (1.17)
Leverage		−0.008 (−0.38)	0.012 (0.55)	0.010 (0.49)	0.012 (0.54)
Fixed assets		0.034** (2.24)	0.049*** (3.09)	0.049*** (3.03)	0.049*** (2.68)
Export intensity		−0.101** (−2.15)	−0.081* (−1.74)	−0.081* (−1.67)	−0.081 (−1.49)
GDP		0.633*** (10.54)	0.270** (2.09)	0.290** (2.11)	0.270* (1.89)
Population density		0.000* (1.79)	0.000 (0.08)	0.000 (0.11)	0.000 (0.08)
FDI		0.013 (0.94)	0.020 (1.28)	0.019 (1.20)	0.020 (1.20)
Secondary industry		0.001 (0.29)	−0.005 (−1.21)	−0.005 (−1.26)	−0.005 (−1.10)

变量	模型 1	模型 2	模型 3	模型 4	模型 5
	因变量：企业生产效率				
Tertiary industry		0.008***	0.003	0.003	0.003
		（2.88）	（0.77）	（0.79）	（0.64）
Railway freight volume		−0.001	0.004	0.004	0.004
		（−0.12）	（0.31）	（0.30）	（0.29）
Road freight volume		0.047	0.085*	0.091*	0.085*
		（1.10）	（1.79）	（1.74）	（1.74）
Constant	5.795***	−0.157	2.178*	1.858*	2.034*
	（1 116.20）	（−0.35）	（1.93）	（1.75）	（1.67）
行业–年份固定效应	NO	NO	YES	YES	YES
所有制固定效应	NO	NO	YES	YES	YES
区域固定效应	NO	NO	YES	YES	YES
样本量	55 675	47 043	47 043	46 904	47 043
R^2	0.068	0.152	0.496	0.496	0.496

注：小括号里的数字代表各个变量的 t 统计量的数值

***、**和*分别表示在 1%、5%和 10%的显著性水平上显著

10.5　结论与讨论

在重大工程与企业生产效率研究的现有文献中主要存在以下三个问题：第一，现有文献在重大工程对于企业生产效率的影响的方向和程度上仍未达成一致；第二，在这一领域中关于新兴经济体的实证经验仍较为缺乏；第三，关于更为宏观的重大工程对产业竞争力的影响，现有文献仍较少提及。为解决上述问题，本章基于 1998～2007 年中国制造业企业的数据，分别采用 OLS、DID 法和双重差分倾向得分匹配法，重点研究了重大工程对于产业竞争力的影响。以高速公路作为重大工程的典型案例、企业生产效率作为产业竞争力的有效代理变量，本章证实了重大工程的修建对于产业竞争力的提升具有显著且稳健的影响。

本章对现有文献的贡献主要体现在以下三点。第一，本章为重大工程对于企业生产效率的正向影响提供了新的证据。在这一领域的现有文献中，许多研究因未充分考虑到潜在的非随机放置、遗漏变量和非随机样本选择等诸多问题，导致

其实证分析结果并不准确。本章采用双重差分倾向得分匹配法，在充分考虑上述问题的基础上证实了重大工程对于企业生产效率的正向影响，这使得研究的估计结果更为可靠，有助于调和现有文献在这一领域中存在的分歧。第二，针对现有文献中新兴经济体的实证经验较为缺乏的问题，本章以"五纵七横"国道主干线工程的建设作为准自然实验，基于中国制造业企业的微观数据，探究了中国情境下重大工程建设与企业生产效率之间的关系，这在一定程度上丰富了这一领域中新兴经济体的实证经验。第三，现有研究主要关注重大工程建设与企业生产效率之间的关系，而在很大程度上忽略了重大工程在产业层面上的溢出效应。本章建立了重大工程、企业生产效率与产业竞争力之间的联系，证实了重大工程对于产业竞争力的正向影响。这一研究成果有助于为产业政策的规划和制定提供理论支撑，具有一定的实践意义。

应当指出，本章仍在一些方面存在一定的局限性。首先，本章仅仅关注了高速公路对于产业竞争力的影响。不应忽略的是，重大工程的类型多种多样，包括铁路、机场、隧道和大跨度桥梁在内的其他类型的重大工程对于产业竞争力的影响可能与高速公路对于产业竞争力的影响存在着显著差异（Melo et al.，2013）。在未来的研究中应充分讨论不同类型的重大工程对于产业竞争力的影响，并基于不同类型重大工程的差异化特性建立一种机制，从而针对其对于产业竞争力的不同影响进行比较和解释。这对于加深重大工程与产业竞争力之间的关系的理解是大有裨益的。其次，本章没有充分考虑重大工程对于产业竞争力的动态影响。一些研究已经证实，重大工程不但具有短期的溢出效应，还具有显著的长期溢出效应（Kamps，2005；张光南等，2010）。那么，重大工程与产业竞争力的长期关系是怎样的？重大工程对于产业竞争力的正向影响是会随着时间推移而逐渐增强还是逐渐减弱？未来的研究应针对这些问题进行更为深入的探讨和解答。

10.6　本章小结

基于"五纵七横"国道主干线工程建设的准自然实验和中国制造业企业的相关数据，以生产效率作为产业竞争力的有效代理变量，本章分别采用 OLS、DID 法和双重差分倾向得分匹配法针对重大工程对于产业竞争力的影响进行了较为深入的研究。实证分析结果证实了重大工程的修建对于产业竞争力的提升具有显著且稳健的影响。本章厘清了重大工程与产业竞争力之间的因果关系，这为解构重大工程产业溢出效应的机理奠定了理论基础。

第11章　重大工程产业溢出效应：企业创新的影响

重大工程修建引发的市场竞争强度加剧将促使一部分生产效率较低的企业被迫通过提高自身生产效率来对同行业竞争者进行回应。创新绩效的提升是企业提高自身生产效率的一种有效方式。本章基于1998~2007年中国制造业企业的样本，以高速公路作为重大工程的典型案例，实证检验了企业创新在重大工程修建和企业生产效率提升二者之间的中介效应。回归分析结果表明，重大工程的修建能够通过促进企业创新绩效的提升提高企业的生产效率，从而加速产业技术的升级，提升产业内企业的平均生产效率，最终促进产业竞争力的提升。这一效应在政府干预较弱的地区和中介机构较为发达的地区效果更为显著。

11.1　引　　言

根据第10章中的实证分析，"重大工程的修建有利于产业竞争力的提升"这一命题得到了有力证实。然而，重大工程是如何促进产业竞争力提升的呢？一些研究分别从市场整合、成本降低、要素流动等角度针对这一问题进行了一定程度的解释（Datta，2012；Faber，2014；Li H and Li Z G，2013）。然而，从整体的角度来看，现有文献中针对重大工程产业溢出效应影响机理的研究仍呈现出较强的碎片化特征，目前仍缺乏一个系统性的理论框架针对这一问题进行较为完整的解释。为解决这一问题，本章及后续章节将从企业创新、企业进退[①]和企业迁移三个不同角度对重大工程产业溢出效应的影响机理进行系统解构和实证检验，以期在重大工程产业溢出效应影响机理的理论解释方面有所突破。

重大工程的改善能够有效减小两地之间的时间和距离并降低企业的运输成本，从而在一定程度上消除市场上的贸易壁垒，引发市场竞争强度的加剧。这有利于生产效率较高的企业加速扩张，但会使得生产效率较低的企业面临严峻的生存威胁。在市场竞争的压力下，生产效率较低的企业将被迫通过提高自身生产效率来对同行业竞争者进行回应，而创新绩效的提升是企业提高自身生产效率的一种有效方式。本章将着重从企业创新的视角解构重大工程的修建对于企业生产效

---

①本章中的"企业进退"主要指新兴企业进入市场和现有企业退出市场的行为。

率的影响机理，以期为重大工程产业溢出效应的理论解释提供一个全新的研究视角。

作为一种重要的无形资产，知识能够促进企业创新，从而提升企业生产效率（Aghion et al.，1998；Romer，1990）。然而，在社会分工日益精细化、知识网络日益复杂化的当今时代，企业已经几乎不可能完全凭借自身的力量研发出其需要的所有知识。因此对于企业来说，利用现有资源高效地进行外部知识搜索，并与其外部利益相关者进行积极的信息交流显得不可或缺（Lin et al.，2018）。一些现有文献已经证实，重大工程的修建能够有效消除地理障碍、降低交通成本、促进知识流动并提升企业创新绩效（Donaldson and Hornbeck，2016；Zheng and Kahn，2013）。那么，重大工程是否能够通过加速知识流动和促进企业创新的方式提升企业生产效率，进而实现产业竞争力的提升呢？此外，值得注意的是，企业的知识获取离不开与其外部利益相关者的交流互动。在某些情况下，企业的外部利益相关者（如政府或中介机构）会对企业的创新意愿和创新能力造成不可忽视的影响。那么，企业的外部利益相关者究竟会对企业创新绩效和企业生产效率造成怎样的影响呢？企业的外部利益相关者将如何影响重大工程与产业竞争力之间的关系？本章将针对上述问题展开实证检验。

为了验证重大工程、企业创新与企业生产效率之间的关系，本章基于“五纵七横”国道主干线工程建设的准自然实验和中国制造业企业的相关数据，采用面板数据的中介模型和被调节的中介模型，实证检验了企业创新在重大工程和企业生产效率二者之间的中介效应，并验证了政府和中介机构两大外部利益相关者的调节效应。本章的实证结果从产业技术升级的角度解释和验证了重大工程产业溢出效应的影响机理。

11.2　理论与研究假设

11.2.1　基础设施、企业创新与企业生产效率

“虽然生产效率并非一切，但从长远来看，生产效率几乎就是一切。”（Krugman，1997）作为经济增长的主要推动力和未来生活水平的主要决定因素（Munnell，1990），企业生产效率的水平对国家发展和民生改善具有深远影响。因此，企业生产效率的决定因素和提高企业生产效率的方法等议题已成为国内外专家学者深切关注的重要问题。

基础设施的改善是企业生产效率提高的关键因素之一（Fernald，1999；Holl，

2016）。尽管现有研究对基础设施经济效应的量级大小仍存在一定程度的分歧，但是基础设施的改善对于提升企业生产效率的正向影响已得到了诸多经验研究的证实（Chandra and Thompson，2000）。举例来说，基于从 33 项研究中获得的 563 个估计样本，Melo 等（2013）对交通基础设施对生产效率的影响的现有实证检验进行了荟萃分析。分析结果表明，交通基础设施的投资额每增加 10%，相关企业的平均产量将显著增加 0.5%。这为基础设施与企业生产效率之间的正向相关关系提供了有力证据。

目前，针对基础设施对企业生产效率的影响机制的现有研究分为了不同的流派。从生产的角度来看，除了劳动力和资本等传统的生产要素外，包括基础设施投资在内的公共资本也可以被视为企业的重要生产要素。如果政府在基础设施领域进行投资，公共资本的投入就会随之增加。因此，根据柯布-道格拉斯生产函数可知，在企业的私有资本保持不变的情况下，其产出和生产效率也将随着公共资本的增加而增加。举例来说，基于生产函数法，Aschauer（1989）发现工业产出相对于公共资本投资的弹性来说显著为正，且这一弹性的大小在 0.39～0.56。

然而，一些学者认为，基于生产函数法的研究过高地估计了基础设施对于企业生产效率的积极影响（Gramlich，1994）。因此，许多研究转而从成本的角度针对基础设施对于企业生产效率的影响进行解释。一方面，基础设施的修建能够帮助企业克服运输障碍、减少运输时间并降低原材料投入成本，从而提高要素生产率（Donaldson，2018；Melo et al.，2013）；另一方面，良好的基础设施能够缩短企业与其潜在供应商之间的时间和距离，从而为企业提供了优化供应商选择、调整生产要素结构的机会，进而促进企业要素成本的降低和生产效率的提高（Datta，2012）。

值得注意的是，基础设施的改善还具有显著的规模效应。研究表明，如果市场上的贸易壁垒减少，企业将倾向于在某一区域内形成集聚（Krugman and Venables，1990）。基础设施的改善能够显著降低运输成本、消除贸易壁垒，这能够带来可观的规模效应，从而加快劳动分工的细化，进而促进企业生产效率的提升。此外，企业的地理集聚还有利于提高区域内的市场竞争水平，这有利于强化市场的淘汰机制和自然选择过程，从而筛选出生产效率更高的企业，进而提高当地企业生产效率的平均水平（Deng，2013；Graham，2007；Melitz and Ottaviano，2008）。

然而，现有研究对于企业创新在基础设施与企业生产效率之间的关系中所起的作用仍关注较少。作为经济增长的主要动力和重要催化剂，企业创新能够有效推动企业生产效率的持续提升，增强企业的国际竞争优势，对于构建和维持企业的动态能力至关重要（Baregheh et al.，2009；Kung and Schmid，2015；Nakauchi et al.，2017；Özçelik and Taymaz，2004）。企业创新对于企业生产效率的积极影响已经得到了许多研究的证实。在宏观层面，基于 12 个经济合作与发展组织成员国自 1970 年以来的面板数据，Griffith 等（2004）发现创新能够帮助产业生产效率较为落后的国家缩小与产业生产效率较为发达的国家之间的差距。在微观层面，Baumann 和 Kritikos（2016）证实了中小企业的产品创新对其劳动生产率的提升有相当显著的积极影响。此外，以往的研究成果还表明了基础设施的完善能够有效地激发企业创新。根据 Agrawal 等（2017）的估计，国家高速公路存量增加 10% 能够在未来五年期间使得美国专利申请数量显著增加 1.7%。基于中国的经验数据，Wang 等（2018b）的研究也发现了相似规律：中国的道路密度每提高 10%，中国每家公司的平均专利成功申请数量就提升 0.71%。

　　由上文中的论述可知，企业创新和基础设施的改善均对企业生产效率的提升有着显著的正向影响。由此，本章推断，企业创新可能是一种能够将重大工程建设与企业生产效率联系起来的另一种机制。资源基础观认为，企业所拥有的资源决定了企业的战略、绩效和可持续的竞争优势，因此企业所拥有资源的异质性决定了企业的异质性（Barney，1991；Waddock and Graves，1997）。知识是企业的一种重要的无形资源，企业可以根据自身需求和利益对知识进行搜索、选择、吸收与解释，这一过程是推动企业创新的重要力量（Simeone et al.，2017a）。然而，知识往往具有一定的区域局限性，其溢出效应往往受到地理位置的限制（Jaffe et al.，1993）。为了更加有效地获取知识资源和提高生产效率，企业必须克服地理障碍的限制。基础设施的修建能够有效打破区域之间的地理隔断，是一种有助于打破知识区域限制、促进知识传播的理想的外部力量（Donaldson and Hornbeck，2016；Zheng and Kahn，2013）。在连通到高速公路、高铁等基础设施网络之后，企业将更有可能与地理距离较远的创新明星企业建立起合作关系，并获得可观的知识资源。在企业与创新明星企业建立起合作关系以后，一方面，企业与创新明星企业的沟通交流将促使企业意识到自身与创新前沿之间的差距，其面临的更激烈的市场竞争将显著增强企业提升其创新绩效的意愿；另一方面，基础设施的改善能够帮助企业扩大外部搜索范围，促进企业与更多创新明星企业建立起合作关系并获得更多的创新资源，从而提升企业的创新能力。因此，重大工程的修建有助于企业创新绩效的提升。进一步，企业创新绩效的提升能够有效提高企业的生产效率。

　　因此，提出下述假设。

　　H11-1：企业创新在重大工程修建与企业生产效率的关系中发挥中介作用。

11.2.2　外部利益相关者的影响

　　企业创新对重大工程修建与企业生产效率之间关系的中介效应可能会受到一些外部利益相关者的影响。本章主要关注两个重要的外部利益相关者，这两个外部利益相关者有可能会对企业外部资源搜索能力产生重大影响，有可能会对企业创新的中介效应起到调节作用。其中一个外部利益相关者是政府，政府能够通过规制治理改变对市场干预的程度，从而引起市场自由化程度的变化；另一个外部利益相关者是中介机构，中介机构能够在知识流动和企业创新的过程中起到重要的桥梁与纽带的作用。由于现有文献对这两个外部利益相关者所起的作用的讨论并不充分，本章将以资源基础观为理论基础，解读这两个外部利益相关者对于企业创新对重大工程修建与企业生产效率之间关系的中介效应的调节作用。

政府能够通过制定规章政策影响其对市场干预的程度。支持自由市场经济模式的专家学者认为，政府的市场自由化政策是促进经济发展的有效举措。市场自由化政策包括各种形式的行政措施，通过减少政府对市场的干预和监管，以达到打破国有企业对市场的垄断、减少价格控制、提高劳动力市场流动性、降低企业税率和减少对国内外资本的限制等目的（Park et al.，2006）。由于市场自由化政策有利于改善企业业绩、加速经济增长和增加社会福利，新兴市场国家和发展中国家的政府经常采用市场自由化政策来促进国内经济的繁荣（Kumaraswamy et al.，2012；Mitton，2006；Zahra et al.，2000）。举例来说，世界上最大的三个新兴经济体——中国、印度和巴西的中央政府在20世纪后期先后颁布了一系列市场自由化政策，这些政策减少了政府对市场的干预，提升了这些国家的市场自由化程度，为这些国家的经济快速增长做出了重大贡献。

作为企业绩效的重要指标之一，企业创新绩效可能会受到政府干预的影响。如上文所述，基础设施的修建为企业提供了更多与地理距离较为遥远的创新明星企业进行沟通的机会，也能够帮助企业扩大知识搜索范围进而获得更多有效的知识资源，这两方面都有利于促进企业创新绩效的提升。政府干预可能会在一定程度上影响知识传播的过程，因为制度因素能够塑造社会经济活动和企业的组织战略（Peng et al.，2009，2017）。在政府干预程度较弱的地区，市场自由化程度较高。有利的制度环境和市场环境降低了企业进行外部知识搜索的成本，为企业获取更多有效知识资源创造了更好的条件，这可能会强化基础设施改善对企业创新的积极影响。然而，在政府干预程度较强的地区，市场自由化程度相对较低，这将导致市场效率的下降和制度障碍的增加。在这种制度环境的制约下，制度障碍将成为阻碍企业创新的主要因素，企业将更难以获得外部知识资源，不利于企业创新绩效的提升。在制度障碍难以得到有效消除的情况下，重大工程修建对企业创新的积极影响可能会被削弱。

因此，提出下述假设。

H11-2：在政府干预较强的地方，企业创新对重大工程修建与企业生产效率之间关系的中介作用更弱。

除了政府以外，中介机构可能是能够影响企业外部知识搜索和创新绩效的另一个重要外部利益相关者。中介机构包括技术服务企业、咨询企业、会计和金融企业、律师事务所和猎头企业等（Zhang and Li, 2010）。中介机构通常作为代理人或中间人为企业提供其潜在合作者的相关信息，促成双方或更多方之间的交易，为已经建立起合作关系的企业进行沟通和调解，为企业创新寻求建议、资金和其他支持等（Howells, 2006）。中介机构拥有财务、技术、法务和人才等诸多资源，因此它们能够帮助其他公司进行外部知识搜索、重新组合和传输有价值的知识资源，并促进企业创新绩效的提升（Savino et al., 2017；Stewart and Hyysalo, 2008）。关于中介机构的议题已经引起了产学研各界越来越多的关注，目前已有一些实证分析证实了中介机构发展与企业创新绩效之间的正相关关系。举例来说，Lin 等（2018）的研究结果表明，中介机构有利于促进企业动态能力的发展，进一步提升企业创新绩效。

基础设施的改善为企业提供了更为便利地获取外部知识资源的机会，有利于提高企业的创新绩效和核心竞争力。但是，在进行外部知识资源搜索的同时，企业仍可能面临着严峻挑战。第一，进行外部知识资源搜索的成本相当高。如果企业希望在时间和成本的约束下获得更多的外部知识资源，其必须找到进一步提高外部知识搜索效率的方法。第二，企业很难对其他行业的知识资源进行有效搜索。一般来说，企业往往会与同一行业的其他企业或与其上下游行业的企业建立更紧密的联系，而难以同与企业所在行业相关程度较低的其他行业的企业建立起较为紧密的联系，这将大大增加企业在与其所在行业相关程度较低的其他行业进行知识搜索的难度。如果企业无法在其他行业中有效地进行知识资源搜索，企业知识搜索的效率将大大降低。尽管基础设施的改善可以缩短企业与其潜在合作伙伴之间的时间和距离，但基础设施却不太可能在短期内帮助企业同与其所在行业相关程度较低的其他行业的企业建立新的联系。第三，在各个企业、组织和其他利益相关者之间，其利益、需求和语言方面存在显著差异（Simeone et al., 2017b）。因此，对于企业来说，直接学习和利用从其他企业、组织与利益相关者那里获得的知识具有相当大的难度。

正如 Gassmann 等（2011）所指出的那样，一个人的问题的解决方案通常可以在另一个人的工具箱中找到，但挑战在于如何找到它。中介机构似乎是能够帮助企业在其他企业、组织或利益相关者的工具箱中找到解决方案的理想帮手。一方面，中介机构拥有巨量的资源，可以为企业创造更多进行外界资源搜索的机会，而且也可以通过降低相关成本来提高企业外部知识搜索的可行性和有效性（Tran et al., 2011）。一般来说，中介机构拥有广泛的社交网络和对大量资源的访问权限，因此它们可以更专业地进行信息处理，帮助企业更快地找到其所需的知识资源，并将外部知识资源转化为易于企业理解和吸收的形式，从而大大提高了企业搜索与利用外部知识的效率（Lin et al., 2018；Zhang and Li, 2010）。另一方面，中介机构可以打破行业之间的界限，从而可以帮助企业获得与其所在行业相关程度较低的其他行业的知识资源。中介机构通常为来自不同行业的客户提供服务，因此它们倾向于雇用具有不同专业背景的人员，以扩大中介机构的知识基础并防止其受到行业界限的限制（Gassmann et al.，2011）。由于中介机构能够连通不同行业的各种资源，与中介机构关系更密切的企业可以从外部知识搜索中以更低的成本获取更多的资源，有利于企业创新绩效的提升。在中介机构发展程度较高的地区，企业更有可能与中介机构建立起更为紧密的联系，从而获得更多的外部知识资源，并拥有更好的创新绩效。

因此，提出下述假设。

H11-3：在中介机构发展程度较高的地区，企业创新对重大工程修建与企业生产效率之间关系的中介作用更强。

本章的概念模型如图 11-1 所示。

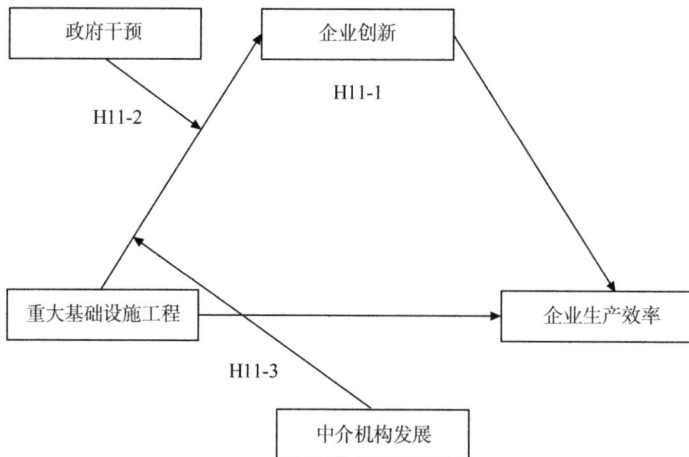

图 11-1　概念模型：企业创新

11.3　方法与设计

11.3.1　研究样本与数据采集

本章使用的主要数据库为工业企业数据库、《中国城市统计年鉴》和高速公路数据库。其中企业层面的数据主要来源于工业企业数据库；区域层面的数据主要来源于《中国城市统计年鉴》；高速公路可达性的数据来源于高速公路数据库。在3.2 节中已针对上述数据库进行了较为详尽的介绍，故在此不再赘述。最终，本章的样本中包含了 1998～2007 年这十年间所有规模以上中国制造企业的相关信息，共计 1 660 551 个观测值。

用 1998～2007 年这十年间中国制造业企业的样本来研究重大工程修建对于企业创新绩效和企业生产效率的影响是比较合适的。第一，在这十年中，中国的高速公路建设蓬勃发展、方兴未艾。在 2007 年底，中国的高速公路里程数达到了53 913km，几乎是 1998 年初中国高速公路里程数的 16 倍。在这十年中，中国高速公路里程数的年均增长率高达 29.8%。中国国家高速公路网络的快速发展提供了研究重大工程产业溢出效应的良好机会。第二，在"科学技术是第一生产力"的理念的指导下，中国政府在 20 世纪末期至 21 世纪初期颁布了一系列有利于科学技术发展的政策，极大地促进了企业生产效率和创新绩效的提高。第三，近几十年来中国的自由化进程为研究政府干预和制度环境的影响提供了理想的实证环境。自 1978 年以来，中国开始实行和逐步深化改革开放政策，以实现从计划经济向市场经济的转变。在很长一段时间内，中国经济既受到行政力量的干预，又受到市场力量的调节（Chang and Wu，2014；Yang，2015）。在改革开放的历史进程中，中国东南沿海地区成为对外国直接投资开放的先行者，这使得沿海省区市的市场化程度高于内陆省区市。在 1998～2007 年这十年间中国不均衡的区域经济发展为研究不同地区市场自由化和中介机构发展的异质性影响提供了差异性。

11.3.2　变量定义与测度

（1）因变量：企业生产效率（Productivity）。本章基于 Caves 等（1982）开发的指数针对变量企业生产效率进行测度。经过 Aw 等（2003）的修正，该指数已得到了世界各国专家学者的广泛认可和应用（Chang and Wu，2014）。该指数的计算方法为

$$\text{Productivity}_{it} = (\ln Y_{it} - \overline{\ln Y_t}) + \sum_{t=2}^{t}(\overline{\ln Y_t} - \overline{\ln Y_{t-1}}) - \left[\sum_{j=1}^{m}\frac{1}{2}(S_{ijt} + \overline{S_{jt}})(\ln X_{ijt} - \overline{\ln X_{jt}})\right]$$
$$+ \sum_{t=2}^{t}(\overline{S_{jt}} + \overline{S_{jt-1}})(\overline{\ln X_{jt}} - \ln X_{jt-1}) \tag{11-1}$$

式中，i、t 和 j 分别表示企业、年份和企业投入的类型；$\ln Y_{it}$、$\ln X_{ijt}$ 和 S_{ijt} 分别表示企业产出的自然对数、企业投入的自然对数和企业投入的份额。企业投入包括劳动力投入、物料投入和资本投入。企业投入份额定义为投入成本与产出的比率，劳动力投入份额为劳动力成本与产出的比率，物料投入份额为物料成本与产出的比率，资本投入份额则为 1 减去劳动力投入份额与物料投入份额之和。生产效率指数公式中的第一项反映了企业在第 t 年的产出与当年行业平均产出的偏差，第二项反映了第 t 年和样本中最初一年之间行业平均产出的累积变化。第三项和第四项则针对企业各种类型的投入：第三项以各个企业的各项投入份额为权重，计算

企业在第 t 年的生产投入与当年行业平均生产投入之间的偏差；第四项则以各个行业的各项投入份额为权重，计算第 t 年和样本中最初一年之间行业平均生产投入的累积变化。这一生产效率指数衡量了企业 i 在第 t 年相对于样本中最初一年的一个假想中的企业（反映了行业平均水平的企业）之间生产效率的比例差值。

（2）自变量：高速公路可达性（Highway accessibility）。本章使用一个虚拟变量来测度高速公路可达性，进而反映出一个地区的交通基础设施状况。如果企业 i 所在的县级行政区域在第 t 年连接上了国家高速公路网络，则对于企业 i 在第 t 年的高速公路可达性定义为1；若企业 i 所在的县级行政区域在第 t 年没有连接上国家高速公路网络，则对于企业 i 在第 t 年的高速公路可达性定义为0。

（3）中介变量：企业创新绩效（Innovation performance）。使用专利数量来测度企业创新绩效是现有研究的常用做法（Agrawal et al.，2017；Wang et al.，2018b）。然而，尽管专利数量是测度企业创新绩效的一种有效的方式，但实际上专利数量并不能完全反映出企业的创新活动。一方面，并非所有的企业创新成果都适合申请专利；另一方面，由于几乎所有成功得到授权的专利都是市场层面的创新（new-to-market innovations），专利数量无法反映出企业层面的创新（new-to-firm innovations）（Mansury and Love，2008）。而企业层面的产品创新虽然无法申请专利，却有可能同样会对企业生产效率产生促进作用。为解决上述问题，本章将企业创新绩效定义为企业新产品产值的自然对数。企业新产品产值既包括了市场层面的创新的产值，又包括了企业层面的创新的产值，因此用企业新产品产值测度企业创新绩效更为合适。

（4）调节变量：政府干预（Government）。国民经济研究所[①]开发了一个在学术界受认可程度较高的市场化指数（樊纲等，2010），该市场化指数主要包括五大部分：政府与市场关系、非国有经济发展、产品市场发育、要素市场发育、中介组织发育和法律。其中测度政府和市场关系的指数较好地反映了中国不同省区市中政府对于市场的干预程度，因此本章选取这一指数对政府干预进行测度。这一指数包含了五个维度，即市场分配经济资源比重、减轻农民税费负担、减少政府对企业干预、减少企业对外税费负担和缩小政府规模。一般来说，政府干预程度越高，市场自由化程度越弱；反之，政府干预程度越低，市场自由化程度越强。

中介机构发展（Intermediary）。国民经济研究所开发的市场化指数中包含了测度中介组织发育的指标，主要包含了两个维度，即律师、会计师等市场组织服务条件和行业协会对企业的帮助程度。本章采用这一指标测度中介机构的发展程度。

（5）控制变量：为了尽量避免由遗漏变量问题引起的估计偏差，本章的回归模型中包含了一系列控制变量，其中包括企业层面的控制变量和区域层面的控制变量。企业层面的控制变量包括企业产出（Output）、企业年龄（Age）、员工数量

---

①国民经济研究所是北京国民经济研究所的简称。

（Employee）、净资产收益率（ROE）、资产负债率（Asset-liability ratio）和出口强度（Export intensity）。本章中，企业产出定义为企业工业总产出的自然对数；企业年龄定义为企业成立以来的总年数的自然对数；员工数量定义为企业员工数量的自然对数。企业产出、企业年龄和员工数量描述了制造业企业的基本特征。净资产收益率是反映企业盈利能力的主要指标，在本章中定义为净利润与净资产的比率；资产负债率反映了企业的偿债能力，在本章中定义为企业总负债与有形资产的比率。净资产收益率和资产负债率反映了企业的财务状况。出口强度定义为企业出口额占其总产出的百分比，反映了企业对国际市场的依赖程度。由于企业的基本特征、财务状况和对国际市场的依赖程度均有可能影响企业生产效率（Aw et al.，2008；Chang and Gurbaxani，2012；Diaz and Sánchez，2008；Soderbom and Teal，2001），在本章中将这些变量设置为实证分析的控制变量。

区域层面的控制变量包括人均 GDP（GDP per capita）、人口密度（Population density）、第二产业比重（Secondary industry ratio）、第三产业比重（Tertiary industry ratio）、外国直接投资（FDI）、市场化指数（Marketization index）、铁路客运量（Railway passenger volume）、公路客运量（Road passenger volume）、铁路货运量（Railway freight volume）和公路货运量（Road freight volume）。在本章中，人均 GDP 定义为地级层面生产总值与常住人口的比值的自然对数；人口密度定义为地级层面的常住人口除以土地面积；第二产业比重定义为地级层面第二产业的从业人数占所有从业人数的比重；第三产业比重定义为地级层面第三产业的从业人数占所有从业人数的比重；外国直接投资定义为外国直接投资额的自然对数；市场化指数则采用国民经济研究所开发的市场化指数来进行计算。人均 GDP、人口密度、第二产业比重、第三产业比重、外国直接投资和市场化指数这六个变量反映了特定区域内的经济状况、人口特征、产业结构和制度环境，这些因素均有可能对企业生产效率产生影响，因此在本章中对其进行了控制。此外，为消除对新连通的高速公路的影响的估计偏差，应在模型中控制区域内存量基础设施的影响。因此，本章控制了在绝大部分地区最为主要的两种基础设施——铁路和公路的运输能力。铁路客运量、公路客运量、铁路货运量、公路货运量是反映铁路和公路运输能力的四个主要变量。在本章中，铁路客运量定义为地级层面在一年中铁路运输的客运量的自然对数；公路客运量定义为地级层面在一年中公路运输的客运量的自然对数；铁路货运量定义为地级层面在一年中铁路运输的货运量的自然对数；公路货运量定义为地级层面在一年中公路运输的货运量的自然对数。

此外，本章的回归模型中引入了行业固定效应和所有制固定效应，以控制不随时间变化的行业异质性和所有制异质性。本章根据 2012 年中国证券监督管理委员会修订的《上市公司行业分类指引》对行业进行分类，并根据企业的登记注册类型对企业所有制进行分类。

本章中关于变量定义的具体信息详见表 11-1。

表 11-1　变量定义与数据来源

变量	变量定义	数据来源
企业生产效率	计算方法详见式（11-1）	工业企业数据库
高速公路可达性	虚拟变量。若企业所在的县级行政区域已连通到国家高速公路网络，则取值为1；否则为0	高速公路数据库
企业创新绩效	企业新产品产值的自然对数	工业企业数据库
政府干预	国民经济研究所市场化指数中的政府与市场关系指标	国民经济研究所
中介机构发展	国民经济研究所市场化指数中的中介组织发育的指标	国民经济研究所
企业产出	企业工业总产出的自然对数	工业企业数据库
企业年龄	企业成立以来的总年数的自然对数	工业企业数据库
员工数量	企业员工数量的自然对数	工业企业数据库
净资产收益率	净利润与净资产的比率	工业企业数据库
资产负债率	企业总负债与有形资产的比率	工业企业数据库
出口强度	企业出口额占其总产出的百分比	工业企业数据库
人均 GDP	地级层面生产总值与常住人口的比值的自然对数	《中国城市统计年鉴》
人口密度	地级层面的常住人口除以土地面积	《中国城市统计年鉴》
第二产业比重	地级层面第二产业的从业人数占所有从业人数的比重	《中国城市统计年鉴》
第三产业比重	地级层面第三产业的从业人数占所有从业人数的比重	《中国城市统计年鉴》
外国直接投资	地级层面外国直接投资额的自然对数	《中国城市统计年鉴》
市场化指数	国民经济研究所开发的市场化指数	国民经济研究所
铁路客运量	地级层面在一年中铁路运输的客运量的自然对数	《中国城市统计年鉴》
铁路货运量	地级层面在一年中铁路运输的货运量的自然对数	《中国城市统计年鉴》
公路客运量	地级层面在一年中公路运输的客运量的自然对数	《中国城市统计年鉴》
公路货运量	地级层面在一年中公路运输的货运量的自然对数	《中国城市统计年鉴》

11.3.3　回归模型

本章主要涉及企业创新绩效对重大工程修建与企业生产效率之间关系的中介效应，以及政府干预和中介机构发展的调节作用。

1. 企业创新绩效的中介效应

参照 Lin 等（2018）的研究方法，本章分三个步骤来检验企业创新绩效的中介效应。第一步，检验自变量高速公路可达性与中介变量企业创新绩效之间的关系；第二步，检验自变量高速公路可达性与因变量企业生产效率之间的关系；第三步，检验高速公路可达性和企业创新绩效对企业生产效率的综合影响。

为估计第一步和第二步中的效应，建立了如下式所示的回归模型：

$$\text{Dependent Variable}_{i,t+1} = \alpha + \beta \times \text{Highway accessibility}_{i,t} + \delta_i X_{i,t} + \gamma_i Y_{i,t-1} + \nu_i + \varepsilon_{i,t}$$

$$(11\text{-}2)$$

随后，建立了如下式所示的回归模型以估计第三步的效应：

$$\text{Productivity}_{i,t+1} = \alpha + \beta_1 \times \text{Highway accessibility}_{i,t} + \beta_2 \times \text{Innovation performance}_{i,t+1}$$

$$+ \delta_i X_{i,t} + \gamma_i Y_{i,t-1} + \nu_i + \varepsilon_{i,t}$$

$$(11\text{-}3)$$

在上述回归模型中，Dependent Variable 包括企业创新绩效和企业生产效率。本章将 Dependent Variable 滞后一期以尽可能地消除回归模型的内生性问题和反向因果问题。列向量 $X_{i,t}$ 包含了一系列控制变量，包括企业产出、企业年龄、员工数量、净资产收益率、资产负债率、出口强度、人均 GDP、人口密度、第二产业比重、第三产业比重、外国直接投资和市场化指数。列向量 $Y_{i,t-1}$ 包含控制变量铁路客运量、公路客运量、铁路货运量和公路货运量。由于回归模型中加入这四个控制变量旨在控制区域内交通基础设施的历史存量，将其提前一期以避免对回归系数的估计偏误。此外，α 表示常数项，ν_i 表示个体效应，$\varepsilon_{i,t}$ 表示误差项。

2. 市场自由化和中介机构发展的调节作用

$$\text{Innovation performance}_{i,t+1} = \alpha + \beta_1 \times \text{Highway accessibility}_{i,t}$$

$$+ \beta_2 \times \text{Highway accessibility}_{i,t} \times \text{Moderator}_{i,t} \quad (11\text{-}4)$$

$$+ \delta_i X_{i,t} + \gamma_i Y_{i,t-1} + \nu_i + \varepsilon_{i,t}$$

采用如上式所示的回归模型以检验政府干预和中介机构发展的调节作用。式（11-4）中加入了自变量高速公路可达性和调节变量的交互项，其中调节变量 Moderator 包括政府干预和中介机构发展。

11.4　结果分析

11.4.1　描述性统计

表 11-2 总结了本章中各个变量的描述性统计，其中包括了均值、标准差和 Pearson 相关系数等相关信息。由表 11-2 可见，在同一个回归模型中各个变量之间的大多数 Pearson 相关系数小于 0.7，这表明各个变量之间的相关性在可接受的范围内，不会引起多重共线性的问题。

表 11-2 变量的描述性统计

变量	均值	标准差	1	2	3	4	5	6	7	8	9	10	11	12	13	14	15	16	17	18	19	20	21
Productivity	0.28	0.40	1																				
Highway accessibility	0.42	0.49	0.13*	1																			
Innovation performance	0.81	2.67	-0.01*	0.00	1																		
Government	8.34	1.56	0.32*	0.28*	0.02*	1																	
Intermediary	3.41	2.69	0.14*	0.17*	0.03*	0.45*	1																
Output	9.96	1.30	0.21*	0.09*	0.25*	0.17*	0.06*	1															
Age	9.14	7.34	-0.18*	-0.07*	0.11*	-0.16*	-0.09*	0.05*	1														
Employee	4.80	1.12	-0.21*	-0.03*	0.23*	-0.11*	-0.09*	0.65*	0.25*	1													
ROE	0.07	22.82	0.00*	0.00	0.00	0.00	0.00	0.00	0.00	0.00*	1												
Asset-liability ratio	0.70	9.72	0.00*	0.00	0.00	0.00*	0.00*	0.00*	0.00*	0.00*	0.01*	1											
Export intensity	0.17	0.34	-0.07*	0.05*	0.02*	0.15*	0.06*	0.11*	-0.08*	0.19*	0.00	0.00	1										
GDP per capita	3.08	3.65	0.08*	0.17*	0.00*	0.44*	0.38*	0.12*	-0.07*	0.01*	0.00	0.00	0.17*	1									
Population density	689.01	465.81	0.01*	0.10*	-0.01*	0.25*	0.49*	0.05*	-0.03*	-0.03*	0.00	0.00	0.07*	0.30*	1								
Secondary industry ratio	49.64	8.92	0.13*	0.12*	-0.03*	0.32*	-0.05*	0.12*	-0.09*	-0.01*	0.00	0.00	0.11*	0.21*	0.10*	1							
Tertiary industry ratio	39.26	8.81	-0.08*	0.09*	0.04*	0.06*	0.52*	0.00*	0.01*	-0.04*	0.00	0.00	0.04*	0.33*	0.35*	-0.47*	1						
FDI	10.56	2.01	0.08*	0.21*	0.00	0.47*	0.48*	0.12*	-0.11*	-0.06*	0.00	0.00	0.18*	0.51*	0.48*	0.22*	0.49*	1					
Marketization index	7.31	2.03	0.27*	0.28*	0.02*	0.88*	0.46*	0.16*	-0.18*	-0.12*	0.00	0.00*	0.20*	0.47*	0.28*	0.37*	0.11*	0.56*	1				

续表

变量	均值	标准差	1	2	3	4	5	6	7	8	9	10	11	12	13	14	15	16	17	18	19	20	21
Railway passenger volume	6.28	1.45	-0.04*	0.11*	0.04*	0.08*	0.43*	0.03*	0.01*	-0.03*	0.00	0.00	0.03*	0.37*	0.38*	-0.15*	0.71*	0.57*	0.14*	1			
Road passenger volume	8.96	0.92	0.06*	0.14*	0.03*	0.38*	0.06*	0.07*	-0.06*	-0.03*	0.00	0.00	0.12*	0.25*	-0.09*	0.20*	0.20*	0.44*	0.40*	0.33*	1		
Railway freight volume	6.26	1.42	-0.04*	0.03*	0.02*	-0.14*	0.32*	0.02*	0.03*	0.01*	0.00	0.00	-0.06*	0.10*	0.22*	-0.20*	0.50*	0.24*	-0.12*	0.62*	0.05*	1	
Road freight volume	8.73	0.93	0.06*	0.16*	0.02*	0.23*	0.56*	0.07*	-0.05*	-0.06*	0.00	0.00	0.04*	0.34*	0.41*	0.01*	0.59*	0.65*	0.32*	0.70*	0.43*	0.55*	1

*代表 p 值在 1%的显著性水平上显著

11.4.2　实证分析结果

首先，本章对回归模型进行了豪斯曼检验和过度识别检验。检验结果表明，回归模型中解释变量与无法观测到的个体效应之间存在相关性。因此，面板数据的固定效应模型是更适用于本章回归分析的模型。

针对企业创新绩效对重大工程修建与企业生产效率之间关系的中介效应的回归结果如表 11-3 所示。模型 1 中包括了自变量高速公路可达性和所有企业层面的控制变量。回归结果表明，高速公路可达性的改善能够显著提升企业创新绩效（$\beta=0.156$，$p<0.01$）。作为稳健性检验，模型 2 在模型 1 的基础上增加了所有区域层面的控制变量，其回归结果与模型 1 中的回归结果类似（$\beta=0.076$，$p<0.01$）。模型 1 和模型 2 的结果表明，高速公路可达性与企业创新绩效之间存在显著的正相关关系。模型 3 和模型 4 检验了高速公路可达性与企业生产效率之间的关系：模型 3 中包括自变量高速公路可达性和所有企业层面的控制变量；模型 4 在模型 3 所有变量的基础上进一步增加了所有区域层面的控制变量。模型 3 和模型 4 的回归结果证实了高速公路可达性对企业生产效率具有显著的积极影响（模型 3：$\beta=0.005$，$p<0.01$；模型 4：$\beta=0.003$，$p<0.01$）。模型 5 是在模型 3 所有变量的基础上加入了中介变量企业创新绩效。回归结果表明，中介变量企业创新绩效与企业生产效率显著正相关（$\beta=0.001$，$p<0.01$），且高速公路可达性与企业生产效率之间的正相关关系仍然存在（$\beta=0.004$，$p<0.01$）。但是，自变量高速公路可达性的系数由模型 3 中的 0.005 减少到模型 5 中的 0.004。模型 1、模型 3 和模型 5 中的回归结果满足 Baron 和 Kenny（1986）的中介变量检验的三个条件，并证实了企业创新绩效在高速公路可达性与企业生产效率之间的关系中起到了中介作用。此外，作为稳健性检验，模型 6 在模型 4 所有变量的基础上加入了中介变量企业创新绩效。模型 6 的回归分析结果同样证实了企业创新绩效在高速公路可达性与企业生产效率之间的关系中的中介作用（$\beta_1=0.002$，$p<0.15$；$\beta_2=0.001$，$p<0.01$）。上述回归分析的结果充分支持了 H11-1 当中的论断。

表 11-3　高速公路的影响和企业创新的中介效应

变量	模型 1	模型 2	模型 3	模型 4	模型 5	模型 6
	因变量：企业创新绩效		因变量：企业生产效率			
Highway accessibility	0.156*** （16.20）	0.076*** （5.59）	0.005*** （5.68）	0.003*** （3.01）	0.004*** （4.27）	0.002† （1.50）
Innovation performance					0.001*** （8.70）	0.001*** （6.18）

续表

变量	模型 1	模型 2	模型 3	模型 4	模型 5	模型 6
	因变量：企业创新绩效		因变量：企业生产效率			
Output	0.175*** （32.16）	0.222*** （25.15）	0.092*** （180.64）	0.097*** （127.16）	0.096*** （176.83）	0.102*** （123.95）
Age	0.045*** （32.72）	0.041*** （8.61）	0.035*** （265.71）	0.040*** （96.34）	0.035*** （249.95）	0.040*** （91.61）
Employee	0.158*** （24.32）	0.175*** （16.85）	−0.035*** （−57.58）	−0.037*** （−40.78）	−0.037*** （−56.26）	−0.038*** （−39.38）
ROE	−0.039*** （−5.68）	−0.090*** （−6.09）	0.010*** （18.17）	0.016*** （15.53）	0.014*** （20.29）	0.029*** （21.16）
Asset-liability ratio	0.001*** （3.46）	0.012* （1.95）	−0.000*** （−10.62）	−0.003*** （−7.55）	−0.000*** （−12.94）	−0.000 （−0.08）
Export intensity	0.146*** （9.90）	0.095*** （4.14）	0.001 （0.59）	0.008*** （4.00）	0.000 （0.34）	0.007*** （3.35）
GDP per capita		−0.010** （−2.47）		−0.003*** （−8.60）		−0.002*** （−5.80）
Population density		−0.000 （−0.57）		−0.000 （−0.85）		−0.000 （−1.46）
Secondary industry ratio		0.009*** （3.80）		0.003*** （13.42）		0.003*** （12.13）
Tertiary industry ratio		0.020*** （6.96）		−0.003*** （−12.51）		−0.003*** （−12.67）
FDI		0.056*** （9.51）		0.006*** （11.61）		0.006*** （9.99）
Marketization index		0.025*** （3.46）		−0.005*** （−7.34）		−0.006*** （−8.55）
Railway passenger volume		−0.027*** （−3.06）		−0.005*** （−6.50）		−0.005*** （−6.24）
Road passenger volume		−0.129*** （−6.96）		−0.012*** （−7.13）		−0.015*** （−8.68）
Railway freight volume		0.040*** （5.39）		0.004*** （6.17）		0.004*** （5.73）

续表

变量	模型 1	模型 2	模型 3	模型 4	模型 5	模型 6
	因变量：企业创新绩效		因变量：企业生产效率			
Road freight volume		0.013 （0.74）		0.012*** （8.19）		0.013*** （8.01）
行业固定效应	YES	YES	YES	YES	YES	YES
所有制固定效应	YES	YES	YES	YES	YES	YES
常数项	−0.368 （−0.30）	−3.516*** （−13.50）	−1.222*** （−9.98）	−0.963*** （−41.69）	−1.197*** （−9.73）	−0.953*** （−39.12）
样本量	1 006 444	565 986	1 113 571	632 457	1 006 375	565 953
R^2	0.013	0.014	0.235	0.250	0.251	0.271

注：小括号里的数字代表各个变量的 t 统计量的数值

***、**、*和†分别代表在 1%、5%、10% 和 15% 的显著性水平上显著

政府干预和中介机构发展的调节作用的回归分析结果详见表 11-4。为了尽可能地消除潜在的多重共线性问题对回归结果的影响，使用经过中心化处理过的自变量和调节变量来创建交互项。模型 1 在表 11-3 的模型 3 的基础上进一步增加了高速公路可达性与政府干预之间的交互项。其回归结果表明高速公路可达性与企业创新绩效之间的正相关关系仍然存在，而且交互项的系数显著为正（β_1=0.142，$p<0.01$；β_2=0.034，$p<0.01$）。模型 2 在模型 1 所有变量的基础上进一步增加了所有区域层面的控制变量，其回归分析得到了与模型 1 的回归分析结果类似的结果（β_1=0.046，$p<0.01$；β_2=0.017，$p<0.05$）。模型 1 和模型 2 的回归结果证实了政府干预的调节作用，H11-2 中的论断得到了充分支持。模型 3 在表 11-3 的模型 3 的基础上进一步增加了高速公路可达性与中介机构发展之间的交互项，其回归结果表明自变量高速公路可达性和交互项的系数均显著为正（β_1=0.177，$p<0.01$；β_2=0.012，$p<0.01$）。模型 4 在模型 3 所有变量的基础上进一步增加了所有区域层面的控制变量，其回归分析同样得到了与模型 3 类似的结果（β_1=0.128，$p<0.01$；β_2=0.011，$p<0.01$）。因此，H11-3 中的论断同样得到了充分支持。

表 11-4　政府干预和中介机构发展的调节效应

变量	模型 1	模型 2	模型 3	模型 4
	因变量：企业创新绩效			
Highway accessibility	0.142*** （14.70）	0.046*** （3.42）	0.177*** （15.42）	0.128*** （8.33）
Highway accessibility × Government	0.034*** （7.60）	0.017** （2.57）		

续表

变量	模型 1	模型 2	模型 3	模型 4
	因变量：企业创新绩效			
Government	0.060*** (15.76)	0.199*** (27.51)		
Highway accessibility × Intermediary			0.012*** (4.62)	0.011*** (3.00)
Intermediary			0.018*** (9.87)	0.015*** (5.23)
Output	0.170*** (30.84)	0.212*** (23.98)	0.186*** (26.74)	0.269*** (25.91)
Age	0.026*** (13.45)	−0.029*** (−6.31)	0.045*** (20.46)	0.050*** (11.55)
Employee	0.157*** (23.90)	0.174*** (16.81)	0.135*** (16.35)	0.151*** (12.67)
ROE	−0.039*** (−5.68)	−0.085*** (−5.79)	−0.016** (−2.05)	−0.032 (−1.60)
Asset-liability ratio	0.001*** (3.47)	0.011* (1.86)	0.000 (1.27)	0.006 (0.88)
Export intensity	0.154*** (10.28)	0.091*** (3.97)	0.130*** (7.31)	0.123*** (4.64)
GDP per capita		−0.031*** (−7.32)		−0.043*** (−8.13)
Population density		−0.000 (−0.09)		0.000** (2.27)
Secondary industry ratio		0.013*** (5.58)		0.015*** (5.91)
Tertiary industry ratio		0.033*** (11.23)		0.013*** (4.11)
FDI		0.062*** (10.61)		0.076*** (11.87)
Railway passenger volume		−0.029*** (−3.29)		−0.070*** (−5.82)

续表

变量	模型 1	模型 2	模型 3	模型 4
	因变量：企业创新绩效			
Road passenger volume		−0.098*** （−5.31）		−0.114*** （−5.33）
Railway freight volume		0.033*** （4.47）		0.102*** （11.27）
Road freight volume		0.043** （2.54）		0.013 （0.66）
行业固定效应	YES	YES	YES	YES
所有制固定效应	YES	YES	YES	YES
常数项	−0.059 （−0.05）	−3.688*** （−14.23）	−2.039*** （−31.01）	−4.247*** （−14.56）
样本量	988 068	565 986	715 369	437 376
R^2	0.014	0.016	0.015	0.019

注：小括号里的数字代表各个变量的 t 统计量的数值

***、**和*分别代表在 1%、5%和 10%的显著性水平上显著

　　图 11-2 和图 11-3 描绘了政府干预和中介机构发展的显著调节作用。此处使用表 11-4 中的模型 2 和模型 4 的回归结果对图 11-2 和图 11-3 进行绘制，政府干预和中介机构发展的取值均使用高于和低于其均值一个标准差的数值，所有其他变量的数值保持不变。如图 11-2 和图 11-3 所示，当政府干预程度更弱或中介机构发展程度更高时，重大工程的修建对于企业创新绩效的正向影响更强。

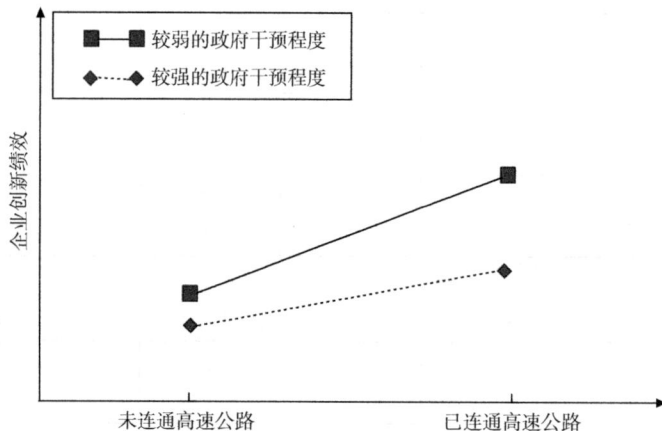

图 11-2　政府干预的调节效应

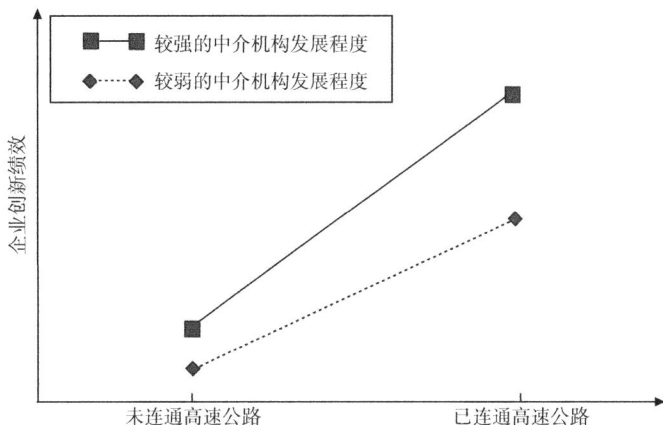

图 11-3　中介机构发展的调节效应

11.5　结论与讨论

重大工程的产业溢出效应已引起了学术界越来越多的关注。然而，针对重大工程对于产业竞争力的影响机理，现有研究往往忽略了企业创新起到的作用。为了填补这一研究空白，本章从企业创新的角度对重大工程和产业竞争力之间的关系进行了解释。此外，本章还讨论了外部利益相关者对这种机制的调节作用。本章以高速公路作为重大工程的一个典型案例，以研究重大工程的修建对于企业创新绩效和企业生产效率的影响。基于 1998～2007 年这十年期间中国制造业企业的 1 660 551 个样本，本章采用面板数据的中介模型和被调节的中介模型，证实了企业创新绩效在高速公路可达性与企业生产效率之间的关系中起到的中介作用。此外，本章还发现，如果企业位于政府干预程度较弱或中介机构发展程度较高的地区，高速公路可达性对企业创新绩效的正向影响将会得到加强。总而言之，本章的经验证据表明，重大工程的修建可以通过促进企业创新的方式提升企业生产效率。这有利于加速产业的技术升级，提升产业内企业的平均生产效率，最终促进产业竞争力的提升。

本章主要有以下三点理论贡献。第一，为重大工程与企业生产效率之间关系的机制提供了新的见解。解释重大工程对企业生产效率影响的机制主要有以下几种视角：要素投入的视角、成本降低的视角和产业集聚的视角。然而，上述机制均忽视了知识流动和企业创新的贡献。本章从理论层面提出了一系列假设，试图以企业创新作为一种新的机制来解释重大工程与企业生产效率之间的关系，并通过实证分析验证这一机制。这丰富了现有文献对于解释重大工程与企业生产效率之间关系机制的理解。第二，为探索外部利益相关者对企业创新这一机制的影响做出了一定贡献。重大工程的修建能够为企业提供更多的外部知识资源，进而通过提升企业的创新意愿和创新能力来促进企业创新绩效的提高。然而，这一过程可能会受到各种外部利益相关者的影响，这导致了重大工程对于企业创新绩效的影响的异质性。本章考虑了外部利益相关者对于这一机制的影响，即探究了政府干预和中介机构发展对这一机制的调节作用，这在以往的研究中很少被讨论。第三，本章丰富了资源基础观的应用。资源基础观认为，企业拥有的战略资源的异质性导致企业也具有显著的异质性，而异质的战略资源也决定了企业异质的比较优势。然而，大部分基于资源基础观的研究都主要关注企业拥有的有形资源。本章考虑了知识这一种重要的无形资源在重大工程与企业生产效率之间的关系中所起到的重要作用，这在一定程度上有利于加深人们对资源基础观的认识，并有助于将资源基础观应用于更多领域。

值得注意的是，本章也具有一些局限性。第一，数据可得性的问题限制了本章进一步深入研究。本章使用了企业新产品产值的自然对数来测度企业创新绩效。相对于专利数量来说，企业新产品产值是测度企业创新绩效的更加全面的变量，因为企业新产品产值不仅包括了市场层面的创新，还包括了企业层面的创新。然而，由于数据可得性的限制，很难基于现有数据分别研究市场层面的创新和企业层面的创新的不同影响。在未来的研究中应该针对二者之间的联系与差异进行更为深入的研究，以进一步丰富重大工程与企业生产效率之间关系的机制。第二，针对中介机构的研究还可以进一步细化。中介机构是一个非常广泛的概念，它包括许多不同类型的企业，如技术服务企业、咨询企业、会计师事务所、金融企业、律师事务所和猎头企业等。不同类型的中介机构在搜索、重组、传播和翻译外部知识资源方面发挥着不同的作用，这有可能会对企业创新绩效和企业生产效率产生不同的影响。不同类型的中介机构的影响的异质性值得进一步深入研究。

11.6　本　章　小　结

本章从企业创新的视角解释了重大工程产业溢出效应的影响机理。本章的实证分析结果证实，重大工程的修建能够通过改善企业创新绩效的方式促进企业生产效率的提升，且在政府干预较弱的地区或中介机构较为发达的地区，这一效应更强。重大工程的修建对于企业创新的正向影响能够加速产业技术的升级，提升产业内企业的平均生产效率，最终促进产业竞争力的提升。

第12章 重大工程产业溢出效应：
企业进退的影响

重大工程修建引发的市场竞争强度加剧同样可能会导致一部分生产效率较低的企业主动或被迫退出市场。本章基于1998～2007年中国制造业企业的样本，以高速公路作为重大工程的典型案例，研究了重大工程的修建对于企业退出市场和进入市场的影响。实证结果表明，重大工程的修建能够促进生产效率较低的现有企业退出市场，并吸引生产效率较高的新进企业进入市场，从而加速产业组织的升级、提升产业内企业的平均生产效率，最终促进产业竞争力的提升。重大工程对于企业进退的影响在对关系网络依赖程度较低的行业中表现得更为明显。

12.1 引 言

重大工程的修建能够引起市场竞争强度的加剧，这有利于生产效率较高的企业加速扩张，但会使得生产效率较低的企业面临严峻的生存威胁。在市场竞争的压力下，一部分生产效率较低的企业将通过提高自身生产效率来对同行业竞争者进行回应，而另一部分生产效率较低的企业将不得不主动或被迫地选择退出市场。第11章的研究中已较为详尽地阐明了重大工程的修建能够通过促进企业创新的方式推动企业生产效率的提升，本章将着重关注重大工程的修建对于企业进入和退出市场的影响。

重大工程的修建能够有效减小两地之间的时间和距离并降低企业的运输成本，从而在一定程度上消除市场上的贸易壁垒，引发市场竞争强度的加剧。这有可能会加快市场选择的进程，从而导致一部分现有企业被迫退出市场，并吸引一部分新进企业进入市场。基于可竞争市场理论，本章认为市场竞争强度的加剧将促使生产效率较低的现有企业退出市场，并提升进入市场的新进企业的效率门槛。这有利于加速产业组织的升级，提升产业内企业的平均生产效率，最终促进产业竞争力的提升。

为验证重大工程的修建对于企业进退的影响，本章基于"五纵七横"国道主干线工程建设的准自然实验和中国制造业企业的相关数据，采用面板数据的线性概率模型和 OLS 模型，针对重大工程的修建对于现有企业退出市场和新进企业进入市场的影响进行了实证分析，其结果证实了上文中的猜想。实证结果的支持帮助本章从产业组织升级的角度解释和验证了重大工程产业溢出效应的影响机理。

12.2　理论分析与研究假设

12.2.1　贸易壁垒与市场整合

经济学中的完全竞争理论假设完全竞争市场不存在任何贸易壁垒。然而，完全竞争市场是一种理想的市场状态，现实中的市场在绝大多数的情况下都难以具备完全竞争市场的全部特点，因此在现实市场中贸易壁垒始终存在。在国际贸易中，为了限制商品或服务的流动，从而为本国较为脆弱的、具有较强政治敏锐性的或在国际竞争中受到潜在威胁的行业提供保护，各国政府常常人为地施加贸易壁垒，其具体表现形式为关税、补贴、配额和禁运等（Lee and Swagel，1997）。从施加贸易壁垒的国家的角度来看，这种贸易壁垒往往能够有效保护本国相关行业当中的利益相关者，从而使得本国在包括政治和经济在内的多重层面上获益；然而，从全球的角度来看，贸易壁垒通常会阻碍全球范围内的贸易流动，导致世界总体经济效率和社会福利水平降低，最终损害世界经济的发展（McCalman，2018）。

一般来说，在一个统一国家的内部不存在关税。然而，一些专家学者的实证研究发现，在一个统一国家的不同区域内也存在着显著的边界效应，这表明在一个统一国家的国内市场中仍然存在贸易壁垒（Turrini and van Ypersele，2010；Wolf，2000）。除了地方政府实施的贸易保护主义政策之外①，基础设施的短缺是阻碍贸易量增长和国内市场整合的另一种贸易壁垒。在基础设施较不发达的地区，区域内和区域间的贸易会受到地理障碍的严重约束，这增加了本地消费者获取外地生产者相关信息并与之进行交易的成本，阻碍了本地消费者与外地生产者之间的贸易往来（Donaldson and Hornbeck，2016；Jensen and Miller，2018），从而导致基础

---

①地方政府存在实施贸易保护主义政策的动机。一般来说，地方行政领导的首要目标是确保自己管辖地区的财政收入最大化和社会经济不稳定性最小化。因此，地方政府倾向于利用其行政权力保护本地企业，例如，对本地企业进行补贴或对外地进口产品实施歧视性标准等（Poncet，2005）。与国家层面的贸易保护主义政策类似，地方贸易保护主义政策会在国内市场中制造更多的贸易壁垒，从而阻碍了国内市场自由贸易的发展进程，导致了国内市场的破碎化。

设施欠发达地区的商品流、服务流、人才流和信息流显著减少，不利于当地的贸易发展（Francois and Manchin，2013；Zheng and Kahn，2013）。基础设施短缺对于贸易的负面影响已得到了诸多实证研究的广泛证实。根据 Limao 和 Venables（2001）的估计，一国的基础设施从世界国家中位数的水平降低到第 75 个百分位的水平将使得企业的运输成本提高 12%、贸易总量降低 28%。目前，世界上大多数发展中国家仍遭受着"广泛的基础设施赤字"的困扰（Duvall et al.，2015），基础设施的短缺已成为阻碍全球贸易增长和区域间市场整合的主要障碍。

综上所述，包括基础设施短缺在内的贸易壁垒通常会限制市场整合的程度，降低市场竞争对于本地企业的影响，从而为本地企业提供了一个与外地企业竞争的缓冲带。这在客观上阻碍了具有较高生产效率企业的市场扩张，保护了生产效率较低的企业（Jensen and Miller，2018）。由此可见，贸易壁垒的存在不利于产业内企业平均生产效率和产业竞争力的提升。

12.2.2　基础设施、市场竞争与企业进退

一般来说，基础设施的改善对于降低企业成本具有显著作用，是一种消除贸易壁垒的有效方式（Cali and te Velde，2011）。第一，基础设施的改善能够拉近两个区域之间的时间和距离，这对于降低两个区域之间的时间成本和贸易成本具有不可忽视的积极影响。根据 Hummels 和 Schaur（2013）的估计，对于工业产成品来说，其在运输过程中的每日成本大致相当于这些商品自身价值的 0.6%~2.1%，因此商品运输时间的减少能够使得企业的贸易成本大幅度降低。第二，基础设施的改善有助于企业库存成本的降低。举例来说，Li H 和 Li Z G（2013）发现，在 1998~2007 年这十年间，每 1 美元的公路投资能够使得中国制造业企业的平均库存成本降低 2 美分左右。基于 20 世纪 70 年代的美国数据，Shirley 和 Winston（2004）也证实了基础设施改善对于企业库存成本降低的积极效应，而且这一效应在经济意义上比 Li H 和 Li Z G（2013）的结果更为显著。第三，从长期角度来看，基础设施的改善降低了企业的生产成本。基础设施的改善有利于扩大企业的外部搜索范围，从而能够有效缩短企业与其潜在供应商之间的时间和距离。因此，基础设施的改善为企业提供了重新优化其供应商结构的机会，这能够有效降低企业生产要素的价格，从而长期降低企业的生产成本（Datta，2012）。综上所述，基础设施的改善能够通过降低企业成本来建立一个更加深度整合的国内市场，为企业进入更广阔的市场提供更多机会，从而达到消除市场中的贸易壁垒的效果（McCalman，2018）。

然而，虽然基础设施的改善使得企业能够享受到成本降低带来的收益，但是基础设施改善引发的市场竞争加剧效应也会给企业带来更大的挑战。一般来说，

在较为碎片化的、竞争程度不高的市场当中，企业的规模通常较小，其平均生产效率也普遍偏低（Bloom et al.，2010；Hsieh and Klenow，2014）。造成这种现象的原因是较为碎片化的市场当中的贸易壁垒阻碍了商品的自由流动，这在客观上为本地企业提供了一个与外地企业竞争的缓冲带，从而阻碍了生产效率较高企业的市场扩张，并使得生产效率较低的企业仍然可以在市场竞争中生存下来（Jensen and Miller，2018）。而基础设施的改善降低了本地消费者与外地生产者之间的贸易成本，这有利于促进贸易一体化并扩大市场规模。从而加剧市场竞争强度，引发产业内市场份额的重新分配（Faber，2014）。在市场竞争加剧的情况下，贸易壁垒为本地企业带来的"竞争缓冲带"将不复存在，这将会对本地企业在本地市场的竞争优势造成重大影响，为本地企业的生存和发展带来了巨大挑战。总而言之，由于公路和铁路等基础设施对于货物和乘客的运输是双向的（Puga，2002），因此基础设施改善对于本地企业的影响应当从以下两个方面考虑：一方面，基础设施的改善能够降低企业成本，从而使得企业能够更加便捷地接触到潜在的供应商和客户，这为本地企业提供了更多成长和扩张的机会；另一方面，基础设施的改善大大弱化了贸易壁垒为本地企业带来的"竞争缓冲带"的作用，这使得外地企业能够更加容易地进入本地市场并与本地企业进行市场竞争，从而有可能给本地企业的生存和发展带来威胁，增加本地企业被市场淘汰的风险[①]。

在成本降低效应和竞争促进效应的共同作用下，基础设施的改善似乎对于具有不同生产效率的企业的退出概率具有不同的影响。一般而言，大多数企业均受益于基础设施带来的成本降低效应。然而，从竞争促进效应的角度来说，更激烈的市场竞争则会使生产效率较高的企业受益，使生产效率较低的企业受害（Jensen and Miller，2018）。在市场竞争加剧的情境下，生产效率较低的企业将被迫通过提高自身生产效率来对外来竞争者进行回应，否则它们可能将不得不面临破产的威胁，最终被市场淘汰（Beneito et al.，2017）。由此看来，基础设施的改善更有可能导致生产效率较低的企业退出市场的概率提升。

基础设施改善对于不同生产效率的企业的异质性影响可以从古典经济学的视角进行解释。下文将以高速公路这一种常见且具有代表性的基础设施为例，针对基础设施的改善对于企业退出市场概率的影响展开讨论。

假设企业 A 位于区域 i，企业 B 位于区域 j，并且企业 A 和企业 B 都生产相同的产品 X。企业 A 具有比企业 B 更高的生产效率，因此企业 A 生产的产品 X 的出厂价格 P_A 低于企业 B 生产的产品 X 的出厂价格 P_B。为了便于说明，假设在同一区域内贸易成本为 0，即在不亏本的情况下，企业在其所在区域销售产品的最低价格等于其出厂价格。在时间 t 时，一条高速公路同时连通了区域 i 和区域 j。

---

①为简洁起见，将交通基础设施改善对于本地企业的两种不同影响称为"成本降低效应"和"竞争促进效应"。

在时间 t 之前，区域 i 和区域 j 之间存在着不容忽视的贸易壁垒。根据 Anderson 和 van Wincoop（2004）的定义，在区域 i 和区域 j 之间的双边贸易壁垒（贸易成本）t_{ij} 等于：

$$t_{ij} = \prod_{m=1}^{M} (z_{ij}^m)^{\gamma_m}$$

式中，m 表示某种可观测的影响区域 i 和区域 j 之间的贸易壁垒的因素；z_{ij}^m 表示因素 m 影响贸易壁垒的程度，其系数为 γ_m。$(z_{ij}^m)^{\gamma_m}$ 等于 1 加上因素 m 影响贸易壁垒的程度的税收当量，当与因素 m 相关的贸易壁垒程度为 0 时，$(z_{ij}^m)^{\gamma_m}$ 的数值等于 1。在这里将贸易壁垒分为两类：与交通运输相关的贸易壁垒 z_{ij}^T 和与交通运输无关的贸易壁垒 z_{ij}^{nT}。因此，如果企业 A 在区域 j 销售产品 X，其最低价格 p_{Ai} 应为其生产成本 p_A 乘以贸易成本 t_{ij}，即

$$p_{Aj} = p_A t_{ij} = p_A (z_{ij}^T)^{\gamma_T} (z_{ij}^{nT})^{\gamma_{nT}}$$

尽管企业 A 生产的产品 X 的出厂价格 p_A 低于企业 B 生产的产品 X 的出厂价格 p_B，但由于贸易壁垒的存在，企业 A 若想在区域 j 的市场当中与企业 B 进行市场竞争，其必须承担比企业 B 高得多的贸易成本。因此，在区域 j 中企业 A 的产品销售价格 p_{Aj} 有可能会高于企业 B 的产品销售价格 p_B。这将大大降低企业 A 的产品在区域 j 的市场当中的竞争力，从而阻碍企业 A 进入区域 j 的市场。在贸易壁垒的保护之下，生产效率较低的企业 B 得以在市场上继续生存。因此，在高速公路连通区域 i 和区域 j 之前（在时间 t 之前），企业 B 退出市场的概率较低。

在时间 t 之后，在区域 i 和区域 j 之间已有高速公路相连。高速公路极大地消除了区域 i 和区域 j 之间的与交通相关的贸易壁垒 z_{ij}^T，因此，企业 A 在区域 j 的贸易成本得以降低，其产品 X 的销售价格 p_{Aj} 也将随之下降。当 p_{Aj} 下降到低于 p_B 时，在区域 j 的市场当中，企业 A 的产品将比企业 B 的产品更具有竞争力，贸易壁垒为生产效率较低的本地企业 B 带来的"竞争缓冲带"将失去作用。最终，生产效率较高的企业 A 的产品将更有可能占领区域 j 的市场，这将导致生产效率较低的企业 B 退出市场的概率在短期内显著增长。然而，如果企业 A 与企业 B 具有相近的生产效率，那么无论高速公路是否建成，企业 B 在区域 j 的市场当中都将保持相当程度的竞争力，在高速公路开通以后企业 B 退出区域 j 的市场的概率不会产生明显变化。以上论述表明，生产效率较低的企业退出市场的概率更有可能会受到基础设施改善的影响。而重大工程的修建则是区域内基础设施改善的最直接的方式。

因此，提出下述假设。

H12-1a：在重大工程修建后，生产效率较低的企业在短期内退出市场的概率将显著增加。

此外，基础设施工程具有显著的全生命周期动态性（Peng et al., 2007；Zeng et

al., 2015）。因此，不应仅仅关注基础设施改善后即刻产生的对经济活动的溢出效应，同时也应该关注交通基础设施在其全生命周期当中对经济活动产生的影响（Banister and Thurstain-Goodwin, 2011；Levitt, 2007）。举例来说，Kamps（2005）研究了经济合作与发展组织各个成员国的基础设施投资对于经济产出的动态影响，其研究成果发现在大多数经济合作与发展组织国家，其基础设施投资对于经济产出的正向影响可长达 25 年以上。Melo 等（2013）也指出，在某些情况下，交通基础设施对于经济产出的长期影响甚至要比其短期影响更为强烈。上述经验证据表明，基础设施的改善对于经济活动的长期影响不容忽视。

从长期角度来看，基础设施的改善似乎也对企业退出市场的概率存在显著影响。根据上文中的分析，基础设施的改善能够有效降低企业运输成本、消除贸易壁垒、促进区域间贸易一体化、扩大市场规模，从而通过强化市场竞争的方式促进产业内的重新分配。因此，为应对基础设施改善带来的外部市场环境变化，生产效率较低的企业必须设法提升自身生产效率，否则它们将被迫面临被市场淘汰出局的风险。值得注意的是，基础设施的改善对于市场竞争的促进作用不仅仅局限在短期内，长期内也是有效的。一旦有利于竞争的市场环境得以建立，市场竞争就能够自我强化，从而使得未来的市场竞争越来越激烈。市场竞争的自我强化效应有助于形成一种良性循环，从而在长期使得生产效率较高的企业获益，而生产效率较低的企业则将会面临着越来越高的退出风险。

因此，提出下述假设。

H12-1b：在重大工程修建后，生产效率较低的企业在长期内退出市场的概率将显著增加。

基础设施的改善带来的有利于竞争的市场环境也会对新进企业进入市场产生影响。根据上文中的讨论，基础设施的改善有助于淘汰市场上生产效率较低的现有企业，从而有利于提高市场上现有企业的平均生产效率，从而提高相关产业的竞争力（Aghion and Schankerman, 1999）。总而言之，基础设施的改善会强化市场选择的过程，从而使得生产效率较高的企业获益。基础设施改善带来的市场选择效应不仅有利于生产效率较高的现有企业，而且还能够提升新进入市场的企业的平均生产效率。一般来说，基础设施的市场选择效应能够从两个方面发挥作用。一方面，基础设施的市场选择效应将增强高生产效率的新进企业进入市场的动力。Klepper（1996）认为，新进企业一般在进入市场之前就对其自身的能力和生产效率水平有着较为清晰的认识。在竞争激烈的市场环境中，生产效率较高的新进企业将意识到自身与生产效率较低的现有企业相比具有相当程度的竞争优势，这一竞争优势将使得自己有可能占据更大的市场份额和营收利润。因此，高生产效率的新进企业将更愿意进入市场。另一方面，有利于竞争的市场环境将降低低生产效率的新进企业进入市场的积极性。在基础设施得以改善之前，贸易壁垒将在客观上为生产效率较低的企业提供一个"竞争缓冲带"，从而使其能够在一定程度上避免与同行业的高生产效率企业进行直接竞争。然而，基础设施的改善降低了贸易成本，这将大大消除贸易壁垒，使得"竞争缓冲带"失去作用，从而营造出有利于竞争的市场环境。激烈的市场竞争将使得生产效率较高的企业获益，而使得生产效率较低的企业受害。这在客观上阻止了生产效率较低的新进企业进入市场。总而言之，基础设施的改善将促使生产效率较高的企业进入市场。与基础设施对于企业退出的影响类似，基础设施的市场选择效应在长期仍有可能发挥作用。因此，同样地，本章考虑了重大工程的修建对于新进企业生产效率的短期影响和长期影响。

因此，提出下述假设。

H12-2a：从短期来看，重大工程的修建将显著提升新进入市场的企业的生产效率。

H12-2b：从长期来看，重大工程的修建将显著提升新进入市场的企业的生产效率。

为了更加直观地阐明重大工程的修建与产业竞争力之间的关系，以及影响这一关系的作用机理，建立本章的概念模型，如图 12-1 所示。

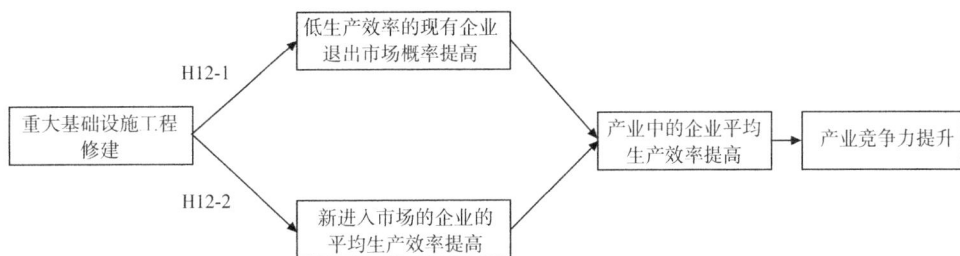

图 12-1　概念模型：企业进退

12.3　方法与设计

12.3.1　研究样本与数据采集

本章使用的主要数据库为工业企业数据库、《中国城市统计年鉴》和高速公路数据库。其中，企业层面的数据主要来源于工业企业数据库，区域层面的数据主要来源于《中国城市统计年鉴》，而高速公路可达性的数据来源于高速公路数据库。最终，本章的样本包含了 1998～2007 年这十年间来自 428 个制造业行业（使用四位数行业代码）的 1 542 876 个企业观测值。

本章使用的数据库非常适合用于研究中国情境下重大工程对于企业进退的影响，其主要原因有三。第一，在本章数据库的样本期间内（1998～2007 年），中国国家高速公路网络的快速发展为与重大工程相关的研究创造了有利条件。1998～2007 年是"五纵七横"国道主干线工程的加速建设阶段。在此期间，中国的高速公路里程数增加量超过 50 000km，中国连通到国家高速公路网络的县级行政区域由 1998 年的 163 个增加到 2007 年的 968 个，中国连通到国家高速公路网络的制造业企业的比率也从 1998 年的 14.11%增加到 2007 年的 57.90%[①]。本章的样本期与"五纵七横"国道主干线工程加速建设阶段的良好匹配有利于本章的理论解释和实证检验。第二，在本章的样本期间内，在各种因素的影响下，大量现有企业退出了市场，也有诸多新进企业进入了市场，这为和企业进退相关研究提供了便利。本章的数据显示，在 1998 年，样本中共有 165 118 家制造业企业，其中 62.91%的企业是国有企业或集体企业；然而，在 2007 年，样本中的制造业企业数量增加至 335 076 个，其中只有 9.28%是国有企业或集体企业，而私营企业的比例高达 70.68%。由此可见，在样本期的十年当中，国有企业大规模退出市场，而民营企业大规模进入市场。在这十年当中始终被包含在样本内的制造业企业只有约 46 000 家。第三，本章的数据主要基于工业企业数据库，具有较大的样本量和较长的时间跨度，这能够有效地消除样本中的个体异质性问题，减少经验估计的近似偏差，确保经验估计的一致性，从而提高实证分析的估计效率。

12.3.2　变量定义与测度

（1）企业退出。本章借鉴 Chang 和 Wu（2014）的做法，将企业退出（Exit）定义为一个虚拟变量。若在第 t 年，样本中包含企业 i，但是在第 $t+1$ 年以及样本期间的后续年份中企业 i 并没有出现，则认为企业 i 在第 $t+1$ 年退出了市场，即定义 Exit_{it+1} 等于 1；反之，若在第 $t+1$ 年样本中仍包含企业 i，则表明企业 i 在第 $t+1$ 年没有退出市场，即定义 Exit_{it+1} 等于 0。

（2）企业进入。在工业企业数据库中包含企业成立的年份。因此，本章将企业成立的年份定义为企业进入市场的年份。

（3）高速公路可达性（Highway accessibility）。本章根据县级行政区域连通到国家高速公路网络的情况来测度高速公路可达性。根据第 t 年县级行政区域连通到国家高速公路网络的状况，可将县级行政区域划分为三类：①在第 t 年仍未连通到国家高速公路网络的县级行政区域；②恰好在第 t 年连通到国家高速公路网络的县

①在本章中，如果企业所在的县级行政区域已连通到国家高速公路网络，则认为位于该县级行政区域的企业均已连通到国家高速公路网络。

级行政区域；③在第 t 年之前就已经连通到国家高速公路网络的县级行政区域。通过比较第一类和第二类县级行政区域中的企业，可以估计出高速公路可达性对于企业进退的短期影响。然而，基础设施的影响通常具有累积效应（Grumbine and Pandit，2013；Stone，2011；Winemiller et al.，2016）。鉴于此，本章通过比较第二类和第三类县级行政区域中的企业，来排除高速公路可达性的短期影响，进而检验高速公路可达性对于企业进退的长期影响[①]。为了比较不同类别的县级行政区域中的企业，本章定义了两个用于测度高速公路可达性的虚拟变量，即 HAshort 和 HAlong。如果企业 i 所在的县级行政区域在第 t 年仍未连通到国家高速公路网络，则 $HAshort_{it}$ 等于 0；如果企业 i 所在的县级行政区域恰好在第 t 年连通到国家高速公路网络，则 $HAshort_{it}$ 等于 1，$HAlong_{it}$ 等于 0；如果企业 i 所在的县级行政区域在第 t 年之前就已经连通到国家高速公路网络，则 $HAlong_{it}$ 等于 1。

（4）企业生产效率。本章对于企业生产效率（Productivity）的定义沿用了 Chang 和 Wu（2014）的测量方法。这一生产效率指数最初由 Caves 等（1982）开发，后来 Aw 等（2003）又对其进行了修正。目前，作为测度企业生产效率的有效方法之一，该指数已被相关领域的专家学者广泛接受和使用。

此外，为尽可能地消除由遗漏变量问题导致的估计偏差，本章的回归模型中还包含了一系列控制变量，其中主要包括企业层面的控制变量和区域层面的控制变量。企业层面的控制变量主要包括企业产出（Output）、企业年龄（Age）、企业所有制（Ownership）和企业所在行业（Industry）。企业产出定义为企业工业总产出的自然对数；企业年龄定义为企业成立以来的总年数的自然对数。本章根据企业的所有权结构将样本中的企业分为四类：国有企业、集体企业、私营企业和外资企业，并分别定义虚拟变量对其进行控制。基于 2012 年中国证券监督管理委员会修订的《上市公司行业分类指引》，本章对企业所在的行业进行划分，并分别定义虚拟变量对其进行控制。企业产出、年龄、所有制和行业分类反映了制造业企业的基本特征，这些特征可能会对企业进入或退出市场的决策产生影响，因此本章的回归模型中控制了这些企业层面的变量。

区域层面的控制变量包括人均 GDP（GDP per capita）、第二产业比重（Secondary industry ratio）、第三产业比重（Tertiary industry ratio）、市场化指数（Marketization index）、铁路客运量（Railway passenger volume）、铁路货运量（Railway freight volume）、公路客运量（Road passenger volume）和公路货运量

①本章将高速公路可达性对企业进退的短期影响定义为高速公路在修建后的两个自然年内对于企业进退的累积影响，将高速公路修建的两个自然年后高速公路对于企业进退的累积影响定义为高速公路可达性对企业进退的长期影响。举例来说，假设县级行政区域 i 在 1998 年 9 月 1 日连通到了国家高速公路网络，则该高速公路的修建对于位于县级行政区域 i 中的企业的短期影响是该高速公路在 1998 年 9 月 1 日至 1999 年 12 月 31 日期间的累积影响，其长期影响是该高速公路在 2000 年 1 月 1 日以后的累积影响。

（Road freight volume）。人均GDP定义为地级层面生产总值与常住人口的比值的自然对数；第二（三）产业比重定义为地级层面第二（三）产业的从业人数占所有从业人数的比重；市场化指数这一变量则采用国民经济研究所开发的市场化指数进行定义（樊纲等，2010）。人均GDP、第二产业比重、第三产业比重和市场化指数这四个变量反映了区域层面的经济状况、产业结构和制度环境。由于这些区域层面的因素对于企业进入或退出市场的决策存在着潜在的影响，因此本章在回归模型中控制了这些变量。此外，为消除回归分析的内生性问题，在检验新建高速公路的影响时应考虑到区域内的基础设施存量。因此，本章采用铁路客运量、铁路货运量、公路客运量和公路货运量这四个变量来控制铁路和公路这两种最重要的交通基础设施的运输能力。铁（公）路客（货）运量定义为地级层面在一年中铁（公）路运输的客（货）运量的自然对数。

此外，众所周知，中国在2001年12月11日正式加入了世界贸易组织（World Trade Organization，WTO），这对中国市场竞争强度的变化具有不可忽视的影响（Lu and Yu，2015；Subramanian and Wei，2007）。因此，本章的回归模型包含了变量WTO，以控制中国加入世界贸易组织这一重大事件对于企业进入或退出市场的决策的影响。本章将变量WTO定义为一个虚拟变量：在2001年之前，WTO等于0；在2001年之后，WTO等于1。

关于本章变量定义和数据来源的相关信息详见表12-1。

表 12-1　变量定义与数据来源

变量	变量定义	数据来源
企业退出	虚拟变量。若在第 t 年，样本中包含企业 i，但是在第 $t+1$ 年以及样本期间的后续年份中企业 i 并没有出现，等于1；反之，若在第 $t+1$ 年样本中仍包含企业 i，等于0	工业企业数据库
企业进入	企业进入市场的年份为企业成立的年份	工业企业数据库
高速公路可达性	定义两个虚拟变量 HAshort 和 HAlong。如果企业 i 所在的县级行政区域在第 t 年仍未连通到高速公路，HAshort 为0；如果企业 i 所在的县级行政区域恰好在第 t 年连通到高速公路,HAshort 为1,HAlong 为0；如果企业 i 所在的县级行政区域在第 t 年之前就已经连通到高速公路，则 HAlong 为1	高速公路数据库
企业生产效率	计算方法详见式（11-1）	工业企业数据库
企业产出	企业工业总产出的自然对数	工业企业数据库
企业年龄	企业成立以来的总年数的自然对数	工业企业数据库
企业所有制	虚拟变量。包括国有企业、集体企业、私营企业和外资企业	工业企业数据库
企业所在行业	虚拟变量。基于2012年中国证券监督管理委员会修订的《上市公司行业分类指引》的分类方法	工业企业数据库

变量	变量定义	数据来源
人均 GDP	地级层面生产总值与常住人口的比值的自然对数	《中国城市统计年鉴》
第二产业比重	地级层面第二产业的从业人数占所有从业人数的比重	《中国城市统计年鉴》
第三产业比重	地级层面第三产业的从业人数占所有从业人数的比重	《中国城市统计年鉴》
铁路客运量	地级层面在一年中铁路运输的客运量的自然对数	《中国城市统计年鉴》
铁路货运量	地级层面在一年中铁路运输的货运量的自然对数	《中国城市统计年鉴》
公路客运量	地级层面在一年中公路运输的客运量的自然对数	《中国城市统计年鉴》
公路货运量	地级层面在一年中公路运输的货运量的自然对数	《中国城市统计年鉴》
加入世界贸易组织	虚拟变量。在 2001 年之前，等于 0；在 2001 年之后，等于 1	无

12.3.3　回归模型

（1）高速公路对于企业退出的影响：当因变量为二值变量时，线性概率模型、logit 模型和 probit 模型是现有文献中较为常用的回归分析方法（Gallego and Topaloglu，2014；Lovreglio et al.，2016；Ren et al.，2014；van Can，2013）。然而，Caudill（1988）的研究认为，当自变量是分组变量且某些组内的样本具有相同的因变量取值时，logit 模型和 probit 模型无法对该变量的系数进行有效估计。在这种情况下，线性概率模型是估计因变量和自变量之间关系的最合适的方法。鉴于此，本章采用线性概率模型针对高速公路开通与企业退出市场概率之间的关系进行分析。线性概率模型的方程式为

$$\text{exit}_{i,t+1} = \alpha + \beta_1 \times \text{Highway accessibility}_{i,t} + \beta_2 \times \text{Highway accessibility}_{i,t}$$
$$\times \text{Productivity}_{i,t} + \beta_3 \times \text{Productivity}_{i,t} + \delta_i X_{i,t} + \nu_i + \varepsilon_{i,t}$$

本章将因变量企业退出滞后一期，并着眼于县级行政区域在连通到国家高速公路网络后的第二年，企业退出市场的概率的变化。在上述回归模型中，自变量 Highway accessibility$_{i,t}$ 中包含了两个不同的虚拟变量，即 HAshort$_{it}$ 和 HAlong$_{it}$。这两个变量反映了企业 i 所在的县级行政区域在第 t 年连通到国家高速公路网络的状况。Productivity$_{i,t}$ 表示企业 i 在第 t 年的生产效率。为了检验企业生产效率对于高速公路与企业退出概率之间关系的调节效应，该回归模型中包含了 Highway accessibility$_{i,t}$ 和 Productivity$_{i,t}$ 的交互项。$X_{i,t}$ 是一个列向量，其中包含了本章中所有的控制变量。此外，α 表示常数项；ν_i 表示个体效应；而 ε_{it} 表示误差项。根据 Hausman 检验的结果，本章的解释变量与无法观测到的个体效应之间可能存在相关性，因此采用面板数据的固定效应模型进行回归分析。

（2）高速公路对于企业进入的影响：为了检验高速公路的修建对新进企业进入市场的影响，本章根据工业企业数据库中企业的成立时间创建了在 1998～2007 年新进入市场的企业的数据库。样本中包含了 41 518 个在这十年期间新进入市场的企业。随后，本章根据这些企业所在的县级行政区域连通到国家高速公路网络的状况，分组比较了其生产效率之间的差异。在此，本章采用了 OLS 模型，针对高速公路修建对于新进企业生产效率的影响进行实证分析。OLS 模型的方程式为

$$Productivity = \alpha + \beta_1 \times Highway\ accessibility + \delta_i X_i + \varepsilon_i$$

式中，其变量的含义与线性概率模型中变量的含义相同。

12.4　结 果 分 析

12.4.1　描述性统计

表 12-2 介绍了本章中主要变量的描述性统计值，其中包括均值、标准差和 Pearson 相关系数。鉴于所有主要变量的 Pearson 相关系数均小于 0.71，并且绝大多数变量的 Pearson 相关系数小于 0.3，可以认为本章主要变量之间的相关性在可接受的范围内，实证分析过程中不太可能会出现多重共线性的问题。

12.4.2　主要实证分析结果

（1）高速公路对于企业退出市场的影响：关于高速公路对企业退出的短期影响的实证分析结果详见表 12-3。模型 1 为基准模型，其中包含了自变量 HAshort、调节变量 Productivity 和所有企业层面的控制变量。其回归结果表明，在短期内，连通到国家高速公路网络会使得企业退出市场的概率提升约 3.9%（$\beta=0.039$，$p<0.01$）。此外，企业生产效率与企业退出概率呈现显著的负相关关系，这说明企业生产效率较高的企业退出市场的概率更小（$\beta=-0.166$，$p<0.01$）。作为稳健性检验，模型 2 在模型 1 的基础上增加了所有区域层面的控制变量并控制了中国加入世界贸易组织这一重大事件。回归结果表明，连通高速公路与企业退出概率之间的正相关关系仍然存在（$\beta=0.037$，$p<0.01$）。模型 1 和模型 2 的回归结果证实，高速公路的修建会在短期内增加企业退出市场的概率。在模型 1 的基础上，模型 3 增加了自变量 HAshort 与调节变量 Productivity 的交互项，以检验企业生产效率对于高速公路和企业退出市场之间的关系的调节作用。回归结果表明，交互项的系数在 1%的水平上显著为负，与此同时主效应仍然保持正向显

表 12-2　主要变量的描述性统计

变量	均值	标准差	1	2	3	4	5	6	7	8	9	10	11	12	13	14
Exit	0.203	0.403	1													
HAshort	0.061	0.239	-0.015*	1												
HAlong	0.918	0.275	0.000	—	1											
Productivity	0.284	0.404	-0.053*	0.039*	0.028*	1										
Output	0.813	2.682	-0.039*	-0.011*	0.013*	-0.012*	1									
Age	9.051	7.346	-0.001*	-0.028*	0.107*	0.080*	-0.004*	1								
GDP per capita	3.193	3.729	-0.008*	-0.051*	0.117*	0.011*	-0.015*	0.309*	1							
Secondary industry ratio	49.822	8.933	-0.043*	0.026*	0.041*	0.133*	-0.031*	0.209*	0.099*	1						
Tertiary industry ratio	39.377	8.815	0.030*	-0.019*	0.075*	-0.077*	0.042*	0.324*	0.344*	-0.495*	1					
Marketization index	7.472	1.997	-0.081*	0.089*	0.042*	0.273*	0.017*	0.455*	0.292*	0.364*	0.105*	1				
Railway passenger volume	6.295	1.448	0.034*	-0.011*	0.086*	-0.044*	0.040*	0.377*	0.384*	-0.161*	0.705*	0.147*	1			
Road passenger volume	6.267	1.429	0.041*	-0.075*	0.108*	-0.037*	0.018*	0.104*	0.227*	-0.205*	0.493*	-0.124*	0.616*	1		
Railway freight volume	8.987	0.916	-0.034*	0.058*	0.003*	0.060*	0.031*	0.246*	-0.095*	0.190*	0.194*	0.392*	0.333*	0.045*	1	
Road freight volume	8.751	0.919	0.000	0.011*	0.083*	0.059*	0.019*	0.338*	0.407*	0.005*	0.588*	0.323*	0.705*	0.553*	0.428*	1

* 代表 p 值在 1% 的显著性水平上显著

著（β_1=0.037，$p<0.01$；β_2=−0.056，$p<0.01$）。作为稳健性检验，模型 4 在模型 3 的基础上增加了所有区域层面的控制变量并控制了中国加入世界贸易组织这一重大事件，其回归结果与模型 3 的回归结果非常相似（β_1=0.035，$p<0.01$；β_2=−0.032，$p<0.01$）。模型 3 和模型 4 的回归结果证实，在连通到国家高速公路网络后，生产效率较低的企业退出市场的概率在短期内比生产效率较高的企业退出市场的概率提升得更多，即高速公路的修建在短期内将显著促进生产效率较低的企业退出市场。因此，H12-1a 得到了实证检验的支持。

表 12-3　高速公路对于企业退出的短期影响

变量	因变量：企业退出			
	模型 1	模型 2	模型 3	模型 4
HAshort	0.039*** （13.77）	0.037*** （12.43）	0.037*** （13.16）	0.035*** （12.08）
HAshort × Productivity			−0.056*** （−7.06）	−0.032*** （−3.81）
Productivity	−0.166*** （−49.21）	−0.144*** （−38.70）	−0.162*** （−47.67）	−0.142*** （−37.88）
Output	−0.004*** （−14.74）	−0.004*** （−12.90）	−0.004*** （−14.75）	−0.004*** （−12.91）
Age	0.056*** （130.14）	0.040*** （33.98）	0.055*** （129.84）	0.040*** （33.98）
GDP per capita		−0.021*** （−19.21）		−0.021*** （−19.20）
Secondary industry ratio		0.009*** （21.25）		0.009*** （21.26）
Tertiary industry ratio		0.012*** （20.90）		0.012*** （20.85）
Marketization index		0.025*** （15.72）		0.025*** （15.71）
Railway passenger volume		−0.029*** （−12.40）		−0.029*** （−12.12）
Railway freight volume		−0.009*** （−6.40）		−0.009*** （−6.62）
Road passenger volume		−0.003 （−1.22）		−0.003 （−1.20）
Road freight volume		−0.008** （−2.19）		−0.008** （−2.21）

续表

变量	因变量：企业退出			
	模型 1	模型 2	模型 3	模型 4
WTO		0.038*** （18.60）		0.038*** （18.46）
所有制虚拟变量	YES	YES	YES	YES
行业虚拟变量	YES	YES	YES	YES
常数项	−0.328*** （−58.97）	−0.880*** （−17.54）	−0.373*** （−63.92）	−0.921*** （−18.34）
样本量	688 219	580 086	688 219	580 086
R^2	0.074	0.082	0.074	0.082

注：小括号里的数字代表各个变量的 t 统计量的数值

***、** 分别代表在 1%、5%的显著性水平上显著

关于高速公路对企业退出的长期影响的实证分析结果详见表 12-4。在表 12-4 的模型 1 中包含了自变量 HAlong、调节变量 Productivity 和所有其他企业层面的控制变量。在模型 1 的基础上，模型 2 增加了所有区域层面的控制变量并控制了中国加入世界贸易组织这一重大事件。在模型 1 和模型 2 的回归结果中，自变量 HAlong 的系数均在 1%的水平上显著为正（模型 1：$\beta=0.088$，$p<0.01$；模型 2：$\beta=0.074$，$p<0.01$），这表明高速公路的修建在长期仍然能够增加企业退出市场的概率。为验证企业生产效率的调节作用，模型 3 在模型 1 的基础上添加了自变量 HAlong 和调节变量 Productivity 之间的交互项。其结果显示，自变量 HAlong 的系数仍然显著为正，但 HAlong 和 Productivity 之间的交互项的系数则在 1%的水平上显著为负（$\beta_1=0.084$，$p<0.01$；$\beta_2=-0.047$，$p<0.01$）。作为稳健性检验，模型 4 在模型 3 的基础上增加了所有区域层面的控制变量并控制了中国加入世界贸易组织这一重大事件，其回归结果与模型 3 的回归结果非常相似（$\beta_1=0.071$，$p<0.01$；$\beta_2=-0.039$，$p<0.01$）。模型 3 与模型 4 的回归结果表明，在连通到国家高速公路网络后，生产效率较低的企业退出市场的概率在长期比生产效率较高的企业退出市场的概率提升得更多，即高速公路的修建在长期内将显著促进生产效率较低的企业退出市场。因此，H12-1b 得到了实证检验的支持。

表 12-4　高速公路对于企业退出的长期影响

变量	因变量：企业退出			
	模型 1	模型 2	模型 3	模型 4
HAlong	0.088*** （32.60）	0.074*** （25.87）	0.084*** （30.98）	0.071*** （24.82）

续表

变量	因变量：企业退出			
	模型 1	模型 2	模型 3	模型 4
HAlong × Productivity			−0.047*** (−6.02)	−0.039*** (−4.89)
Productivity	−0.117*** (−28.91)	−0.110*** (−25.46)	−0.072*** (−8.40)	−0.072*** (−8.13)
Output	−0.003*** (−7.36)	−0.003*** (−8.05)	−0.003*** (−7.37)	−0.003*** (−8.06)
Age	0.042*** (77.89)	0.019*** (13.22)	0.042*** (77.85)	0.019*** (13.18)
GDP per capita		−0.007*** (−6.94)		−0.007*** (−6.85)
Secondary industry ratio		0.019*** (21.20)		0.019*** (21.20)
Tertiary industry ratio		0.019*** (18.22)		0.019*** (18.18)
Marketization index		0.032*** (15.29)		0.032*** (15.36)
WTO		0.034*** (12.30)		0.033*** (12.05)
Railway passenger volume		0.009*** (3.51)		0.009*** (3.58)
Railway freight volume		−0.003* (−1.67)		−0.003* (−1.68)
Road passenger volume		−0.041*** (−18.48)		−0.041*** (−18.45)
Road freight volume		−0.003 (−0.52)		−0.003 (−0.53)
所有制虚拟变量	YES	YES	YES	YES
行业虚拟变量	YES	YES	YES	YES
常数项	−0.251*** (−27.60)	−1.630*** (−18.51)	−0.280*** (−30.12)	−1.659*** (−18.82)
样本量	425 226	381 267	425 226	381 267
R^2	0.057	0.066	0.058	0.066

注：小括号里的数字代表各个变量的 t 统计量的数值

　　***和*分别代表在 1%和 10%的显著性水平上显著

（2）高速公路对于企业进入市场的影响：关于高速公路对新进企业进入市场的影响的实证分析结果详见表 12-5。作为基准模型，模型 1 中包含了自变量 HAshort 和所有企业层面的控制变量。在模型 1 的基础上，模型 2 进一步增加了所有区域层面的控制变量并控制了中国加入世界贸易组织这一重大事件。与模型 1 和模型 2 相似，模型 3 中包含了自变量 HAlong 和所有企业层面的控制变量，模型 4 在模型 3 的基础上进一步增加了所有区域层面的控制变量并控制了中国加入世界贸易组织这一重大事件。回归结果显示，在模型 1 和模型 2 中，自变量 HAshort 的系数在 1% 的水平上正向显著（模型 1：$\beta=0.059$，$p<0.01$；模型 2：$\beta=0.033$，$p<0.01$）；然而，在模型 3 和模型 4 中，自变量 HAlong 的系数虽然为正，但是并不显著（模型 3：$\beta=0.020$，$p>0.1$；模型 4：$\beta=0.014$，$p>0.1$）。表 12-5 中的回归结果表明，进入刚刚连通到国家高速公路网络的县级行政区域的新进企业的生产效率显著高于进入未连通到国家高速公路网络的县级行政区域的新进企业的生产效率；而在已连通到国家高速公路网络的县级行政区域之间，新进入市场的企业的生产效率没有显著差异。因此，可以认为高速公路的修建会在短期内提升新进入市场的企业的生产效率，但这种效应的长期作用缺乏实证经验的支持。换言之，H12-2a 得到了实证检验的支持，而 H12-2b 没有得到实证检验的支持。

表 12-5　高速公路对于新进入市场的企业的生产效率的影响

变量	因变量：企业生产效率			
	模型 1	模型 2	模型 3	模型 4
HAshort	0.059*** （5.03）	0.033*** （2.74）		
HAlong			0.020 （1.63）	0.014 （1.05）
Output	0.004*** （3.05）	0.003** （2.17）	0.004** （2.20）	0.002 （0.84）
GDP per capita		0.020*** （8.15）		0.004** （2.39）
Secondary industry ratio		−0.002*** （−5.15）		−0.002*** （−3.33）
Tertiary industry ratio		−0.002*** （−3.16）		−0.001 （−1.57）
Marketization index		0.040*** （16.35）		0.039*** （11.60）
WTO		0.121*** （14.21）		0.139*** （7.54）

续表

变量	因变量：企业生产效率			
	模型 1	模型 2	模型 3	模型 4
Railway passenger volume		−0.010*** （−3.01）		0.003 （0.62）
Railway freight volume		0.019*** （6.73）		−0.000 （−0.10）
Road passenger volume		−0.004 （−0.78）		0.001 （0.16）
Road freight volume		−0.001 （−0.20）		0.022*** （3.07）
所有制虚拟变量	YES	YES	YES	YES
行业虚拟变量	YES	YES	YES	YES
常数项	−0.145*** （−5.81）	−0.273*** （−5.31）	−0.137*** （−2.77）	−0.517*** （−6.50）
样本量	19 720	16 285	11 753	10 705
R^2	0.162	0.232	0.174	0.205

注：小括号里的数字代表各个变量的 t 统计量的数值

***、**分别代表在 1%、5%的显著性水平上显著

12.4.3　异质性检验：行业效应

不同行业之间往往存在着不容忽视的差异，因此重大工程对于不同行业的影响可能存在着显著的异质性（Duranton et al.，2014；Faggio et al.，2017）。举例来说，基于来自葡萄牙的经验数据，Holl（2004）发现高速公路的经济溢出效应的大小在不同行业之间存在显著差异。鉴于此，为了更加全面地了解高速公路的修建与企业进退之间的关系，本章进一步探究了行业异质性的影响。

根据产品和服务的特性对制造业进行细分是目前较为常见的一种做法。在一些行业中（如交通运输设备制造业），企业生产的大部分产品为耐用品，而且其提供的服务大部分为长期服务。其产品和服务的基本特性决定了这些行业中的企业的生产和销售将更加依赖社会关系网络（Cremers et al.，2008；Liu et al.，2019），简称这一类行业为关系型行业（relationship industry）。对于关系型行业当中的企业来说，其核心竞争力不仅包括其自身的生产效率，而且包括其拥有的社会关系网络。尽管高速公路的修建会使得生产效率较低的企业面临生存威胁，但由于多年积累的社会关系网络在短时间内受到高速公路的影响较小，关系型行业当中的企业仍然能够依靠社会关系网络与同行业中的其他企业进行竞争。因此，

与非关系型行业中的企业相比，关系型行业中的企业更有可能在其生产效率较低的情况下在激烈的市场竞争中生存下来。此外，关系型行业中的低效率企业仍然拥有社会关系网络的竞争优势，社会关系网络同样在一定程度上具有"竞争缓冲带"的作用，而且这一"竞争缓冲带"在短期内难以通过高速公路的修建来打破。这将削弱高效率新进企业进入市场的动机。因此，与非关系型行业中的企业相比，高速公路的修建对于关系型行业中新进入市场的企业的生产效率影响较弱。

为了验证上述假设，本章借鉴了 Cremers 等（2008）提出的分类方法，将所有制造业细分行业（使用两位数行业代码）划分为较为依赖关系网络的行业和较不依赖关系网络的行业（简称为关系型行业和非关系型行业），详见表12-6。基于此分类，本章将全样本分为两个子样本，以便于进行进一步的回归分析。

表 12-6 行业分类：是否依赖关系网络

较为依赖关系网络的行业（关系型行业）	较不依赖关系网络的行业（非关系型行业）
黑色金属冶炼及压延加工业	农副食品加工业
有色金属冶炼及压延加工业	食品制造业
金属制品业	饮料制造业
通用设备制造业	烟草制品业
专用设备制造业	纺织业
交通运输设备制造业	纺织服装、鞋、帽制造业
电气机械及器材制造业	皮革、毛皮、羽毛（绒）及其制品业
通信设备、计算机及其他电子设备制造业	木材加工及木、竹、藤、棕、草制品业
仪器仪表及文化、办公用机械制造业	家具制造业
	造纸及纸制品业
	印刷业和记录媒介复制业
	文教体育用品制造业
	石油加工、炼焦及核燃料加工业
	化学原料及化学制品制造业
	医药制造业
	化学纤维制造业
	橡胶制品业
	塑料制品业
	非金属矿物制品业

关于高速公路对不同行业企业退出市场的影响的实证分析结果详见表 12-7。模型 1 和模型 2 估计了高速公路修建对于非关系型行业和关系型行业中的企业退出概率的短期影响。回归结果显示，模型 1 和模型 2 中的自变量 HAshort 的系数均在 1%的水平上正向显著；模型 1 中自变量 HAshort 与调节变量 Productivity 的交互项系数在 1%的水平上显著为负，模型 2 中的交互项系数为负但并不显著（模型 1：$\beta_1=0.035, p<0.01, \beta_2=-0.040, p<0.01$；模型 2：$\beta_1=0.037, p<0.01, \beta_2=-0.008$, $p>0.1$）。随后，本章在模型 3 和模型 4 中估计了高速公路修建对于非关系型行业和关系型行业中的企业退出概率的长期影响，其回归结果与短期影响的回归结果非常相似（模型 3：$\beta_1=0.067$, $p<0.01$, $\beta_2=-0.047$, $p<0.01$；模型 4：$\beta_1=0.078$, $p<0.01$, $\beta_2=-0.018$, $p>0.1$）。上述回归结果表明，无论是对于非关系型行业中的企业还是关系型行业中的企业来说，高速公路的修建都将提升企业退出市场的概率。然而，与非关系型行业中的企业相比，关系型行业中的企业的生产效率对于高速公路修建与企业退出之间的关系的负向调节效应较弱，这证明了关系型行业中的企业更有可能在其生产效率较低的情况下在激烈的市场竞争中生存下来。

表 12-7　高速公路对于不同行业企业退出市场概率的影响

变量	因变量：企业退出			
	非关系型行业	关系型行业	非关系型行业	关系型行业
	模型 1	模型 2	模型 3	模型 4
HAshort	0.035*** （9.80）	0.037*** （7.01）		
HAshort × Productivity	−0.040*** （−4.10）	−0.008 （−0.47）		
HAlong			0.067*** （19.46）	0.078*** （15.38）
HAlong × Productivity			−0.047*** （−5.04）	−0.018 （−1.18）
Productivity	−0.144*** （−31.61）	−0.138*** （−20.71）	−0.068*** （−6.50）	−0.085*** （−5.13）
Output	−0.004*** （−8.07）	−0.005*** （−10.45）	−0.003*** （−5.44）	−0.004*** （−5.92）
Age	0.045*** （28.86）	0.033*** （17.76）	0.020*** （11.22）	0.017*** （7.16）
GDP per capita	−0.026*** （−16.80）	−0.014*** （−9.12）	−0.007*** （−5.72）	−0.005*** （−3.24）
Secondary industry ratio	0.009*** （17.03）	0.010*** （12.09）	0.019*** （17.43）	0.019*** （12.02）

续表

变量	因变量：企业退出			
	非关系型行业	关系型行业	非关系型行业	关系型行业
	模型 1	模型 2	模型 3	模型 4
Tertiary industry ratio	0.012*** (17.44)	0.012*** (11.06)	0.019*** (15.34)	0.017*** (9.75)
Marketization index	0.020*** (9.74)	0.033*** (13.57)	0.029*** (11.14)	0.037*** (10.84)
WTO	0.043*** (16.54)	0.027*** (8.18)	0.036*** (10.34)	0.028*** (6.17)
Railway passenger volume	−0.025*** (−8.53)	−0.034*** (−8.52)	0.013*** (4.06)	0.004 (0.96)
Railway freight volume	−0.009*** (−4.96)	−0.010*** (−4.49)	0.001 (0.21)	−0.011*** (−3.18)
Road passenger volume	−0.008** (−2.32)	0.004 (0.85)	−0.041*** (−13.39)	−0.042*** (−12.86)
Road freight volume	−0.004 (−0.98)	−0.015** (−2.32)	0.009 (1.43)	−0.036*** (−3.44)
所有制虚拟变量	YES	YES	YES	YES
行业虚拟变量	YES	YES	YES	YES
常数项	−0.895*** (−14.99)	−0.948*** (−10.11)	−1.832*** (−17.19)	−1.250*** (−7.90)
样本量	366 392	213 694	233 806	147 461
R^2	0.087	0.075	0.070	0.061

注：小括号里的数字代表各个变量的 t 统计量的数值

***、**分别代表在 1%、5%的显著性水平上显著

　　关于高速公路对不同行业新进入市场的企业的影响的实证分析结果详见表 12-8。模型 1 和模型 2 估计了高速公路修建对于非关系型行业和关系型行业中的新进入市场的企业的生产效率的短期影响，模型 3 和模型 4 估计了高速公路修建对于非关系型行业和关系型行业中的新进入市场的企业的生产效率的长期影响。回归结果显示，除模型 1 中的自变量 HAshort 的系数在 1%的水平上显著为正外，其余三个模型的自变量系数均不显著（模型 1：$\beta=0.043$，$p<0.01$；模型 2：$\beta=0.008$，$p>0.1$；模型 3：$\beta=0.011$，$p>0.1$；模型 4：$\beta=0.016$，$p>0.1$）。上述四个模型的回归结果表明，从短期角度来看，高速公路的修建能够显著提升非关系型行业中新进入市场的企业的生产效率，但其对于关系型行业中新进入市场的企业的生产效率的影响并不显著；从长期角度来看，高速公路的修建对于非关系型行业中新进

入市场的企业和关系型行业中新进入市场的企业的影响均不显著。综合表 12-7 和表 12-8 中的回归结果，本章证实了高速公路修建对于企业进退市场的影响具有显著的行业异质性。

表 12-8　高速公路对于不同行业新进入市场的企业的生产效率的影响

变量	因变量：企业退出			
	非关系型行业	关系型行业	非关系型行业	关系型行业
	模型 1	模型 2	模型 3	模型 4
HAshort	0.043*** (2.82)	0.008 (0.41)		
HAlong			0.011 (0.64)	0.016 (0.76)
Output	0.002 (1.06)	0.003* (1.81)	−0.001 (−0.19)	0.003 (1.33)
GDP per capita	0.025*** (6.80)	0.017*** (5.15)	0.006** (2.18)	0.004 (1.59)
Secondary industry ratio	−0.002*** (−3.38)	−0.003*** (−4.46)	−0.002** (−2.19)	−0.004*** (−3.16)
Tertiary industry ratio	−0.002*** (−2.90)	−0.002 (−1.46)	−0.001 (−1.11)	−0.002 (−1.36)
Marketization index	0.042*** (13.72)	0.034*** (8.77)	0.046*** (10.41)	0.026*** (5.26)
WTO	0.139*** (13.10)	0.084*** (6.00)	0.150*** (6.37)	0.109*** (3.78)
Railway passenger volume	−0.007* (−1.85)	−0.015*** (−2.70)	0.003 (0.48)	0.003 (0.36)
Railway freight volume	0.017*** (4.76)	0.022*** (4.91)	0.001 (0.14)	−0.002 (−0.30)
Road passenger volume	0.004 (0.62)	−0.011 (−1.60)	−0.001 (−0.14)	0.005 (0.54)
Road freight volume	−0.016** (−2.07)	0.017* (1.90)	0.025*** (2.76)	0.011 (1.03)
所有制虚拟变量	YES	YES	YES	YES
行业虚拟变量	YES	YES	YES	YES
常数项	−0.230*** (−3.49)	0.020 (0.25)	−0.552*** (−5.00)	0.041 (0.36)
样本量	10955	5330	7131	3574
R^2	0.241	0.203	0.212	0.190

注：小括号里的数字代表各个变量的 t 统计量的数值

***、**和*分别代表在 1%、5%和 10%的显著性水平上显著

12.5　结论与讨论

近年来，重大工程的产业溢出效应已得到国内外专家学者的广泛关注。然而，现有文献中关于重大工程产业溢出效应影响机理的研究仍呈现出较强的碎片化特征，目前仍缺乏一个系统性的理论框架针对这一问题进行较为完整的解释。为了填补这一研究空白，本章从企业进退的角度对重大工程和产业竞争力之间的关系进行了解释。基于 1998～2007 年这十年间中国制造业企业的数据，本章以高速公路作为重大工程的典型案例，结合面板数据的线性概率模型和 OLS 模型两种分析方法，针对重大工程对于现有企业退出市场和新进企业进入市场的影响进行了实证研究。研究结果表明，重大工程的修建有利于促使生产效率较低的现有企业退出市场，并能够有效提升进入市场的新进企业的平均生产效率。这一效应在较不依赖关系网络的行业中更为明显。重大工程对于企业进退的影响有利于加速产业组织的升级，提升产业内企业的平均生产效率，最终促进产业竞争力的提升。

本章对现有文献的理论贡献主要有两点。第一，从企业进退的角度解释了重大工程对于产业竞争力的影响。虽然目前一些专家学者已针对重大工程对于产业竞争力的影响机理进行了一定程度的研究，但是现有研究在这一领域仍呈现出较强的碎片化特征，难以就问题的本质进行更为深刻的解释。通过实证检验，本章发现重大工程的修建能够通过促进低效率企业退出市场和吸引高效率企业进入市场的方式提升产业内企业的平均生产效率，从而促进产业竞争力的提升。这一机理为重大工程产业溢出效应的解释提供了全新的视角。第二，丰富了贸易理论和可竞争市场理论的应用。贸易壁垒的存在限制了市场的有效整合，从而在客观上阻碍了生产效率较高的企业的扩张，在一定程度上保护了生产效率较低的企业。然而，重大工程的修建能够消除贸易壁垒，使得市场竞争强度加剧，从而使得生产效率较高的企业从中获益，并对生产效率较低的企业造成较强的生存压力。这将加速市场选择的进程，使得产业内企业的平均生产效率显著提高。本章推广和应用了贸易理论和可竞争市场理论。

应当指出，本章仍在一些方面存在一定的局限性。首先，本章对于企业全生命周期的关注仍不够全面。企业的全生命周期有多个不同阶段，主要包括进入阶段、成长阶段、成熟阶段、衰退阶段和退出阶段等（Hyytinen and Maliranta，2013）。本章仅仅关注了企业进入市场和退出市场的阶段，并未深入针对企业全生命周期中的其他阶段展开研究。这一问题将在接下来两章的研究中得到一定程度上的解决。其次，本章的数据统计口径具有一定程度上的局限性。工业企业数据库统计的是规模以上的工业企业，因此没有在工业企业数据库中出现的企业并不一定是真正地退出了市场，也有可能是由于企业的年销售额缩减到了阈值以下而未纳入统计。数据统计口径的局限性可能会对本章的实证结果造成一定影响，在未来的研究中应使用其他数据库针对本章的假设和结论进行进一步的核查。

12.6　本章小结

本章通过研究重大工程的修建与企业进退的关系，解释了重大工程如何促进产业竞争力的提升这一关键问题。本章发现，重大工程的修建能够通过加剧市场竞争的强度，促使生产效率较低的现有企业退出市场并吸引生产效率较高的新进企业进入市场，从而加速产业组织的升级，提升产业内企业的平均生产效率，最终促进产业竞争力的提升。本章的实证结果从产业组织升级的角度解释和验证了重大工程产业溢出效应的影响机理。

第13章　重大工程产业溢出效应：产业集聚的影响

产业集聚的规模效应是促进企业生产效率提高的重要外部驱动力。为进一步探究重大工程产业溢出效应的影响机理，本章以高速公路作为重大工程的典型案例，基于1998～2007年这十年间中国规模以上制造业企业，从企业迁移的视角实证分析了重大工程修建与产业集聚之间的关系。实证分析结果表明，从总体的角度来看，重大工程的修建对于产业集聚具有显著的积极影响。这一效应具有显著的行业异质性。本章证实了重大工程的修建能够通过加速产业布局的升级提升产业内企业的平均生产效率，最终促进产业竞争力的提升。

13.1　引　　言

面临着重大工程修建引起的市场竞争强度加剧，生产效率较低的企业必须设法提升自身生产效率以应对同行业竞争者的挑战，否则它们将被迫面临被市场淘汰出局的风险。在这一情境下，一些企业选择通过提升创新绩效的方式来促进自身生产效率的提高，一些企业在高强度的市场竞争压力下主动或被迫地选择退出市场竞争，而还有一些企业则选择迁移到具备产业优势的区域，通过利用产业集聚产生的规模效应来促进自身生产效率的提高。本章将从企业迁移的视角解构重大工程产业溢出效应的影响机理。

自20世纪90年代新经济地理学（new economic geography）诞生以来（Krugman，1993），产业集聚的相关问题越来越受到国内外专家学者的深切关注（Beladi and Oladi，2016；Sidorov and Zhelobodko，2013）。新经济地理学认为，地理位置和历史优势是产业集聚的起始条件。通过降低企业的生产销售成本和提高企业的生产效率，经济活动将会在某一具备优势的地理空间内开始集聚，并不断产生可观的集聚外部性。产业集聚的正反馈效应和规模报酬递增效应将进一步吸引更多的企业在该地理空间内集聚，以便享受与其上下游企业的地理邻近产生的正外部性，从而导致产业集聚的自我强化（Fujita et al.，2001；Lee et al.，2012；金煜等，2006）。在产业集聚效应的不断自我强化下，大量企业将迁移到一些特定的地理空间内，相关产业将在这些特定的地理空间内集聚。产业布局的优化将在微观上促进这些地理空间内的企业的生产效率提高，从而促进产业内企业的平均生产效率提高和产业竞争力增强。

　　发达的基础设施是决定区位优势的关键因素之一，因此一些专家学者认为重大工程的修建能够有效促进企业的迁移和产业的集聚（Martin and Rogers，1995）。目前已有许多研究证实了基础设施对于产业集聚的积极影响。Puga（2002）指出，基础设施强化了核心区域作为交通枢纽的地位，能够较为有效地促进发达地区经济活动的发展和繁荣。基于英国的经验证据，Graham（2007）证实了基础设施的修建可以为制造业和服务业带来巨大的外部集聚效益。Faber（2014）也通过实证分析的方法为基础设施与产业集聚的正向关系提供了证据。其回归结果表明，高速公路投资将导致未连接到国家高速公路网络的偏远地区的工业产出和GDP增速放缓，并使得经济活动集聚在已连接到国家高速公路网络的核心地区。

　　然而，基础设施投资被世界各国的诸多政策制定者视为消除贫困、缩小发达地区与欠发达地区之间的差距和促进国内经济均衡发展的有效手段之一（Ferraro and Hanauer，2014）。这表明基础设施的修建也有可能会导致经济活动的扩散。目前有一些研究的结果表明基础设施投资能够促进产业扩散。举例来说，Tabuchi（1998）发现，当企业在某一地理空间内的交通运输成本足够低时，产业必然会发生扩散，这表明交通运输成本和产业集聚之间的关系并不是单调递减的。基于美国和中国的经验，Baum-Snow（2007，2010）和Baum-Snow 等（2017）在一系列的研究中证实，高速公路的修建能够将中心城市的人口和工业产值转移到中心城市的周边地区，这将促进城市郊区化进程的加快。Ghani 等（2016）研究了印度黄金四边形高速公路项目对印度制造业的影响，实证结果表明，该项目的实施促使了印度制造业的经济活动从大都市扩散到中等城市，这导致了印度制造业产业的扩散。

　　根据上文中对现有文献的梳理可知，尽管世界各地的学者已经针对产业集聚问题进行了数十年的研究，但现有文献仍然在基础设施工程对产业集聚影响的方向和程度上存在较大分歧。那么，在中国的情境下，重大工程的修建是否会引发企业迁移和产业集聚，进而促进产业竞争力的提升呢？本章将试图通过实证分析的方式回答这一关键问题。此外，由于不同行业具有显著的异质性，重大工程的修建对于不同行业的影响可能完全不同（Duranton et al.，2014；Faggio et al.，2017）。正如 Chandra 和 Thompson（2000）在其研究中所指出的那样，在高速公路可达性改善以后，一些行业将受益于交通运输成本的降低而快速发展，而也有其他的一些行业将随着经济活动的重新分布而逐渐萎缩。重大工程的修建与产业集聚之间的关系是否会在不同的行业内存在差异？这是本章重点关注的另一个问题。

　　为了回答上述问题，本章基于 1998～2007 年这十年间中国规模以上的制造业企业的研究样本，针对重大工程的修建对于产业集聚的影响这一关键问题进行了实证分析。本章以高速公路作为重大工程的一个典型案例，其具体原因有二：第一，高速公路是一种非常典型且较为常见的重大工程，以高速公路为例来研究交通基础设施对于企业迁移和产业集聚的影响具有较强的代表性；第二，在本章的样本期间内（1998～2007 年），中国的高速公路建设处于快速发展阶段，且中国制造业的产业布局在这一阶段也发生了巨大变化，高速公路建设的快速发展和产业布局的巨大变化为研究重大工程的修建与产业集聚之间的关系提供了有利的条件。本章的实证结果表明，从总体的角度来看，重大工程的修建有利于促进产业集聚，即重大工程的修建能够通过加速产业布局的升级，提升产业内企业的平均生产效率，从而促进产业竞争力的提升。这一效应对于在不同类型的行业当中具有显著的异质性。

13.2　实　践　背　景

在中国实行改革开放政策之前，中国的经济体制是以国有企业为主体的计划经济体制。由于国有企业由中央政府和各级地方政府所有和控制，国有企业缺乏提高自身生产效率的动力，也几乎没有自行选择自身地理位置的权力，这使得改革开放之前中国各个产业的布局基本上依赖于政策指令，而不是由企业的自发行为所产生的结果。在改革开放政策开始实行以后，中国实现了从计划经济体制向市场经济体制的逐步转变，一大批外资企业和私营企业进入了中国市场，中国各个行业的产业布局逐渐发生了变化。

在 1998～2007 年这十年间，中国制造业细分行业的工业总产值和产业集聚的变化情况如表 13-1 所示。在这十年间，中国的制造业迅速扩张。中国制造业的 29 个细分行业（使用两位行业代码）的工业总产值平均增长了 413.2%，其中，通信设备、计算机及其他电子设备制造业，家具制造业，黑色金属冶炼及压延加工业和木材加工及木、竹、藤、棕、草制品业的工业总产值增加了 600% 以上。统计数据也表明了在 1998～2007 年这十年间中国的各个制造业细分行业有着集聚的趋势。在这十年间，大部分中国制造业细分行业的产业集聚程度显著增加。29 个制造业细分行业的平均产业集聚度（使用 EG 指数测度）从 0.023 增加到了 0.036，其中，化学纤维制造业和石油加工、炼焦及核燃料加工业是所有制造业细分行业中产业集聚度增长较快的行业。虽然也有一些制造业细分行业的产业集聚度在 1998～2007 年有所下降（其中包括纺织服装、鞋、帽制造业，文教体育用品制造业，化学原料及化学制品制造业，塑料制品业，专用设备制造业和仪器仪表及文化、办公用机械制造业），但是与制造业细分行业的产业集聚度增加的幅度相比，这些行业产业集聚度下降的幅度相对较小（仪器仪表及文化、办公用机械制造业除外）。总而言之，在 1998～2007 年这十年间，中国制造业细分行业的工业总产值和产业集聚度都有显著的提升。

表 13-1　中国制造业细分行业的工业总产值和产业集聚程度的变化（1998～2007 年）

制造业细分行业	工业总产值				EG 指数			
	1998 年/万元	2002 年/万元	2007 年/万元	增长率（1998～2007 年）/%	1998 年	2002 年	2007 年	变化值（1998～2007 年）
农副食品加工业	30 300	42 450	139 840	361.5	0.027	0.041	0.057	0.030
食品制造业	10 440	16 420	52 640	404.2	0.006	0.009	0.026	0.020
饮料制造业	14 180	17 950	44 300	212.4	0.009	0.011	0.026	0.017
烟草制品业	10 920	15 220	28 800	163.7	0.053	0.047	0.057	0.004
纺织业	39 820	58 100	165 440	315.5	0.027	0.037	0.044	0.017
纺织服装、鞋、帽制造业	16 870	26 290	71 560	324.2	0.036	0.032	0.027	−0.009
皮革、毛皮、羽毛（绒）及其制品业	10 100	14 960	43 240	328.1	0.037	0.050	0.056	0.019
木材加工及木、竹、藤、棕、草制品业	3 780	6 900	27 760	634.4	0.007	0.003	0.009	0.002
家具制造业	2 540	4 570	19 460	666.1	0.024	0.018	0.042	0.018
造纸及纸制品业	10 860	18 700	56 210	417.6	0.012	0.008	0.012	0.000
印刷业和记录媒介复制业	4 710	7 140	18 090	284.1	0.008	0.013	0.018	0.010
文教体育用品制造业	4 890	6 790	18 840	285.3	0.074	0.054	0.064	−0.010
石油加工、炼焦及核燃料加工业	21 560	40 910	25 360	17.6	0.003	0.028	0.083	0.080
化学原料及化学制品制造业	42 060	62 810	208 960	396.8	0.006	0.005	0.006	−0.000
医药制造业	12 540	21 830	55 110	339.5	0.004	0.007	0.010	0.006
化学纤维制造业	7 010	11 790	27 460	291.7	−0.002	0.015	0.083	0.085
橡胶制品业	6 970	9 110	30 120	332.1	0.012	0.027	0.034	0.022
塑料制品业	12 880	22 170	72 380	462.0	0.025	0.019	0.017	−0.008
非金属矿物制品业	27 970	40 550	133 220	376.3	0.008	0.009	0.015	0.007
黑色金属冶炼及压延加工业	36 920	61 560	276 180	648.0	0.026	0.027	0.040	0.014
有色金属冶炼及压延加工业	13 380	20 650	16 340	22.1	0.015	0.021	0.053	0.038
金属制品业	16 490	25 360	96 280	483.9	0.009	0.012	0.012	0.003
通用设备制造业	24 490	39 890	163 620	568.1	0.020	0.021	0.021	0.001
专用设备制造业	17 100	28 580	97 790	471.9	0.018	0.019	0.013	−0.005
交通运输设备制造业	39 410	73 820	23 781	503.4	0.014	0.022	0.016	0.002

续表

制造业细分行业	工业总产值				EG 指数			
	1998 年/万元	2002 年/万元	2007 年/万元	增长率（1998～2007年）/%	1998 年	2002 年	2007 年	变化值（1998～2007年）
电气机械及器材制造业	32 620	53 710	175 850	439.1	0.010	0.014	0.021	0.011
通信设备、计算机及其他电子设备制造业	35 470	86 050	286 870	708.8	0.053	0.062	0.088	0.035
仪器仪表及文化、办公用机械制造业	6 510	10 910	40 830	527.2	0.111	0.059	0.035	−0.076
工艺品及其他制造业	4 010	6 030	21 740	442.1	0.022	0.033	0.045	0.023
平均值	17 820	29 350	91 450	413.2	0.023	0.025	0.036	0.013

　　关于 1998 年和 2007 年中国制造业细分行业的地理分布情况的对比详见表 13-2。在 1986 年制订的第七个国家五年计划中，中国政府根据地理位置和经济地位的差异将中国的 30 个省级行政区划分为东部、中部和西部三个不同的地区。东部地区包括北京市、福建省、广东省、海南省、河北省、江苏省、辽宁省、山东省、上海市、天津市和浙江省；中部地区包括安徽省、广西壮族自治区、黑龙江省、河南省、湖北省、湖南省、内蒙古自治区、江西省、吉林省和山西省；西部地区包括甘肃省、贵州省、宁夏回族自治区、青海省、陕西省、四川省[①]、西藏自治区、新疆维吾尔自治区和云南省。根据中国政府对中国省级行政区域的分类，本章对比了东部地区、中部地区和西部地区的各个制造业细分行业的工业总产值占该行业的全国工业总产值的比率。由表 13-2 中的统计数据可知，在 1998 年，东部地区的土地面积为中国国土面积的 11.0%，其人口为中国总人口数量的 37.4%，其工业总产值高达中国工业总产值的 72.2%；相比之下，虽然西部地区的土地面积为中国国土面积的 56.8%，人口为中国总人口数量的 23.0%，但其工业总产值仅为中国工业总产值的 8.7%。1998 年的统计数据反映出了中国制造业主要集聚在东部地区这一客观事实。在 1998～2007 这十年间中国经济的快速发展加剧了中国制造业向东部地区集聚的趋势。在 2007 年，生活在东部地区的人口比例增加了 2.8 个百分点，而且东部地区的工业总产值占中国工业总产值的比例从 72.2% 上升到了 74.6%。然而，2007 年中部地区和西部地区的人口比例和工业总产值的比例与 1998 年相比均有一定程度的下降。1998～2007 年的趋势表明，中国制造业的地理分布非常不均衡——中国大部分的制造业集聚在东部地区，而且中国的制造业有进一步向东部地区集聚的趋势。

---

① 1997 年，重庆市设为直辖市并划入西部地区的范围，西部地区由原来的 9 个省级行政区增加到 10 个省级行政区。

表 13-2　1998 年和 2007 年中国制造业细分行业的地理分布

制造业细分行业	1998 年			2007 年		
	东部地区	中部地区	西部地区	东部地区	中部地区	西部地区
农副食品加工业	0.585	0.322	0.092	0.597	0.310	0.093
食品制造业	0.681	0.244	0.075	0.579	0.340	0.081
饮料制造业	0.593	0.254	0.153	0.521	0.275	0.204
烟草制品业	0.318	0.369	0.313	0.356	0.280	0.364
纺织业	0.784	0.170	0.046	0.859	0.111	0.030
纺织服装、鞋、帽制造业	0.913	0.077	0.010	0.930	0.062	0.008
皮革、毛皮、羽毛（绒）及其制品业	0.863	0.113	0.024	0.861	0.105	0.034
木材加工及木、竹、藤、棕、草制品业	0.706	0.236	0.058	0.705	0.268	0.027
家具制造业	0.796	0.144	0.060	0.853	0.093	0.053
造纸及纸制品业	0.707	0.217	0.077	0.782	0.176	0.042
印刷业和记录媒介复制业	0.687	0.169	0.145	0.746	0.157	0.097
文教体育用品制造业	0.970	0.029	0.002	0.962	0.036	0.002
石油加工、炼焦及核燃料加工业	0.660	0.248	0.092	0.709	0.216	0.076
化学原料及化学制品制造业	0.637	0.259	0.104	0.713	0.203	0.085
医药制造业	0.628	0.243	0.130	0.611	0.261	0.127
化学纤维制造业	0.826	0.137	0.037	0.840	0.124	0.035
橡胶制品业	0.761	0.162	0.078	0.838	0.118	0.045
塑料制品业	0.840	0.116	0.044	0.865	0.103	0.032
非金属矿物制品业	0.625	0.275	0.100	0.659	0.254	0.087
黑色金属冶炼及压延加工业	0.613	0.259	0.129	0.652	0.252	0.095
有色金属冶炼及压延加工业	0.460	0.341	0.199	0.394	0.457	0.149
金属制品业	0.841	0.116	0.044	0.884	0.086	0.029
通用设备制造业	0.751	0.170	0.079	0.798	0.134	0.068
专用设备制造业	0.652	0.244	0.104	0.714	0.198	0.088
交通运输设备制造业	0.611	0.293	0.095	0.634	0.262	0.104
电气机械及器材制造业	0.832	0.115	0.053	0.831	0.121	0.048
通信设备、计算机及其他电子设备制造业	0.848	0.052	0.100	0.954	0.024	0.022

续表

制造业细分行业	1998 年			2007 年		
	东部地区	中部地区	西部地区	东部地区	中部地区	西部地区
仪器仪表及文化、办公用机械制造业	0.898	0.054	0.047	0.895	0.060	0.044
工艺品及其他制造业	0.860	0.107	0.032	0.899	0.093	0.008
平均值	0.722	0.191	0.087	0.746	0.179	0.075
人口	0.374	0.396	0.230	0.402	0.376	0.222
土地面积	0.110	0.321	0.568	0.110	0.321	0.568

13.3　方法与设计

13.3.1　研究样本与数据采集

本章使用的主要数据库为工业企业数据库和高速公路数据库。本章的研究对象为 1998~2007 年这十年间中国的制造业细分行业，因此，本章的大部分变量为行业层面的变量，这些行业层面的变量由企业层面的数据集合加总而成。本章企业层面的数据主要来源于工业企业数据库，高速公路可达性的数据来源于高速公路数据库。最终，本章的样本中包含了 1998~2007 年这十年间中国 424 个制造业细分行业（使用四位行业代码）的相关信息，共计 4186 个观测值。这 424 个制造业细分行业的相关信息由 1 660 551 个规模以上中国制造企业观测值的相关信息集合加总而成。

13.3.2　变量定义与测度

（1）因变量：产业集聚。使用空间基尼系数（spatial Gini index）来测度产业集聚的程度是现有研究中较为流行的一种做法。然而，空间基尼系数并非来源于理论位置选择模型，而且无法控制不同规模企业的分布。因此，与较多规模较小的企业组成的行业（接近自由竞争市场）相比，由较少规模较大的企业组成的行业（接近多寡头垄断市场）的空间基尼系数往往更大，即便两个不同行业当中的企业所在地点都是完全随机分布的（Dumais et al., 2002）。这意味着在某些情况下使用空间基尼系数来测度产业集聚程度是有偏的。为了解决这一问题，Ellison 和 Glaeser（1997）基于企业行为的基本位置选择模型构建了一个新的测度产业集聚程度的指数——EG 指数。EG 指数的基本定义如下式所示：

$$\text{EG index} = \frac{\sum\limits_{i=1}^{M}(s_i - x_i)^2 - (1 - \sum\limits_{i} x_i^2)\sum\limits_{k} z_k^2}{(1 - \sum\limits_{i} x_i^2)(1 - \sum\limits_{k} z_k^2)} \qquad (13\text{-}1)$$

式中，s_i 表示区域 i 在被研究行业中的工业产出占整个被研究行业的工业总产出的比率；x_i 表示区域 i 的总工业产出占所有区域的工业总产出的比率；$\sum\limits_{i=1}^{M}(s_i - x_i)^2$ 表示空间基尼系数；z_k 表示企业 k 的工业产出占整个被研究行业的工业总产出的比率；$\sum\limits_{k} z_k^2$ 表示企业规模分布的赫芬达尔指数。赫芬达尔指数测度了在行业中企业规模的集中程度，在现有文献中也经常被用作测度产业集聚程度的指标（Alcácer and Chung，2014）。

EG 指数结合了空间基尼系数和赫芬达尔指数这两个传统的测度产业集聚程度的指标的优点。该指数在充分考虑了企业规模分布的条件下，对比了被研究行业的产业结构和所有制造业细分行业的总体产业结构，并在超越了单纯的产业结构的层面上测度了被研究行业的产业集聚程度（Lu and Tao，2009）。由于 EG 指数与传统的测度产业集聚程度的指标相比具有明显的优势，因此，该指数近些年来已经在关于产业集聚的相关研究当中得到广泛接受和应用（Billings and Johnson，2016）。因此，本章主要使用 EG 指数来测度中国制造业细分行业的产业集聚程度，并辅以空间基尼系数和赫芬达尔指数进行稳健性检验。

（2）自变量：高速公路可达性。以往的研究通常使用高速公路存量或高速公路密度的相关数据来测度一个地区的高速公路可达性。然而，在某些情况下，使用一个地区的高速公路存量或高速公路密度来测度该地区的高速公路可达性是不合适的，因为无论是高速公路存量还是高速公路密度都隐含了高速公路的效应是线性的这一假设，并没有考虑到高速公路的网络效应（Cosci and Mirra，2018）。经验数据表明，作为一种公共资本投资，高速公路投资与私人资本投资之间存在着一个"平衡点"（Shi and Huang，2014），即一个地区的高速公路存量的边际经济效应可能存在着递减的趋势。举例来说，当一个地区开通了第一条高速公路以后，这条高速公路实际上将这一地区连接到了国家高速公路网络之中，因此这条高速公路很有可能将对这一地区的经济发展产生非常深远的影响。然而，在这一地区开通的第五条高速公路的经济效应与第一条高速公路的经济效应相比可能就相对有限了。因此，本章采用一个地区是否已连通到国家高速公路网络（即是否已经开通了一条或多条高速公路）来测度该地区的高速公路可达性。

通过查阅中国政府官方网站上披露的新闻和相关信息以及中国地图出版社每年出版的中国高速公路地图集，可以获得中国各个县级行政区域是否以及何时连通到国家高速公路网络的数据。然而，本章的因变量 EG 指数描述的是国家层面的产业集聚程度，属于国家层面的变量。为了使因变量和解释变量相互匹配，本章引入了一个国家层面的解释变量 HighwayShare 来测度国家高速公路网络的改善对于中国制造业细分行业的集聚程度的影响。HighwayShare 的定义为

$$\text{HighwayShare} = \frac{\sum_{i=1}^{n} x_i}{\sum_{j=1}^{m} x_j} \qquad (13\text{-}2)$$

式中，x_i（x_j）表示某一特定制造业细分行业中企业 i（j）的工业产出；m 表示全国范围内在这一制造业细分行业中的企业数量；n 表示全国范围内与国家高速公路网络相连通的区域内在这一制造业细分行业中的企业数量。实质上，HighwayShare 测度了在某一特定制造业细分行业中，与国家高速公路网络相连通的工业总产出占整个行业的工业总产出的比率。当一个县级行政区域首次与国家高速公路网络相连通时，位于该县级行政区域的所有制造业企业的所有工业产出都连通到了国家高速公路网络，使得 HighwayShare 增大。HighwayShare 的取值范围为[0, 1]。由此可见，HighwayShare 是一个可以用于测度国家高速公路网络的改善在企业层面的影响的合适的国家层面的指标。

（3）控制变量。在过去的几十年中，产业集聚的决定因素引起了专家学者的广泛关注（Alcácer and Chung，2014；Kim，1995；Rosenthal and Strange，2001）。为了尽可能地消除由遗漏变量问题引起的估计偏差，本章的模型中包含了一系列控制变量，以期尽可能地控制住可能导致产业集聚程度发生变化的其他决定因素。Ge（2009）的研究结果显示，依赖出口贸易和外国直接投资的行业中的企业往往倾向于选址在交通较为便利、与国际市场联系较为紧密的地区，这可能会导致这些行业的产业集聚程度更高。因此，本章控制了行业的出口强度（Export intensity）和外资占比（Foreign capital）。出口强度定义为一个行业中用于出口的工业产值占整个行业的工业总产值的百分比，外资占比定义为一个行业中的国外资本金额占整个行业的总的资本金额的百分比。Bai 等（2004）发现，政府有更强的动机来保护国资占比和税收利润占比（tax-plus-margin，TPM）更高的行业，这可能会导致这些行业的产业布局发生变化。因此，本章控制了行业的国资占比（State capital）和税收利润占比（TPM）。国资占比定义为一个行业中的国有资本金额占整个行业的总的资本金额的百分比，而税收利润占比定义为一个行业的税收与利润之和与整个行业的工业总产值之比。Lu 和 Yu（2015）发现，2001 年末中国加入世界贸易组织的重大事件对中国的产业布局产生了重要影响，因此本章也将中国加入世界贸易组织对中国国内产业分布的影响进行了控制。本章定义了一个虚拟变量（WTO）：在中国加入 WTO 后（2001 年以后），该变量定义为 1；否则该变量定义为 0。此外，由于行业中企业的平均规模可能会对产业分布产生影响，本章也在模型

中对行业中的企业平均规模（Scale of industry）进行了控制。企业平均规模定义为行业中所有企业的平均员工数的对数。本章中的模型也控制了年份固定效应。在本章的所有控制变量之中，除了 WTO 和年份固定效应之外的所有其他变量的基本数据均来源于工业企业数据库，并由企业层面的数据集合加总为行业层面的数据而得来。

本章中主要变量的定义方法和数据来源详见表 13-3。

表 13-3　变量定义和数据来源

变量	变量定义	数据来源
EG 指数	详见式（13-1）中关于 EG 指数的定义	工业企业数据库
空间基尼系数	详见式（13-1）中关于空间基尼系数的定义	工业企业数据库
赫芬达尔指数	详见式（13-2）中关于赫芬达尔指数的定义	工业企业数据库
高速公路可达性	在某一特定制造业细分行业中，与国家高速公路网络相连通的工业总产出占整个行业的工业总产出的比率	高速公路数据库、工业企业数据库
出口强度	一个行业中用于出口的工业产值占整个行业的工业总产值的百分比	工业企业数据库
外资占比	一个行业中的国外资本金额占整个行业的总的资本金额的百分比	工业企业数据库
国资占比	一个行业中的国有资本金额占整个行业的总的资本金额的百分比	工业企业数据库
税收利润占比	一个行业的税收和利润之和与整个行业的工业总产值之比	工业企业数据库
WTO	虚拟变量，在中国加入 WTO 后（2001 年以后），该变量定义为 1，否则该变量定义为 0	无
企业平均规模	行业中所有企业的平均员工数的对数	工业企业数据库

13.3.3　回归模型

为了估计高速公路可达性的改善对产业集聚的影响，本章建立了如下式所示的 OLS 回归模型：

$$\mathrm{EG}_{i,t} = \alpha + \beta \mathrm{HighwayShare}_{i,t} + \delta_i X_{i,t} + \lambda_t + \nu_i + \varepsilon_{i,t}$$

式中，$\mathrm{EG}_{i,t}$ 表示制造业细分行业 i 在年份 t 的 EG 指数；$\mathrm{HighwayShare}_{i,t}$ 表示制造业细分行业 i 在年份 t 时，与国家高速公路网络相连通地区的所有企业的工业总产出占整个行业的工业总产出的比率；$X_{i,t}$ 表示一个列向量，其中包含了一系列控制变量，包括出口强度、外资占比、国资占比、税收利润占比、WTO 和企业平均规模；α 表示回归模型中的常数项；λ_t 表示年份虚拟变量，用于控制对所有制造业细分行业的产业分布均可能产生影响的宏观冲击；ν_i 表示个体效应；$\varepsilon_{i,t}$ 表示误差项。豪斯曼检验的结果显示，本章中的解释变量与无法观测到的个体效应之间可能存在相关性。因此，本章的回归分析采用面板数据的固定效应模型。

然而，产业集聚程度可能与产业的历史分布格局存在着相关关系，即过去的产业分布很有可能会对现在的产业分布产生影响（Ge，2009）。因此，采用 OLS 回归模型对高速公路可达性的改善与产业集聚的关系进行实证分析可能会存在潜在的内生性偏差问题。为了解决这一问题，本章采用了动态面板分析中的广义矩估计法（generalized method of moments，GMM）对 OLS 模型的回归结果进行了稳健性检验，即通过在回归模型中加入因变量的滞后项，以探索产业集聚的动态特性。广义矩估计法主要包括差分广义矩估计法（差分 GMM）、水平广义矩估计法（水平 GMM）和系统广义矩估计法（系统 GMM）。其中系统 GMM 同时包含了差分 GMM 和水平 GMM 的矩条件，这使得系统 GMM 的估计效率显著高于差分 GMM 和水平 GMM 的估计效率。因为因变量的一阶滞后项可以作为回归模型的有效工具变量（Arellano and Bover，1995；Blundell and Bond，1998），所以系统 GMM 是解决回归模型的内生性偏差问题比较合适的方法。鉴于此，本章采用了系统 GMM 回归模型这一动态面板分析方法作为 OLS 模型的稳健性检验。系统 GMM 回归模型如下式所示：

$$EG_{i,t} = \alpha + \rho EG_{i,t-1} + \beta HighwayShare_{i,t} + \delta_i X_{i,t} + \lambda_t + \nu_i + \varepsilon_{i,t}$$

其在 OLS 回归模型的基础上，进一步包含了因变量 EG 指数的一阶滞后项。

13.4 结 果 分 析

13.4.1 描述性统计

本章相关变量的描述性统计详见表 13-4，其中包括本章中所有变量的均值、标准差和 Pearson 相关系数。由表 13-4 可知，本章在同一个回归模型中的大多数变量之间的 Pearson 相关系数小于 0.3，且在同一个回归模型中的所有变量之间的 Pearson 相关系数均小于 0.65。各变量之间的 Pearson 相关系数的数值表明本章的变量之间的相关性在可接受的范围内，且本章的回归模型中不存在多重共线性的问题。

表 13-4 主要变量的描述性统计

变量	均值	标准差	最小值	最大值	1	2	3	4	5	6	7	8
EG index	0.055	0.096	−1.646	0.796	1							
HighwayShare	0.388	0.201	0.000	1.000	0.032	1						
Export intensity	0.224	0.208	0.000	0.981	0.177	0.096	1					
Foreign capital	0.184	0.141	−0.181	0.962	−0.075	0.155	0.368	1				

续表

变量	均值	标准差	最小值	最大值	1	2	3	4	5	6	7	8
State capital	0.179	0.192	0.000	1.000	−0.073	−0.374	−0.379	−0.420	1			
TPM	0.047	0.034	−0.264	0.458	0.008	0.269	−0.104	0.125	−0.225	1		
WTO	0.606	0.489	0.000	1.000	0.068	0.633	0.044	0.122	−0.343	0.361	1	
Scale of industry	5.515	0.646	2.639	8.534	0.099	−0.203	0.069	−0.061	0.438	−0.185	−0.158	1

13.4.2　交通基础设施的集聚效应

OLS 回归模型的回归分析结果如表 13-5 所示。模型 1 中包含了自变量高速公路可达性和所有控制变量。其回归结果表明：高速公路可达性的改善在 1% 的显著性水平上对产业集聚有着积极的影响（$\beta=0.038$，$p<0.01$）。为了对这一回归结果进行稳健性检验，本章还采用了两种较为传统的测度产业集聚程度的指标，即空间基尼系数和赫芬达尔指数，来进一步验证高速公路可达性的改善与产业集聚程度之间的关系，其回归结果见模型 2 和模型 3。模型 2 和模型 3 中的回归结果表明，在使用空间基尼系数和赫芬达尔指数替换 EG 指数对产业集聚程度进行测度后，高速公路可达性的改善与产业集聚程度之间的正向关系仍然在 1% 的显著性水平上存在（模型 2：$\beta=0.050$，$p<0.01$；模型 3：$\beta=0.033$，$p<0.01$）。正如上文中所提及的，在本章中，采用 OLS 回归模型存在潜在的内生性问题，这可能会导致回归分析结果存在一定偏差。为了解决这一问题，本章采用了系统 GMM 这一动态面板分析方法作为 OLS 回归模型的稳健性检验，其回归分析结果见表 13-6。与表 13-5 中的方法类似，在表 13-6 的模型 1、模型 2 和模型 3 中，本章分别采用 EG 指数、空间基尼系数和赫芬达尔指数来测度产业的集聚程度，以验证高速公路可达性的改善与产业集聚程度之间的关系。这三个模型中的自变量的系数均在 10% 的水平上显著为正，其回归分析结果进一步证实了高速公路可达性的改善有利于促进产业集聚程度的提升（模型 1：$\beta=0.044$，$p<0.01$；模型 2：$\beta=0.007$，$p<0.1$；模型 3：$\beta=0.029$，$p<0.01$）。

表 13-5　高速公路可达性的改善对于产业集聚的影响（OLS）

变量	模型 1	模型 2	模型 3
	EG 指数	空间基尼系数	赫芬达尔指数
HighwayShare	0.038***	0.050***	0.033***
	（3.60）	（5.30）	（4.23）
Export intensity	0.014	0.173***	0.120***
	（0.85）	（11.80）	（9.84）

续表

变量	模型 1	模型 2	模型 3
	EG 指数	空间基尼系数	赫芬达尔指数
Foreign capital	−0.052***	−0.067***	−0.037***
	（−3.25）	（−4.57）	（−3.02）
State capital	0.001	−0.011	−0.012
	（0.11）	（−1.07）	（−1.49）
TPM	0.077*	0.316***	0.298***
	（1.70）	（7.63）	（8.67）
WTO	0.002	−0.023***	−0.026***
	（0.38）	（−4.59）	（−6.30）
Scale of industry	0.020***	0.028***	0.023***
	（4.34）	（6.74）	（6.83）
Year dummies	YES	YES	YES
常数项	−0.068***	−0.080***	−0.085***
	（−2.67）	（−3.50）	（−4.48）
样本量	4184	4186	4186
R^2	0.029	0.078	0.090

注：小括号里的数字代表各个变量的 t 统计量的数值

***和*分别代表在1%和10%的显著性水平上显著

表 13-6 高速公路可达性的改善对于产业集聚的影响（系统 GMM）

变量	模型 1	模型 2	模型 3
	EG 指数	空间基尼系数	赫芬达尔指数
HighwayShare	0.044***	0.007*	0.029***
	（11.50）	（1.87）	（14.46）
Export intensity	−0.036***	0.133***	0.096***
	（−7.88）	（21.85）	（30.70）
Foreign ownership	−0.081***	0.001	0.044***
	（−16.55）	（0.11）	（13.61）
State ownership	0.057***	0.009***	−0.005***
	（24.23）	（2.76）	（−3.01）
TPM	0.015	0.275***	0.280***
	（1.63）	（19.80）	（38.17）
WTO	0.002	−0.007***	−0.013***
	（1.59）	（−8.40）	（−27.60）
Scale of industry	−0.013***	0.013***	0.012***
	（−8.56）	（9.38）	（15.36）

续表

变量	模型 1	模型 2	模型 3
	EG 指数	空间基尼系数	赫芬达尔指数
EG index	0.266*** （150.33）		
Gini index		0.466*** （112.91）	
Herfindahl index			0.504*** （185.28）
Year dummies	YES	YES	YES
常数项	0.106*** （11.21）	−0.057*** （−7.48）	−0.076*** （−16.48）
样本量	3749	3752	3752

注：小括号里的数字代表各个变量的 t 统计量的数值

***、*分别代表在 1%、10%的显著性水平上显著

此外，为进一步验证高速公路可达性的改善与产业集聚程度之间的关系，本章还将高速公路可达性（HighwayShare）重新定义为在某一特定制造业细分行业中，与国家高速公路网络相连通的企业总收入占整个行业中的企业总收入的比率，并基于新定义的自变量分别采用 OLS 回归模型和系统 GMM 回归模型进行分析。其回归分析结果表明，高速公路可达性的改善与产业集聚之间的正向关系仍然显著存在。其回归分析结果与表 13-5 和表 13-6 中的回归分析结果非常类似，由于篇幅限制，在此不再列出。

由上文的回归分析结果可知，从整体的角度来看，中国国家高速公路网络的不断完善加速了中国制造业的集聚。

13.4.3　行业异质性影响

由于行业之间具有显著的异质性特征，重大工程的修建对于各行各业的影响可能会截然不同（Duranton et al.，2014；Faggio et al.，2017）。因此，针对高速公路可达性的改善对于不同行业的产业布局的影响进行深入研究是很有必要的。鉴于此，本章基于不同的标准对制造业进行了行业细分，并针对不同的细分行业分别进行了回归分析，以验证高速公路可达性的改善对于不同行业的产业布局的异质性影响。

（1）行业异质性：是否依赖外地供应商。不同制造业细分行业的供应链结构可能存在着显著差异。对于生产投入材料较为单一且容易获得的制造业细分行业

来说，在这种类型的行业中的企业更有可能会选择来自本地的供应商，本章将这一类制造业细分行业定义为基于本地的行业，其典型代表包括饮料制造业、烟草制品业等；对于生产投入材料较为复杂且难以获得的制造业细分行业来说，在这种类型的行业中的企业更有可能会因为本地供应商难以满足其基本需求而更加依赖来自其他地区的供应商，本章将这一类制造业细分行业定义为非基于本地的行业，其典型代表包括交通运输设备制造业、电气机械及器材制造业等。一般而言，与基于本地的行业相比，非基于本地的行业对于来自其他地区的生产投入材料的刚性需求更为强烈，因此非基于本地的行业中的企业的生产运营将更依赖于由政府提供的公共物品，尤其是基础设施。同时，由于来自其他地区的生产投入材料的运输成本在非基于本地的行业中的企业的生产成本中占比更大，因此非基于本地的行业在重大工程的修建中获益更多。鉴于此，本章推断，与基于本地的行业相比，高速公路可达性的改善对于非基于本地的行业的产业集聚的积极影响更为显著。

本章采用中国社会科学院收集的中国制造业企业调查数据来对不同制造业细分行业的主要供应商进行地理定位。这一调查数据包含了1994～1999年这六年间约700个制造业企业的面板数据。根据 Li H 和 Li Z G（2013）提出的分类方法，本章计算了在每一个特定的制造业细分行业中（使用两位行业代码），其第二大供应商位于其他省区市的企业的数量占该行业所有企业的数量的比率（本章使用的中国制造业企业调查数据中仅包含了企业第二大供应商的相关信息）。如果其第二大供应商位于其他省区市的企业的数量占该行业所有企业的数量的比率为0，则将这一制造业细分行业划分为基于本地的行业；反之，如果其第二大供应商位于其他省区市的企业的数量占该行业所有企业的数量的比率大于0，则将这一制造业细分行业划分为非基于本地的行业。关于基于本地的行业和非基于本地的行业的分类见表13-7。

表 13-7　行业分类：是否依赖外地供应商

基于本地的行业（较不依赖外地供应商）		非基于本地的行业（较为依赖外地供应商）	
制造业细分行业	百分比/%	制造业细分行业	百分比/%
农副食品加工业	0	纺织业	14
食品制造业	0	文教体育用品制造业	25
饮料制造业	0	石油加工、炼焦及核燃料加工业	26
烟草制品业	0	化学原料及化学制品制造业	31

续表

基于本地的行业（较不依赖外地供应商）		非基于本地的行业（较为依赖外地供应商）	
制造业细分行业	百分比/%	制造业细分行业	百分比/%
纺织服装、鞋、帽制造业	0	医药制造业	17
皮革、毛皮、羽毛（绒）及其制品业	0	化学纤维制造业	9
木材加工及木、竹、藤、棕、草制品业	0	橡胶制品业	20
家具制造业	0	塑料制品业	20
造纸及纸制品业	0	非金属矿物制品业	37
印刷业和记录媒介复制业	0	黑色金属冶炼及压延加工业	24
		有色金属冶炼及压延加工业	57
		金属制品业	67
		通用设备制造业	51
		专用设备制造业	51
		交通运输设备制造业	87
		电气机械及器材制造业	64
		通信设备、计算机及其他电子设备制造业	40

　　针对高速公路可达性改善对于基于本地的行业和非基于本地的行业的异质性影响的回归分析结果见表 13-8。模型 1 和模型 2 展示了 OLS 回归模型的分析结果，其结果显示，对于非基于本地的行业而言，高速公路可达性的改善对产业集聚有着显著的正向影响（模型 2：$\beta=0.055$，$p<0.01$），这一结果与上文针对高速公路可达性改善对于制造业这一整体的产业分布的影响的研究结果一致；对于基于本地的行业而言，本章发现高速公路可达性的改善对其产业集聚的影响显著为负（模型 1：$\beta=-0.031$，$p<0.1$）。作为稳健性检验，本章同样采用了系统 GMM 回归模型针对基于本地的行业和非基于本地的行业分别进行了回归分析。系统 GMM 回归模型得到了与 OLS 回归模型相类似的分析结果（模型 3：$\beta=-0.082$，$p<0.01$；模型 4：$\beta=0.072$，$p<0.01$）。本章还使用新定义的自变量（基于企业总收入定义的高速公路可达性）针对高速公路可达性改善对于基于本地的行业和非基于本地的行业的异质性影响进行了回归分析。其回归分析结果与表 13-8 中的回归分析结果非常相似。上述分析结果证实，高速公路可达性的改善会促使非基于本地的行业的集聚，但会促使基于本地的行业的扩散。

表 13-8　高速公路可达性改善的行业异质性：是否依赖外地供应商

变量	模型 1	模型 2	模型 3	模型 4
	OLS 回归模型		系统 GMM 回归模型	
	基于本地的行业	非基于本地的行业	基于本地的行业	非基于本地的行业
HighwayShare	−0.031*	0.055***	−0.082***	0.072***
	（−1.71）	（4.48）	（−32.36）	（31.07）
Export intensity	−0.001	0.010	0.044***	−0.042***
	（−0.05）	（0.54）	（8.76）	（−11.98）
Foreign ownership	−0.050**	−0.054***	−0.046***	−0.079***
	（−2.03）	（−2.82）	（−12.69）	（−19.35）
State ownership	0.047**	−0.010	0.019***	0.058***
	（2.38）	（−0.76）	（6.18）	（31.56）
TPM	0.345***	0.044	0.179***	−0.008
	（4.03）	（0.85）	（5.54）	（−0.99）
WTO	0.002	0.003	0.040***	−0.006***
	（0.26）	（0.46）	（24.66）	（−4.75）
Scale of industry	0.008	0.027***	−0.008***	−0.010***
	（0.95）	（4.90）	（−4.18）	（−10.12）
EG index			0.535***	0.251***
			（60.08）	（194.05）
Year dummies	YES	YES	—	—
常数项	0.001	−0.110***	0.069***	0.086***
	（0.01）	（−3.57）	（7.37）	（14.45）
样本量	841	3343	755	2994
R^2	0.058	0.035	—	—

注：小括号里的数字代表各个变量的 t 统计量的数值

***、**和*分别代表在 1%、5%和 10%的显著性水平上显著

（2）行业异质性：是否依赖关系网络。不同制造业细分行业的产品和服务的特征也存在着显著差异。在一些制造业细分行业中（如电气机械及器材制造业、交通运输设备制造业等），企业生产的产品大部分为耐用品，而且企业往往会针对其生产的产品提供长期性的服务。这些制造业细分行业的产品和服务的基本特征使得处于这些行业之中的企业非常依赖社会关系网络来进行高效的生产与销售，因此，对于这些行业之中的企业来说，与供应商、客户建立和保持良好的合作关系至关重要。本章将这种生产耐用品并提供长期性服务的制造业细分行业定义为关系型行业。对于处于关系型行业之中的企业而言，高速公路网络的改善使其能

够更加便捷地通过面对面交流与供应商和客户交换信息，这极大地提高了企业之间的沟通效率并降低了企业维护其社会关系网络的成本。因此，本章认为关系型行业能够在高速公路网络的改善中获益更多，从而高速公路可达性的改善对于关系型行业的产业集聚的正向影响更为显著。本章根据 Cremers 等（2008）的分类方法对关系型行业和非关系型行业进行了分类，包括电气机械及器材制造业、交通运输设备制造业在内的八个主要生产耐用品并提供长期性服务的制造业细分行业被定义为关系型行业；而其余的制造业细分行业被定义为非关系型行业。

高速公路可达性的改善对于关系型行业和非关系型行业的异质性影响的回归分析结果见表 13-9。模型 1 和模型 2 展示了 OLS 回归模型的分析结果，其结果显示，对于关系型行业而言，高速公路可达性的改善对产业集聚有着显著的正向影响（$\beta=0.105$，$p<0.01$），这一结果针对高速公路可达性改善对于制造业这一整体的产业分布的影响的研究结果一致；对于非关系型行业而言，本章发现高速公路可达性的改善对其产业集聚的影响显著为负（$\beta=-0.035$，$p<0.01$）。在模型 3 和模型 4 中，本章采用了系统 GMM 回归模型针对关系型行业和非关系型行业分别进行了回归分析，其结果与 OLS 回归模型的分析结果类似（模型 3：$\beta=0.151$，$p<0.01$；模型 4：$\beta=-0.071$，$p<0.01$）。本章同样使用新定义的自变量（基于企业总收入定义的高速公路可达性）针对高速公路可达性改善对于关系型行业和非关系型行业的异质性影响进行了回归分析，其回归结果同样证实了上文所述的结论。上述分析结果证实，高速公路可达性的改善会促使关系型行业的集聚，但会促使非关系型行业的扩散。

表 13-9　高速公路可达性改善的行业异质性：是否依赖关系网络

变量	模型 1	模型 2	模型 3	模型 4
	OLS 回归模型		系统 GMM 回归模型	
	关系型行业	非关系型行业	关系型行业	非关系型行业
HighwayShare	0.105*** （6.01）	−0.035*** （−3.27）	0.151*** （256.89）	−0.071*** （−95.61）
Export intensity	0.012 （0.46）	0.003 （0.16）	−0.087*** （−76.17）	0.010*** （9.57）
Foreign ownership	−0.087*** （−3.10）	−0.024 （−1.54）	−0.106*** （−83.16）	−0.024*** （−18.37）
State ownership	−0.029 （−1.65）	0.034*** （2.81）	0.019*** （27.87）	0.023*** （24.27）
TPM	−0.014 （−0.20）	0.238*** （4.63）	−0.211*** （−89.28）	0.187*** （69.51）
WTO	−0.008 （−0.93）	0.011** （2.30）	−0.001 （−1.35）	0.020*** （54.56）

续表

变量	模型 1	模型2	模型 3	模型4
	OLS 回归模型		系统 GMM 回归模型	
	关系型行业	非关系型行业	关系型行业	非关系型行业
Scale of industry	0.040*** (5.41)	−0.003 (−0.59)	0.010*** (36.51)	−0.026*** (−63.62)
EG index			0.219*** (621.02)	0.442*** (301.08)
Year dummies	YES	YES	—	—
常数项	−0.176*** (−4.23)	0.053* (1.94)	−0.029*** (−18.07)	0.177*** (80.31)
样本量	2058	2126	1838	1911
R^2	0.049	0.063	—	—

注：小括号里的数字代表各个变量的 t 统计量的数值

　　***、**和*分别代表在 1%、5%和 10%的显著性水平上显著

　　根据上述回归分析结果可以得出结论，重大工程的修建对于非基于本地的行业和关系型行业的集聚具有显著的正向影响，而对于基于本地的行业和非关系型行业的集聚具有显著的负向影响。这一结论是合乎情理的。产业的地理分布情况是由集聚力（agglomeration force）和扩散力（dispersion force）之间的合力决定的（Ahlfeldt et al.，2015），当集聚力大于扩散力时，企业倾向于在某一特定地理空间内集聚；而当扩散力大于聚集力时，企业倾向于向周边的地理空间内扩散。重大工程的修建能够改变某一地理空间的产业内的集聚力和扩散力的相对大小（Donaldson，2018；Faber，2014），进而通过促进企业迁移的方式导致产业的地理分布情况发生变化。一方面，重大工程的修建能够通过降低企业间的货物运输和信息交流的成本来消除企业迁移和产业集聚的障碍，进而增加了地理空间内的集聚力的大小，有利于促进产业集聚；另一方面，重大工程的修建使得企业充分利用较为偏远地区的廉价土地和劳动力成为可能，这将增加地理空间内扩散力的大小，不利于促进产业集聚（Ottaviano，2012；Tabuchi，1998）。非基于本地的行业和关系型行业的基本特征使其更加依赖于基础设施，因此这些行业从重大工程的修建中获益更多。因此，在非基于本地的行业和关系型行业中，重大工程的修建使得在某一特定地理空间内产业的集聚力大于扩散力，从而导致了这些产业的集聚，而基于本地的行业和非关系型行业从重大工程的修建中获益非常有限，因此在重大工程修建完毕后，这些行业在某一特定地理空间内的集聚力增加较少。而重大工程修建后带来的一些对企业不利的影响（如交通拥堵、地价升高和市场竞争加剧）增加较多，这会导致这一特定地理空间内的扩散力显著增加。因此，对

于基于本地的行业和非关系型行业来说，在重大工程修建后的某一特定地理空间内产业的扩散力大于集聚力，从而导致了这些产业的扩散。

总而言之，从制造业细分行业的角度来看，重大工程的修建能够通过促进企业迁移的方式提升非基于本地的制造业细分行业和关系型的制造业细分行业的产业集聚程度，而这一影响对于基于本地的制造业细分行业和非关系型的制造业细分行业的效应为负。

13.5　结论与讨论

自 20 世纪 90 年代以来，有关于产业集聚的问题吸引了学术界越来越多的关注。然而，尽管世界各地的学者已经针对产业集聚问题进行了数十年的研究，但现有文献仍然在重大工程对产业集聚影响的方向和程度上存在重大分歧。重大工程的修建是否会对产业集聚产生积极影响？重大工程的修建与产业集聚之间的关系在不同行业之间是否存在差异？为回答这些问题，本章针对重大工程的修建与产业集聚之间的关系进行了实证分析。

本章以高速公路作为重大工程的典型案例，基于自 1998～2007 年这十年间的 1 660 551 个中国制造企业的观测样本进行实证分析。实证结果表明，从总体的角度来看，重大工程的修建对于产业集聚具有显著的积极影响。接下来，本章将制造业进一步划分为不同类型的细分行业，并验证了重大工程的产业集聚效应对于行业的异质性影响。实证结果发现，重大工程的修建能够通过促进企业迁移的方式提升较为依赖外地供应商的制造业细分行业和较为依赖关系网络的制造业细分行业的产业集聚程度，而这一影响对于较不依赖外地供应商的制造业细分行业和较不依赖关系网络的制造业细分行业的效应为负。

本章对基础设施工程管理和产业集聚领域的理论贡献分为以下三个方面：第一，为解决目前学界关于重大工程与产业集聚之间的关系的意见分歧做出了贡献。在现有的文献中，一部分学者认为重大工程的修建能够有效促进产业的集聚程度，而另一部分学者则持相反观点。本章通过探索中国国家高速公路网络的改善对中国制造业细分行业的影响，发现了从整体的角度来看，国家高速公路网络的不断完善加速了中国制造业的集聚，这为解决目前学界针对这一问题的意见分歧提供了一定的经验证据。第二，揭示了重大工程的修建对于不同制造业细分行业的地理分布的异质性影响。虽然一些现有文献考察了重大工程与产业集聚之间的关系，但针对重大工程对于产业集聚的影响的行业异质性的研究仍较为缺乏。本章基于不同的标准对制造业进行了行业细分，并针对不同的细分行业分别进行了回归分析。回归分析结果验证了重大工程的产业集聚效应对于行业的异质性影响。这为揭示重大工程与产业集聚之间的关系提供了一些新的见解。第三，丰富了关于集聚力和扩散力的相关机制。本章指出，重大工程的修建能够改变集聚力和扩散力的相对大小，而集聚力和扩散力之间的合力决定了产业如何进行地理格局上的重新分布。这一机制在以前的文献中没有引起专家学者的足够的重视。本章对这一机制进行了较为详细的讨论，并基于这一机制解释了本章的回归分析结果，在一定程度上有利于加深学界对于"新经济地理学"的理解。

值得注意的是，本章也具有一些局限性。第一，本章以高速公路作为典型案例来研究重大工程的修建对于产业集聚的影响。然而，不同类型的重大工程的修建对于企业迁移和产业集聚的影响可能存在显著差异。举例来说，高速公路既满足了客运的需求，也满足了货运的需求，因此可以预见高速公路网络的改善对于货物运输和劳动力迁移都存在着一定程度的影响；而高铁的主要功能是满足客运需求，因此高铁网络的改善可能只会对劳动力迁移产生影响，而对于货物运输的影响微乎其微。鉴于此，高铁网络的改善对于产业布局的影响可能比高速公路网络的改善对于产业布局的影响更加明显。未来的相关研究应关注其他类型的重大工程对于企业迁移和产业集聚的影响。第二，本章没有对重大工程的修建对于产业集聚的动态影响展开讨论。产业重新分布的本质是企业重新选址，而企业重新选址应是一个持续的过程，因此重大工程的修建对于产业布局的影响很有可能具有长期性。此外，政府和媒体往往会事先披露关于重大工程的规划和建设的相关信息，在重大工程修建的预期下，部分企业也可能提前进行重新选址，这也可能会对产业布局产生影响。在未来的研究中应着重关注重大工程的修建对于产业集聚的动态影响。

13.6 本 章 小 结

本章从企业迁移的视角解释了重大工程产业溢出效应的影响机理。本章的实证分析结果证实，重大工程的修建能够通过企业迁移的方式促进一部分产业集聚程度的提升。产业集聚带来的规模效应有利于促进企业生产效率的提升，从而加速产业布局的升级，提升产业内企业的平均生产效率，最终促进产业竞争力的提升。

第 14 章　研究结论与展望

前文针对重大工程与产业竞争力的关系和重大工程产业溢出效应的影响机理两大核心问题进行了分析与解构。本章首先归纳总结了前文的主要研究结论，并在此基础上总结了本篇的理论贡献与实践启示，其次讨论了本篇中存在的局限性以及未来研究中需要进一步关注和探索的研究问题。

14.1　研究的主要结论

产业竞争力是一个国家（地区）的某个特定产业相对于其他国家（地区）的相同产业在生产效率、满足市场需求、持续获利等方面的竞争能力（Porter，2001；程虹和陈川，2015），是一个国家（地区）经济发展和社会繁荣的基础所在。因此，自 20 世纪 80 年代至今，产业竞争力问题一直是商业与管理领域的一个研究热点，提升产业竞争力也成为世界各国政策制定者制定国家政策的主要目标之一（Porter，2003）。近年来，中国的重大工程建设如火如荼、方兴未艾，但目前学界对于重大工程和产业竞争力之间的关系仍存在一定分歧，对于二者之间的影响机理更是关注不足。为解决这一问题，本篇基于中国制造业企业微观数据，利用"五纵七横"国道主干线工程建设这一准自然实验过程，结合文献分析与计量方法，探究了重大工程与中国制造业产业竞争力之间的关系，并分别从企业创新、企业进退和企业迁移的视角解构了重大工程产业溢出效应的影响机理。历经研究顶层设计、文献梳理综述、理论框架构筑、实证分析验证和系统整合归纳，完成研究工作，得到的主要结论如下。

第一，重大工程对于产业竞争力的提升具有显著且稳健的影响。虽然国内外专家学者已针对重大工程与产业竞争力的关系开展了一些理论和实证研究，但是目前学界在重大工程对产业竞争力的净效应的大小和方向上仍然存在一定分歧（Chandra and Thompson，2000），而且在二者之间关系的研究中仍存在着一些内生性问题尚未解决。本书的第 10 章利用"五纵七横"国道主干线工程建设这一准自然实验过程，采用严格的计量经济学方法，较为稳健地证实了重大工程对于产业竞争力的正向促进作用。

第二，重大工程的修建能够通过影响企业创新的方式促进产业竞争力的提升。

重大工程能够加速知识流动并扩大企业的外部知识搜索范围，进而促进企业创新。本书的第 11 章采用面板数据的中介模型，证实了企业创新绩效在重大工程与产业竞争力之间的关系中起到的中介作用，并讨论了外部利益相关者对这种机制的调节效应。重大工程对于企业创新的影响有利于加速产业技术的升级，提升产业内企业的平均生产效率，最终促进产业竞争力的提升。

第三，重大工程的修建能够通过影响企业进退的方式促进产业竞争力的提升。重大工程的修建能够加剧市场竞争的强度，从而加速市场选择的进程。本书的第 12 章针对重大工程对于现有企业退出市场和新进企业进入市场的影响进行了实证研究。其结果表明，重大工程的修建有利于促使生产效率较低的现有企业退出市场，并能够有效提升进入市场的新进企业的平均生产效率。这一效应在较不依赖关系网络的行业中更为明显。重大工程对于企业进退的影响有利于加速产业组织的升级，提升产业内企业的平均生产效率，最终促进产业竞争力的提升。

第四，重大工程的修建能够通过影响企业迁移的方式促进产业竞争力的提升。重大工程的修建有利于降低企业间的货物运输和信息交流的成本，从而在一定程度上消除了企业迁移和产业集聚的障碍。本书的第 13 章证实了重大工程对于产业集聚的正向影响，并发现了这一影响具有显著的行业异质性。重大工程对于企业创新的影响有利于加速产业布局的升级，提升产业内企业的平均生产效率，最终促进产业竞争力的提升。

14.2　研究的理论贡献

本篇的理论贡献主要体现在以下三点。

第一，本篇有力证实了重大工程对于产业竞争力的提升具有显著且稳健的影响。虽然现有文献已针对重大工程对于产业竞争力的影响进行了大量研究，但是目前学界仍然在重大工程产业溢出效应的大小和方向上存在一定分歧。其主要原因之一在于在针对二者之间关系的研究中存在着一些内生性问题尚未解决。本篇采用严格的计量经济学方法对重大工程的产业溢出效应进行了反复验证，基本上解决了回归模型中潜在的非随机放置、遗漏变量和非随机样本选择等诸多内生性问题。研究结果提供了支持重大工程对于产业竞争力提升具有正向影响的经验证据，这有助于调和现有文献中的分歧，帮助学界在重大工程的产业溢出效应这一议题上达成共识。

第二，本篇系统解构了重大工程产业溢出效应的影响机理。虽然一些学者针对重大工程产业溢出效应的影响机理进行了一定程度的研究，但是现有文献中针对这一领域的研究仍呈现出较强的碎片化特征，目前仍缺乏一个系统性的理论框架针对这一问题进行较为完整的解释。从企业创新、企业进退和企业迁移三个不同的视角，本篇实证检验了重大工程的修建对于产业技术升级、产业组织升级和产业布局升级的促进作用，厘清了重大工程产业溢出效应的影响机理，有助于重大工程产业溢出效应理论体系的构建。

第三，本篇揭示了企业的外部利益相关者对于重大工程产业溢出效应的影响。重大工程的修建具有消除贸易壁垒、加速知识流动和降低企业成本等重要效益，对于产业竞争力的形成和提升具有重要影响。然而，这一效应可能会受到各种外部利益相关者的影响。本篇在理论推演和实证检验的过程中考虑到了外部利益相关者对于重大工程产业溢出效应的影响，验证了政府、市场和中介机构等外部利益相关者在这一过程中发挥的作用，这有助于更加系统、立体地认识重大工程的产业溢出效应。

14.3　研究的实践启示

在"一带一路"的时代背景下，中国产业的竞争力问题受到了广泛关注（陈云等，2020）。如何在理论研究的基础上，利用与中国产业现状相适应的政策工具促进中国产业竞争力的提升已成为政策制定者千思万虑的重要问题。基于此，本篇具有一定的实践启示作用。

从政策制定者的角度来说：第一，重大工程的修建对于产业竞争力的提升具有显著且稳健的促进作用，应继续坚持"基础设施先行"的发展思路，应进一步增强在重大工程领域的投资和建设力度，充分激发重大工程对于产业竞争力的促进作用；第二，重大工程的产业竞争力效应具有显著的行业异质性，在对重大工程进行规划时，应考虑到其对于不同行业的异质性影响，以期尽可能地减小重大工程的修建对于部分行业的负面影响，从而最大化重大工程对于产业竞争力的促进作用；第三，市场自由化是强化重大工程产业溢出效应的关键影响因素之一，为充分发挥重大工程对于产业竞争力的促进作用，应考虑减少不必要的政府干预，使市场在资源配置中起决定性作用；第四，包括中介机构在内的服务性企业能够在企业之间起到桥梁和纽带的作用，应大力支持这类服务性企业的发展，以保证重大工程能够更好地发挥对于产业竞争力的促进作用。

从企业管理者的角度来说：第一，重大工程的修建能够有效消除贸易壁垒、促进知识流动和降低企业成本，企业应充分利用重大工程的修建带来的有利条件来提升自身生产效率和竞争能力；第二，面临着重大工程修建引发的市场竞争加剧效应对企业的生存和发展造成的巨大影响，企业可以通过创新或迁移等方式主动或被动地提升自身生产效率以应对同行业竞争者的挑战，企业应充分意识到重大工程修建带来的风险并结合企业自身实际情况制定最适合的应对策略；第三，中介机构等服务性企业在搜索、重组、传播和翻译其他企业的宝贵知识、经验等方面发挥着重要作用，因此企业的高层管理团队应将中介机构等服务性企业视为一种不可或缺的战略资源，并尽量与其建立和保持稳定和良好的关系，从而提高自身的创新绩效和生产效率。

14.4　研究的局限性与展望

基于中国制造业企业微观数据，利用"五纵七横"国道主干线工程建设这一准自然实验过程，结合文献分析与计量方法，本书检验了重大工程与产业竞争力之间的关系，并针对重大工程产业溢出效应的影响机理建立了一个多维视角、较为系统的理论框架，在一定程度上加深了现有文献对于重大工程产业溢出效应的认识和理解。然而，应当指出，由于本人的研究能力和时间有限，本篇仍然存在诸多有待进一步完善的地方，这些不足之处也为相关领域未来的研究提供了进一步的研究方向。本书的局限性具体体现在以下几个方面。

第一，重大工程类型的局限性。本篇以高速公路作为典型案例探究了重大工程修建对于产业竞争力的影响。然而，应当注意的是，重大工程的类型多种多样，除高速公路之外，铁路、机场、隧道和大跨度桥梁等其他类型的重大工程对于产业竞争力的影响同样不容忽视，且不同类型的重大工程对于产业竞争力的影响可能存在着显著差异。举例来说，高速公路既能够满足客运需求又能够满足货运需求，而高铁的主要功能是满足客运需求，其对于货物运输的影响非常微弱，因此高铁对于产业竞争力的影响程度和传导路径很有可能与高速公路迥异。以高速公路作为重大工程的典型案例具有其合理性，但也具有其片面性。在未来的研究中应关注不同类型的重大工程对于产业竞争力的影响，并基于不同类型重大工程的差异化特性发掘重大工程产业溢出效应的不同影响机理，以进一步加深对重大工程产业溢出效应的认识和理解。

第二，研究数据的局限性。本篇采用的核心数据库为工业企业数据库，其具有样本总量大、指标数目多、时间跨度长等显著优势，是研究中国工业企业的重要微观数据来源。然而，该数据库也具有相当程度的局限性。一方面，工业企业数据库中的主体为制造业企业，基于工业企业数据库的样本只能检验重大工程的修建对于制造业产业竞争力的影响，难以针对除制造业产业之外的其他产业开展研究；另一方面，由于数据可得性原因的限制，本篇只能采用工业企业数据库中1998～2007 年的数据，难以使用更近期的数据针对重大工程的产业溢出效应开展研究。在未来的研究中应开发更加翔实和全面的数据库，以针对重大工程的产业溢出效应问题开展更为深入的研究。

第三，单一制度环境的局限性。本篇主要是基于中国制造业企业的样本，并以中国这一采用社会主义市场经济体制的转型经济体为背景，针对重大工程的产业溢出效应展开研究。然而，不可否认的是，中国的政治和经济制度在国际社会上具有显著的特殊性。自改革开放以来，中国踏上了由计划经济向市场经济逐步转变的进程，因此中国经济在很大程度上同时具备计划经济和市场经济的诸多特征。鉴于此，研究结论可能具有一定的国家效应，是否能有效地在西方发达国家和其他制度环境不同的发展中国家推广值得进一步考量。在未来的研究中应基于本篇的核心论断提供更多不同制度环境下的经验证据，以进一步研究和对比在不同制度环境下重大工程对于产业竞争力的影响。

第四，外部影响因素的局限性。应当注意到，外部利益相关者和外部环境变化均会对重大工程的产业溢出效应造成一定程度的影响。本篇在一定程度上考虑到了外部影响因素对于重大工程的产业溢出效应的影响：针对外部利益相关者，本篇检验了政府和中介机构对于这一效应的调节作用；针对外部环境变化，控制了中国加入世界贸易组织这一重大事件对于这一效应的外部冲击。然而，影响重大工程产业溢出效应的外部因素种类繁多，由于精力和数据的限制难以分别在本篇的回归分析中一一考虑或控制。在未来的研究中应当尽可能地考虑到宏观政策、技术革新和文化变迁等诸多外部因素对于重大工程产业溢出效应的影响。

参 考 文 献

白重恩，冀东星. 2018. 交通基础设施与出口：来自中国国道主干线的证据. 世界经济，41（1）：101-122.

步晓宁，张天华，张少华. 2019. 通向繁荣之路：中国高速公路建设的资源配置效率研究. 管理世界，35（5）：44-63.

蔡昉. 2007. 劳动力成本提高条件下如何保持竞争力. 开放导报，（1）：26-32.

陈宏权，曾赛星，苏权科. 2020. 重大工程全景式创新管理——以港珠澳大桥工程为例. 管理世界，36（12）：212-227.

陈佳贵，张金昌. 2002. 实现利润优势——中美具有国际竞争力产业的比较. 国际贸易，（5）：21-24.

陈立敏，侯再平. 2012. 融入技术附加值的国际竞争力评价方法——基于电子通讯设备产业的实证分析. 中国工业经济，（3）：134-146.

陈立敏，谭力文. 2004. 评价中国制造业国际竞争力的实证方法研究——兼与波特指标及产业分类法比较. 中国工业经济，（5）：30-37.

陈立敏，王璇，饶思源. 2009. 中美制造业国际竞争力比较：基于产业竞争力层次观点的实证分析. 中国工业经济，（6）：57-66.

陈云，卢春房，盛黎明，等. 2020. 基于共建共赢的中欧班列高质量发展战略研究. 社会科学文摘，（8）：17-19.

程虹，陈川. 2015. 制造业质量竞争力理论分析与模型构建. 管理学报，12（11）：1695-1702.

程铁信，霍吉栋，刘源张. 2004. 项目管理发展评述. 管理评论，（2）：58-64.

丁翔，盛昭瀚，李真. 2015. 基于计算实验的重大工程决策分析. 系统管理学报，24（4）：545-551.

董晓霞，黄季焜，Rozelle S，等. 2006. 地理区位、交通基础设施与种植业结构调整研究. 管理世界，（9）：59-63，79.

董艳梅，朱英明. 2016. 高铁建设能否重塑中国的经济空间布局——基于就业、工资和经济增长的区域异质性视角. 中国工业经济，（10）：92-108.

樊纲，王小鲁，朱恒鹏. 2010. 中国市场化指数. 北京：经济科学出版社.

范九利，白暴力. 2004. 基础设施投资与中国经济增长的地区差异研究. 人文地理，19（2）：35-38.

封伟毅，李建华，赵树宽. 2012. 技术创新对高技术产业竞争力的影响——基于中国1995—2010年数据的实证分析. 中国软科学，（9）：154-164.

冯长春，丰学兵，刘思君. 2013. 高速铁路对中国省际可达性的影响. 地理科学进展，32（8）：1187-1194.

傅京燕，李丽莎. 2010. 环境规制、要素禀赋与产业国际竞争力的实证研究——基于中国制造业的面板数据. 管理世界，（10）：87-98，187.

高翔，龙小宁，杨广亮. 2015. 交通基础设施与服务业发展——来自县级高速公路和第二次经济普查企业数据的证据. 管理世界，（8）：81-96.

何立胜. 2017. 中国经济何以跨越"大而不强"关口. 解放日报，2017-12-19（14）.

何凌云，陶东杰. 2020. 高铁开通对知识溢出与城市创新水平的影响测度. 数量经济技术经济研究，37（2）：125-142.

黄阳华，吕铁. 2020. 深化体制改革中的产业创新体系演进——以中国高铁技术赶超为例. 中国社会科学，（5）：65-85，205-206.

黄张凯, 刘津宇, 马光荣. 2016. 地理位置、高铁与信息: 来自中国 IPO 市场的证据. 世界经济, 39 (10): 127-149.

吉赟, 杨青. 2020. 高铁开通能否促进企业创新: 基于准自然实验的研究. 世界经济, 43 (2): 147-166.

江静, 路瑶. 2010. 要素价格与中国产业国际竞争力: 基于 ISIC 的跨国比较. 统计研究, 27 (8): 56-65.

金碚, 李钢, 陈志. 2006. 加入 WTO 以来中国制造业国际竞争力的实证分析. 中国工业经济, (10): 5-14.

金戈. 2016. 中国基础设施与非基础设施资本存量及其产出弹性估算. 经济研究, 51 (5): 41-56.

金煜, 陈钊, 陆铭. 2006. 中国的地区工业集聚: 经济地理、新经济地理与经济政策. 经济研究, (4): 79-89.

乐云, 李永奎, 胡毅, 等. 2019. "政府—市场"二元作用下我国重大工程组织模式及基本演进规律. 管理世界, 35 (4): 17-27.

李涵, 黎志刚. 2009. 交通基础设施投资对企业库存的影响——基于我国制造业企业面板数据的实证研究. 管理世界, (8): 73-80.

李涵, 唐丽淼. 2015. 交通基础设施投资、空间溢出效应与企业库存. 管理世界, (4): 126-136.

李兰冰, 阎丽, 黄玖立. 2019. 交通基础设施通达性与非中心城市制造业成长: 市场势力、生产率及其配置效率. 经济研究, 54 (12): 182-197.

李迁, 朱永灵, 刘慧敏, 等. 2019. 港珠澳大桥决策治理体系: 原理与实务. 管理世界, 35 (4): 52-60, 159.

李祥妹, 刘亚洲, 曹丽萍. 2014. 高速铁路建设对人口流动空间的影响研究. 中国人口·资源与环境, 24 (6): 140-147.

李晓钟, 黄蓉. 2018. 工业 4.0 背景下我国纺织产业竞争力提升研究——基于纺织产业与电子信息产业融合视角. 中国软科学, (2): 21-31.

李永奎, 乐云, 张艳, 等. 2018. "政府—市场"二元作用下的我国重大工程组织模式: 基于实践的理论构建. 系统管理学报, 27 (1): 147-156.

林善浪, 邱雨欣. 2020. 高速铁路、认知资本与区域知识创新. 软科学, 34 (6): 102-107, 121.

刘秉镰, 武鹏, 刘玉海. 2010. 交通基础设施与中国全要素生产率增长——基于省域数据的空间面板计量分析. 中国工业经济, (3): 54-64.

刘生龙, 胡鞍钢. 2010a. 基础设施的外部性在中国的检验: 1988—2007. 经济研究, 45 (3): 4-15.

刘生龙, 胡鞍钢. 2010b. 交通基础设施与经济增长: 中国区域差距的视角. 中国工业经济, (4): 14-23.

刘生龙, 胡鞍钢. 2011. 交通基础设施与中国区域经济一体化. 经济研究, 46 (3): 72-82.

刘勇. 2010. 交通基础设施投资、区域经济增长及空间溢出作用——基于公路、水运交通的面板数据分析. 中国工业经济, (12): 37-46.

刘勇政, 李岩. 2017. 中国的高速铁路建设与城市经济增长. 金融研究, (11): 18-33.

刘哲铭, 隋越, 金治州, 等. 2018. 国际视域下重大基础设施工程社会责任的演进. 系统管理学报, 27 (1): 101-108.

龙玉, 赵海龙, 张新德, 等. 2017. 时空压缩下的风险投资——高铁通车与风险投资区域变化. 经济研究, 52 (4): 195-208.

卢春房, 张航, 陈明玉. 2021. 新时代背景下的交通运输高质量发展. 中国公路学报, 34 (6): 1-9.

骆永民, 樊丽明. 2012. 中国农村基础设施增收效应的空间特征——基于空间相关性和空间异质性的实证研究. 管理世界, (5): 71-87.

吕铁, 贺俊. 2019. 政府干预何以有效: 对中国高铁技术赶超的调查研究. 管理世界, 35 (9): 152-163, 197.

马光荣,程小萌,杨恩艳.2020.交通基础设施如何促进资本流动——基于高铁开通和上市公司异地投资的研究.中国工业经济,(6):5-23.

聂辉华,江艇,杨汝岱.2012.中国工业企业数据库的使用现状和潜在问题.世界经济,35(5):142-158.

芮明杰.2006.产业竞争力的"新钻石模型".社会科学,(4):68-73.

盛昭瀚,程书萍,李迁,等.2020a.重大工程决策治理的"中国之治".管理世界,(6):202-212,254.

盛昭瀚,刘慧敏,燕雪,等.2020b.重大工程决策"中国之治"的现代化道路——我国重大工程决策治理70年.管理世界,(10):170-203.

盛昭瀚,薛小龙,安实.2019.构建中国特色重大工程管理理论体系与话语体系.管理世界,(4):2-16,51,195.

唐红祥.2017.交通基础设施视角下西部地区制造业集聚的区位熵分析.管理世界,(6):178-179.

唐红祥,王业斌,王旦,等.2018.中国西部地区交通基础设施对制造业集聚影响研究.中国软科学,(8):137-147.

王春杨,孟卫东,凌星元.2020.高铁能否提升沿线城市的创新能力?——基于地级城市专利数据的分析.研究与发展管理,32(3):50-60.

王健,刘尔烈,骆刚.2004.工程项目管理中工期—成本—质量综合均衡优化.系统工程学报,19(2):148-153.

王节祥,王雅敏,李春友,等.2019.中国数控机床产业国际竞争力比较研究——兼谈产业竞争力提升的价值链路径与平台路径.经济地理,39(7):106-118.

王强,张琼,杨杭军.2014.中国民航业竞争行为的测度及其影响因素——基于公司和航线面板数据的实证研究.中国工业经济,(5):148-160.

王雨飞,倪鹏飞.2016.高速铁路影响下的经济增长溢出与区域空间优化.中国工业经济,(2):21-36.

王主鑫,朱颖,张晓宇,等.2019.基于空间相关性的制造业质量竞争力指数分析与预测.工业工程与管理,24(1):174-181,188.

吴继兰,尚珊珊.2019.MOOCs平台学习使用影响因素研究——基于隐性和显性知识学习视角.管理科学学报,22(3):21-39.

解学梅.2010.中小企业协同创新网络与创新绩效的实证研究.管理科学学报,13(8):51-64.

徐敏燕,左和平.2013.集聚效应下环境规制与产业竞争力关系研究——基于"波特假说"的再检验.中国工业经济,(3):72-84.

徐旭,俞峰,钟昌标.2019.人力资本流动视角下高铁与城市创新关系的研究.软科学,33(5):1-5,28.

宣烨,陆静,余泳泽.2019.高铁开通对高端服务业空间集聚的影响.财贸经济,40(9):117-131.

杨思莹,李政.2019.高铁开通与城市创新.财经科学,(1):87-99.

杨武,田雪姣.2018.中国高技术产业发展的科技创新驱动效应测度研究.管理学报,15(8):1187-1195.

杨芷晴.2016.基于国别比较的制造业质量竞争力评价.管理学报,13(2):306-314.

叶德珠,李鑫,王梓峰,等.2020a.金融溢出效应是否促进城市创新?——基于高铁开通的视角.投资研究,39(8):76-91.

叶德珠,潘爽,武文杰,等.2020b.距离、可达性与创新——高铁开通影响城市创新的最优作用半径研究.财贸经济,41(2):146-161.

曾赛星,陈宏权,金治州,等.2019.重大工程创新生态系统演化及创新力提升.管理世界,35(4):28-38.

翟淑萍,毕晓方,李思诺.2020.时空压缩下的企业双元创新投资——来自高铁通车的证据.南方经济,(9):54-68.

张春香. 2018. 基于钻石模型的区域文化旅游产业竞争力评价研究. 管理学报, 15 (12):1781-1788.

张光南, 李小瑛, 陈广汉. 2010. 中国基础设施的就业、产出和投资效应——基于 1998~2006 年省际工业企业面板数据研究. 管理世界, (4): 5-13, 31, 186.

张劲文, 盛昭瀚. 2014. 重大工程决策"政府式"委托代理关系研究——基于我国港珠澳大桥工程实践. 科学决策, (12): 23-34.

张俊. 2017. 高铁建设与县域经济发展——基于卫星灯光数据的研究. 经济学 (季刊), 16 (4): 1533-1562.

张梦婷, 俞峰, 钟昌标, 等. 2018. 高铁网络、市场准入与企业生产率. 中国工业经济, (5): 137-156.

张学良. 2012. 中国交通基础设施促进了区域经济增长吗——兼论交通基础设施的空间溢出效应. 中国社会科学, (3): 60-77, 206.

张勋, 王旭, 万广华, 等. 2018. 交通基础设施促进经济增长的一个综合框架. 经济研究, 53 (1): 50-64.

支燕, 白雪洁. 2012. 我国高技术产业创新绩效提升路径研究——自主创新还是技术外取?. 南开经济研究, (5): 51-64.

周玉龙, 杨继东, 黄阳华, 等. 2018. 高铁对城市地价的影响及其机制研究——来自微观土地交易的证据. 中国工业经济, (5): 118-136.

诸竹君, 黄先海, 王煌. 2019. 交通基础设施改善促进了企业创新吗?——基于高铁开通的准自然实验. 金融研究, (11): 153-169.

Ackerberg D A, Caves K, Frazer G. 2015. Identification properties of recent production function estimators. Econometrica, 83 (6): 2411-2451.

Acs Z J, Anselin L, Varga A. 2002. Patents and innovation counts as measures of regional production of new knowledge. Research Policy, 31 (7): 1069-1085.

Aghion P, Howitt P. 1998. Endogenous Growth Theory. Cambridge: MIT Press.

Aghion P, Schankerman M. 1999. Competition, entry and the social returns to infrastructure in transition economies. Economics of Transition, 7 (1): 79-101.

Agrawal A, Cockburn I, Galasso A, et al. 2014a. Why are some regions more innovative than others? The role of small firms in the presence of large labs. Journal of Urban Economics, 81: 149-165.

Agrawal A, Cockburn I, McHale J. 2006. Gone but not forgotten: knowledge flows, labor mobility, and enduring social relationships. Journal of Economic Geography, 6 (5): 571-591.

Agrawal A, Galasso A, Oettl A. 2017. Roads and innovation. Review of Economics and Statistics, 99 (3): 417-434.

Agrawal A, Kapur D, McHale J. 2008. How do spatial and social proximity influence knowledge flows? Evidence from patent data. Journal of Urban Economics, 64 (2): 258-269.

Agrawal A, McHale J, Oettl A. 2014b. Why stars matter. New York: NBER.

Ahlfeldt G M, Feddersen A. 2018. From periphery to core: measuring agglomeration effects using high-speed rail. Journal of Economic Geography, 18 (2): 355-390.

Ahlfeldt G M, Redding S J, Sturm D M, et al. 2015. The economics of density: evidence from the Berlin wall. Econometrica, 83 (6): 2127-2189.

Ahmadjian C L. 2016. Comparative institutional analysis and institutional complexity. Journal of Management Studies, 53 (1): 12-27.

Ahuja G, Lampert C M, Tandon V. 2008. 1 moving beyond Schumpeter: management research on the determinants of technological innovation. Academy of Management Annals, 2 (1): 1-98.

Alcácer J, Chung W. 2007. Location strategies and knowledge spillovers. Management Science, 53 (5): 760-776.

Alcácer J, Chung W. 2014. Location strategies for agglomeration economies. Strategic Management

Journal, 35（12）: 1749-1761.

Alesina A, Harnoss J, Rapoport H. 2016. Birthplace diversity and economic prosperity. Journal of Economic Growth, 21（2）: 101-138.

Almeida P, Kogut B. 1999. Localization of knowledge and the mobility of engineers in regional networks. Management Science, 45（7）: 905-917.

Amiti M, Konings J. 2007. Trade liberalization, intermediate inputs, and productivity: evidence from Indonesia. American Economic Review, 97（5）: 1611-1638.

Amol M J, Lahiri N. 2015. Language friction and partner selection in cross-border R&D alliance formation. Journal of International Business Studies, 46（2）: 123-152.

Anderson J E, van Wincoop E. 2004. Trade costs. Journal of Economic Literature, 42（3）: 691-751.

Ang J S, Cheng Y M, Wu C P. 2015. Trust, investment, and business contracting. Journal of Financial and Quantitative Analysis, 50（3）: 569-595.

Arellano M, Bover O. 1995. Another look at the instrumental variable estimation of error-components models. Journal of Econometrics, 68（1）: 29-51.

Arora A. 1996. Contracting for tacit knowledge: the provision of technical services in technology licensing contracts. Journal of Development Economics, 50（2）: 233-256.

Arora A, Belenzon S, Patacconi A. 2018. The decline of science in corporate R&D. Strategic Management Journal, 39（1）: 3-32.

Arora A, Ceccagnoli M. 2006. Patent protection, complementary assets, and firms' incentives for technology licensing. Management Science, 52（2）: 293-308.

Arora A, Fosfuri A. 2003. Licensing the market for technology. Journal of Economic Behavior & Organization, 52（2）: 277-295.

Arora A, Fosfuri A, Gambardella A. 2001. Markets for technology and their implications for corporate strategy. Industrial and Corporate Change, 10（2）: 419-451.

Arora A, Fosfuri A, Gambardella A. 2004. Markets for Technology: the Economics of Innovation and Corporate Strategy. Cambridge: MIT Press.

Arora A, Fosfuri A, Rønde T. 2013. Managing licensing in a market for technology. Cambridge: National Bureau of Economic Research.

Arora A, Gambardella A. 2010a. The market for technology. Handbook of the Economics of Innovation, 1: 641-678. Elsevier.

Arora A, Gambardella A. 2010b. Ideas for rent: an overview of markets for technology. Industrial and Corporate Change, 19（3）: 775-803.

Arrow K J. 1962. The economic implications of learning by doing. The Review of Economic Studies, 29（3）: 155-173.

Aschauer D A. 1989. Is public expenditure productive?. Journal of Monetary Economics, 23（2）: 177-200.

Audretsch D B, Feldman M P. 2004. Knowledge spillovers and the geography of innovation. Handbook of Regional and Urban Economics, 4: 2713-2739.

Aw B Y, Chung S, Roberts M J. 2003. Productivity, output, and failure: a comparison of Taiwanese and Korean manufacturers. Economic Journal, 113（491）: F485-F510.

Aw B Y, Roberts M J, Xu D Y. 2008. R&D investments, exporting, and the evolution of firm productivity. American Economic Review, 98（2）: 451-456.

Awate S, Mudambi R. 2018. On the geography of emerging industry technological networks: the breadth and depth of patented innovations. Journal of Economic Geography, 18（2）: 391-419.

Bai C E, Du Y, Tao Z, et al. 2004. Local protectionism and regional specialization: evidence from China's industries. Journal of International Economics, 63（2）: 397-417.

Balassa B. 1965. Trade liberalisation and "revealed" comparative advantage. The Manchester School, 33 (2): 99-123.

Banerjee A, Duflo E, Qian N. 2020. On the road: access to transportation infrastructure and economic growth in China. Journal of Development Economics, 145: 102442.

Banister D, Thurstain-Goodwin M. 2011. Quantification of the non-transport benefits resulting from rail investment. Journal of Transport Geography, 19 (2): 212-223.

Baregheh A, Rowley J, Sambrook S. 2009. Towards a multidisciplinary definition of innovation. Management Decision, 47 (8): 1323-1339.

Barner-Rasmussen W, Ehrnrooth M, Koveshnikov A, et al. 2014. Cultural and language skills as resources for boundary spanning within the MNC. Journal of International Business Studies, 45 (7): 886-905.

Barnett J, Rogers S, Webber M, et al. 2015. Sustainability: transfer project cannot meet China's water needs. Nature, 527 (7578): 295-297.

Barney J. 1991. Firm resources and sustained competitive advantage. Journal of Management, 17(1): 99-120.

Baron R M, Kenny D A. 1986. The moderator-mediator variable distinction in social psychological research: conceptual, strategic, and statistical considerations. Journal of Personality and Social Psychology, 51 (6): 1173-1182.

Baumann J, Kritikos A S. 2016. The link between R&D, innovation and productivity: are micro firms different?. Research Policy, 45 (6): 1263-1274.

Baum-Snow N. 2007. Did highways cause suburbanization?. The Quarterly Journal of Economics, 122 (2): 775-805.

Baum-Snow N. 2010. Changes in transportation infrastructure and commuting patterns in US metropolitan areas, 1960-2000. American Economic Review, 100 (2): 378-382.

Baum-Snow N, Brandt L, Henderson J V, et al. 2017. Roads, railroads, and decentralization of Chinese cities. The Review of Economics and Statistics, 99 (3): 435-448.

Baum-Snow N, Henderson J V, Turner M A, et al. 2020. Does investment in national highways help or hurt hinterland city growth?. Journal of Urban Economics, 115: 103124.

Baum-Snow N, Turner M A. 2017. Transport infrastructure and the decentralization of cities in the people's republic of China. Asian Development Review, 34 (2): 25-50.

Behrens K. 2011. International integration and regional inequalities: how important is national infrastructure?. The Manchester School, 79 (5): 952-971.

Beladi H, Oladi R. 2016. On mergers and agglomeration. Review of Development Economics, 20 (1): 345-358.

Belenzon S, Schankerman M. 2013. Spreading the word: geography, policy, and knowledge spillovers. Review of Economics and Statistics, 95 (3): 884-903.

Beneito P, Rochina-Barrachina M E, Sanchis A. 2017. Competition and innovation with selective exit: an inverted-U shape relationship?. Oxford Economic Papers, 69 (4): 1032-1053.

Bercovitz J, Feldman M, Feller I, et al. 2001. Organizational structure as a determinant of academic patent and licensing behavior: an exploratory study of Duke, Johns Hopkins, and Pennsylvania State Universities. The Journal of Technology Transfer, 26 (1/2): 21-35.

Berechman J, Ozmen D, Ozbay K. 2006. Empirical analysis of transportation investment and economic development at state, county and municipality levels. Transportation, 33 (6): 537-551.

Bertrand M, Duflo E, Mullainathan S. 2004. How much should we trust differences-in-differences estimates?. The Quarterly Journal of Economics, 119 (1): 249-275.

Betts M, Lansley P. 1995. International journal of project management: a review of the first ten years.

International Journal of Project Management，13（4）：207-217.

Billings S B，Johnson E B. 2016. Agglomeration within an urban area. Journal of Urban Economics，91：13-25.

Bjørnskov C，Méon P G. 2015. The productivity of trust. World Development，70：317-331.

Bleakley H，Lin J. 2012. Portage and path dependence. The Quarterly Journal of Economics，127(2)：587-644.

Bloom N，Mahajan A，McKenzie D，et al. 2010. Why do firms in developing countries have low productivity?. American Economic Review，100（2）：619-623.

Blume L E，Brock W A，Durlauf S N，et al. 2011. Identification of social interactions. Handbook of Social Economics，1：853-964.

Blundell R，Bond S. 1998. Initial conditions and moment restrictions in dynamic panel data models. Journal of Econometrics，87（1）：115-143.

Bosch-Rekveldt M，Jongkind Y，Mooi H，et al. 2011. Grasping project complexity in large engineering projects：the TOE（ technical，organizational and environmental ）framework. International Journal of Project Management，29（6）：728-739.

Bowen D E，Ostroff C. 2004. Understanding HRM-firm performance linkages：the role of the "strength" of the HRM system. Academy of Management Review，29（2）：203-221.

Box-Steffensmeier J M，Jones B S. 2004. Event history modeling：a guide for social scientists. Cambridge：Cambridge University Press.

Breschi S，Lissoni F. 2009. Mobility of skilled workers and co-invention networks：an anatomy of localized knowledge flows. Journal of Economic Geography，9（4）：439-468.

Bresnahan T. 2010. General purpose technologies. Handbook of the Economics of Innovation，2：761-791.

Brunow S，Brenzel H. 2012. The effect of a culturally diverse labour supply on regional income in the EU. Empirica，39（4）：461-485.

Burt R S. 1987. Social contagion and innovation：cohesion versus structural equivalence. American Journal of Sociology，92（6）：1287-1335.

Burt R S. 2000. The network structure of social capital. Research in Organizational Behavior，22：345-423.

Cabaleiro-Cerviño G，Burcharth A. 2020. Licensing agreements as signals of innovation：when do they impact market value?. Technovation，98：102175.

Cacciolatti L，Rosli A，Ruiz-Alba J L，et al. 2020. Strategic alliances and firm performance in startups with a social mission. Journal of Business Research，106：106-117.

Calì M，te Velde D W. 2011. Does aid for trade really improve trade performance?. World Development，39（5）：725-740.

Caliendo M，Kopeinig S. 2008. Some practical guidance for the implementation of propensity score matching. Journal of Economic Surveys，22（1）：31-72.

Campante F，Yanagizawa-Drott D. 2018. Long-range growth：economic development in the global network of air links. Quarterly Journal of Economics，133（3）：1395-1458.

Capello R，Lenzi C. 2014. Spatial heterogeneity in knowledge，innovation，and economic growth nexus：conceptual reflections and empirical evidence. Journal of Regional Science，54(2)：186-214.

Carlino G，Kerr W R. 2015. Agglomeration and innovation. Handbook of Regional and Urban Economics，5：349-404.

Cassiman B，Veugelers R. 2006. In search of complementarity in innovation strategy：internal R&D and external knowledge acquisition. Management Science，52（1）：68-82.

Castellacci F. 2008. Innovation and the competitiveness of industries：comparing the mainstream and the evolutionary approaches. Technological Forecasting and Social Change, 75 (7): 984-1006.

Catalini C, Fons-Rosen C, Gaulé P. 2020. How do travel costs shape collaboration?. Management Science, 66 (8): 3340-3360.

Caudill S B. 1988. Practitioners corner: an advantage of the linear probability model over probit or logit. Oxford Bulletin of Economics and Statistics, 50 (4): 425-427.

Caves D W, Christensen L R, Diewert W E. 1982. The economic theory of index numbers and the measurement of input, output, and productivity. Econometrica, 50 (6): 1393-1414.

Chai S, Freeman R B. 2019. Temporary colocation and collaborative discovery: who confers at conferences. Strategic Management Journal, 40 (13): 2138-2164.

Chandra A, Thompson E. 2000. Does public infrastructure affect economic activity?. Regional Science and Urban Economics, 30 (4): 457-490.

Chang S J, Chung J, Moon J J. 2013. When do wholly owned subsidiaries perform better than joint ventures?. Strategic Management Journal, 34 (3): 317-337.

Chang S J, Wu B. 2014. Institutional barriers and industry dynamics. Strategic Management Journal, 35 (8): 1103-1123.

Chang Y B, Gurbaxani V. 2012. Information technology outsourcing, knowledge transfer, and firm productivity: an empirical analysis. MIS Quarterly, 36 (4): 1043-1063.

Charnoz P, Lelarge C, Trevien C. 2018. Communication costs and the internal organisation of multi-plant businesses: evidence from the impact of the French high-speed rail. The Economic Journal, 128 (610): 949-994.

Chen C L. 2012. Reshaping Chinese space-economy through high-speed trains: opportunities and challenges. Journal of Transport Geography, 22: 312-316.

Chen H Q, Su Q K, Zeng S X, et al. 2018. Avoiding the innovation island in infrastructure mega-project. Frontiers of Engineering Management, 5 (1): 109-124.

Chen J J, Cui C T, Hunt R A, et al. 2020. External enablement of new venture creation: an exploratory, query-driven assessment of China's high-speed rail expansion. Journal of Business Venturing, 35 (6): 106046.

Chen Y, Whalley A. 2012. Green infrastructure: the effects of urban rail transit on air quality. Economic Policy, 4 (1): 58-97.

Chichilnisky G. 1994. North-south trade and the global environment. American Economic Review, 84 (4): 851-874.

Chua R Y J, Huang K G, Jin M Z. 2019. Mapping cultural tightness and its links to innovation, urbanization, and happiness across 31 provinces in China. Proceedings of the National Academy of Sciences, 116 (14): 6720-6725.

Cicmil S, Williams T, Thomas J, et al. 2006. Rethinking project management: researching the actuality of projects. International Journal of Project Management, 24 (8): 675-686.

Cohen W M, Nelson R R, Walsh J P. 2000. Protecting their intellectual assets: appropriability conditions and why US manufacturing firms patent (or not). Cambridge: National Bureau of Economic Research.

Cole M A. 2004. Trade, the pollution haven hypothesis and the environmental Kuznets curve: examining the linkages. Ecological Economics, 48 (1): 71-81.

Cole M A, Elliott R J R, Shimamoto K. 2005. Why the grass is not always greener: the competing effects of environmental regulations and factor intensities on US specialization. Ecological Economics, 54 (1): 95-109.

Colombo M G, Meoli M, Vismara S. 2019. Signaling in science-based IPOs: the combined effect of affiliation with prestigious universities, underwriters, and venture capitalists. Journal of Business

Venturing, 34（1）：141-177.

Contigiani A, Hsu D H, Barankay I. 2018. Trade secrets and innovation：evidence from the "inevitable disclosure" doctrine. Strategic Management Journal, 39（11）：2921-2942.

Copeland B R, Taylor M S. 1994. North-south trade and the environment. The Quarterly Journal of Economics, 109（3）：755-787.

Cornell University, INSEAD, WIPO. 2019. The global innovation index 2019：creating healthy lives —the future of medical innovation. Genève: World Intellectual Property Organization.

Cosci S, Mirra L. 2018. A spatial analysis of growth and convergence in Italian provinces：the role of road infrastructure. Regional Studies, 52（4）：516-527.

Crawford L, Pollack J, England D. 2006. Uncovering the trends in project management：journal emphases over the last 10 years. International Journal of Project Management, 24（2）：175-184.

Cremers K J M, Nair V B, Peyer U. 2008. Takeover defenses and competition：the role of stakeholders. Journal of Empirical Legal Studies, 5（4）：791-818.

Crouch G I, Ritchie J R B. 1999. Tourism, competitiveness, and societal prosperity. Journal of Business Research, 44（3）：137-152.

Cui J B, Li T Q, Wang Z X. 2020. High-speed railway and collaborative innovation：evidence from university patents in China. SSRN Electronic Journal, 3511953：1-46.

Datta S. 2012. The impact of improved highways on Indian firms. Journal of Development Economics, 99（1）：46-57.

Davies A, Gann D, Douglas T. 2009. Innovation in megaprojects：systems integration at London heathrow terminal 5. California Management Review, 51（2）：101-125.

Dehejia R H, Wahba S. 2002. Propensity score-matching methods for nonexperimental causal studies. Review of Economics and Statistics, 84（1）：151-161.

Delgado M, Ketels C, Porter M E, et al. 2012. The determinants of national competitiveness. Cambridge：National Bureau of Economic Research.

Delhey J, Newton K. 2005. Predicting cross-national levels of social trust：global pattern or Nordic exceptionalism?. European Sociological Review, 21（4）：311-327.

Delhey J, Newton K, Welzel C. 2011. How general is trust in "most people"? Solving the radius of trust problem. American Sociological Review, 76（5）：786-807.

Demetriades P O, Mamuneas T P. 2000. Intertemporal output and employment effects of public infrastructure capital：evidence from 12 OECD economies. The Economic Journal, 110（465）：687-712.

Demmel M C, Máñez J A, Rochina-Barrachina M E, et al. 2017. Product and process innovation and total factor productivity：evidence for manufacturing in four Latin American countries. Review of Development Economics, 21（4）：1341-1363.

Deng T T. 2013. Impacts of transport infrastructure on productivity and economic growth：recent advances and research challenges. Transport Reviews, 33（6）：686-699.

Diaz M A, Sánchez, R. 2008. Firm size and productivity in Spain：a stochastic frontier analysis. Small Business Economics, 30（3）：315-323.

Dineen B R, Allen D G. 2016. Third party employment branding：human capital inflows and outflows following "best places to work" certifications. Academy of Management Journal, 59（1）：90-112.

Dodgson M, Gann D M, Phillips N. 2013. The Oxford Handbook of Innovation Management. Oxford：Oxford University Press.

Donaldson D. 2018. Railroads of the raj：estimating the impact of transportation infrastructure. American Economic Review, 108（4/5）：899-934.

Donaldson D, Hornbeck R. 2016. Railroads and American economic growth：a "market access" approach. The Quarterly Journal of Economics, 131（2）: 799-858.

Dong X F. 2018. High-speed railway and urban sectoral employment in China. Transportation Research Part A: Policy and Practice, 116: 603-621.

Dong X F, Zheng S Q, Kahn M E. 2020. The role of transportation speed in facilitating high skilled teamwork across cities. Journal of Urban Economics, 115: 103212.

Dow D, Cuypers I R P, Ertug G. 2016. The effects of within-country linguistic and religious diversity on foreign acquisitions. Journal of International Business Studies, 47（3）: 319-346.

Dumais G, Ellison G, Glaeser E L. 2002. Geographic concentration as a dynamic process. Review of Economics and Statistics, 84（2）: 193-204.

Duncan T. 2007. Retrospective analysis of the road sector, 1997-2005. Manila: Asian Development Bank.

Dunning J H. 1993. Internationalizing Porter's diamond. Management International Review, 33（2）: 7-15.

Duranton G. 2007. Urban evolutions: the fast, the slow, and the still. American Economic Review, 97（1）: 197-221.

Duranton G, Morrow P M, Turner M A. 2014. Roads and trade: evidence from the US. The Review of Economic Studies, 81（2）: 681-724.

Duranton G, Turner M A. 2012. Urban growth and transportation. The Review of Economic Studies, 79（4）: 1407-1440.

Dutta S, Reynoso R E, Garanasvili A, et al. 2018. The global innovation index 2018: energizing the world with innovation. Geneve: World Intellectual Property Organization.

Duvall T, Green A, Kerlin M. 2015. Making the most of a wealth of infrastructure finance. Washington D.C: McKinsey & Company.

Dwyer L, Forsyth P, Rao P. 2000. The price competitiveness of travel and tourism: a comparison of 19 destinations. Tourism Management, 21（1）: 9-22.

Efthymiou D, Antoniou C. 2013. How do transport infrastructure and policies affect house prices and rents? Evidence from Athens, Greece. Transportation Research Part A: Policy and Practice, 52: 1-22.

Ellison G, Glaeser E L. 1997. Geographic concentration in US manufacturing industries: a dartboard approach. Journal of Political Economy, 105（5）: 889-927.

Engwall M. 2003. No project is an island: linking projects to history and context. Research Policy, 32（5）: 789-808.

Esfahani H S, Ramírez M T. 2003. Institutions, infrastructure, and economic growth. Journal of Development Economics, 70（2）: 443-477.

Estrada E, Vargas-Estrada E. 2013. How peer pressure shapes consensus, leadership, and innovations in social groups. Scientific Reports, 3: 1-6.

Etzkowitz H, Leydesdorff L. 2000. The dynamics of innovation: from national systems and "Mode 2" to a triple helix of university-industry-government relations. Research Policy, 29（2）: 109-123.

Faber B. 2014. Trade integration, market size, and industrialization: evidence from China's national trunk highway system. The Review of Economic Studies, 81（3）: 1046-1070.

Fagerberg J, Mowery D C, Neloson R R. 2006. The Oxford Handbooks of Innovation. Oxford: Oxford University Press.

Faggio G, Silva O, Strange W C. 2017. Heterogeneous agglomeration. Review of Economics and Statistics, 99（1）: 80-94.

Fan G, Wang X, Zhu H. 2011. NERI index of marketization of China's provinces 2011 report. Beijing: Economic and Science Press.

Fan S G, Zhang X B. 2004. Infrastructure and regional economic development in rural China. China Economic Review, 15（2）: 203-214.

Feldman M P, Kogler D F. 2010. Stylized facts in the geography of innovation. Handbook of the Economics of Innovation, 1: 381-410.

Fernald J G. 1999. Roads to prosperity? Assessing the link between public capital and productivity. American Economic Review, 89（3）: 619-638.

Ferraro P J, Hanauer M M. 2014. Quantifying causal mechanisms to determine how protected areas affect poverty through changes in ecosystem services and infrastructure. Proceedings of the National Academy of Sciences, 111（11）: 4332-4337.

Flyvbjerg B. 2011. Over Budget, Over Time, Over and Over Again: Managing major projects. Oxford: Oxford University Press.

Fosfuri A. 2006. The licensing dilemma: understanding the determinants of the rate of technology licensing. Strategic Management Journal, 27（12）: 1141-1158.

Fosfuri A, Giarratana M S, Sebrek S S. 2020. Resource partitioning and strategies in markets for technology. Strategic Organization, 18（2）: 251-274.

Francois J, Manchin M. 2013. Institutions, infrastructure, and trade. World Development, 46: 165-175.

Freeman C. 1995. The 'National System of Innovation' in historical perspective. Cambridge Journal of Economics, 19（1）: 5-24.

Freeman C. 2002. Continental, national and sub-national innovation systems - complementarity and economic growth. Research Policy, 31（2）: 191-211.

Fujita M, Krugman P R, Venables A J. 2001. The Spatial Economy: Cities, Regions, and International Trade. Cambridge: MIT Press.

Fukuyama F. 2001. Social capital, civil society and development. Third World Quarterly, 22（1）: 7-20.

Gallego G, Topaloglu H. 2014. Constrained assortment optimization for the nested logit model. Management Science, 60（10）: 2583-2601.

Gambardella A, Giuri P, Luzzi A. 2007. The market for patents in Europe. Research Policy, 36（8）: 1163-1183.

Gao H S, Zhang W. 2017. Employment nondiscrimination acts and corporate innovation. Management Science, 63（9）: 2982-2999.

Gao Y Y, Su W, Wang K N. 2019. Does high-speed rail boost tourism growth? New evidence from China. Tourism Management, 72: 220-231.

Gao Y Y, Zheng J H. 2020. The impact of high-speed rail on innovation: an empirical test of the companion innovation hypothesis of transportation improvement with China's manufacturing firms. World Development, 127: 104838.

Gassmann O, Daiber M, Enkel E. 2011. The role of intermediaries in cross-industry innovation processes. R&D Management, 41（5）: 457-469.

Ge Y. 2009. Globalization and industry agglomeration in China. World Development, 37（3）: 550-559.

Ghani E, Goswami A G, Kerr W R. 2016. Highway to success: the impact of the golden quadrilateral project for the location and performance of Indian manufacturing. The Economic Journal, 126（591）: 317-357.

Gibbons S, Lyytikäinen T, Overman H G, et al. 2019. New road infrastructure: the effects on firms. Journal of Urban Economics, 110: 35-50.

Gibbons S, Machin S. 2005. Valuing rail access using transport innovations. Journal of Urban Economics, 57（1）: 148-169.

Gibbons S, Wu W J. 2017. Airports, market access and local economic performance: evidence from

China. London: SERC.

Gorton M, Davidova S. 2001. The international competitiveness of CEEC agriculture. World Economy, 24 (2): 185-200.

Graham D J. 2007. Agglomeration, productivity and transport investment. Journal of Transport Economics and Policy, 41 (3): 317-343.

Gramlich E M. 1994. Infrastructure investment: a review essay. Journal of Economic Literature, 32 (3): 1176-1196.

Griffith R, Redding S, Reenen J V. 2004. Mapping the two faces of R&D: productivity growth in a panel of OECD industries. Review of Economics and Statistics, 86 (4): 883-895.

Grumbine R E, Pandit M K. 2013. Threats from India's Himalaya dams. Science, 339 (6115): 36-37.

Guo B, Pérez-Castrillo D, Toldrà-Simats A. 2019. Firms' innovation strategy under the shadow of analyst coverage. Journal of Financial Economics, 131 (2): 456-483.

Hall B H, Helmers C. 2013. Innovation and diffusion of clean/green technology: can patent commons help?. Journal of Environmental Economics and Management, 66 (1): 33-51.

Hall B H, Rosenberg N. 2010. Introduction to the handbook. Handbook of the Economics of Innovation, 1: 3-9.

Halpern L, Koren M, Szeidl A. 2015. Imported inputs and productivity. American Economic Review, 105 (12): 3660-3703.

Hausman J A, Hall B, Griliches Z. 1984. Econometric models for count data with an application to the patents-R&D relationship. New York: National Bureau of Economic Research.

He G J, Xie Y, Zhang B. 2020. Expressways, GDP, and the environment: the case of China. Journal of Development Economics, 145: 102485.

He J, Tian X. 2013. The dark side of analyst coverage: the case of innovation. Journal of Financial Economics, 109 (3): 856-878.

Heckman J J. 1979. Sample selection bias as a specification error. Econometrica, 47 (1): 153-161.

Heller Y. 2014. Language, meaning, and games: a model of communication, coordination, and evolution: comment. American Economic Review, 104 (6): 1857-1863.

Heuermann D F, Schmieder J F. 2018. The effect of infrastructure on worker mobility: evidence from high-speed rail expansion in Germany. Journal of Economic Geography, 19 (2): 335-372.

Hodler R, Raschky P A. 2014. Regional favoritism. The Quarterly Journal of Economics, 129 (2): 995-1033.

Holl A. 2004. Transport infrastructure, agglomeration economies, and firm birth: empirical evidence from Portugal. Journal of Regional Science, 44 (4): 693-712.

Holl A. 2016. Highways and productivity in manufacturing firms. Journal of Urban Economics, 93: 131-151.

Holz C A, Lin Y M. 2001. The 1997 - 1998 break in industrial statistics facts and appraisal. China Economic Review, 12: 303-316.

Hou Q, Li S M. 2011. Transport infrastructure development and changing spatial accessibility in the Greater Pearl River Delta, China, 1990-2020. Journal of Transport Geography, 19 (6): 1350-1360.

Howells J. 2006. Intermediation and the role of intermediaries in innovation. Research Policy, 35 (5): 715-728.

Hsieh C T, Klenow P J. 2014. The life cycle of plants in India and Mexico. The Quarterly Journal of Economics, 129 (3): 1035-1084.

Hsu W T, Zhang H L. 2014. The fundamental law of highway congestion revisited: evidence from national expressways in Japan. Journal of Urban Economics, 81: 65-76.

Hu A G, Jefferson G H. 2009. A great wall of patents: what is behind China's recent patent explosion?.

Journal of Development Economics, 90（1）: 57-68.

Huang K G. 2010. China's innovation landscape. Science, 329: 632-633.

Huang K G, Geng X, Wang H. 2017. Institutional regime shift in intellectual property rights and innovation strategies of firms in China. Organization Science, 28（2）: 355-377.

Huang Y, Wang Y B. 2020. How does high-speed railway affect green innovation efficiency? A perspective of innovation factor mobility. Journal of Cleaner Production, 265: 121623.

Hulten C R. 1996. Infrastructure capital and economic growth: how well you use it may be more important than how much you have. Cambridge: National Bureau of Economic Research.

Hulten C R, Bennathan E, Srinivasan S. 2006. Infrastructure, externalities, and economic development: a study of the Indian manufacturing industry. The World Bank Economic Review, 20（2）: 291-308.

Hummels D L, Schaur G. 2013. Time as a trade barrier. American Economic Review, 103（7）: 2935-2959.

Hurlin C. 2001. Estimating the contribution of public capital with times series production functions: a case of unreliable inference. Applied Economics Letters, 8（2）: 99-103.

Huselid M A, Jackson S E, Schuler R S. 1997. Technical and strategic human resources management effectiveness as determinants of firm performance. Academy of Management Journal, 40（1）: 171-188.

Hyytinen A, Maliranta M. 2013. Firm lifecycles and evolution of industry productivity. Research Policy, 42（5）: 1080-1098.

Iacus S M, King G, Porro G. 2012. Causal inference without balance checking: coarsened exact matching. Political Analysis, 20（1）: 1-24.

International Organization for Standardization. 1997. ISO 10006: Quality management—guidelines to quality in project management. Geneva: International Organization for Standardization.

Jaffe A B, Le T. 2015. The impact of R&D subsidy on innovation: a study of New Zealand firms. New York: National Bureau of Economic Research.

Jaffe A B, Trajtenberg M, Henderson R. 1993. Geographic localization of knowledge spillovers as evidenced by patent citations. The Quarterly Journal of Economics, 108（3）: 577-598.

Jang S, Kim J, von Zedtwitz M. 2017. The importance of spatial agglomeration in product innovation: a microgeography perspective. Journal of Business Research, 78: 143-154.

Javorcik B S. 2004. Does foreign direct investment increase the productivity of domestic firms? In search of spillovers through backward linkages. American Economic Review, 94（3）: 605-627.

Javorcik B S, Poelhekke S. 2017. Former foreign affiliates: cast out and outperformed?. Journal of the European Economic Association, 15（3）: 501-539.

Jensen R, Miller N H. 2018. Market integration, demand, and the growth of firms: evidence from a natural experiment in India. American Economic Review, 108（12）: 3583-3625.

Jia N, Huang K G, Zhang C M. 2019. Public governance, corporate governance, and firm innovation: an examination of state-owned enterprises. Academy of Management Journal, 62（1）: 220-247.

Johanson J, Vahlne J E. 2009. The Uppsala internationalization process model revisited: from liability of foreignness to liability of outsidership. Journal of International Business Studies, 40（9）: 1411-1431.

Jones S L, Leiponen A, Vasudeva G. 2021. The evolution of cooperation in the face of conflict: evidence from the innovation ecosystem for mobile telecom standards development. Strategic Management Journal, 42（4）: 710-740.

Kaiser U, Kongsted H C, Laursen K, et al. 2018. Experience matters: the role of academic scientist mobility for industrial innovation. Strategic Management Journal, 39（7）: 1935-1958.

Kamien M I. 1992. Patent licensing. Handbook of Game Theory with Economic Applications, 1: 331-354.

Kamps C. 2005. The dynamic effects of public capital: VAR evidence for 22 OECD countries. International Tax and Public Finance, 12 (4): 533-558.

Kani M, Motohashi K. 2012. Understanding the technology market for patents: new insights from a licensing survey of Japanese firms. Research Policy, 41 (1): 226-235.

Katz M L, Shapiro C. 1985. On the licensing of innovations. The RAND Journal of Economics, 16 (4): 504-520.

Ke X, Chen H Q, Hong Y M, et al. 2017. Do China's high-speed-rail projects promote local economy?—New evidence from a panel data approach. China Economic Review, 44: 203-226.

Keller W, Yeaple S R. 2009. Multinational enterprises, international trade, and productivity growth: firm-level evidence from the United States. Review of Economics and Statistics, 91 (4): 821-831.

Kim P H, Li M X. 2014. Seeking assurances when taking action: legal systems, social trust, and starting businesses in emerging economies. Organization Studies, 35 (3): 359-391.

Kim S. 1995. Expansion of markets and the geographic distribution of economic activities: the trends in US regional manufacturing structure, 1860-1987. The Quarterly Journal of Economics, 110 (4): 881-908.

Kim Y J, Vonortas N S. 2006. Technology licensing partners. Journal of Economics and Business, 58 (4): 273-289.

King G, Lucas C, Nielsen R A. 2017. The balance - sample size frontier in matching methods for causal inference. American Journal of Political Science, 61 (2): 473-489.

Kinsella S M. 2002. Activity-based costing: does it warrant inclusion in a guide to the project management body of knowledge(PMBOK® guide)?. Project Management Journal, 33(2): 49-56.

Klepper S. 1996. Entry, exit, growth, and innovation over the product life cycle. American Economic Review, 86 (3), 562-583.

Kloppenborg T J, Opfer W A. 2002. The current state of project management research: trends, interpretations, and predictions. Project Management Journal, 33 (2): 5-18.

Kong D M, Liu L H, Liu S S. 2020. Market information traveling on high-speed rails: the case of analyst forecasts. Pacific Basin Finance Journal, 61: 101320.

Kong D M, Liu L H, Yang Z. 2021. High-speed rails and rural-urban migrants' wages. Economic Modelling, 94: 1030-1042.

Kopmann J, Kock A, Killen C P, et al. 2017. The role of project portfolio management in fostering both deliberate and emergent strategy. International Journal of Project Management, 35 (4): 557-570.

Kravis I B, Lipsey R E. 1992. Sources of competitiveness of the United States and of its multinational firms. Review of Economics and Statistics, 74 (2): 193-201.

Krugman P R. 1993. Geography and Trade. Cambridge: MIT Press.

Krugman P R. 1994. Competitiveness: a dangerous obsession. Foreign Affairs, 73 (2): 28-44.

Krugman P R. 1997, The Age of Diminished Expectations: US Economic Policy in the 1990s. Cambridge: MIT Press.

Krugman P R, Venables A J. 1990. Integration and the competitiveness of peripheral industry// Bliss C, de Macedo J B. Unity with diversity in the European Community: The Cammunity Southera Frontier. Cambridge: Cambridge University Press: 56-77.

Kumaraswamy A, Mudambi R, Saranga H, et al. 2012. Catch-up strategies in the Indian auto components industry: domestic firms' responses to market liberalization. Journal of International Business Studies, 43 (4): 368-395.

Kung H, Schmid L. 2015. Innovation, growth, and asset prices. The Journal of Finance, 70（3）: 1001-1037.

Kwon S. 2020. How does patent transfer affect innovation of firms?. Technological Forecasting and Social Change, 154: 119959.

Lakshmanan T R. 2011. The broader economic consequences of transport infrastructure investments. Journal of Transport Geography, 19（1）: 1-12.

Laursen K. 2000. Do export and technological specialisation patterns co-evolve in terms of convergence or divergence? Evidence from 19 OECD countries, 1971-1991. Journal of Evolutionary Economics, 10（4）: 415-436.

Lee J W, Swagel P. 1997. Trade barriers and trade flows across countries and industries. Review of Economics and Statistics, 79（3）: 372-382.

Lee K D, Hwang S J, Lee M H. 2012. Agglomeration economies and location choice of Korean manufacturers within the United States. Applied Economics, 44（2）: 189-200.

Leigh A, Neill C. 2011. Can national infrastructure spending reduce local unemployment? Evidence from an Australian roads program. Economics Letters, 113（2）: 150-153.

Leiponen A, Delcamp H. 2019. The anatomy of a troll? Patent licensing business models in the light of patent reassignment data. Research Policy, 48（1）: 298-311.

Levinsohn J, Petrin A. 2003. Estimating production functions using inputs to control for unobservables. The Review of Economic Studies, 70（2）: 317-341.

Levitt R E. 2007. CEM research for the next 50 years: maximizing economic, environmental, and societal value of the built environment. Journal of Construction Engineering and Management, 133（9）: 619-628.

Li H, Li Z G. 2013. Road investments and inventory reduction: firm level evidence from China. Journal of Urban Economics, 76（1）: 43-52.

Li H B, Zhou L. 2005. Political turnover and economic performance: the incentive role of personnel control in China. Journal of Public Economics, 89: 1743-1762.

Li J, Xia J, Zajac E J. 2018. On the duality of political and economic stakeholder influence on firm innovation performance: theory and evidence from Chinese firms. Strategic Management Journal, 39（1）: 193-216.

Li S M, Shum Y M. 2001. Impacts of the national trunk highway system on accessibility in China. Journal of Transport Geography, 9（1）: 39-48.

Li Y, Tellis G J. 2016. Is China uniform? Intra-country differences in the takeoff of new products. Technovation, 47: 1-13.

Li Y A. 2014. Borders and distance in knowledge spillovers: dying over time or dying with age?Evidence from patent citations. European Economic Review, 71: 152-172.

Li Z G, Xu H T. 2018. High-speed railroads and economic geography: evidence from Japan. Journal of Regional Science, 58（4）: 705-727.

Liang H, Marquis C, Renneboog L, et al. 2018. Future-time framing: the effect of language on corporate future orientation. Organization Science, 29（6）: 1093-1111.

Lichtenthaler U, Ernst H. 2012. Retraction integrated knowledge exploitation: the complementarity of product development and technology licensing. Strategic Management Journal, 33（5）: 513-534.

Limao N, Venables A J. 2001. Infrastructure, geographical disadvantage, transport costs, and trade. World Bank Economic Review, 15（3）: 451-479.

Lin H, Zeng S X, Liu H J, et al. 2018. Bridging the gaps or fecklessness? A moderated mediating examination of intermediaries' effects on corporate innovation. Technovation, 94/95: 102018.

Lin H, Zeng S X, Ma H Y, et al. 2017a. An indicator system for evaluating megaproject social responsibility. International Journal of Project Management, 35（7）: 1415-1426.

Lin X Y, Zhang Z H, Wang M. 2017b. Value and governance of high-speed railway. Frontiers of Engineering Management, 4（4）: 463.

Lin Y T. 2017. Travel costs and urban specialization patterns : evidence from China's high speed railway system. Journal of Urban Economics, 98: 98-123.

Liu S J. 1998. Industrial development and structural adaptation in Taiwan: some issues of learned entrepreneurship. IEEE Transactions on Engineering Management, 45（4）: 338-348.

Liu Z, Wang L, Sheng Z, et al. 2018. Social responsibility in infrastructure mega-projects: a case study of ecological compensation for Sousa chinensis during the construction of the Hong Kong-Zhuhai-Macao Bridge. Frontiers of Engineering Management, 5（1）: 98-108.

Liu Z M, Zeng S Z, Sun D X, et al. 2020. How does transport infrastructure shape industrial competitiveness? A perspective from industry dynamics. IEEE Transactions on Engineering Management, 99: 1-16.

Liu Z M, Zeng S Z, Xu X D, et al. 2019. Corporate misconduct, trade credit and charitable donations: evidence from Chinese listed companies. Chinese Management Studies, 13（3）: 664-686.

Llorca M, Jamasb T. 2017. Energy efficiency and rebound effect in European road freight transport. Transportation Research Part A: Policy and Practice, 101: 98-110.

Lovreglio R, Fonzone A, Dell'Olio L. 2016. A mixed logit model for predicting exit choice during building evacuations. Transportation Research Part A: Policy and Practice, 92: 59-75.

Lu J W, Song Y Y, Shan M M. 2018. Social trust in subnational regions and foreign subsidiary performance: evidence from foreign investments in China. Journal of International Business Studies, 49（6）: 761-773.

Lu J Y, Tao Z G. 2009. Trends and determinants of China's industrial agglomeration. Journal of Urban Economics, 65（2）: 167-180.

Lu Y, Yu L H. 2015. Trade liberalization and markup dispersion: evidence from China's WTO accession. American Economic Journal: Applied Economics, 7（4）: 221-253.

Lundvall B. 2007. National innovation systems—analytical concept and development tool. Industry and Innovation, 14（1）: 95-119.

Luo L, He Q H, Jaselskis E J, et al. 2017a. Construction project complexity: research trends and implications. Journal of Construction Engineering and Management, 143（7）: 04017019.

Luo L, He Q H, Xie J X, et al. 2017b. Investigating the relationship between project complexity and success in complex construction projects. Journal of Management in Engineering, 33（2）: 04016036.

Luo Z, Wan G H, Wang C, et al. 2018. Urban pollution and road infrastructure: a case study of China. China Economic Review, 49: 171-183.

Luong T A. 2013. Does learning by exporting happen? Evidence from the automobile industry in China. Review of Development Economics, 17（3）: 461-473.

Ma H Y, Zeng S X, Lin H, et al. 2017. The societal governance of megaproject social responsibility. International Journal of Project Management, 35（7）: 1365-1377.

Ma X F, Ding Z J, Yuan L. 2016. Subnational institutions, political capital, and the internationalization of entrepreneurial firms in emerging economies. Journal of World Business, 51（5）: 843-854.

Makela K, Kalla H K, Piekkari R. 2007. Interpersonal similarity as a driver of knowledge sharing within multinational corporations. International Business Review, 16（1）: 1-22.

Manley K. 2008. Against the odds: small firms in Australia successfully introducing new technology on construction projects. Research Policy, 37（10）: 1751-1764.

Mansury M A, Love J H. 2008. Innovation, productivity and growth in US business services: a firm-level analysis. Technovation, 28（1/2）: 52-62.

Marquis C, Qian C L. 2013. Corporate social responsibility reporting in China: symbol or substance ?.

Organization Science, 25: 127-148.

Marquis C, Raynard M. 2015. Institutional strategies in emerging markets. Academy of Management Annals, 9（1）: 291-335.

Martin P, Rogers C A. 1995. Industrial location and public infrastructure. Journal of International Economics, 39（3/4）: 335-351.

Matas A, Raymond J L, Roig J L. 2015. Wages and accessibility: the impact of transport infrastructure. Regional Studies, 49（7）: 1236-1254.

McCalman P. 2018. International trade, income distribution and welfare. Journal of International Economics, 110: 1-15.

Melitz M J, Ottaviano G I P. 2008. Market size, trade, and productivity. Review of Economic Studies, 75（1）: 295-316.

Melo P C, Graham D J, Brage-Ardao R. 2013. The productivity of transport infrastructure investment: a meta-analysis of empirical evidence. Regional Science and Urban Economics, 43（5）: 695-706.

Michaels G. 2008. The effect of trade on the demand for skill: evidence from the interstate highway system. The Review of Economics and Statistics, 90（4）: 683-701.

Miguelez E, Fink C. 2017. Measuring the international mobility of inventors: a new database. Geneva: WIPO.

Mitton T. 2006. Stock market liberalization and operating performance at the firm level. Journal of Financial Economics, 81（3）: 625-647.

Moller L C, Wacker K M. 2017. Explaining Ethiopia's growth acceleration—the role of infrastructure and macroeconomic policy. World Development, 96: 198-215.

Montobbio F, Rampa F. 2005. The impact of technology and structural change on export performance in nine developing countries. World Development, 33（4）: 527-547.

Moon H C, Rugman A M, Verbeke A. 1998. A generalized double diamond approach to the global competitiveness of Korea and Singapore. International Business Review, 7（2）: 135-150.

Moreira S, Klueter T M, Tasselli S. 2020. Competition, technology licensing-in, and innovation. Organization Science, 31（4）: 1012-1036.

Morrison C J, Schwartz A E. 1996. State infrastructure and productive performance. The American Economic Review, 86（5）: 1095-1111.

Munnell A H. 1990. Why has productivity growth declined? Productivity and public investment. New England Economic Review, （1）: 3-22.

Munnell A H. 1992. Policy watch: infrastructure investment and economic growth. Journal of Economic Perspectives, 6（4）: 189-198.

Munnell A H, Cook L M. 1990. How does public infrastructure affect regional economic performance?. New England Economic Review, （9）: 11-33.

Munns A K, Bjeirmi B F. 1996. The role of project management in achieving project success. International Journal of Project Management, 14（2）: 81-87.

Nagaoka S, Motohashi K, Goto A. 2010. Patent statistics as an innovation indicator. Handbook of the Economics of Innovation, 2: 1083-1127.

Nakauchi M, Washburn M, Klein K. 2017. Differences between inter-and intra-group dynamics in knowledge transfer processes. Management Decision, 55（4）: 766-782.

Nelson R R. 1993. National innovation systems: a comparative analysis. Oxford: Oxford University Press.

Nourzad F, Vrieze M D. 1995. Public capital formation and productivity growth: some international evidence. Journal of Productivity Analysis, 6（4）: 283-295.

Olley G S, Pakes A. 1996. The dynamics of productivity in the telecommunications equipment industry. Econometrica, 64 (6): 1263-1297.

Oppong G D, Chan A P C, Dansoh A. 2017. A review of stakeholder management performance attributes in construction projects. International Journal of Project Management, 35(6): 1037-1051.

Ottaviano G I P. 2012. Agglomeration, trade and selection. Regional Science and Urban Economics, 42 (6): 987-997.

Özçelik E, Taymaz E. 2004. Does innovativeness matter for international competitiveness in developing countries?. The case of Turkish manufacturing industries. Research Policy, 33 (3): 409-424.

Parent O, Riou S. 2005. Bayesian analysis of knowledge spillovers in European regions. Journal of Regional Science, 45 (4): 747-775.

Park S H, Li S M, Tse D K. 2006. Market liberalization and firm performance during China's economic transition. Journal of International Business Studies, 37 (1): 127-147.

Paruchuri S, Awate S. 2017. Organizational knowledge networks and local search: the role of intra-organizational inventor networks. Strategic Management Journal, 38 (3): 657-675.

Patanakul P. 2020. How to achieve effectiveness in project portfolio management. IEEE Transactions on Engineering Management, 99: 1-13.

Pauget B, Wald A. 2013. Relational competence in complex temporary organizations: the case of a French hospital construction project network. International Journal of Project Management, 31(2): 200-211.

Peltokorpi V, Vaara E. 2014. Knowledge transfer in multinational corporations: productive and counterproductive effects of language-sensitive recruitment. Journal of International Business Studies, 45 (5): 600-622.

Pendakur K, Pendakur R. 2002. Language as both human capital and ethnicity. International Migration Review, 36 (1): 147-177.

Peng C, Ouyang H, Gao Q, et al. 2007. Environment: building a "green" railway in China. Science, 316 (5824): 546-547.

Peng M W, Ahlstrom D, Carraher S M, et al. 2017. An institution-based view of global IPR history. Journal of International Business Studies, 48 (7): 893-907.

Peng M W, Sun S L, Pinkham B, et al. 2009. The institution-based view as a third leg for a strategy tripod. Academy of Management Perspectives, 23 (3): 63-81.

Perlman E R. 2016a. Dense enough to be brilliant: patents, urbanization, and transportation in nineteenth century America. Boston: Boston University.

Perlman E R. 2016b. Connecting the Periphery: three papers on the developments caused by spreading transportation and information networks in the nineteenth century United States. Boston: Boston University.

Piccoli G, Ives B. 2005. Review: IT-dependent strategic initiatives and sustained competitive advantage: a review and synthesis of the literature. MIS Quarterly, 29 (4): 747-776.

Pich M T, Loch C H, de Meyer A. 2002. On uncertainty, ambiguity, and complexity in project management. Management Science, 48 (8): 1008-1023.

Pinkham B C, Peng M W. 2017. Overcoming institutional voids via arbitration. Journal of International Business Studies, 48 (3): 344-359.

Pinto J K, Prescott J E. 1988. Variations in critical success factors over the stages in the project life cycle. Journal of Management, 14 (1): 5-18.

Poncet S. 2005. A fragmented China: measure and determinants of Chinese domestic market disintegration. Review of International Economics, 13 (3): 409-430.

Porter M E. 1990. The Competitive Advantage of Nations. New York: Free Press.

Porter M E. 1991. America's green strategy. Scientific American, 264 (4): 168.

Porter M E. 1998. Clusters and the new economics of competition. Harvard Business Review, 76(6): 77-90.

Porter M E. 2001. Enhancing the microeconomic foundations of prosperity : the current competitiveness index//Cornelius P K, McArthur J W. The Global Competitiveness Report 2001-2002. Oxford: Oxford University Press: 52-73.

Porter M E. 2003. Building the microeconomic foundations of prosperity: findings from the business competitiveness index// Porter M E, Schwab K, Sala-i-Martin X. The Global Competitiveness Report 2003-2004. Oxford: Oxford University Press: 29-56.

Porter M E, van der Linde C. 1995. Toward a new conception of the environment-competitiveness relationship. Journal of Economic Perspectives, 9 (4): 97-118.

Project Management Institute. 2000. A guide to the project management body of knowledge (PMBOK guide) . Newtown Square: Project Management Institute.

Puddicombe M S. 2012. Novelty and technical complexity: critical constructs in capital projects. Journal of Construction Engineering and Management, 138 (5): 613-620.

Puga D. 2002. European regional policies in light of recent location theories. Journal of Economic Geography, 2 (4): 373-406.

Qazi A, Quigley J, Dickson A, et al. 2016. Project complexity and risk management (ProCRiM): towards modelling project complexity driven risk paths in construction projects. International Journal of Project Management, 34 (7): 1183-1198.

Qin Y. 2017. "No county left behind?" The distributional impact of high-speed rail upgrades in China. Journal of Economic Geography, 17 (3): 489-520.

Qin Y, Zhang X B. 2016. The road to specialization in agricultural production: evidence from rural China. World Development, 77: 1-16.

Redding S J, Turner M A. 2015. Transportation costs and the spatial organization of economic activity. Handbook of Regional and Urban Economics, 5: 1339-1398.

Ren X X, Yan D, Wang C. 2014. Air-conditioning usage conditional probability model for residential buildings. Building and Environment, 81: 172-182.

Roche M P. 2020. Taking innovation to the streets: microgeography, physical structure, and innovation. Review of Economics and Statistics, 102 (5): 912-928.

Rockett K E. 1990. Choosing the competition and patent licensing. The RAND Journal of Economics, 21 (1): 161-171.

Romer P M. 1990. Endogenous technological change. Journal of Political Economy, 98 (5): S71-S102.

Rosenbaum P R, Rubin D B. 1983. The central role of the propensity score in observational studies for causal effects. Biometrika, 70 (1): 41-55.

Rosenbaum P R, Rubin D B. 1985. Constructing a control group using multivariate matched sampling methods that incorporate the propensity score. The American Statistician, 39 (1): 33-38.

Rosenkopf L, Almeida P. 2003. Overcoming local search through alliances and mobility. Management Science, 49 (6): 751-766.

Rosenthal S S, Strange W C. 2001. The determinants of agglomeration. Journal of Urban Economics, 50 (2): 191-229.

Rugman A M, D'Cruz J R. 1993. The "double diamond" model of international competitiveness: the Canadian experience. Management International Review, 33 (2): 17-39.

Savino T, Petruzzelli A M, Albino V. 2017. Search and recombination process to innovate: a review of the empirical evidence and a research agenda. International Journal of Management Reviews, 19

（1）：54-75.

Saynisch M. 2010a. Beyond frontiers of traditional project management: an approach to evolutionary, self-organizational principles and the complexity theory—results of the research program. Project Management Journal, 41（2）：21-37.

Saynisch M. 2010b. Mastering complexity and changes in projects, economy, and society via project management second order（PM-2）. Project Management Journal, 41（5）：4-20.

Scott R. 2008. Institutions and Organizations. 3rd ed. London: Sage Publications.

Senescu R R, Aranda-Mena G, Haymaker J R. 2013. Relationships between project complexity and communication. Journal of Management in Engineering, 29（2）：183-197.

Shalley C, Hitt M A, Zhou J. 2015. The Oxford Handbook of Creativity, Innovation, and Entrepreneurship. Oxford: Oxford University Press.

Shao B B M, Lin W T, Tsai J Y. 2017. An empirical study of the telecommunications service industries using productivity decomposition. IEEE Transactions on Engineering Management, 64（4）：437-449.

Shapiro C. 1985. Patent licensing and R&D rivalry. The American Economic Review, 75（2）：25-30.

Shen H J, Huang C, Mao H, et al. 2018. To license or sell: a study on the patent transaction modes in China. Hong Kong: HKUST IEMS.

Shen L Y, Jiang S J, Yuan H P. 2012. Critical indicators for assessing the contribution of infrastructure projects to coordinated urban-rural development in China. Habitat International, 36（2）：237-246.

Sheng Z H. 2018. Fundamental Theories of Mega Infrastructure Construction Management//Price C C. International Series in Operations Research and Management Science. Berlin: Springer.

Shi H, Huang S Q. 2014. How much infrastructure is too much? A new approach and evidence from China. World Development, 56：272-286.

Shipilov A, Godart F C, Clement J. 2017. Which boundaries? How mobility networks across countries and status groups affect the creative performance of organizations. Strategic Management Journal, 38（6）：1232-1252.

Shirley C, Winston C. 2004. Firm inventory behavior and the returns from highway infrastructure investments. Journal of Urban Economics, 55（2）：398-415.

Sidorov A V, Zhelobodko E. 2013. Agglomeration and spreading in an asymmetric world. Review of Development Economics, 17（2）：201-219.

Silverman B S. 1999. Technological resources and the direction of corporate diversification: toward an integration of the resource-based view and transaction cost economics. Management Science, 45（8）：1109-1124.

Simeone L, Secundo G, Schiuma G. 2017a. Adopting a design approach to translate needs and interests of stakeholders in academic entrepreneurship: The MIT Senseable City Lab case. Technovation, 64/65：58-67.

Simeone L, Secundo G, Schiuma G. 2017b. Knowledge translation mechanisms in open innovation: the role of design in R&D projects. Journal of Knowledge Management, 21（6）：1406-1429.

Singh J. 2005. Collaborative networks as determinants of knowledge diffusion patterns. Management Science, 51（5）：756-770.

Singh J, Marx M. 2013. Geographic constraints on knowledge spillovers: political borders vs. spatial proximity. Management Science, 59（9）：2056-2078.

Skiti T. 2020. Institutional entry barriers and spatial technology diffusion: evidence from the broadband industry. Strategic Management Journal, 41（7）：1336-1361.

Soderbom M, Teal F. 2001. Firm size and human capital as determinants of productivity and earnings. Geneva: United Nations Industrial Development Organization.

Song Z, Storesletten K, Zilibotti F. 2011. Growing like China. American Economic Review, 101 (1): 196-233.

Sperry R C, Jetter A J. 2019. A systems approach to project stakeholder management: fuzzy cognitive map modeling. Project Management Journal, 50 (6): 699-715.

Srivastava M K, Gnyawali D R. 2011. When do relational resources matter? Leveraging portfolio technological resources for breakthrough innovation. Academy of Management Journal, 54 (4): 797-810.

Srivastava M K, Wang T. 2015. When does selling make you wiser? Impact of licensing on Chinese firms' patenting propensity. The Journal of Technology Transfer, 40: 602-628.

Stewart J, Hyysalo S. 2008. Intermediaries, users and social learning in technological innovation. International Journal of innovation Management, 12 (3): 295-325.

Stone R. 2008. Three Gorges Dam: into the unknown. Science, 321 (5889): 628-632.

Stone R. 2011. Mayhem on the Mekong. Science, 333 (6044): 814-818.

Storeygard A. 2016. Farther on down the road: transport costs, trade and urban growth in sub-Saharan Africa. The Review of Economic Studies, 83 (3): 1263-1295.

Straub S. 2011. Infrastructure and development: a critical appraisal of the macro-level literature. The Journal of Development Studies, 47 (5): 683-708.

Subramanian A, Wei S J. 2007. The WTO promotes trade, strongly but unevenly. Journal of International Economics, 72 (1): 151-175.

Sun D X, Zeng S X, Lin H, et al. 2019. Can transportation infrastructure pave a green way? A city-level examination in China. Journal of Cleaner Production, 226: 669-678.

Tabuchi T. 1998. Urban agglomeration and dispersion: a synthesis of Alonso and Krugman. Journal of Urban Economics, 44 (3): 333-351.

Tamura R. 2017. The effect of high-speed railways on knowledge transfer: evidence from Japanese patent citations. Public Policy Review. 13 (3): 325-342.

Tatikonda M V, Rosenthal S R. 2000. Technology novelty, project complexity, and product development project execution success: a deeper look at task uncertainty in product innovation. IEEE Transactions on Engineering Management, 47 (1): 74-87.

Tenzer H, Pudelko M. 2017. The influence of language differences on power dynamics in multinational teams. Journal of World Business, 52 (1): 45-61.

Themistocleous G, Wearne S H. 2000. Project management topic coverage in journals. International Journal of Project Management, 18 (1): 7-11.

Tran Y, Hsuan J, Mahnke V. 2011. How do innovation intermediaries add value?. Insight from new product development in fashion markets. R&D Management, 41 (1): 80-91.

Turrini A, van Ypersele T. 2010. Traders, courts, and the border effect puzzle. Regional Science and Urban Economics, 40 (2/3): 81-91.

Tzeng B H L, Wang M Y, Hsu S S, et al. 2019. Determinants of using standards to upgrade Chinese industrial structure from the context of sectoral system of innovation. New York: IEEE.

Vakili K, Zhang L. 2018. High on creativity: the impact of social liberalization policies on innovation. Strategic Management Journal, 39 (7): 1860-1886.

van Can V. 2013. Estimation of travel mode choice for domestic tourists to Nha Trang using the multinomial probit model. Transportation Research Part A: Policy and Practice, 49: 149-159.

Waddock S A, Graves S B. 1997. The corporate social performance-financial performance link. Strategic Management Journal, 18 (4): 303-319.

Wallsten S J. 2000. The effects of government-industry R&D programs on private R&D: the case of the small business innovation research program. The RAND Journal of Economics, 31 (1): 82-100.

Wang C Q, Hong J J, Kafouros M, et al. 2012. Exploring the role of government involvement in outward FDI from emerging economies. Journal of International Business Studies, 43(7): 655-676.

Wang R X, Wijen F, Heugens P P M A R. 2018a. Government's green grip: multifaceted state influence on corporate environmental actions in China. Strategic Management Journal, 39 (2): 403-428.

Wang X, Xie Z, Zhang X B, et al. 2018b. Roads to innovation: firm-level evidence from People's Republic of China （ PRC ） . China Economic Review, 49: 154-170.

Wang Y B, Stuart T, Li J Z. 2020. Fraud and innovation. Administrative Science Quarterly, 66 (2): 267-297.

Ward S, Chapman C. 2003. Transforming project risk management into project uncertainty management. International Journal of Project Management, 21 (2): 97-105.

Winemiller K O, McIntyre P B, Castello L, et al. 2016. Balancing hydropower and biodiversity in the Amazon, Congo, and Mekong. Science, 351 (6269): 128-129.

Wolf H C. 2000. Intranational home bias in trade. Review of Economics and Statistics, 82 (4): 555-563.

World Bank. 2005. China: integration of national product and factor markets-economic benefits and policy recommendations. Washington: World Bank.

World Bank. 2007. China study tour by New Delhi transport office team. Washington: World Bank.

Wu J G, Huang J H, Han X G, et al. 2003. Three-Gorges dam—experiment in habitat fragmentation?. Science, 300 (5623): 1239-1240.

Wu W F, Firth M, Rui O M. 2014. Trust and the provision of trade credit. Journal of Banking & Finance, 39 (1): 146-159.

Xie Z, Zhang X B. 2015. The patterns of patents in China. China Economic Journal, 8 (2): 122-142.

Xie Z Z, Li J T. 2018. Exporting and innovating among emerging market firms: the moderating role of institutional development. Journal of International Business Studies, 49 (2): 222-245.

Xu J, Tian X. 2020. Do place-based policies promote local innovation and entrepreneurial finance?. Beijing:NIFR.

Xu X Y, Liu Y Y, Xiao Z K. 2015. Dialect and economic growth. China Journal of Economics, 2(2): 1-32.

Yang L. 2015. Empirical study on the relationship between entrepreneurial cognitions and strategic change momentum. Management Decision, 53 (5): 957-983.

Yli-Renko H, Autio E, Sapienza H J. 2001. Social capital, knowledge acquisition, and knowledge exploitation in young technology-based firms. Strategic Management Journal, 22 (6/7): 587-613.

Zahra S A, Ireland R D, Gutierrez I, et al. 2000. Introduction to special topic forum privatization and entrepreneurial transformation: emerging issues and a future research agenda. Academy of Management Review, 25 (3): 509-524.

Zeng S X, Ma H Y, Lin H, et al. 2015. Social responsibility of major infrastructure projects in China. International Journal of Project Management, 33 (3): 537-548.

Zhang S, Lin B. 2018. Investigating the rebound effect in road transport system:empirical evidence from China Energy Policy, 112: 129-140.

Zhang W K , Tian X L, Yu A. 2020. Is high-speed rail a catalyst for the fourth industrial revolution in China? Story of enhanced technology spillovers from venture capital. Technological Forecasting and Social Change, 161: 120286.

Zhang W Y, Ke R Z. 2002. Trust in China: a cross-regional analysis. Economic Research Journal, (10): 59-70, 96.

Zhang X B, Fan S G. 2004. How productive is infrastructure? A new approach and evidence from rural India. American Journal of Agricultural Economics, 86 (2): 492-501.

Zhang Y, Li H Y. 2010. Innovation search of new ventures in a technology cluster: the role of ties with service intermediaries. Strategic Management Journal, 31（1）: 88-109.

Zhang Y, Li H Y, Li Y, et al. 2010. FDI spillovers in an emerging market: the role of foreign firms' country origin diversity and domestic firms' absorptive capacity. Strategic Management Journal, 31（9）: 969-989.

Zheng S, Kahn M E. 2013. China's bullet trains facilitate market integration and mitigate the cost of megacity growth. Proceedings of the National Academy of Sciences, 110（14）: E1248-E1253.

Zhong W G, Lin Y, Gao D X, et al. 2019. Does politician turnover affect foreign subsidiary performance?. Evidence in China. Journal of International Business Studies, 50（7）: 1184-1212.

Zhou K Z, Gao G Y, Zhao H X. 2017. State ownership and firm innovation in China: an integrated view of institutional and efficiency logics. Administrative Science Quarterly, 62（2）: 375-404.

Zucker L G, Darby M R, Armstrong J. 1998. Geographically localized knowledge: spillovers or markets?. Economic Inquiry, 36（1）: 65-86.

附录1 2008~2015年高铁线路列表

高铁线路名称	起点名	终点名	开通时间	线路长度/km	设计速度/(km/h)
宁蓉铁路合宁段	南京南	合肥南	2008/4/18	157	250
胶济客运专线	济南	青岛	2008/7/20	393	250
京津城际铁路	北京南	天津	2008/8/1	120	350
京广高速铁路武广段	武汉	广州南	2009/12/26	1069	350
石太客运专线	石家庄	太原南	2009/4/1	232	250
宁蓉铁路合武段	合肥南	汉口	2009/4/1	359	250
杭深铁路甬连段	宁波	连江	2009/9/28	537	250
沪昆高速铁路沪杭段	上海虹桥	杭州东	2010/10/26	159	350
宁蓉铁路宜凉段	宜昌东	凉雾	2010/12/22	288	160
海南东环铁路	海口	三亚	2010/12/30	308	250
徐兰高速铁路郑西	郑州东	西安北	2010/2/6	523	350
杭深铁路连厦段	连江	厦门北	2010/4/26	258	250
成灌客运专线	成都	青城山	2010/5/10	65	200
沪宁高速铁路	上海	南京	2010/7/1	301	300
昌九城际铁路	南昌西	九江	2010/8/28	142	250
长吉城际铁路	长春	吉林	2011/1/11	111	250
广珠城际铁路	广州南	珠海	2011/1/7	116	250
广深港高速铁路广深段	广州南	深圳北	2011/12/26	102	350
京沪高速铁路	北京南	上海虹桥	2011/6/30	1318	350
合蚌高速铁路	合肥	蚌埠南	2012/10/16	132	350
京哈高速铁路沈哈段	沈阳北	哈尔滨西	2012/12/1	538	350
京哈高速铁路沈大段	沈阳北	大连北	2012/12/1	383	350
京广高速铁路京郑段	北京西	郑州东	2012/12/26	693	350
杭深铁路厦漳段	厦门北	漳州	2012/6/29	42	250
宁蓉铁路汉宜段	汉口	宜昌东	2012/7/1	292	200
京广高速铁路郑武段	郑州东	武汉	2012/9/28	536	350
津秦高速铁路	天津西	秦皇岛	2013/12/1	287	350
衡柳铁路	衡阳东	柳州	2013/12/26	498	200

续表

高铁线路名称	起点名	终点名	开通时间	线路长度/km	设计速度/（km/h）
杭深铁路漳深段	漳州	深圳北	2013/12/28	472	250
徐兰高速铁路西宝段	西安北	宝鸡南	2013/12/28	167	350
宁蓉铁路凉渝段	凉雾	重庆北	2013/12/28	265	200
武咸城际铁路	南湖东	咸宁南	2013/12/28	76	200 及以上
柳南客运专线	柳州	南宁	2013/12/28	223	250
邕北铁路	钦州东	北海	2013/12/28	197	250
钦防铁路	钦州	防城港北	2013/12/28	51	250
宁杭高速铁路	南京南	杭州东	2013/7/1	256	350
杭深铁路杭甬段	杭州东	宁波	2013/7/1	155	350
盘营高速铁路	盘锦北	营口东	2013/9/12	118	350
兰新客运专线柳乌段	柳园南	乌鲁木齐南	2014/11/16	791	250
沪昆高速铁路杭南段	杭州东	南昌西	2014/12/10	582	350
沪昆高速铁路长新段	长沙南	新晃西	2014/12/16	420	350
西成客运专线江成段	江油	成都东	2014/12/20	152	250
成贵客运专线成乐段	成都东	乐山	2014/12/20	135	250
兰新客运专线兰柳段	兰州西	柳园南	2014/12/26	986	250
贵广客运专线龙广段	龙里北	广州南	2014/12/26	815	250
南广铁路梧广段	梧州南	广州南	2014/12/26	246	250
贵广高速铁路	贵阳北	广州南	2014/12/26	857	300
青荣城际铁路即荣段	即墨北	荣成	2014/12/28	276	250
郑开城际铁路	郑州东	宋城路	2014/12/28	50	200
南广铁路南梧段	南宁	梧州南	2014/4/16	328	250
武石城际铁路	花山南	大冶北	2014/6/18	90	200 及以上
武冈城际铁路	葛店南	黄冈东	2014/6/18	36	200
大西高速铁路太西段	太原南	西安北	2014/7/1	536	250
沪昆高速铁路南长段	南昌西	长沙南	2014/9/16	342	350
牡绥铁路牡穆段	牡丹江	穆棱	2015/12/10	65	200
南昆高铁南百段	南宁	百色	2015/12/11	223	250
丹大高速铁路	丹东	大连北	2015/12/17	293	200
新金丽温铁路	东孝	温州南	2015/12/26	189	200
赣瑞龙线	赣州东	龙岩	2015/12/26	250	200
兰渝铁路广渝段	广元	重庆北	2015/12/26	352	200
成渝高铁	成都东	重庆	2015/12/26	309	350

续表

高铁线路名称	起点名	终点名	开通时间	线路长度/km	设计速度/(km/h)
牡绥铁路穆绥段	穆棱	绥芬河	2015/12/28	74	200
津保铁路	天津西	保定	2015/12/28	157.8	250
海南西环铁路	海口	三亚	2015/12/30	345	200
郑机城际线	郑州东	新郑机场	2015/12/31	28.2	200
宁安城际铁路	南京南	安庆	2015/12/6	257	250
沪昆高速铁路新贵段	新晃西	贵阳北	2015/6/18	286	350
郑焦城际铁路	郑州	焦作	2015/6/26	78	200
合福高速铁路	合肥南	福州	2015/6/28	850	350
哈齐客专哈北齐南段	哈尔滨北	齐齐哈尔南	2015/8/17	266	300
沈丹高铁	沈阳南	丹东	2015/9/1	208	250
吉图珲高铁	吉林	珲春	2015/9/18	360	250 及以上
京津城际铁路延伸线	天津	于家堡	2015/9/20	45.1	350

资料来源：CNROS 数据库

附录 2　战略性新兴产业专利 IPC 号码

战略性新兴产业	IPC 号码
新一代信息技术与信息服务产业	B28D5, B41J, C03C27/06, C03C27/08, C03C27/10, C03C27/12, C03C3/04, C03C3/06, C03C3/062, C03C3/064, C03C3/066, C03C3/068, C03C3/07, C03C3/072, C03C3/074, C03C3/076, C03C3/078, C03C3/083, C03C3/085, C03C3/087, C03C3/089, C03C3/091, C03C3/093, C03C3/095, C03C3/097, C03C3/102, C03C3/105, C03C3/108, C03C3/11, C03C3/112, C03C3/115, C03C3/118, C03C3/12, C03C3/14, C03C3/145, C03C3/15, C03C3/155, C03C3/16, C03C3/17, C03C3/19, C03C3/21, C03C3/23, C03C3/247, C03C3/253, C03C3/32, C03C4/14, C23C16, E04H, G02B1, G02B26, G02B27/00, G02B27/09, G02B27/10, G02B27/12, G02B27/14, G02B27/16, G02B27/18, G02B27/20, G02B27/22, G02B27/24, G02B27/26, G02B27/28, G02B27/48, G02B5, G02B6, G02F1, G03F, G03G, G05B, G05D, G05F, G05G, G06C11, G06C13, G06C15, G06F12, G06F15, G06F15/00, G06F15/02, G06F15/04, G06F15/08, G06F15/10, G06F15/12, G06F15/14, G06F15/16, G06F15/163, G06F15/167, G06F15/17, G06F15/173, G06F15/177, G06F15/18, G06F15/76, G06F15/78, G06F15/80, G06F15/82, G06F17/00, G06F17/10, G06F17/11, G06F17/12, G06F17/13, G06F17/14, G06F17/15, G06F17/16, G06F17/17, G06F17/18, G06F17/20, G06F17/21, G06F17/22, G06F17/24, G06F17/25, G06F17/26, G06F17/27, G06F17/28, G06F17/30, G06F17/40, G06F17/50, G06F17/60, G06F19, G06F3, G06F5, G06F7, G06F9, G06G3, G06M*, G06Q10/00, G06Q10/02, G06Q10/04, G06Q10/06, G06Q10/08, G06Q10/10, G06Q20, G06Q30/00, G06Q30/02, G06Q30/04, G06Q30/06, G06Q30/08, G06Q40/00, G06Q40/02, G06Q40/04, G06Q40/06, G06Q40/08, G06Q50, G06Q90, G06Q99, G06T, G07B1, G07B11, G07B15, G07B17, G07B3, G07B5, G07B7, G07D11, G07D13, G07D3, G07D5, G07D7, G07D9, G07F19, G07G1, G07G5, G08C, G09F9, G09G, G10L, G11B3/00, G11B3/64, G11B5/00, G11B5/62, G11B5/627, G11B5/633, G11B5/64, G11B5/65, G11B5/66, G11B5/667, G11B5/673, G11B5/68, G11B5/70, G11B5/702, G11B5/706, G11B5/708, G11B5/71, G11B5/712, G11B5/714, G11B5/716, G11B5/718, G11B5/72, G11B5/725, G11B5/73, G11B5/733, G11B5/735, G11B5/738, G11B5/74, G11B5/76, G11B5/78, G11B5/80, G11B5/82, G11B5/86, G11B7/00, G11B7/24, G11B7/24003, G11B7/24006, G11B7/24009, G11B7/24012, G11B7/24015, G11B7/24018, G11B7/24021, G11B7/24024, G11B7/24027, G11B7/2403, G11B7/24033, G11B7/24035, G11B7/24038, G11B7/24041, G11B7/24044, G11B7/24047, G11B7/2405, G11B7/24053, G11B7/24056, G11B7/24059, G11B7/24062, G11B7/24065, G11B7/24067, G11B7/24073, G11B7/24076, G11B7/24079, G11B7/24082, G11B7/24085, G11B7/24088, G11B7/24091, G11B7/24094, G11B7/24097, G11B7/241, G11B7/242, G11B7/243, G11B7/2433, G11B7/2437, G11B7/244, G11B7/245, G11B7/246, G11B7/2463, G11B7/2467, G11B7/247, G11B7/2472, G11B7/2475, G11B7/2478, G11B7/248, G11B7/249, G11B7/2492, G11B7/2495, G11B7/2498, G11B7/25, G11B7/251, G11B7/252, G11B7/253, G11B7/2531, G11B7/2532, G11B7/2533, G11B7/2534, G11B7/2535, G11B7/2536, G11B7/2537, G11B7/2538, G11B7/2539

战略性新兴产业	IPC 号码
新一代信息技术与信息服务产业	G11B7/254，G11B7/2542，G11B7/2545，G11B7/2548，G11B7/256，G11B7/257，G11B7/2572，G11B7/2575，G11B7/2578，G11B7/258，G11B7/2585，G11B7/259，G11B7/2595，G11B7/28，G11B7/30，G11C，H01C，H01G*，H01H*，H01J*，H01L*，H01M*，H01Q，H01S，H03H3，H03J1，H03J3，H03J5，H03J7，H03J9，H04B1，H04B10，H04B11，H04B13，H04B14，H04B15，H04B17，H04B3，H04B5，H04B7，H04B20，H04B40，H04J1，H04J11，H04J13，H04J14，H04J15，H04J3，H04J4，H04J7，H04J9，H04J99，H04K，H04L1，H04L12，H04L13，H04L15，H04L17，H04L19，H04L21，H04L23，H04L25，H04L27，H04L29，H04L5，H04L7，H04L9，H04M1，H04M11，H04M13，H04M15，H04M17，H04M19，H04M3，H04M5，H04M7，H04M9，H04M99，H04N1，H04N21，H04N5，H04N7，H04Q1，H04Q11，H04Q3，H04Q5，H04Q7，H04Q9，H04W，H05B33，H05F，H05G
新材料产业	B01J39，B01J41，B01J43，B01J45，B01J47，B01J49，B01L1*，B01L11*，B01L3/00*，B01L3/04，B01L3/18，B01L7*，B01L9*，B01L99*，B32B1，B32B13，B32B18，B32B3，B32B31，B32B33，B32B35，B32B37，B32B38，B32B43，B32B5，B32B7，B32B9，B65D，C01B11/00*，C01B11/02*，C01B11/20*，C01B11/22*，C01B11/24*，C01B13/00*，C01B13/02，C01B13/08，C01B13/10，C01B13/11，C01B13/14*，C01B13/16*，C01B13/18*，C01B13/20*，C01B13/22*，C01B13/24*，C01B13/26*，C01B13/28*，C01B13/30*，C01B13/32*，C01B13/34*，C01B13/36*，C01B15/00*，C01B15/01*，C01B15/013*，C01B15/017*，C01B15/022*，C01B15/023*，C01B15/024*，C01B15/026*，C01B15/027*，C01B15/029*，C01B15/03*，C01B15/032*，C01B15/037*，C01B15/04*，C01B15/043*，C01B15/047*，C01B15/055*，C01B15/06*，C01B15/10*，C01B15/12*，C01B15/14*，C01B15/16*，C01B17/00*，C01B17/02*，C01B17/027*，C01B17/033*，C01B17/04*，C01B17/05*，C01B17/06*，C01B17/10*，C01B17/12*，C01B17/50*，C01B17/52*，C01B17/54*，C01B17/56*，C01B17/58*，C01B17/60*，C01B17/69*，C01B17/70*，C01B17/74*，C01B17/76*，C01B17/765*，C01B17/77*，C01B17/775*，C01B17/78*，C01B17/79*，C01B17/80*，C01B17/82*，C01B17/84*，C01B17/86*，C01B17/90*，C01B17/92*，C01B17/94*，C01B19*，C01B21/00*，C01B21/02，C01B21/04，C01B21/20*，C01B21/22*，C01B21/24*，C01B21/26*，C01B21/28*，C01B21/30*，C01B21/32*，C01B21/34*，C01B21/36*，C01B23，C01B25/00*，C01B25/01*，C01B25/02*，C01B25/023*，C01B25/027*，C01B25/04，C01B25/043*，C01B25/047，C01B25/12*，C01B3，C01B31/00*，C01B31/02*，C01B31/04*，C01B31/06*，C01B31/08*，C01B31/10*，C01B31/12*，C01B31/14*，C01B31/16*，C01B31/18*，C01B31/20*，C01B31/22*，C01B33/00*，C01B33/02*，C01B33/021*，C01B33/023*，C01B33/025*，C01B33/027*，C01B33/029*，C01B33/03*，C01B33/031*，C01B33/033*，C01B33/035*，C01B33/037*，C01B33/039*，C01B33/04*，C01B33/06*，C01B33/08*，C01B33/10*，C01B33/107*，C01B33/113*，C01B33/12*，C01B33/14*，C01B33/141*，C01B33/142*，C01B33/143*，C01B33/145*，C01B33/146*，C01B33/148*，C01B33/149*，C01B33/151*，C01B33/152*，C01B33/154*，C01B33/155*，C01B33/157*，C01B33/158*，C01B33/159*，C01B33/16*，C01B33/18*，C01B33/187*，C01B33/193*，C01B33/20*，C01B33/22*，C01B33/24*，C01B33/26*，C01B33/32*，C01B33/36*，C01B33/38*，C01B33/40*，C01B33/42*，C01B33/44*，C01B33/46*，C01B35*，C01B37*，C01B39*，C01B4*，C01B5/00，C01B5/02，C01B7*，C01C1/00*，C01C1/02，C01C1/04，C01C1/08，C01C1/10，C01C1/12，C01C1/14，C01D1*，C01D13*，C01D15/02*，C01F1*，C01F11/00*，C01F11/02*，C01F11/04*，C01F11/06*，C01F11/08*，C01F11/10*，C01F11/12*，C01F11/16*，C01F13*，C01F15*，C01F17*，C01F3/02*，C01F5/00*，C01F5/02*，C01F5/04*，C01F5/06*，

战略性新兴 产业	IPC 号码
新材料产业	C01F5/08*，C01F5/10*，C01F5/12*，C01F7/00*，C01F7/02*·C01F7/16*，C01F7/18*，C01F7/20*，C01F7/22*， C01F7/24*，C01F7/26*，C01F7/28*，C01F7/30*，C01F7/32*，C01F7/38*，C01F7/40*，C01F7/42*，C01F7/46*， C01G1/00*，C01G1/02*，C01G11/00*，C01G13/00*，C01G13/02*，C01G15*，C01G17/00*，C01G17/02*， C01G19/00*，C01G19/02*，C01G21/00*，C01G21/02*，C01G21/04*，C01G21/06*，C01G21/08*，C01G21/10*， C01G23/00*，C01G23/04*，C01G23/047*，C01G23/053*，C01G23/07*，C01G23/08*，C01G25/00*， C01G25/02*，C01G27/00*，C01G27/02*，C01G28/00*，C01G29*，C01G3/00*，C01G3/02*，C01G30/00*， C01G31*，C01G31/02*，C01G33*，C01G35/00*，C01G37/00*，C01G37/02*，C01G37/027*，C01G37/033*， C01G39/00*，C01G39/02*，C01G41/00*，C01G41/02*，C01G43/00*，C01G43/01*，C01G43/025*，C01G45/00*， C01G45/02*，C01G47*，C01G49/00*，C01G49/02*，C01G49/04*，C01G49/06*，C01G49/08*，C01G5/00*， C01G51/00*，C01G51/04*，C01G53/00*，C01G53/04*，C01G55*，C01G56*，C01G57*，C01G7*，C01G9/00*， C01G9/02*，C01G9/03*，C01G99*，C04B111，C04B2，C04B33/32，C04B33/34，C04B35/00，C04B35/01， C04B35/03，C04B35/035，C04B35/04，C04B35/043，C04B35/047，C04B35/05，C04B35/053，C04B35/057， C04B35/06，C04B35/08，C04B35/10，C04B35/101，C04B35/103，C04B35/105，C04B35/106，C04B35/107， C04B35/109，C04B35/111，C04B35/113，C04B35/115，C04B35/117，C04B35/119，C04B35/12，C04B35/14， C04B35/16，C04B35/18，C04B35/185，C04B35/19，C04B35/195，C04B35/20，C04B35/22，C04B35/26， C04B35/28，C04B35/30，C04B35/32，C04B35/34，C04B35/36，C04B35/38，C04B35/40，C04B35/42， C04B35/44，C04B35/443，C04B35/447，C04B35/45，C04B35/453，C04B35/457，C04B35/46，C04B35/462， C04B35/465，C04B35/468，C04B35/47，C04B35/472，C04B35/475，C04B35/478，C04B35/48，C04B35/482， C04B35/484，C04B35/486，C04B35/488，C04B35/49，C04B35/491，C04B35/493，C04B35/495，C04B35/497， C04B35/499，C04B35/50，C04B35/505，C04B35/51，C04B35/515，C04B35/52，C04B35/524，C04B35/528， C04B35/532，C04B35/536，C04B35/547，C04B35/553，C04B35/56，C04B35/563，C04B35/565，C04B35/567， C04B35/569，C04B35/571，C04B35/573，C04B35/575，C04B35/576，C04B35/577，C04B35/58，C04B35/581， C04B35/582，C04B35/583，C04B35/5831，C04B35/5833，C04B35/5835，C04B35/584，C04B35/586， C04B35/587，C04B35/589，C04B35/591，C04B35/593，C04B35/594，C04B35/596，C04B35/597， C04B35/599，C04B35/622，C04B35/624，C04B35/626，C04B35/628，C04B35/63，C04B35/632， C04B35/634，C04B35/636，C04B35/638，C04B35/64，C04B35/645，C04B35/65，C04B35/653， C04B35/657，C04B35/66，C04B35/71，C04B35/74，C04B35/76，C04B35/78，C04B35/80，C04B35/81， C04B35/82，C04B35/83，C04B35/84，C04B37，C04B38，C04B40，C04B41，C05C，C08C，C08F10*， C08F110*，C08F112*，C08F114*，C08F116*，C08F118*，C08F12*，C08F120*，C08F122*，C08F128*， C08F136*，C08F14*，C08F16*，C08F18*，C08F2*，C08F20*，C08F210*，C08F212*，C08F214*，C08F216*， C08F218*，C08F22*，C08F220*，C08F222*，C08F228*，C08F236*，C08F253，C08F255，C08F257， C08F259，C08F261，C08F263，C08F265，C08F267，C08F279，C08F28*，C08F283，C08F285，C08F287， C08F289，C08F290，C08F291，C08F293，C08F295，C08F297，C08F299，C08F301，C08F36*，C08G*， C08J3*，C08J5*，C08J7*，C08J9*，C08L11，C08L13，C08L15，C08L19，C08L21，C08L7，C08L9， C09K19，C09K3/00，C09K3/14，C09K3/16，C09K3/18，C09K3/20，C09K3/22，C09K3/24，C09K3/30， C09K3/32，C12P3，C22B30/04，C25B1，C25B15，C25B5，C25B7，D06N5，E01D101，E04B， E04D1，E04D3，E04F15/18，E04F15/20，F16L59，F16L9/10，H01B17，H01B19，H01B3，H01G*， H01L* A61J3，B01B，B01F1，B01F11，B01F13，B01F15，B01F3，B01F5，B01F7，B01F9，

战略性新兴产业	IPC 号码
新能源产业	B01J10，B01J12，B01J13，B01J14，B01J15，B01J16，B01J19，B01J2，B01J3，B01J4，B01J6，B01J7，B01J8，B01L1*，B01L11*，B01L3/00*，B01L3/10，B01L3/12，B01L7*，B01L9*，B01L99*，C01B11/00*，C01B11/02*，C01B11/04，C01B11/06，C01B11/08，C01B11/10，C01B11/12，C01B11/14，C01B11/16，C01B11/18，C01B11/20*，C01B11/22*，C01B11/24*，C01B13/00*，C01B13/14*，C01B13/16*，C01B13/18*，C01B13/20*，C01B13/22*，C01B13/24*，C01B13/26*，C01B13/28*，C01B13/30*，C01B13/32*，C01B13/34*，C01B13/36*，C01B15/00*，C01B15/01*，C01B15/013*，C01B15/017*，C01B15/022*，C01B15/023*，C01B15/024*，C01B15/026*，C01B15/027*，C01B15/029*，C01B15/03*，C01B15/032*，C01B15/037*，C01B15/04*，C01B15/043*，C01B15/047*，C01B15/055*，C01B15/06*，C01B15/08，C01B15/10*，C01B15/12*，C01B15/14*，C01B15/16*，C01B17/00*，C01B17/02*，C01B17/027*，C01B17/033*，C01B17/04*，C01B17/05*，C01B17/06*，C01B17/10*，C01B17/12*，C01B17/16，C01B17/18，C01B17/20，C01B17/22，C01B17/24，C01B17/26，C01B17/28，C01B17/30，C01B17/32，C01B17/34，C01B17/36，C01B17/38，C01B17/40，C01B17/42，C01B17/43，C01B17/44，C01B17/45，C01B17/46，C01B17/48，C01B17/50*，C01B17/52*，C01B17/54*，C01B17/56*，C01B17/58*，C01B17/60*，C01B17/62，C01B17/64，C01B17/66，C01B17/69*，C01B17/70*，C01B17/74*，C01B17/76*，C01B17/765*，C01B17/77*，C01B17/775*，C01B17/78*，C01B17/79*，C01B17/80*，C01B17/82*，C01B17/84*，C01B17/86*，C01B17/88，C01B17/90*，C01B17/92*，C01B17/94*，C01B17/96，C01B17/98，C01B19*，C01B21/00*，C01B21/06，C01B21/064，C01B21/068，C01B21/072，C01B21/076，C01B21/08，C01B21/082，C01B21/083，C01B21/084，C01B21/086，C01B21/087，C01B21/088，C01B21/09，C01B21/092，C01B21/093，C01B21/094，C01B21/096，C01B21/097，C01B21/098，C01B21/12，C01B21/14，C01B21/16，C01B21/20*，C01B21/22*，C01B21/24*，C01B21/26*，C01B21/28*，C01B21/30*，C01B21/32*，C01B21/34*，C01B21/36*，C01B21/38，C01B21/40，C01B21/42，C01B21/44，C01B21/46，C01B21/48，C01B21/50，C01B25/00*，C01B25/01*，C01B25/02*，C01B25/023*，C01B25/027*，C01B25/06，C01B25/08，C01B25/10，C01B25/12*，C01B25/14，C01B25/16，C01B25/163，C01B25/165，C01B25/168，C01B25/18，C01B25/20，C01B25/22，C01B25/222，C01B25/223，C01B25/225，C01B25/226，C01B25/228，C01B25/229，C01B25/231，C01B25/232，C01B25/234，C01B25/235，C01B25/237，C01B25/238，C01B25/24，C01B25/26，C01B25/28，C01B25/30，C01B25/32，C01B25/34，C01B25/36，C01B25/37，C01B25/38，C01B25/39，C01B25/40，C01B25/41，C01B25/42，C01B25/44，C01B25/445，C01B25/45，C01B25/455，C01B25/46，C01B31/00*，C01B31/02*，C01B31/04*，C01B31/06*，C01B31/08*，C01B31/10*，C01B31/12*，C01B31/14*，C01B31/16*，C01B31/18*，C01B31/20*，C01B31/22*，C01B31/24，C01B31/26，C01B31/28，C01B31/30，C01B31/32，C01B31/34，C01B31/36，C01B33/00*，C01B33/02*，C01B33/021*，C01B33/023*，C01B33/025*，C01B33/027*，C01B33/029*，C01B33/03*，C01B33/031*，C01B33/033*，C01B33/035*，C01B33/037*，C01B33/039*，C01B33/04*，C01B33/06*，C01B33/08*，C01B33/10*，C01B33/107*，C01B33/113*，C01B33/12*，C01B33/14*，C01B33/141*，C01B33/142*，C01B33/143*，C01B33/145*，C01B33/146*，C01B33/148*，C01B33/149*，C01B33/151*，C01B33/152*，C01B33/154*，C01B33/155*，C01B33/157*，C01B33/158*，C01B33/159*，C01B33/16*，C01B33/18*，C01B33/187*，C01B33/193*，C01B33/20*，C01B33/22*，C01B33/24*，C01B33/26*，C01B33/32*，C01B33/36*，C01B33/38*，C01B33/40*，C01B33/42*，C01B33/44*，C01B33/46*，

战略性新兴 产业	IPC 号码
新能源产业	C01B35*, C01B37*, C01B39*, C01B4*, C01B6, C01B7*, C01B9, C01C1/00*, C01C1/16, C01C1/18, C01C1/20, C01C1/22, C01C1/24, C01C1/242, C01C1/244, C01C1/245, C01C1/246, C01C1/247, C01C1/248, C01C1/249, C01C1/26, C01C1/28, C01C3, C01D1*, C01D13*, C01D15/00, C01D15/02*, C01D15/04, C01D15/06, C01D15/08, C01D15/10, C01D17, C01D3/00, C01D3/02, C01D3/04, C01D3/06*, C01D3/08, C01D3/10, C01D3/12, C01D3/14, C01D3/16, C01D3/18, C01D3/20, C01D3/22, C01D3/24, C01D3/26, C01D5, C01D7, C01D9, C01F1*, C01F11/00*, C01F11/02*, C01F11/04*, C01F11/06*, C01F11/08*, C01F11/10*, C01F11/12*, C01F11/16*, C01F11/18, C01F11/20, C01F11/22, C01F11/24, C01F11/26, C01F11/28, C01F11/30, C01F11/32, C01F11/34, C01F11/36, C01F11/38, C01F11/40, C01F11/42, C01F11/44, C01F11/46, C01F11/48, C01F13*, C01F15*, C01F17*, C01F3/00, C01F3/02*, C01F5/00*, C01F5/02*, C01F5/04*, C01F5/06*, C01F5/08*, C01F5/10*, C01F5/12*, C01F5/14, C01F5/16, C01F5/20, C01F5/22, C01F5/24, C01F5/26, C01F5/28, C01F5/30, C01F5/32, C01F5/34, C01F5/36, C01F5/38, C01F5/40, C01F5/42, C01F7/00*, C01F7/02*, C01F7/04, C01F7/06, C01F7/08, C01F7/10, C01F7/12, C01F7/14, C01F7/16*, C01F7/18*, C01F7/20*, C01F7/22*, C01F7/24*, C01F7/26*, C01F7/28*, C01F7/30*, C01F7/32*, C01F7/34, C01F7/36, C01F7/38*, C01F7/40*, C01F7/42*, C01F7/44, C01F7/46*, C01F7/47, C01F7/48, C01F7/50, C01F7/52, C01F7/54, C01F7/56, C01F7/58, C01F7/60, C01F7/62, C01F7/64, C01F7/66, C01F7/68, C01F7/70, C01F7/72, C01F7/74, C01F7/76, C01G1/00*, C01G1/02*, C01G1/04, C01G1/06, C01G1/08, C01G1/10, C01G1/12, C01G1/14, C01G11/00*, C01G11/02, C01G13/00*, C01G13/02*, C01G13/04, C01G15*, C01G17/00*, C01G17/02*, C01G17/04, C01G19/00*, C01G19/02*, C01G19/04, C01G19/06, C01G19/08, C01G21/00*, C01G21/02*, C01G21/04*, C01G21/06*, C01G21/08*, C01G21/10*, C01G21/12, C01G21/14, C01G21/16, C01G21/18, C01G21/20, C01G21/21, C01G21/22, C01G23/00*, C01G23/02, C01G23/04*, C01G23/047*, C01G23/053*, C01G23/07*, C01G23/08*, C01G25/00*, C01G25/02*, C01G25/04, C01G25/06, C01G27/00*, C01G27/02*, C01G27/04, C01G27/06, C01G28/00*, C01G28/02, C01G29*, C01G3/00*, C01G3/02*, C01G3/04, C01G3/05, C01G3/06, C01G3/08, C01G3/10, C01G3/12, C01G3/14, C01G30/00*, C01G30/02, C01G31*, C01G31/02*, C01G31/04, C01G33*, C01G35/00*, C01G35/02, C01G37/00*, C01G37/02*, C01G37/027*, C01G37/033*, C01G37/04, C01G37/06, C01G37/08, C01G37/10, C01G37/14, C01G39/00*, C01G39/02*, C01G39/04, C01G39/06, C01G41/00*, C01G41/02*, C01G41/04, C01G43/00*, C01G43/01*, C01G43/025*, C01G43/04, C01G43/06, C01G43/08, C01G43/10, C01G43/12, C01G45/00*, C01G45/02*, C01G45/04, C01G45/06, C01G45/08, C01G45/10, C01G45/12, C01G47*, C01G49/00*, C01G49/02*, C01G49/04*, C01G49/06*, C01G49/08*, C01G49/10, C01G49/12, C01G49/14, C01G49/16, C01G5/00*, C01G5/02, C01G51/00*, C01G51/02, C01G51/04*, C01G51/06, C01G51/08, C01G51/10, C01G51/12, C01G53/00*, C01G53/02, C01G53/04*, C01G53/06, C01G53/08, C01G53/09, C01G53/10, C01G53/11, C01G53/12, C01G55*, C01G56*, C01G57*, C01G7*, C01G9/00*, C01G9/02*, C01G9/03*, C01G9/04, C01G9/06, C01G9/08, C01G99*, C02F11/04, C07B, C07C, C07D, C07F, C07G, C07H, C07J, C07K, C08B1, C08B11, C08B13, C08B15, C08B17, C08B3, C08B5, C08B7, C08B9, C08F10*, C08F110*, C08F112*, C08F114*, C08F116*, C08F118*, C08F12*, C08F120*, C08F122*, C08F128*, C08F136*, C08F14*, C08F16*, C08F18*, C08F2*, C08F20*, C08F210*, C08F212*, C08F214*, C08F216*, C08F218*, C08F22*,

战略性新兴产业	IPC 号码
新能源产业	C08F220*, C08F222*, C08F228*, C08F236*, C08F28*, C08F36*, C08G*, C08J3*, C08J5*, C08J7*, C08J9*, C08L1, C10B1, C10B11, C10B13, C10B15, C10B17, C10B19, C10B21, C10B23, C10B25, C10B27, C10B29, C10B3, C10B31, C10B33, C10B35, C10B37, C10B39, C10B41, C10B43, C10B45, C10B47, C10B49, C10B5, C10B51, C10B53, C10B55, C10B57, C10B7, C10B9, C10C1, C10C3, C10C5/00, C10G1, C10G11, C10G15, C10G17, C10G19, C10G2, C10G21, C10G25, C10G27, C10G29, C10G3, C10G31, C10G32, C10G33, C10G35/00, C10G35/02, C10G35/04, C10G35/16, C10G35/22, C10G35/24, C10G45, C10G47, C10G49, C10G5, C10G50, C10G51, C10G53, C10G55, C10G57, C10G59, C10G61, C10G63, C10G65, C10G67, C10G69, C10G7, C10G70, C10G71, C10G73, C10G75, C10G9, C10G99, C11B1, C11B11, C11B15, C11B3, C11B5, C11B7, C11C1, C11C3, F01B, F01C, F01K, F02C, F02G, F02K, F03C, F03D, F03D9, F03G, F03H, F28D, G01N*, G21D, H01B1, H01G*, H01H*, H01L*, H01M*, H01R, H01T, H02B, H02H, H02J*, H02K7/18, H02N6, H02S, H03K17
新能源汽车产业	B60K1, B60K3, B60K5, B60K6, B60K7, B60K8, B60L*, B60M*, B61D13, B62D47, B62D49, B62D55/00, B62D55/02, B62D55/04, B62D55/06, B62D55/065, B62D55/07, B62D55/075, B62D61, B62D63, B62D65, F02B, F02D, F04B*, F04C*, F04D17, F04D19, F04D21, F04D23, F04D29, F04D31, F04D33, F04D35, G21H, H01B7, H01G*, H01M*, H02J*
生物医药产业	A01K17, A61B1, A61B10, A61B13, A61B16, A61B17, A61B18, A61B19, A61B3, A61B5, A61B6, A61B7, A61B8, A61B9, A61C13, A61C17, A61D, A61F11, A61F15, A61F17, A61F2, A61F3, A61F4, A61F5, A61F6, A61F7, A61F9, A61G10, A61G11, A61G12, A61H1, A61H11, A61H13, A61H15, A61H19, A61H21, A61H23, A61H3, A61H31, A61H33, A61H35, A61H36, A61H37, A61H39, A61H5, A61H7, A61H9, A61H99, A61J1, A61J15, A61J19, A61J7, A61J9, A61K31, A61K33, A61K38, A61K39, A61K41, A61K45, A61K48, A61K49, A61K51, A61K9, A61L27, A61L28, A61L29, A61L31, A61L33, A61M1, A61M11, A61M13, A61M15, A61M16, A61M19, A61M21, A61M23, A61M25, A61M27, A61M29, A61M3, A61M31, A61M35, A61M36, A61M37, A61M39, A61M5, A61M9, A61M99, A61N1, A61N2, A61N5, A61N7, A61P, A62B11*, A62B15, A62B18, A62B19, A62B21, A62B23, A62B25, A62B27, A62B7, A62B9, A62D7, A62D9, C12M, C12N1, C12N11, C12N13, C12N15/00, C12N15/01, C12N15/02, C12N15/03, C12N15/04, C12N15/05, C12N15/06, C12N15/07, C12N15/08, C12N15/09, C12N15/10, C12N15/11, C12N15/113, C12N15/115, C12N15/117, C12N15/12, C12N15/13, C12N15/14, C12N15/15, C12N15/16, C12N15/17, C12N15/18, C12N15/19, C12N15/20, C12N15/21, C12N15/22, C12N15/23, C12N15/24, C12N15/25, C12N15/26, C12N15/27, C12N15/28, C12N15/29, C12N15/30, C12N15/31, C12N15/33, C12N15/34, C12N15/35, C12N15/36, C12N15/37, C12N15/38, C12N15/39, C12N15/40, C12N15/41, C12N15/42, C12N15/43, C12N15/44, C12N15/45, C12N15/46, C12N15/47, C12N15/48, C12N15/49, C12N15/50, C12N15/51, C12N15/52, C12N15/53, C12N15/54, C12N15/55, C12N15/56, C12N15/57, C12N15/58, C12N15/59, C12N15/60, C12N15/61, C12N15/62, C12N15/63, C12N15/64, C12N15/65, C12N15/66, C12N15/67, C12N15/68, C12N15/69, C12N15/70, C12N15/71, C12N15/72, C12N15/73, C12N15/74, C12N15/75, C12N15/76, C12N15/77, C12N15/78, C12N15/79, C12N15/80,

续表

战略性新兴产业	IPC 号码
生物医药产业	C12N15/81, C12N15/82, C12N15/83, C12N15/84, C12N15/85, C12N15/86, C12N15/861, C12N15/863, C12N15/864, C12N15/866, C12N15/867, C12N15/869, C12N15/87, C12N15/873, C12N15/877, C12N15/88, C12N15/89, C12N15/90, C12N3, C12N5, C12N7, C12N9, C12P13/02, C12P13/04, C12P13/06, C12P13/08, C12P13/10
节能与环保产业	A61L11, A61L9, A62B11*, A62B29, A62D3, B01D21, B01D45, B01D46, B01D47, B01D49, B01D50, B01D51, B01D53, B01D61, B01D63, B01D65, B03C3, B08B15, B08B17, B09B1, B09B3, B09B5, B09C, B22F8, B62D67, B63J4, C01D3/06*, C02F, C04B18/04, C04B18/06, C04B18/08, C04B18/10, C04B18/12, C04B18/14, C04B18/16, C04B18/18, C04B18/20, C04B18/22, C04B18/24, C04B18/26, C04B18/28, C04B18/30, C04B26/24, C04B28/08, C08B16, C08J11, C11B13, C12F3, C12F3/08, C21B, C21B7/22, C21C5/38, C21C5/40, C22B7, D01C5/00, D01F13, D01G11*, D07B*, D21B, D21C, E01F8, E01H, E02B15, E03F, E21C35/22, E21C35/23, G01F1, G01H1, G01H11, G01H17, G01H9, G01N*, G01T*, G21F9, H01B15, H01J*, H01M*
高端装备制造产业	A44C19, A61L2, B08B1, B08B11, B08B13, B08B3, B08B5, B08B6, B08B7, B08B9, B21H1/08, B21H5, B21K1/18, B21K1/30, B21K7/00, B21K7/02, B21K7/04, B21K7/06, B21K7/08, B21K7/10, B23F7, B23P19/06, B23P19/08, B23P9, B25J1, B25J11, B25J13, B25J15, B25J17, B25J18, B25J19, B25J21, B25J3, B25J5, B25J7, B25J9, B31B, B41B, B41C, B41C1/00, B41C3/00, B41D, B41F, B41G1, B41G3, B41G5, B41K3, B41K99/00, B41N, B42B9, B42C, B42D, B42F, B60B17, B60B29, B60B30, B60B31, B60B35, B60B37, B60B39, B60C23, B60L*, B60M*, B60Q1, B60Q11, B60Q5, B60Q7, B60Q9, B60R25, B60S1, B60S11, B60S13, B60S3, B60S5, B60T, B61C1, B61C11, B61C13, B61C15, B61C17, B61C3, B61C5, B61C7, B61C8, B61C9, B61D1, B61D11, B61D15, B61D17, B61D19, B61D23, B61D25, B61D3, B61D31, B61D33, B61D35, B61D37, B61D39, B61D41, B61D41/02, B61D41/04, B61D41/06, B61D45, B61D47, B61D49, B61D5, B61D7, B61D9, B61F1, B61F11, B61F13, B61F15, B61F17, B61F19, B61F3, B61F5, B61F7, B61F9, B61F99, B61G, B61H, B61J, B61K1, B61K11, B61K13, B61K3, B61K5, B61K7, B61L1, B61L11, B61L13, B61L15, B61L17, B61L19, B61L21, B61L23, B61L25, B61L27, B61L29/00, B61L29/02, B61L29/04, B61L29/06, B61L29/08, B61L29/10, B61L29/12, B61L29/14, B61L29/16, B61L29/18, B61L29/20, B61L29/22, B61L29/24, B61L29/26, B61L29/28, B61L29/30, B61L29/32, B61L3, B61L5, B61L7, B61L99, B62H5/20, B62J3, B62J6, B63B35, B63B45/00, B63B45/08, B63H21/165, B63H23/02, B63H23/04, B63H23/06, B63H23/08, B63H23/10, B63H23/12, B63H23/14, B63H23/16, B63H23/18, B63H23/20, B63H23/30, B64D47/02, B64D47/04, B64D47/06, B65B13, B65B27/08, B65F5, B65F7, B65F9, B65H, B81B, B81C, B82B, B82Y, D01C1, D01C3, D01D, D01F9, D01G, D01G1, D01G11*, D01G13, D01G15, D01G17, D01G19, D01G21, D01G23, D01G25, D01G27, D01G29, D01G3, D01G31, D01G33, D01G35, D01G37, D01G5, D01G9, D01G99, D01H, D02G1, D02G3, D02H1, D02H11, D02H13, D02H3, D02H5, D02H7, D02H9, D02J, D03C, D03D29, D03D31, D03D33, D03D35, D03D37, D03D39, D03D41, D03D43, D03D45, D03D47, D03D49, D03D51, D03J, D04B11, D04B13, D04B15, D04B23, D04B25, D04B27, D04B3, D04B33, D04B35, D04B37, D04B39, D04B5, D04B7, D04B9, D04C3, D04C5, D04C7, D04D11, D04G, D04G1, D04G3, D04H17, D04H18, D06B, D06C,

战略性新兴产业	IPC 号码
高端装备制造产业	D06G，D06H1，D06H5，D06J，D06L，D06M，D06P，D07B*，E01B11，E01B13，E01B15，E01B17，E01B19，E01B2，E01B21，E01B23，E01B25，E01B26，E01B27，E01B29，E01B3，E01B31，E01B33，E01B5，E01B7，E01B9，E21B，F04B*，F04C*，F15B，F15C，F15D，F16C1，F16C3，F16F9，F16H1，F16H19，F16H3，F16H37，F16H39，F16H41，F16H43，F16H45，F16H47，F16H53，F16H55，F16H57，F16H59，F16H61/00，F16H61/02，F16H61/04，F16H61/06，F16H61/08，F16H61/10，F16H61/12，F16H61/14，F16H61/16，F16H61/18，F16H61/20，F16H61/22，F16H61/24，F16H61/26，F16H61/28，F16H61/30，F16H61/32，F16H61/34，F16H61/36，F16H61/38，F16H61/40，F16H61/4008，F16H61/4017，F16H61/4026，F16H61/4035，F16H61/4043，F16H61/4052，F16H61/4061，F16H61/4069，F16H61/4078，F16H61/4096，F16H61/4104，F16H61/4131，F16H61/4139，F16H61/4148，F16H61/4157，F16H61/4165，F16H61/4174，F16H61/4183，F16H61/4192，F16H61/42，F16H61/421，F16H61/423，F16H61/425，F16H61/427，F16H61/431，F16H61/433，F16H61/435，F16H61/437，F16H61/438，F16H61/439，F16H61/44，F16H61/444，F16H61/448，F16H61/452，F16H61/456，F16H61/46，F16H61/462，F16H61/465，F16H61/468，F16H61/47，F16H61/472，F16H61/475，F16H61/478，F16H61/48，F16H61/50，F16H61/52，F16H61/54，F16H61/56，F16H61/58，F16H61/60，F16H61/62，F16H61/64，F16H61/66，F16H61/662，F16H61/664，F16H61/68，F16H61/682，F16H61/684，F16H61/686，F16H61/688，F16H61/70，F16H63，F24F6，G06M*，G07G3，G08B，G10K1，G10K11，G10K13，G10K15，G10K7，G10K9

资料来源：中国城市与产业创新竞争力报告（2017）

*表示该 IPC 号码下所有专利均属于该产业

附录 3 省级社会信任得分

地区	第一位比例	第二位比例	第三位比例	第四位比例	第五位比例	加权
上海	22.70	16.50	8.70	4.80	3.70	218.90
北京	16.60	11.30	8.30	5.50	4.90	169.00
江苏	5.70	10.20	9.50	7.60	5.70	118.70
广东	10.10	6.20	7.50	6.80	5.80	117.20
山东	6.40	5.40	7.30	7.00	6.70	96.20
浙江	3.50	5.10	7.10	6.30	5.90	77.70
天津	1.70	4.00	4.20	4.40	4.00	49.90
辽宁	1.90	2.10	2.20	2.40	2.80	32.10
河北	1.40	2.20	2.60	2.00	2.50	30.10
四川	0.90	1.80	2.20	2.80	3.20	27.10
福建	0.90	1.70	2.10	2.20	2.30	24.30
云南	1.40	1.00	1.00	1.60	1.60	18.80
黑龙江	0.70	1.10	1.30	1.30	1.50	15.90
新疆	1.10	0.60	1.00	1.30	2.10	15.60
陕西	0.70	0.90	1.20	1.40	2.00	15.50
吉林	0.70	1.20	1.00	1.20	1.10	14.80
河南	0.60	0.90	1.00	1.60	1.60	14.40
重庆	0.50	0.70	1.20	1.80	1.60	14.10
湖北	0.50	0.70	1.30	1.30	1.80	13.60
广西	0.60	1.00	0.90	1.10	1.10	13.00
安徽	0.40	0.80	0.90	1.60	1.50	12.60
山西	0.60	1.00	0.70	1.10	0.80	12.10
内蒙古	0.70	0.70	0.80	1.00	0.90	11.60
湖南	0.40	0.50	0.70	1.10	1.60	9.90
甘肃	0.30	0.60	0.60	0.80	0.90	8.20
江西	0.20	0.40	0.60	1.00	1.00	7.40
贵州	0.20	0.40	0.60	1.10	0.80	7.40

续表

地区	第一位比例	第二位比例	第三位比例	第四位比例	第五位比例	加权
青海	0.20	0.40	0.30	0.40	0.50	4.80
宁夏	0.20	0.30	0.30	0.40	0.70	4.60
海南	0.10	0.20	0.40	0.50	0.60	4.10
西藏	0.10	0.20	0.20	0.30	0.20	2.70

资料来源：张维迎，柯荣住. 2002. 信任及其解释：来自中国的跨省调查分析. 经济研究，10（5）：59-70